太太的历史

启真馆 出品

［美］玛丽莲·亚龙 著 何颖怡 译

A History of the *Wife*

太太的历史

ZHEJIANG UNIVERSITY PRESS
浙江大学出版社

献给我的女性朋友们——所有的妻子，此刻或彼刻的

Berky, Carole, Cathy, Cynthia, Diane, Helen, Jean, Lia, Margi,
Mary, Minerva, Myra, Phyllis, Stina, Sue B., Sue G., Vida

致 谢

  本书的完成必须感谢成千上万的女性史学者与家庭史学者的研究。写作本书，我参考了无数的第一手与第二手文献，书中长篇累牍的注释只是一小部分。与我同行的研究者（无论男女、有名或无名），我谨在此向你们致敬。

  许多同事对此书贡献良多。首先，必须感谢斯坦福大学"女性与性别研究所"里的研究员与同事，过去 25 年来，这个研究所是我的知识之家。资深研究员苏珊·格若格·贝尔（Susan Groag Bell）对本书的批评惠我良多。感谢"女性与性别研究所"主任劳拉·卡斯滕森（Laura Carstensen）教授的全力支持。资深研究员伊迪斯·格勒斯（Edith Gelles）与卡伦·沃芬（Karen Offen）对书稿也提出不少批评，特别是第四章。

  感谢以下斯坦福大学的同事提供宝贵建议：英美文学系的芭芭拉·盖尔皮（Barbara Gelpi）教授，法语系教授珍－玛丽·阿普斯托利德（Jean-Marie Apostlides），历史系教授凯斯·巴克（Keith Baker）、阿隆·罗德里格（Aaron Rodrigue），历史系的保尔·瑟福尔（Paul Seaver）教授。特别感谢教育系的迈拉·斯特罗伯（Myra Strober）教授，她对本书最后一章贡献良多，对我的学术生涯也有相当大的影响。

奥布林学院的莎拉密斯·玛格努斯（Shulamith Magnus）教授对《圣经》时代的材料提出了有用的批评。加利福尼亚大学伯克利分校的名誉教授伊拉·拉皮杜斯（Ira Lapidus）启发我认识了伊斯兰地区的习俗。柏拉图作品的法文译者莫尼克·坎托－斯皮伯（Monique Canto-Sperber）教授对本书古希腊和罗马章节提出了严谨批评。印第安纳大学的萨缪尔·卢森堡（Samuel Rosenberg）教授对中世纪的章节不吝赐教。第二次世界大战一章，则有赖堪萨斯大学的威廉·图特利（William Tuttle）教授的大力帮忙。从我开始写作此书，纽约市立大学研究生中心的杰出社会学者辛西娅·富克斯·爱普斯坦（Cynthia Fuchs Epstein）便不断鼓励我，并持续为我提供许多真知灼见。小说家贝斯·古奇恩（Beth Gutcheon）则提供给我许多有关 19 世纪棉被制造的知识。

玛格丽特·比尔尼（Margaret Pirnie）与凯特·贝德福德（Kate Bedford）是孜孜不倦的研究助理，全靠她们强壮的双臂来回图书馆帮我扛回成堆的参考书籍，她们对古时婚姻奇特性质的朝气蓬勃的反应也让我获益颇多。

我感谢基础图书出版社（Basic Books）的编辑乔安内·米勒（Joanne Miller），我们相识多年，是她建议应将我本书的焦点放在妻子上，而非我原先构想的夫妻上。我的出版经纪人兼好友桑德拉·迪克斯特拉（Sandra Dijkstra）对本书的计划充满热情，为我张罗英、美两地的优良出版社。感谢乔莉·德尔布尔格（Joelle Delbourgo）任职哈珀·柯林斯（Harper Collins）出版社期间对本书的慷慨支持，还要感谢朱丽亚·斯瑞布伦斯基（Julia Serebrinsky）编辑让本书十分出色。

一如以往，有赖我的先生——斯坦福大学心理学系名誉教授欧文·亚龙——仔细阅读书稿，并在我们意见相左时热烈与我讨论。结缡 46 年，我逐渐了解"妻子"一词背后隐含的丰富意义。

目录

序 论

妻子是濒临绝种的动物？

21世纪，当「妻子」一词变得悬而未决，将来甚至可能作废，我们有必要检视它的来源。西方有关妻子的概念始于何时？法律与风俗如何影响妻子了一职的代代相传？哪些主要的妻职模式被纳入当今社会？

亲爱的艾比：

　　我与一位很棒的男士订婚逾两年，却无法决定结婚日。他爱我与我9岁大的女儿，他一肩挑起所有洗衣、洗碗与打扫工作，并视我女儿如己出。他身兼两份工作，确保我们不虞匮乏。

　　听起来十分完美，对吧？

　　问题是，我不认为我爱他。我嘴巴上说爱他，却感觉不到爱。他具有女人渴望的丈夫的一切条件，但这是否足以取代爱？还是我读了太多浪漫小说了？

　　他希望及早结婚。我现年29岁，从未结过婚，也觉得女儿需要一个爸爸。我也担心再也找不到一个像他这么爱我的男人。

　　我能找到一个我全心爱他，同时也视我女儿为己出的男人吗？还是说我应该嫁给一个虽然我不爱，但将会是个好丈夫与好父亲的男人？

踌躇的女人

亲爱的"踌躇的女人"：

　　如果你明知自己不爱这个男人还嫁给他，那就是大大伤害了自己与对方。婚姻是一辈子的事，不要因为担心找不到可以爱的男人而背叛自己的感情，你得一辈子面对自己，而一辈子是很长的时间。放他走吧。

1998年7月3日，《旧金山纪事报》

　　人类史上泰半时间，你不可能看到这样一封信。不仅因为多数女人无法读写，也因为她们对选择丈夫几无置喙余地。如果她们发生婚姻外的性关系，尤其是非婚生子，会遭到极大侮辱，在某些社会甚至还会被处决。早年的清教徒美国社会，因"私通"（无婚姻关系的两人发生性行为）被判有罪者通常会遭到罚款与公开鞭笞。未婚生子的女人承受严重污名，以致她尽一切可能不让新生儿曝光（包括杀婴）。如果未婚妈妈不舍得与孩儿分离，唯一能被社会接受之道就是找个丈夫。

今日，未婚妈妈不必再承受过去的公开责难。她可以像信中的女主角一样，拒绝一个积极求爱的男人，这个男人光是爱她、视她的孩子如己出、身兼两份工作供养她们、洗衣洗碗打扫样样来还不够。信中女主角有所坚持——她要找一个她爱的男人。而大众道德仲裁者艾比盖尔·范·布伦[1]（Abigail Van Buren）也支持她的决定。

你认为"亲爱的艾比"给的是好建议吗？这位母亲应当抛弃一个既是伴侣、饭票，又视她女儿为己出的男人吗？艾比认为浪漫相爱才是婚姻长久的唯一基础，这是否正确？

这封信透露出许多时下女性对婚姻的态度。它显示单亲妈妈无须被迫结婚，而是希望以爱——一种多数成年男女曾经体验过、性与感情的迷醉结合、无法定义的东西——之名结婚。从前，女人之所以结婚是因为其他理由：经济支持、巩固家族结盟、生儿育女、对抗寂寞，或者向其他别的女人看齐。一度，女人视"妻子"头衔为荣誉徽章。成为教区牧师、糕饼师傅或医师的妻子，形同大声昭告社会她已履行其"自然"宿命。在一个众所周知对老处女极不友善的世界，妻子的头衔代表了正当性与保护。不管一个人婚姻是否幸福，婚戒就其本质而言就是对女性价值的评量。

今日，"妻子"二字传达的讯息不再如此斩钉截铁。它不再代表做丈夫的会供养老婆（如昔日的中上等家庭）。它也不再是享受性愉悦与居家快乐的唯一合法途径，因为现在未婚同居者比比皆是。它甚至不是成为人母的必要阶段，如今美国婴儿中有高达40%是非婚

[1] 即知名专栏作家"亲爱的艾比"。——译者注

生子。

对今日的职业妇女或商场女子而言，结婚可能好坏参半。有些妻子可以利用丈夫的人脉；有些妻子则发现淡化已婚身份才是权宜之计，尤其她的同僚或上司希望她把忠于公司摆在优先地位时。越来越多已婚妇女选择不冠夫姓，尤其是在今天离婚率高达半数的美国，你很有可能改回娘家姓，又何必冠夫姓？既然你不需要一名丈夫来提供性生活、经济支持，共享住处，甚至生儿育女，又何必结婚呢？

妻子角色的转变

在这本书里，我将探索妻子的历史为何走到"悬而未决"的时刻。我的看法是，过去50年来妻职的转变，其实是长时间的变化累积。这些变化在不同的国家、宗教、种族、民族与社会阶层，未必会完全一样，但的确集中于几个相同议题。本书以古希伯来、古希腊、古罗马开场，专注探讨延续至今的问题，尽管它们有了改变，让位给更新、更急迫的关切，但是现今时代最关切的某些问题，其根源可以上溯至数百甚或数千年前。

譬如古希腊时代，一个父亲将女儿许配给女婿时会说："我担保×××（女儿名）为你产下合法子女。"整个古代世界，妻子的主要功能就是生育后代。圣经时代的不孕女子命运极为悲惨，不仅饱受耻辱，而且往往被第二个或第三个老婆取而代之。直到现代，无子依然是休妻条件之一，尤其王室与贵族的妻子更有生育男继承人的压力。传递香火的压力并未全面从地球匿迹。在某些伊斯兰教地区，女方会要求婚姻合约上注明除非大老婆不孕，男方不得娶第二个妻子。

众所周知，许多男女依然以生育为结婚的理由。我还记得20世纪70年代中期，一日，我的某个儿子听到保姆要结婚，发出睿智之语："她为什么要结婚？她又没小孩。"说得不错，当时我们住在加州，我儿虽年仅5岁，却也观察到性革命正处于阵痛期。当时人们已经开始公开同居，尔后数十年，此风更蔓延全美。有趣的是，我儿的评论正是先见之明：今日，异性恋情侣同居数个月或数年后选择结婚，是因为他们想生孩子或者奉子成婚。因此，生儿育女依然在婚姻选择上扮演重要条件。某些爱侣不结婚或者爱情关系无法延续，常是因为女方想生孩子，男方不肯，或者男方想生孩子，女方不要。

"妻子"与"母亲"之间界限模糊，两者的责任经常相互交叠而时有冲突。身兼人妻与人母者都知道，丈夫可能妒恨她奉献给孩子的时间、照护、精力与物质资源。但她们同时知道，孩子是她与配偶的恒久纽带，因为爱的结晶，一对男女共同投向未来。尽管有的配偶不再相爱，也通常会与对方分享对孩子的爱。

观诸历史，多数婚姻是财力而非心的结合。男人娶有嫁妆的女人，女人嫁给能养活她的男人。从圣经时代到 20 世纪 50 年代，养活老婆是丈夫的责任。女人的责任则是提供性、生养孩子与持家。这不是双方心照不宣的报偿，而是明文书写于宗教律法与民法。

今日，不管你对未来配偶的金钱考虑为何——譬如新娘与新郎的赚钱能力或者家族财产——人们不再认定丈夫负有独力养活老婆的责任。多数男女结婚时会期待双方都为家庭经济尽力。事实上，家庭单靠一份薪水越来越难过活，双薪家庭已成常态。3/5 以上的美国妻子有全职或兼职工作。今日的妻子无法完全仰赖丈夫的经济支持，离婚后，也无法只靠赡养费过日子。事实上，妻子赚钱比丈夫多的例子并不少见，有的离婚时还要支付丈夫赡养费。

但是，大家仍期待妻子提供惯有服务，譬如照顾孩子与操持家务。有人可能会说，今日社会也期待男人分摊家务责任，男人显然也做得比以前多，但是并未完全分摊照护者与管家的责任。同时间，女人却在职场和男人一样卖力工作，缓慢拉近两性的赚钱能力差异。20世纪 70 年代，同一份工作，女人拿的薪水是男人的 59%，今日，女人薪水已拉近至男人的 75%。往日，供养者角色为男人所专有，今日却为女人所分享，男人开始思索如何重新定义"男性气概"，而两性间的敌意之高也前所未见。旧有的报偿安排已被打破，平等分摊家务与工作的婚姻新模式却尚未完全成形。

婚姻里的女性地位

诚如本章一开始的那封信所示，爱，已经成为西方世界的婚姻同义词。学者热衷探索在历史的哪个阶段，爱情超越了其他考虑，成为婚姻的首要条件。有人说是中世纪时，浪漫爱情首度出现在游吟诗人的诗歌以及法国南方的宫廷生活里。虽说中世纪的求爱风潮的确赋予女人前所未有的荣光，但这个被崇尚的女人却往往是有夫之妇。求爱至少需要 3 名演员：丈夫、妻子、妻子的情人。一般认为后两者所经验的迷醉不可能发生于平淡的婚姻生活里。

我则属于另外一派，认为爱情成为婚姻首要条件发生于 16 世纪，尤其是在英格兰；而后在 17 世纪跟着清教徒漂洋过海到美国，18 世纪末时成为中产阶级的婚姻常态。财富、世系或身份的考虑则持续影响贵族或上流社会的配偶选择，直到 20 世纪初。这倒不是说早年的婚配爱情完全付之阙如。我们在古希伯来、古希腊、古罗马的历史里仍可看到配偶热烈相爱的零星孤立案例。由于前现代社会讲究安排式婚姻而非恋爱结婚，一对新人踏入婚姻并不期待我们今日所谓的"相爱"。

多数妻子大约只期待婚姻和谐。一个妻子履行婚姻"交易"的义务，提供性、生养孩子、照顾孩子、煮饭、洒扫内外，如果住在乡间，还得照顾菜圃、畜养家畜。这样的妻子如果得到丈夫的尊重，不被丈夫饱以老拳，大约就觉得自己很幸运了。直到 19 世纪，英国与美国多数地方都有不成文的"拇指法"（rule of thumb）：准许男人鞭打老婆，只要鞭子的粗细不超过拇指。

妻子的功用是服侍遵从丈夫，丈夫有权殴打欺凌妻子——不幸，这个观念并未完全绝迹。此一古老信念的遗迹不仅存在于传统社会，也存在于我们的社会。现今美国有太多妻子跑到"受虐妇女之家"寻求庇护——如果能够摆脱虐待关系，实属她们大幸。今日，只有极少数的欧美主流人士会接受基督教、伊斯兰教、犹太教的基本教义派看法，认为妻子应俯顺丈夫。同意丈夫可以打老婆的人更少。但是旧观念难死绝，部分男人或女人私心里依然认为妻子次于丈夫。对某些人来说，妻子是"小女人"、"较弱的人"，她们是夏娃的女儿；而根据《圣经》、中世纪神学与宗教改革派神学，妻子应为丈夫管辖。西方历史的泰半时间里，妻子必须在经济与道德上仰赖丈夫，直到今日，这仍是许多地方的常态。

同时间，夫妻平等的概念日益取得优势。从 18 世纪起，伴侣式婚姻流行于中上阶层，夫妻关系也就慢慢趋向平等的伙伴关系。19世纪开始，当美国女人奋力取得进入公私立学校、女子高校、女子学院的权利后，她们逐渐分享了以前为男性所独享的智识、经济、社会与政治行业。今日，妻子可以拿薪水回家，丈夫帮孩子换尿片，丈夫与妻子的领域鸿沟已经缩小至前所未有的地步。

法律与教育是促成此种改变的重要角色，现今的男人即使拿着比拇指还细的棍棒殴打老婆，依然犯法。已婚妇人拥有自己的户头也不再罕见。今日的女人可以进入任何学科，因此她的工作机会与丈夫一样。现今，男人找妻子，不仅需要一个能提供性与爱、生养孩子、操持家务的女人，也需要她提供薪水并参与社交活动。今日人们对妻子的要求正验证了《圣经》的箴言："得着贤妻的，是得着好处。"

写作此书，我抱持的信念是：某些前提下，娶妻与嫁为人妻仍是"得着好处"。这些前提包括配偶的相对平等、互敬与互爱，以及拥有足够的个人与社会资源，得以供应一个人的物质所需，包括教育与医疗服务。选择成为人妻，依然得面对"携手共老"的挑战。运气好的话，因一个长期的爱恋结合，我们得到肯定并因此变得坚强。我们学会妥协，以幽默对待自己与配偶的怪癖。面对人生不可避免的煎熬，我们互相寻求安慰与支持。因为近距离观察彼此共有的生活，我们能够分享想法、希望、快乐、恐惧、哀伤、经验与回忆。运气不好的话，婚姻关系会让我们元气大伤，被迫考虑以离婚收场——但这不阻碍我们再婚。

身为人妻或许不再是个光荣徽章，但也绝不是痛苦象征。职业妇女或许不希望被称为"某某太太"，全职的家庭照护者也尽量聪明避免"不过是个家庭主妇"的自我贬抑标签。这两者或许都倾向使用"配偶"或"伴侣"这类中性的称谓。不管夫妻之间的性、经济或家务安排协议如何，你都必须放弃部分的独立，才能成为另一方的长久配偶。这代表调适与妥协、深深的承诺与顽强坚持。无法想象在这些束缚下生活的男女，最好在结婚前重新慎重思考。不是每个人都能胜任妻子或丈夫的角色，虽然90%的美国人至少结过一次婚，并且离婚的人中也有3/4会选择再婚。

持续变异的婚姻形态

今日许多人结婚仍使用1552年英国圣公会祈祷书（其根源可远溯至中世纪的拉丁文、法文与英文）里的仪式。它的结婚誓词依然美丽非凡："我愿意她（他）作为我的妻子（丈夫），从今天开始相互拥有、相互扶持，无论好还是坏、富裕还是贫穷、疾病还是健康，都彼此相爱、珍惜，直到死亡才能将我们分开。"原始版本，做妻子的还要发誓"遵从丈夫"，但这些字眼已被删除许久。就这么一个小小改变，21世纪的女人依然可以使用中世纪、文艺复兴时期女祖先的誓词。此一改变虽小却意义非凡，并且将形塑后世妻子的未来。

相较于往日妻子对丈夫的依赖，现今配偶的相互依赖提供了较可行的典范。美国人与欧洲人身为世界领袖，正在创造一个婚姻权力共享的模式，这个模式对世界多数地方而言，或许很陌生，但它们可能会起而仿效。

容我斗胆涉入更不可知的领域，我相信到了21世纪，我们将看到妻子的历史有如下转变：美国各州将遵循佛蒙特州的"公民结合"[2]（civil union）模式，核准同性恋结合，给予同性恋伴侣无数福利，包

---

[2]　美国共有35个州明文保障一夫一妻（Defense of Marriage Act），明确禁止同性婚姻。但是2000年9月，没有此项法律的佛蒙特州成功创下案例，允许"公民结合"。本质上，公民结合与注册结婚没有两样，多数适用于异性恋婚姻的条款都适用于同性恋者的"公民结合"。——译者注

括继承权、税赋减免，甚至帮另一半决定医疗的权利。[3] 跨越边界到加拿大，该国已取消异性恋婚姻与同性结合的所有法律差异。许多欧洲西方国家如丹麦、瑞典、瑞士、比利时、法国都已不论性别，提供"公民结合"的选择。而荷兰也将旧有的同性结合登记制改为具有充分资格的婚姻，同性恋伴侣可以收养孩子、享有社会福利与税赋减免等权利。在同性恋婚姻里，谁是"妻子"？在性别差异不存在的婚姻里，"妻子"一词还有意义吗？还是"妻子"一词仍旧存续，作为一种社会与心理的建构，以指涉温柔、服从、养育、情感丰富等传统女性特质？

在历史的这个阶段，当"妻子"一词变得悬而未决，将来甚至可能作废，妻子有必要检视它的来源。西方有关妻子的概念始于何时？法律与风俗如何影响妻子一职的代代相传？哪些主要的妻职模式被纳入现今社会？哪种脉络延续至今？哪些脉络又已经断绝？

从过去与现今脚本的穿插对照，或许，我们可以一窥已婚女性的未来图像。

---

[3]　2015 年 6 月 26 日，美国最高法院裁定同性婚姻合乎宪法，这意味着同性婚姻在全美 50 个州合法。本书作者于 20 世纪末创作本书时的预想成真。——编者注

第一章

古代世界的妻子

（圣经、希腊、罗马模式）

让我们从圣经、希腊与罗马时代来开始了解妻子的历史，这些古文明的宗教、法律与社会运作，是后来西方世界对待妻子的样板。

为什么要从圣经、希腊与罗马时代的妻子开始？因为这些古文明的宗教、法律与社会运作，成为后来西方世界对待妻子的样板。妻子是丈夫的动产、倚赖者、获得合法子嗣的途径、孩子的照顾者，也是他的厨师与管家。许多现代女人觉得这些角色可憎，但这些古老义务的某些面向仍残存在我们的集体潜意识里。许多男人仍期望妻子提供上述（全部或部分）服务，不少妻子也倾向执行这些义务。毕竟，反抗上述期待就是在对抗屹立两千多年的模式。现今女人必须了解她们反抗的是什么，她们的敌人（譬如某些保守的宗教团体）试图保存的又是什么。

圣经时代的妻子

犹太教／基督教的妻子创始神话是亚当与夏娃的故事。大约公元前 10 世纪，亚当和夏娃的故事被写入《圣经》，从此希伯来人、基督徒与伊斯兰教徒都将之奉为人类祖先，夏娃更是被尊奉为人类的女祖，随即被辱骂为第一个违背上帝的配偶。

诚如《圣经·创世记》第一章所言，一开始，上帝同时造男也造女。"神就照着自己的形象造人，乃是照着他的形象，造男造女。"[1]但是到了第二章，造人的故事有了新版本，夏娃成为上帝事后创造的。新版故事里，上帝用地上的尘土造了亚当，沉思自己的作品，上

---

[1]　本段《创世记》之英文版引自 Robert Alter 的 *Genesis: Translation and Commentary*（New York and London: W. W. Norton, 1996）。本书其余《圣经》引文引自钦定圣经英译本。

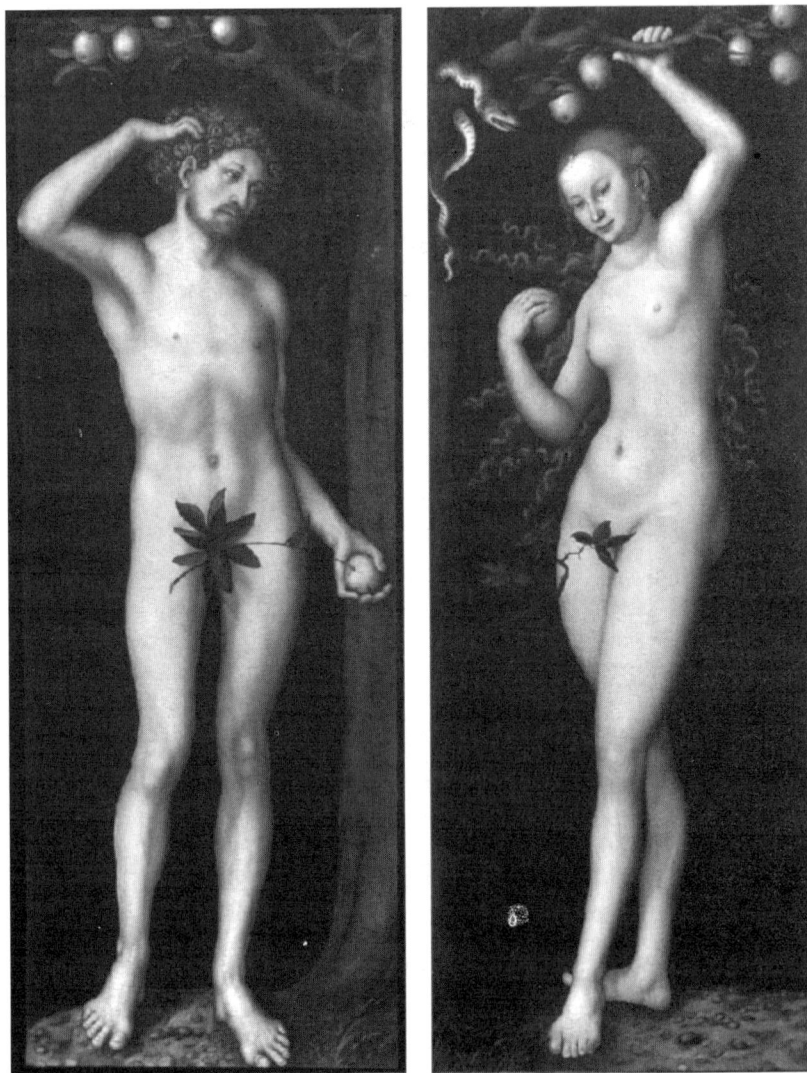

图 1.1 "亚当与夏娃",克拉那诃(Lucas Cranach)画,1530 年左右。夏娃聆听蛇的话语,亚当在一旁迷惑搔头(Norton Simon Art Foundation, Pasadena, California)

帝说："那人独居不好，我要为他造一个配偶帮助他。"[2]

而后《圣经》记载上帝用亚当的肋骨创造夏娃，这段叙述引发了历史悠久的争论——女人本质不如男人，她的存在倚赖男人。就连希伯来文的 icha 或蜕变自 man（男人）的 woman（女人）都标示出令人沮丧的女性处境。

夏娃的故事每下愈况。她听从蛇的建议，违抗上帝的戒律，吃了分别善恶之树的果子，也引诱亚当去吃。此举为两性都招来永恒后果：上帝惩罚夏娃，让所有母亲承受生产的阵痛；而男人则要汗流满面才得糊口。此外，他还判决女人要永远臣属于丈夫。在夏娃堕落之后，上帝告诉她："你必恋慕你丈夫；你丈夫必管辖你。"和所有神话一样，此则神话也是用来解释一个固守已久、似乎像是上帝意旨的文化现象。

你也可以用不同观点来看这则故事，对夏娃提出较好的解释。某些女性主义者认为夏娃并不是上帝在造完亚当之后的补充，而是亚当的"改进版"。就连保守的圣经注疏者也必须承认夏娃象征的不光是"生理需求"。妻子是男人的伴侣、支持者与帮手（helpmeet，译自希伯来文的'ezer），此一观念在犹太人与基督徒中历史悠久且意义深远。的确，后来一篇有关犹太法典（Talmud，犹太宗教与民法的律典）的注释便指出'ezer 是丈夫的道德针砭："当他行善，她支持他；当他行恶，她便起而反对。"[3] 更重要的，支持夫妻应为平等伙伴的论者可引述《圣经·创世记》第二章结尾的感人话语："因此，人要离开父母，与妻子结合，二人成为一体。"

圣经时代，希伯来丈夫可以多妻。每次娶妻时，他必须给岳父

[2] 此处配偶，钦定圣经英译本用的是 sustainer，意思是指"支持者"。台湾的圣经和合本译为"配偶"，圣经公会本译为"合适的伴侣"。本书译文一律遵和合本。——译者注

[3] E. Amado Levi-Valensi, "Marriage et couple: l'avènement du couple". *Encyclopaedia Universalis* (Paris: Encyclopaedia Universalis France, c. 1968, 1974–75 printing) vol. 10, p.520.

大约 50 雪克尔 [4] 重的银币（《圣经·申命记》22∶28—29）为聘金（mohar），并供养妻子。因此，或许只有富人才有办法三妻四妾。此外，新郎或男方家人还要给新娘及其家人礼物。一旦男方付了聘金，女方也收下礼物，婚姻便已成效，尽管两人尚未住在一起，新娘已从此属于丈夫。

通常，新娘的父亲会给女儿陪嫁（chiluhim），包括女儿未来家庭要用的器物，譬如仆人、牲口，甚至土地，以及一部分返还的聘金，作为她"保持贞洁的代价" [5]。嫁妆的金额会记在婚姻契约（ketubah）里，上面还明白记载万一女方被休或守寡，男方应返还多少嫁妆。犹太婚姻契约远溯至公元前 8 世纪，通常得经过仪式流程，新郎当着证人的面对新娘宣读："从今而后，直到永远，她是我的妻室，我是她的丈夫。"

婚礼最后一个阶段是洞房花烛夜前的喜宴，喜庆活动可能连续一个星期，但新人在第一晚便圆房了。如果丈夫发现妻子并非完璧，根据犹太法典，丈夫可杀死妻子："就要将女子带到她父家的门口，本城的人要用石头将她打死。"（《圣经·申命记》22∶21）

婚后，新娘必须遵守律法与习俗，唯夫命是从。这是圣经时代的人对妻子最基本的要求，因此犹太教与基督教婚礼都有"服从丈夫"的誓词，直到 20 世纪末叶才废除。毕竟，妻子和牛、奴仆一样，是丈夫的"财产"。更重要的，妻子要扛起"生下儿子"的重任。有了子嗣的母亲才能得到夫家的全然尊敬。

即便一个女人有了子嗣，做丈夫的想要摆脱老婆，只需写一纸休书，当着两个证人交给妻子，即可将妻子逐出家门，无须妻子的同意。希伯来法允许丈夫离弃妻子，只要他"不喜悦她"，因为做妻子

---

[4] 雪克尔是计量单位，一雪克尔约半盎司。——译者注
[5] Frank Alvarez-Pereyre and Florence Heymann, "The Desire for Transcendence: the Hebrew Family Model and Jewish Family Practice," *A History of the Family*, ed. André Burguière et al.; trans. Sarah Hanbury Tenison, Rosemary Morris, and Andrew Wilson, (Oxford: Polity Press, 1996), vol. 1, p.175.

的让他蒙羞（《圣经·申命记》24∶1）。在那个时代，什么是让丈夫蒙羞之事？通奸，这是一定的。就连怀疑妻子通奸、失态、不服从丈夫与不育，也构成休妻条件。后世的拉比 [6]（rabbi）注疏均坚称丈夫才有权离婚，妻子要尽量避免导致休妻的行为。

即便今日，在犹太正教里，还是丈夫才能提出离婚。妻子想离婚，必须得到丈夫的同意，拿到一个名为"休书"（get）的文件。如果丈夫拒绝离婚（认为妻子会回心转意，或者以扣留休书作为赡养费、监护权的讨价筹码），妻子便无法自此桩宗教婚姻脱身再嫁。今日，美国与以色列境内便有成千上万的犹太正教女性面临这种婚姻窘境。反之，丈夫无须妻子同意，只要能将休书交到她手上，便能离婚。

妻子不能主动离婚的观念远溯至《圣经》，但是圣经时代也有允许妻子采取行动的特殊例子。如果女人守寡又无子，她的小叔根据"夫兄弟婚制"传统，必须娶她，"给她种子"。如果小叔拒绝娶她，或者被迫结婚后不愿与她行房，她便可去城中长者的门前，对小叔提出控诉。当着全城居民的面，她可羞辱小叔未尽义务："他哥哥的妻就要当着长老到那人的跟前，脱了他的鞋，吐唾沫在他脸上，说：凡不为哥哥建立家室的都要这样待他。"（《圣经·申命记》25∶9—10）希伯来人对繁育的高度关切使女人得以演出如此罕见、经过正式允许的复仇。

没错，规范行为的经文勾勒出妻子的悲惨境遇，却未必完全符合日常生活。《圣经》里便有许多异于常规的例子。譬如，尽管妻子有传递香火的庞大压力，有的丈夫却依然深爱不育的妻子，胜过生下子嗣的第二或第三个妻子。以利加拿（Elkanah）便喜爱无出的哈拿（Hannah）胜过有儿女的毗尼拿（Penninnah）。一次，以利加拿发现哈拿为膝下空虚而哭泣，试图安慰她，说："哈拿啊，你为何哭泣，不吃饭，心里愁闷呢？有我不比十个儿子还好吗？"（《圣经·撒母耳记》

[6] 犹太法学与教义专家。——译者注

1 : 8）尽管有子嗣的母亲得到社会尊崇，无子女的妻子饱受羞辱，但古今皆同，法律无法规范个人的情感。

古代希伯来社会，已婚夫妇地位崇高，有关他们的故事繁多，足资证明。《新约》正好相反，已婚夫妇角色无足轻重。慢慢地，犹太教徒与基督徒只好从古代希伯来例子寻找婚姻楷模或反面教材。

提到完美妻子的范例，首先浮上脑海的是亚伯拉罕的妻子撒拉。她小心平衡妻子的力量与顺从。作为一个犹太好妻子，即便丈夫的命令有违道德，她亦得遵从。两度，她听从丈夫命令，假扮是他的妹妹，而非妻子，好让亚伯拉罕去讨好埃及法老王与基拉耳王亚比米勒（Abimelech）。虽然这代表撒拉被迫与他族国王睡觉，她仍是唯丈夫之命是从。结果，亚伯拉罕的策略奏效，两次，这对夫妇都逃过灾难并增加财富。

撒拉过了生育年龄仍无子，鼓励亚伯拉罕娶她的埃及女奴夏甲（Hagar）为第二个妻子。夏甲怀孕后便瞧不起撒拉，亚伯拉罕陷于尴尬处境，必须在两女间择一。他觉得自己更爱撒拉，故放逐了夏甲[7]，但是上帝介入，叫夏甲返回女主人身边，并保证她会为亚伯拉罕产下一子，此子的后代将成就大国。于是亚伯拉罕再度拥有两个妻子，长子名为以实玛利（Ishmael）。数个世纪后，以实玛利成为阿拉伯之父。亚伯拉罕与撒拉到了非常老的时候，神奇地产下一子，取名以撒（Isaac）。老蚌生珠让撒拉极感吃惊，甚至有点羞愧[8]。依据习俗，她亲自哺乳，可能奶到两三岁，孩子断奶时，举行了盛大的庆祝仪式。

亚伯拉罕与撒拉或许只是神话人物，用以代表希伯来人的祖先，但是圣经的叙述让他们看起来就像圣经时代的真实夫妇。他们跟着族人，带着动物、仆人、奴隶、财物，流浪走过一个个村镇与城市；在

---

[7]　根据《圣经·创世记》第16章记载，是撒拉虐待夏甲，夏甲逃跑，而非被放逐。——译者注

[8]　Robert Alter 指出，当 90 多岁的撒拉产下以撒时，她欢心笑了，也怀疑其他人是否会笑她。*Alter, Genesis,* p.97.

称不上友善的族裔之地扎营落脚；拿出牛奶、奶油与新鲜烤好的面包招待陌生人；他们交换意见、抱怨与欢笑。当撒拉早亚伯拉罕一步撒手人寰，我们毫不讶异地发现"亚伯拉罕为她哀恸哭号"（《圣经·创世记》23：2）。亚伯拉罕公开为撒拉哀恸，毫不羞愧，并大费周章为她找到最好的埋葬地，以极高价钱自希泰族人手中买下靠近希伯伦的麦比拉洞穴。

亚伯拉罕与撒拉之子以撒与利百加（Rebekah）结婚，他们的孙子雅各娶拉结（Rachel）与利亚（Leah）。他们的故事都让我们更清楚古代以色列妻子的地位。以撒娶利百加，是由他父亲的仆人返回父亲的家乡，为他寻得了这门亲事。这位仆人不是与利百加本人，而是与她的兄长拉班（Laban）洽谈婚事。兄长常代表父亲出面，有权处理姊妹的婚事。新郎与新娘并未见过对方便缔结了亲事。但是利百加并非毫无置喙余地。拉班默许这门婚事后，他说："我们把女子叫来问问她。"他们就叫了利百加来，问她说："你和这人同去吗？"利百加说："我去。"（《圣经·创世记》24：58—59）这是《圣经》中极少数地方指出及笄少女有权接受或拒绝可能的丈夫。

直到利百加与这仆人回到迦南，她才见到以撒。故事的结局是以撒喜欢利百加："以撒便领利百加进了他母亲撒拉的帐篷，娶了她为妻，并且爱她。母亲不在后，以撒才得了安慰。"（《圣经·创世记》24：67）最后一句特别感人，因为以撒不仅爱上别人为他选择的妻子，而且在母亲死后，得到了情感的代替。可以想见弗洛伊德对此一定点头称是。

以撒与利百加之子雅各与拉结的结婚比较曲折。利百加吩咐雅各（而非仆人）到他舅舅拉班家那儿找寻婚配对象。拉班热情招待外甥，却也叫他做工糊口。一个月后，他们同意如果雅各继续为舅舅拉班工作，工资就是迎娶拉结的聘金。拉结有个姐姐利亚，照规矩，姐姐应先于妹妹出嫁。《圣经》形容这对姐妹："拉班有两个女儿，大的名叫利亚，小的名叫拉结。利亚的眼睛没有神气，拉结却生得美貌俊秀。雅各爱拉结。"（《圣经·创世记》29：16-18）雅各立约替拉班做事七

图 1.2 圣经时代的婚姻契约（ketubah），上面注明新娘的妆奁多寡，以及她被休妻或守寡后的权益。这张以草体书就的 ketubah 注明"伊利亚·摩哈之子纳罕与以色拉·哈利瓦伊之女葛希亚在两名证人见证之下结为连理"（Musée de l'Art et de l'Histoire Judaïque, Paris）

年，以娶得拉结。《圣经》生动描述："雅各就为拉班服侍了七年；他因为深爱拉结，就看这七年如同几天。"（《圣经·创世记》29：21）

到了雅各欢喜收割的那天，他的舅舅却残忍地欺骗了他。那天晚上，拉班把利亚替代拉结，雅各与错的女人同房。到了早上，雅各发现是利亚，便对拉班说："你向我做的是什么事呢？我服侍你，不是为了拉结吗？"拉结回答他们那儿没有"大女儿还没有给人，先把小女儿给人"的规矩。建议雅各再为他做工七年，娶得拉结。

前前后后，雅各为手段高明的舅舅工作了 20 年，换得两个妻子、她们的女奴与一大堆孩了。由于儿子是圣经时代家庭的最终宝物，因此拉结与利亚两位妻子竞争生子。先是不受宠爱的利亚生了 3 个儿子，得到补偿，始终不育的拉结忌妒姐姐，便对雅各说："有我的使女辟拉在这里，你可以与她同房，使她生子在我膝下，我便因她也得孩子。"（《圣经·创世记》30：3）孩子诞生后放在膝上，意指收养这个孩子。

两位妻子的竞争因使用风茄这种神奇催情、促进生育的果子而更形激烈。有风茄为助，利亚又生了更多儿子与一个女儿。而拉结也终于生了一个儿子。这时，雅各已是个小部族之父。这个故事勾勒出在一个高度重视女人生子的社会里，妻子之间的激烈敌意竞争。和亚伯拉罕、撒拉与夏甲的故事一样，雅各的故事也勾勒出"外来"女子（譬如埃及女奴）的身体促进了希伯来家庭的繁衍。

希伯来语《圣经》丰富展现配偶演出的各式婚姻主题。我最爱的一段是约伯与妻子的简短对话。约伯受到上帝试探，失去了所有儿女、仆人与牲畜，从头到脚长毒疮，坐在灰烬里，接受上帝的旨意。但是他的妻子可不。

"你到现在还坚守你的忠诚吗？你咒骂神，去死吧。"

约伯却对她说："你说话像愚顽的妇人一样。嗳！难道我们从神手里得福，不也受祸吗？"在这一切的事上，约伯并不以口犯罪。（《圣经·约伯记》2：9）

　　我们听到这位妻子语带怨恨，承受不了哀伤与对上帝的记恨，因为他是杀死她子女的元凶。《圣经》里形容她为"愚顽妇人"，无法忍受伤痛。相对的，约伯抵抗沮丧，至少一开始是这样。他们的对话来自古老的地中海传统——女人经常被视为蠢妇，为死亡哀伤所困，对冷漠的上帝不敬，无法看清全貌（不管是政治上的或隐喻的）。就像希腊神话的克吕泰涅斯特拉（Clytemnestra）始终抱怨丈夫阿伽门农（Agamemnon）牺牲他们的女儿伊菲格涅亚（Iphigenia）。约伯的妻子毫不懊悔咒骂上帝带走她的孩子。不管社会规范妻子应该服从，妻子显然会在自家私领域里反抗丈夫，甚至反抗至高的父权——上帝。

　　男人则理应较为自制。约伯虽经历极大的心理痛苦，并质疑上帝的公正，但他从未口出亵渎之言。最后，上帝让他"加倍兴盛"。（《圣经·约伯记》42：10）至此，叙述者不屑纡尊，对约伯的妻子只字不提。

　　相较于约伯的妻子以及其他负面范例，《圣经·箴言》的最后一章提供了完美妻子图像。它显然呈现男性观点，开宗明义便以仇恨女性的口吻说贤妻哪里找，而后转进至圣经罕见的贤妻歌颂。

　　才德的妇人谁能得着呢？她的价值远胜过珠宝。

　　她丈夫心里倚靠她……

　　她一生使丈夫有益无损。

　　她寻找羊绒和麻，甘心用手做工。

　　她好像商船从远方运粮来，

　　未到黎明她就起来，把食物分给家中的人，将当作的工分派

婢女……

　　她张手周济困苦人，伸手帮补穷乏人……

　　她的儿女起来称她有福；她的丈夫也称赞她。

　　她是勤劳、尽责、慈善的女人，为丈夫与孩子带来荣耀。任何时代的任何男人都梦想有这样一个老婆。

诚如前面所言，福音书 [1] 里甚少提及夫妇，仅在《马太福音》与《路加福音》简略提及玛利亚与其夫约瑟的神奇故事。玛利亚许配给约瑟时，年方 12 或 13 岁。他们之间的承诺与责任远非今日的"订婚"所能描绘：约瑟与玛利亚虽尚未完婚，但她已经是他的合法妻子，这时约瑟发现玛利亚怀孕了。当时的犹太新娘如非完璧，可能被判死刑。玛利亚很幸运，"她丈夫约瑟是个义人，不愿意明明地羞辱她"，相反地，"想要暗暗地把她休了"。他正打算如此做时，"主的使者向他梦中显现"，说服他玛利亚是圣灵怀孕，直到玛利亚"生了头胎儿子"，他们才结了婚（《圣经·马太福音》1：18—25）。

除了玛利亚与约瑟之外，新约圣经并无重要的夫妇故事。福音书侧重个别与个人的救赎。每个人都应为自己的行为负责，因此我们在地上的作为将决定我们是否能继承天国，或者受永恒几欣拿（Gehenna，希伯来之地狱）之苦。不管上天堂或下地狱，两处都无婚姻，耶稣明白地说："人从死里复活，也不嫁不娶，乃像天上的使者一样。"（《圣经·马可福音》12：25）耶稣所言的强烈启示色彩显示婚姻是无足轻重的。

耶稣对尘世婚姻看法如何？他显然憎恶离婚，对某个离婚事件的评语足以反映他的想法。他引述上帝造男造女、让他们合为一体的故事，然后说："神配合的，人不可分开。"（《圣经·马可福音》10：9）他继续指出："凡休妻另娶的……就是犯奸淫。"（《圣经·马可福音》10：11）我们必须记住古希伯来法律通奸罪只适用于已婚女人，要求她们只能与一个男人交合。对已婚男人则无此限制，他们可以与妻子或无婚约的女人如寡妇、妾、女仆发生性行为，通奸女人连同情夫可被石头砸死。但是耶稣反对希伯来习俗，他将男人的离婚与再婚特权等同于奸淫。已婚的基督徒，无论男女，都必须坚守一夫一妻至死。

耶稣也认为通奸女人所受刑罚太过。在现今众所周知的一个例子

---

[1]　新约圣经的头 4 卷。——译者注

里，百姓问耶稣"行淫时被拿的"妇人是否应依据摩西律法被石头打死，耶稣的回答广为人知："你们中间谁是没有罪的，谁就可以先拿石头打她。"（《圣经·约翰福音》8：7）耶稣强调同情而非报复、男女犯罪一视同仁，为宗教历史平添新意。尽管如此，尔后的时代，基督徒社会依然对通奸者科以重刑。13 世纪的法国，淫妇与情夫被逮，要裸体游街示众。14 世纪的日耳曼刑罚更重，行淫者可能惨遭活埋或刺刑 [2]。1231 年，腓特烈二世当政时代的西西里王国采取新法，减轻通奸者所受刑罚，不再刺死犯行者，与已婚妇人通奸的男子要没收财产，犯下奸淫罪的妻子割去鼻子便够了。17 世纪新英格兰的清教徒社会，对奸夫淫妇的常见处罚是鞭刑或罚款，加上象征性的处死：在犯行者脖子圈上绳子，令其当众罚站一小时。

圣经时代，古希伯来人视通奸为"可憎之事"，可被判处死刑。另一个是同性恋。《圣经》谴责同性交合："不可与男人苟合，像与女人一样；这本是可憎恶的。"（《圣经·利未记》18：22）

这句"不可与男人苟合，像与女人一样"是对男人说的，意思亦如字面所示。因此，它只禁止男同性恋。希伯来文《圣经》对女同性恋并无相同禁止。女同性恋未被提及，可能是撰写《圣经》的男人忽视此种行为，或者认为不足道也。也可能是女同性恋性交不像男性交合，与"播种"无涉。

为何圣经时代的希伯来人如此诟骂同性交合？此议题引发恒久辩论。其中一个论点是古人注重繁殖：任何与繁殖后代无关的性行为如自慰、体外射精、人兽交，都遭到强烈谴责。相较于古地中海世界的居民如古希腊人、古罗马人对同性恋的容忍，犹太教始终反同

[2]　上述两种刑法的描写与插图，详见亚仁（Agen）地区出土、13 世纪的"Traité de Droit"，复制于 David Nicolle 的 *The Hamlyn History of Medieval Life* (London: Hamlyn, 1997) p.116；以及 Stadtarchiv Zwichau1348 年的"Zwickenauer Stad-trechtbuch"，复制于 Erika Uitz 的 *The Legend of Good Woman: Medieval Women in Towns and Cities*, trans. Sheila Marnie (Mount Kisco, New York: Moyer Bell Limited, 1988) p.122。

性恋。[3]

至于基督教，耶稣对同性交合并未置一词，与他对通奸的大加挞伐正好相反。使徒保罗却明白谴责男／女同性恋行为（《圣经·罗马人书》1：26—27，《哥林多前书》6：9，《提摩太前书》1：10）。他对同性情色的负面看法来自根深蒂固的思想体系，认为异性恋关系才是自然的，其余的性形态皆为违反自然。上帝在《创世记》里设下自然规范，偏离异性交合的行为就是违逆上帝的设计。

当我思索古代犹太教与早期基督教时，讶然发现他们对婚姻的看法有些基本差异，持续至今。犹太教将婚姻与繁殖戒律（mitzah）连接，它是神圣的戒律，也是神恩。由于犹太人视婚姻为履行繁殖责任的唯一神圣方式，因此，无论男女都有义务结婚。无数记载于律法[4]（Torah）与犹太法典的拉比注疏都一再强调此一观念，譬如，"得着贤妻的，是得着好处，也是蒙了耶和华的恩惠"（《圣经·箴言》18：22）。

相反的，基督教很早就偏离此一立场。早期的基督徒追随耶稣与使徒保罗的脚步，看重独身禁欲胜过婚姻。保罗说："没有娶妻的，是为主的事挂虑，想怎样叫主喜悦。娶了妻的，是为世上的事挂虑，想怎样叫妻子喜悦，难免分心……已经出嫁的，是为世上的事挂虑，想怎样叫丈夫喜悦。"（《圣经·哥林多前书》7：32—34）娶妻或嫁人似乎会干扰人神结合之首要大事。如果说，犹太人认为遵守上帝戒律的唯一方法是结婚；保罗的信徒则认为"戒绝性欲"乃是遵守上帝戒律唯一之法。

虽然希伯来人视娶妻为"得着好处"，而基督徒认为妻子可能阻

---

[3] 有关古代同性恋行为的研究，重要典籍有 John Boswell, *Christianity, Social Tolerance, and Homosexuality: Gay People in Western Europe from Beginning of the Christian Era to the Fourteenth Century* (Chicago: University of Chicago Press, 1990); John Boswell, *The Marriage of Likeness: Same-Sex Unions in Pre-Modern Europe* (London: HarperCollins, 1995); and Brooten, Love Between Women。

[4] 《旧约圣经》的首五卷。——译者注

碍救赎，两者却都认为女人理所当然次于男人，一辈子需要男人的保护指导。在基督时代，犹太女人（尤其是富有的城市女人）被禁锢在家中，除了到神庙里，很少出去，出去时，从头到脚密密覆盖，只露出一双眼睛。帕梅拉·诺里丝（Pamela Norris）在她引人入胜的《夏娃》（*Eve*）一书中说，就算只能露出一只眼睛，犹太女人依然能以眼部化妆、色彩缤纷的衣服与叮当作响的珠宝引人注目。《圣经》谴责这类装扮（特别是《以赛亚书》3：19—23），拉比也为此愤怒，认定女人生性喜爱制造麻烦与挑逗，需要男性的监督控制。

沿着这个脉络，两千年来，父权倡议者不断引述使徒保罗的话："你们做妻子的，当顺服自己的丈夫，如同顺服主。因为丈夫是妻子的头，如同基督是教会的头。"（《圣经·以弗所书》5：22）教会大肆强调妻子应顺服丈夫，保罗说妇女在教堂里："要闭口不言……她们若要学什么，可以在家里问自己的丈夫。"（《圣经·哥林多前书》14：34—35）

早期基督教的思想家如德尔图良[5]（Tertullian）、圣哲罗姆[6]（Saint Jerome）与圣奥古斯丁[7]（Saint Augustine）均认为夏娃引发人类的堕落，让所有俗世结合都染上道德污点，包括婚姻。但这三位教会神父对夫妻好合的厌恶程度各有不同。圣奥古斯丁为性交辩护，因为婚姻有三大合理好处：繁衍、维持社会稳定、防止通奸。他宣称夫妇行房应该只为繁衍后代，努力避免因肉体欢愉而交合。

圣哲罗姆的看法更严苛。他认为性的本质是邪恶的，就连夫妇行房也不例外。他驳斥性欢愉为肮脏、可憎、堕落与绝对腐化。性与罪恶结合（泰半要归罪夏娃的后代）的概念逐渐深植于教会，到了5世

---

[5]　德尔图良（160—220），早期基督教神学家，拉丁全名 Quintus Septimius Florens Tertullianus。——译者注
[6]　圣哲罗姆（342—420），天主教会学僧，以编撰拉丁语圣经（*Vulgate Bible*）闻名。——译者注
[7]　圣奥古斯丁（354—430），天主教会学僧，他写作的 *City of God* 对后来西方神学影响甚深。——译者注

纪，已成为神学权威间最普遍的看法。它也和修道院制度的兴起有关，提供了基督徒男女异于婚姻的另一种生活（犹太教与伊斯兰教都无制度化的独身）。

但仍有少部分基督教神学家采取相反立场，赞美婚姻。他们指出耶稣曾捍卫婚姻乃上帝所赐、夫妻乃不可分离的一体（《圣经·马可福音》10：6—9）；并举耶稣到迦拿参加婚礼，将水神奇变成酒以宴宾客（《圣经·约翰福音》）为例。他们指出保罗也同意婚姻乃繁衍后代的必要手段，他不仅将人的结合比喻成基督与教会的结合，努力赋予婚姻神圣的意义，更训诫夫妇要相亲相爱，特别是在床上："丈夫当用合宜之分待妻子；妻子待丈夫也要如此……夫妻不可彼此亏负。"[8]（《圣经·哥林多前书》7：3—5）保罗的想法可能来自希伯来圣经，因为《出埃及记》（21：10）上写，做丈夫的必须提供妻子（即使是奴隶妻子）"吃食、衣物并好合之事"。后来，宗教改革时代重拾对夫妻间情爱、性需求的肯定，相较于早期教会，对婚姻抱持较正面的态度。

犹太教与基督教均提供了许多历久弥新的"好"妻子与"坏"妻子范例。所有女人都是夏娃的后裔，她们可以带坏男人。但旧约圣经记载了撒拉、利百加、拉结、利亚这些母亲，《箴言》第31章也提出"才德女子"，她们带给丈夫的只有荣耀。长久以来，犹太女子总令人想起她们勤奋、多子的女祖先。

基督徒则有圣母玛利亚为至高模范，她拥有两项最值得推崇的美德：顺从与贞洁。虽然她与约瑟的婚姻只是生下上帝之子的工具，基督徒仍视她为完美的妻子典型。后世的女基督徒看到圣母玛利亚的神奇圣洁，对照自身的肉欲，不免感受到其中的紧张拉扯。

[8] 此处原文为 The husband must give the wife what is due to her, and the wife equally must give husband his due，圣经公会版翻译为："丈夫要对妻子尽夫妻间的责任；妻子也要对丈夫尽夫妻间的责任……夫妻不要忽略对方的需要。"——译者注

古希腊的妻子

有关古希腊妻子的记载繁多，但是我们对她们却所知甚少。除了萨福 [9]（Sappho），所有伟大的希腊文学都为男子所写，反映出男性的观感。希腊文学不乏妻子的声音，却都出自男子之口。这就好像我们阅读海明威、约翰·厄普代克（John Updike）、菲利普·罗斯（Philip Roth）的小说，企图了解 20 世纪的美国女人一样。文献告诉我们希腊妻子的社会与法律处境，我们却对她们的希望、恐惧、失望一无所知。

希腊妻子对女神赫拉（Hera）有何看法？她是婚姻守护者、女人的保护者、天神宙斯的妹妹兼太太。希腊妻子会膜拜赫拉，一如后来的女基督徒膜拜圣母玛利亚吗？赫拉高贵的形象装饰了希腊神坛与圣殿，但是口传与书写的故事将她描写成极端善妒的妻子，阴谋对付宙斯喜欢的女子与他的私生子。希腊妻子祈求赫拉庇佑她们的丈夫不在外偷情，以免婚姻失和，但是赫拉的怨恨妻子与高尚妇人的两极形象，显示希腊妻子心底可能对她又怕又同情。

荷马时代（约莫公元前 8 世纪）的理想妻子是《奥德赛》里的珀涅罗珀（Penelope）——成熟、聪明、忠贞。特洛伊战争的主角奥德修斯（Odysseus）在外流浪 19 年，他的妻子珀涅罗珀管理他在伊萨卡（Ithaca）的王国，将儿子忒勒玛科斯（Telemachus）养大成人，推掉许多竞逐取代她丈夫的追求者。她假称只要织完给公公的披肩，就会做出再婚决定，事实上，她白天织披肩，晚上把它拆掉。等到她的拖延战术被揭穿时，奥德修斯及时返家、补偿妻子。

奥德修斯夫妻重逢那一幕无疑是最受喜爱的文学一章。珀涅罗珀已经绝望，认为再也见不到夫婿活着返家，不相信面前伪装的乞丐是自己的丈夫。她冷淡地接待奥德修斯，考验他的身份真假。奥德修斯素以狡猾闻名，珀涅罗珀显然不在其下，她的试验集中于他们的新婚

---

[9] 萨福（Sappho），公元前 600 年左右的希腊女诗人。——译者注

之床。她命令老保姆将床从卧房移出，奥德修斯大为愤怒，提醒珀涅罗珀新婚之床是他在年轻时亲手雕成，不可能移动，因为他们的卧房依橄榄树而建，床柱就是橄榄树。

有此铁证，珀涅罗珀"奔向奥德修斯，揽住他的脖子，亲吻他的额头……珀涅罗珀的投降软化了奥德修斯的心，他垂泪将妻子揽在怀中，如此忠心、如此诚实的妻子"[10]。忠心、诚实、谨慎、可靠，这是形容理想妻子珀涅罗珀的话。奥德修斯象征的是征战、流浪、在远方异地与陌生床笫冒险的大世界，而珀涅罗珀则是等待、编织，对配偶忠心不渝。

夫妻团圆之际，他们并未忘却另一个女人——海伦，她是他们所有哀伤的来源。对照忠心耿耿的珀涅罗珀，亚各斯的海伦（又以特洛伊的海伦著称）恰是反例。她是墨涅拉俄斯（Menelaus）的妻子，却允许自己被帕里斯（Paris）带到特洛伊，因此引发特洛伊战争。美丽的海伦，轻浮的海伦，在克里斯托弗·马洛[11]（Christopher Marlow）勾人心魂的笔下，海伦的容貌被誉为"让千艘船沉沦"，她是古代最著名的"红颜祸水"，因极端美丽而引起男人畏惧的女人。在古希腊／罗马世界，海伦与珀涅罗珀代表了坏妻子与好妻子，一如后来的基督徒赋予夏娃与圣母玛利亚的对立特质。

但是让世代读者着迷的倒不是珀涅罗珀与奥德修斯的刻板印象。尽管依据性别角色分工，珀涅罗珀象征了绑在家中的老婆，奥德修斯是漫游的英雄。但是对现代读者而言，他们之间的戏谑竞争与亲昵、长时间分离依然不减的共有记忆、床上重逢的欢愉做爱与枕边欢谈，显得分外写实。枕边细语（古希腊人也有枕头？）是各种年龄的夫妇都有的经验。"他聆听高贵的妻子细数在家中必须忍耐的一切……国王奥德修斯则畅谈他如何让敌人败北。"哪对夫妇在做爱前后不爱这

[10]　18. Homer, *The Odyssey*. trans. E.V. Rieu (Handondsworth, Middlesex: Penguin Books, 1996), pp.345-346. 就这段，Rieu 的译文胜过 Robert Eagles 的译本（New York: Penguin, 1996），pp.461-466。

[11]　马洛（1564—1593），英国剧作家。——译者注

图 1.3 公元前 400 年的
雅典墓碑，纪念一对夫妻
（J. Paul Getty Museum,
Los Angeles）

样交谈？古代文学典籍里，这类的和谐家居亲密场面的确罕见。古典文学研究圈时下盛行一种看法：荷马时代的婚姻比起 3 世纪之后的雅典婚姻要来得男女平等，而荷马时代的女人享有古典希腊时代女人所没有的尊严与自由。奥德修斯与珀涅罗珀的故事为上述看法提供了文学证据。

当我们从荷马时代进入 5 世纪雅典的古典时代，有关妻子的信息显著增多，虽然仍只出现在男性著述的文献里。埃斯库罗斯[12]（Aeschylus）、索福克勒斯[13]（Sophocles）、欧里庇得斯[14]（Euripides）等伟大悲剧诗人的作品，让读者目睹任性的丈夫或妻子所导致的恐怖家庭暴力。俄狄浦斯与约卡斯塔（Jacosta）、阿伽门农（Agememnon）与克吕泰涅斯特拉（Clytemnestra）、伊阿宋（Iason）与美狄亚（Medea）注定互相摧毁。阿伽门农从特洛伊战争回来，他的妻子克吕泰涅斯特拉在情夫的协助下谋杀了他，因为他在出发征战前，献祭了他们的女儿伊菲琴妮亚。伊阿宋抛弃美狄亚另娶新妻，美狄亚杀死他们的两个女儿以为报复。至于俄狄浦斯，他在不知情之下杀了亲生父亲拉伊俄斯（Laius），娶了母亲约卡斯塔，数年后获知真相，俄狄浦斯弄瞎自己的双眼，约卡斯塔自杀。这些故事隐含人们对复仇之妻（如克吕泰涅斯特拉与美狄亚）的深深恐惧，或者畏惧约卡斯塔这类乱伦寡妇所可能带来的污染（虽然那是无心之过）。一个好的希腊寡妇本就不应再嫁。这些故事隐含的黑暗现实彰显了古代（甚至现代）配偶间的许多焦虑。碰到另结新欢或伤害子女的丈夫，妻子的确会酝酿杀夫念头，虽然她们的报复甚少是上述的惊人方式。

相较之下，希腊喜剧虽然粗俗夸大，或许较接近日常婚姻生活。《吕西斯特拉忒》（Lysistrata）于公元前 41 年首演，作者阿里斯托芬（Aristophane）掌握了历久弥新的概念——妻子拒绝与丈夫同床——

[12] 埃斯库罗斯（公元前 523—前 456），希腊悲剧诗人。——译者注
[13] 索福克勒斯（公元前 495—前 406），希腊悲剧诗人。——译者注
[14] 欧里庇得斯（公元前 480—前 406），希腊悲剧诗人。——译者注

将它变成奇特的政治喜剧。吕西斯特拉忒和姊妹们共谋拒绝与丈夫同床，以抵制男性黩武好战的行为，结果让整个希腊社会陷入停顿。至少就这个例子，床笫的力量胜过剑。《吕西斯特拉忒》一剧使用黄色对白与道具，时至今日，仍和 20 世纪 60 年代的口号"只要做爱，不要作战"一样新鲜。

雅典的日常生活依据一套规范两性成年人的习俗运转，井然有序。一般来说，婚姻是财产的安排、金钱的交易，与新人的感情几乎无涉。一个家庭如有适婚年龄的儿子，会寻找妆奁丰厚的可能媳妇，好让新人的未来生活无虞，中上阶层家庭犹然，但低下阶层如制鞋匠、渔夫等家庭的婚配也非常关心财产问题。

另一个重点是公民资格。公元前 5 世纪的雅典，公民资格乃世袭，但父母必须都是雅典人、公民阶级。公元前 451 年到前 450 年间，伯里克利 [15]（Pericles）制定法律，规定男公民如果希望子嗣也有令人欣羡的公民资格，婚配对象的父母必须都为公民。

有关希腊婚姻的"公"性质，不乏记录，但是婚姻生活的私人感情面就不易得知。当一个十四五岁（古希腊女子的法定结婚年龄）的年轻女孩听到自己即将出阁，有何想法？婚事忽忽，她的未来夫婿会跟她的父亲讨论，无须咨询她的意见，她甚至没机会和他接触。我们有理由相信结婚常给新娘带来"极大打击" [16]。年纪尚小，她便被迫离开自己的家（oikos），进入夫家，在那里，她的际遇完全系乎丈夫与婆婆的善意（或恶意）。一首经典的希腊悲歌便以新娘为第一人称，口述离家的痛苦：

每个人都赶我走
每个人都叫我离开

[15]　希腊的统治者，大将军及政治家。——译者注
[16]　Nancy Demand, *Birth, Death, and Motherhood in Classical Greece*（Baltimore and London: The John Hopkins University Press, 1994）, p.2.

······

我带着泪水与沉重的心离开。[17]

男女的定亲（eggue，或指承诺）远早于结婚之前。基本上，定亲是口头约，由交出新娘者（通常是新娘的父亲）与新郎订约。做父亲的会说："我发誓×××（新娘名字）为你产下合法子嗣。"新郎则回答："我接受。"定亲时，新娘并不在场。就本质而言，定亲像是约束双方的承诺，包含婚姻不能履行时，双方要负担的法律责任与金钱惩罚。这和现今爱人无须任何仪式与双方父母同意就能同居，万一分手，也不必担心报复，非常不一样。

婚姻对希腊男女而言是界定一生的事，是童年迈入成年的生命礼仪（rite of passage）。婚礼通常在冬季举行，持续 2 到 3 天。第一天，新娘的父亲向婚姻之神宙斯与赫拉献祭。新娘则奉祭她的玩具给阿尔忒弥斯（Artemis），她是贞洁与繁育之神，也是狩猎与自然之神。第二天，新娘家举行婚宴。新娘头戴面纱，坐着两轮或四轮马车，由新郎与他的好友陪同迎娶至她未来要居住的夫家。一群人手拿蜡烛或火炬前导，唱着婚礼歌谣（谓之 Hymen）。

婚礼游行是古老习俗，《伊利亚特》（*Iliad*）中，阿喀琉斯（Achilles）的盾上便刻有下面场景的铭文：

······火炬照亮下，他们将新娘从女子房带出，沿着街道游行
婚礼合唱越唱越高昂
年轻人跳舞，围成圆圈打转
笛声与竖琴沸腾呼唤
女人冲到门前，因神奇感动而呆立

[17] Ibid., pp.14-15。

　　和游行沿途的女观众一样，我们一窥了婚礼的盛大庆祝。[18]

　　一旦新娘被送入新家，婚宴宾客站在屋外高唱祝婚歌或者洞房之歌。关在房内的新人这时应当开始燕好，做丈夫的要占领老婆。从这一刻起，新娘的丈夫取代父亲，成为她的 kyrios（监护人与主人）。亚里士多德说，丈夫与父亲有别，前者对妻子的统治有如政治家对百姓，后者则如国王对子民。不管两者的权威差别为何，亚里士多德抱持的是传统观念——"男人比女人适于统治"（《政治》，I：12）。

　　虽然希腊婚姻的主要支撑来自习俗、法律与仪式，它并非无法逆转之事。雅典社会，女人产下孩子后，才算正式成为夫家的人。在这之前，她的父亲随时可以终止此门婚姻（往往是财产因素），再度成为她的 kyrios。更可怕的，做丈夫的无须任何正当理由，只要愿意偿还嫁妆，随时可以断绝与妻子的关系。

　　古希腊社会，异性恋结合是唯一合法的婚姻，但是丈夫的性对象却不止妻子一人。他可以与妾、男奴隶、女奴隶、男妓、女妓、男情人或女情人发生性关系。唯一的禁果是其他公民的妻子。著名演说家阿波罗多罗斯（Apollodorus）便常说雅典男人可以有三个女人：为他生下合法子嗣与照顾家业的妻子，每日照顾他身体需要（意指性关系）的妾，以及提供他欢乐的高级妓女（hetaeras）[19]。

　　但妻子除了丈夫，堪称与男人隔绝，如果被逮到有情夫，将受严酷惩罚。最轻是休妻，打发她回娘家。一个恶名昭彰的例子，盛怒的雅典丈夫尤非利塔斯（Euphiletos）杀了妻子的情人伊洛托斯芬尼斯（Eratosthenes），却以正当杀人之名赢得官司。尤非利塔斯逮到妻子与情夫共枕，将他摔倒在地、双手捆绑，拒绝他所提议的金钱赔偿，当场杀了他，被控告谋杀。饱学之士吕西阿斯[20]（Lysias）为他撰写答辩

[18]　Homer, *Iliad*, trans. Robert Fagles, 18:573-579 (New York: Viking Penguin, 1990), p.483.
[19]　Eva Cantarell, *Pandora's Daughters*, trans. Maureen B. Fant (Baltimore and London: John Hopkins University Press, 1987), pp.48-49.
[20]　吕西阿斯（公元前459—前380），古希腊著名演说家。——译者注

词，尤非利塔斯成功地为自己辩护，吕西阿斯也将这个故事记述给后人知晓。显然，法官相信尤非利塔斯不仅是为了捍卫个人利益，也是为了捍卫雅典城邦而杀人，因为通奸如不受惩罚，将破坏整个社会秩序。公元前 400 年，这是丈夫报复杀人的合法理由 [21]。

相较之下，法律并未提供太多支持给受虐妇女。不管婚姻多么恐怖，女人不得诉请离婚，生了孩子后，更是不得脱身。脱离暴虐丈夫的唯一方法是离开夫家，回到娘家，接受父亲或另一个指定 kyrios 的监护，这还得经过执政官（雅典九大行政长官之一）的同意。丈夫如果因为妻子的财产而跟她结婚，妻子又生下继承人，丈夫却不履行性义务，有一条特殊法律可以保障这样的女人，法律规定他每个月必须和妻子行房三次。（但是想想看，做妻子的有什么办法可强迫丈夫服从此条法律！）

古希腊，妻子多数比丈夫年轻 10 到 20 岁。她们几乎足不出户，被排除在所有公共事务之外，无法成为丈夫的"完全伴侣"。雅典丈夫多数时间不在家，流连集会场、市场、体育场或妓院。婚姻只是个受尊崇的制度，用来繁衍子嗣与照顾家务，大家并不期望它能满足一个人对灵魂伴侣的渴望。

相反地，同性恋才是理想的结合，至少精英阶层如是想。与犹太教／基督教的想法恰恰相反，古希腊人认为成年男子与年轻男孩的同性结合是自然且值得称颂之事。柏拉图便赞美喜欢与成年男子发生肌肤之亲的男孩，认为当他们长大成男人时，"也会受男孩的性吸引，如果不是社会习俗凌驾了他们的自然倾向，他们绝不想要结婚、生子"。就像异性恋伴侣，古希腊人认为因"情感、亲密与爱意"而结

---

[21]　吕西阿斯的答辩词见 "On the Slaying of Eratosthenes"（Oxford ed.），section 23–26，Elizabeth Wayland Barber, *Women's Work: The First 20,000 Years* (New York and London: Norton, 1994), pp.273–277。同时见 Sabine Melchior-Bonnet and Aude de Tocqueville, *Histoire de l'Adultère* (Paris: Editions de la Martinière, 1999), pp.10–20。

合的同性恋关系，才适合"生生世世"。[22]

除了柏拉图之外，色诺芬（Xenophon）、亚里士多德、阿里斯托芬、普鲁塔克（Plutarch）等横跨 5 个世纪的希腊作家都不认为同性恋有何异常。此类文献汗牛充栋，我们不得不认为，在古希腊时代（至少上等阶层），同性恋行为"不仅经常为之，还是普遍现象，并显然被认为具有高度文化价值"[23]。但也不能据此假设同性恋毫无问题。几位古典学者一再提醒我们，即便最支持同性恋的古希腊人，也只限定支持男人与男孩间的性关系。男色是一种被允许的社会制度，设计来引导年轻男孩进入成熟男子间的友爱关系，并依一系列的习俗惯例运作，成熟男子年纪多在 40 岁以下，同性爱侣则为 12—18 岁。它不被视为婚姻的替代品。

雅典女人多半困在家中，与女性为伴，夫妻间也不特别强调情爱，某些已婚妇人可能会在女人身上寻求安慰。但是我们对古希腊社会的女同性恋行为几乎一无所知，唯一的数据源，年代要更早，来自诗人萨福的诗作。萨福在公元前 612 年出生于莱斯沃斯岛（Lesbos），据信是一个年轻女性社团（thiasos）的领导人。女人在这些社群里学习音乐、歌唱、诗与舞蹈。根据萨福留下的诗篇以及后世希腊作家作品所言，萨福应该爱过好几个女人。

现存萨福诗歌中唯一完整的是《给阿佛洛狄特的颂歌》（*Hymn to Aphrodite*）。在这首诗歌里，萨福向爱神阿佛洛狄特祈求，让她对某年轻女子的单相思成双，爱神给了她激励的答案：

噢，萨福
是谁
如此不公对待你？

[22]　Plato, *The Symposium*, trans. Robin Waterfield (Oxford and New York: Oxford University Press, 1994), p.28.

[23]　Cantarell, *Pandora's Daughters,* pp.82–83.

> 如果她现刻躲避，
>
> 将来她必会追求。
>
> 你的礼物她不收，
>
> 将来她必会奉上。
>
> 如果眼下她不爱你，
>
> 很快她就会，
>
> 即便，
>
> 这违背了她的心意。[24]

古希腊妻子多数不识萨福诗歌，因为她们不会读写，男性宴会可能会朗诵萨福诗歌，但是除了高级妓女，所有女性均被排除在这类宴会之外。毫无疑问，某些女人（譬如萨福）和今日女人一样，在其他女人的臂弯得到快慰，但这种偷情势必非常危险。古希腊女人不是自己的主人，而是由父亲交给丈夫的一项财产，目的在"制造合法子嗣"。她的成年生涯里，多数时间都在怀孕、哺育照顾孩子、烧饭、织布。流传后世的记载并未提及她从情人处得到快乐。

古罗马的妻子

尔后数世纪，地中海世界的中心从雅典移往罗马，婚姻本质的观念也有了改变。公元前 5 世纪到公元前 2 世纪的罗马共和时代，婚姻模式与希腊相同：对女人的控制权"自然"由父亲交到夫婿手中。已婚妇人必须依据贞洁法（pudicitia）行事，此一律法追求严格的道德，包括 pudicitia 字面所示的贞洁自持。早期所有的神话女主角都对丈夫忠贞不贰，让人称道，守寡也不再嫁。传奇的卢克丽霞（Lucretia）被塞克斯图斯·塔奎尼乌斯（Sextus Tarquinius）强暴，甚至自杀。根

[24] Jane McIntosh Snyder, *Lesbian Desire in the Lyrics of Sappho* (New York: Columbia University Press, 1997), p.8.

据李维（Titus Livy）在公元前 25 年左右写就的《罗马史》（*History of Rome*），卢克丽霞招来父亲、丈夫与朋友，戏剧化地当众自裁。罗马共和时代的夫妇有义务延续夫家姓氏，为年轻的共和国制造儿子，因为国家倚赖士兵捍卫它的生存。驰骋沙场与纵横元老院的男人，回到家中，也是家里的主宰。但是到了共和时代末期与罗马帝国时代，较为平等的婚姻模式逐渐成形——强调丈夫与妻子的伙伴关系。

这两种不同的婚姻理想在罗马法律里称之为 cum manu 与 sine manu（字面意义为"有约"及"无约"）[25]。"有约"婚姻逐渐转变为"无约"婚姻，代表女人结婚后不是丈夫的"受监护者"，名义上仍受自己的父亲监护。

罗马父亲有义务帮女儿找婚配对象，但是母亲、姑姨、已出阁的姐姐或已婚女友也帮忙寻找。年轻女孩不该主动，一切听从父母之命。古罗马时代的女孩六七岁时，父亲便开始谈判聘金多寡。这算是事先安排，结局未必成婚。

早期共和的严峻时代，配偶的选择看对方的身体健康、家族名望；现在，金钱与政治人脉等利益考虑变得重要。小普林尼[26]（Pliny the Younger）在公元 100 年左右写信给朋友，这位朋友拜托他为侄女寻找佳婿。小普林尼在信中依据公职身份、相貌、家族财富等标准形容某位理想人选："他担任刑事推事、执政官与护民官，官声卓著……相貌诚恳，容颜清新鲜明；整体来讲，他的相貌自然散发元老院议员的高贵大度。（我个人觉得这些特点值得一提，算是对新娘守贞的回报。）"信尾小普林尼略带迟疑，又写道："我不知道该不该提及他的父亲极为富有……衡诸今日社会的习惯与本国的法律，男人的

---

[25] manu 是指"对妻子的权利"。cum manu marriage 是指妻子属于夫家、母亲对孩子有合法地位、妆奁属丈夫所有。sine manu marriage 指妻子仍属娘家、娘家拥有嫁妆的权利（万一离婚或死亡，嫁妆得返还娘家，但这位妻子所生的孩子每个可分得 1/5）、妻子与孩子各属两个家庭（以免混淆继承）。以上详见 "Materials for the Study of Women and Gender in the Ancient World"，http://www.stoa.org/diotima。——译者注

[26] 小普林尼（61—113），历史学家。——译者注

图 1.4　早于公元 79 年的庞贝城壁画，主角为一对夫妻（Museo Archeologico Nazionale, Naples）

收入多寡至为重要。"[27] 尽管小普林尼姿态高尚，结论重点还是钱。

　　如果说钱至为重要，美貌与个性等个人素质依旧可以加分。未出阁的女人必须是处女，男人，尤其是小普林尼所属的绅士阶级，则应有礼貌、可靠、充满活力，但是大家并不期望新郎保持童子身。

　　有时，定亲需要专业人士居间谈判，譬如婚姻中介者，这个行业

[27]　Pliny, *Letters and Panegyricus* (Cambridge, Massachusetts: Harvard University Press, Loeb Classics, 1969) vol. 1, pp.43–47.

在古罗马十分兴盛。但有时双方父亲便可决定婚事，或者由未来的新郎谈判聘金多寡。一旦婚事拍板定案，新郎会给新娘（sponsa）一个戒指戴在左手的中指上，直到今日，这仍是传统订婚戒的戴法。照规矩，新娘的父亲得举办盛大的订婚喜宴。订婚、结婚与成年礼填满古罗马时代上等人家忙碌的社交行事历。

我们对古罗马的未婚夫妻关系所知甚少。他们可以约会吗？需要有保护人在场吗？出身高贵的女人可以在婚前就和未来的丈夫说话吗？奥维德[28]（Ovid）宣称"看到可匹配对象不会胆怯的女人"都应该阅读他的情色诗集《恋情集》（Amores），这显示当时的未婚夫妻至少知道对方的长相[29]。但是衡诸奥维德写作的淫荡风格，我猜想古罗马的父母不会把他的《恋情集》一书交给女儿。

罗马的婚姻法规定双方缔婚需要父亲的同意（不需要母亲的同意），也需要当事人的同意。前提是结婚的男女必须超过法定年龄（女孩12岁、男孩14岁），他们宣读律师所谓的maritalis affectio（结缡感情与意图），将新娘送至新郎家，便算完婚。就算没有其他仪式，这样的婚姻也属合法，强调当事人的"同意"为婚姻成立的要件。罗马当局将此种观念扩散到整个帝国，尔后盛行整个西方世界。之后的时代，女人就是靠"双方同意为要件"改变自己的地位。她不再是由父亲交付给丈夫的财产。

古罗马婚宴通常排在6月下旬。5月或6月15日之前不宜结婚，因为灶神维斯塔（Vesta）正忙着年度大扫除。婚礼前一天，新娘将玩具献给她童年时代的家庭守护神，收起孩时衣裳。结婚那天，她的头发将分成6束，用丝带绑在一起，形成玉米辫造型，覆盖一块橘红色的面纱（flammeum）。她穿一整块布织成、长及脚踝的长上衣（tunic），系上打结复杂、只有她的丈夫才能解开的腰带。

---

[28] 奥维德（公元前43—公元17），罗马诗人。——译者

[29] Ovid, *Amores*, trans. Grant Showerman (Cambridge, Mass., and London: Harvard University Press and William Heinemann, Ltd., 1977), p.381.

婚礼在朋友与亲戚的见证下于新娘家举行。接受婚礼邀请是义务（officium），因为客人被视为正式仪式的一部分。婚姻由祭司或拥有 auspex [30] 头衔的家族亲友主持，仪式举行时，喜娘拉起新郎新娘的手互握，然后两人亲吻。如果双方备有结婚契约，也在众人作证下签订。

家族成员、朋友甚至奴隶送上礼物给新人，接着是新娘父母竭尽所能办的豪华喜宴。喜宴结束后，一出特别的迷你戏上演了。新娘假装紧紧抓住母亲，新郎的朋友则一边呐喊、唱歌、说些猥亵话语，边上前强拉她，新娘则放声哭泣。这个仪式是强暴的遗绪，今日许多文化仍保留此一仪式，包括吉普赛人。接着，众人簇拥着新娘游街，将她送至新郎家，两名仆人随行，一个手持卷线杆，一个手拿纺锤，这是克尽妻职的传统象征。到了新家门口，新郎奉上火与水，这是持家不可或缺的两样东西。和古希腊婚礼一样，游行宾客会在新人的洞房门口高唱婚礼歌，新人则在房内燕好。

拉丁诗人卡图卢斯（Catullus，公元前 84 ？—公元前 54）所写的著名婚礼歌谣描写婚礼游行队伍，情景似乎与荷马时代并无二致。卡图卢斯先对新娘说话，而后提到男孩举火把照路、带领新娘到夫家。

> 出来吧，美丽的新娘！不要拖延！
> 出来吧，聆听我们高唱的婚礼歌。
> 全能的神，为汝高唱！
> ……
>
> 男孩，举起火炬！高高举起！
> 我看到猩红色披肩走了过来。
> 出发吧！带着新娘前往她家，
> 当你们一边走一边齐声高唱，

---

[30]　auspex 即 patron，是保护平民的贵族。——译者注

赞美，海曼 [31]！婚姻之神……

这首热烈昂扬之诗的结尾，卡图卢斯敦促新郎以爱意迎接妻子，以期多子多孙。

繁衍子孙一直是娶妻的重要理由。就像更早之前的希伯来人与古希腊人，罗马人也认为婚姻制度的设计乃是让男人获得合法子嗣。更重要的，罗马政府奖励百姓生育以善尽公民责任。在罗马共和时代的最后 100 年与罗马帝国缔造之初，征战连连，古老的贵族家庭逐渐式微，罗马政府还立法鼓励婚配与生育。奥古斯都大帝（罗马皇帝，在位时间为公元前 27 年至公元 14 年）便立法规定 25—60 岁的男子、25—50 岁的女子都必须结婚，失婚也得再婚。子女众多者可获得帝国奖赏，尤其是 3 个孩子的家庭，这是奥古斯都大帝定义的成功模板。但是上等家庭不需要也不在乎这些奖励，还是设法限制家庭的规模。生儿育女需要花钱、花时间，成熟世故的罗马男女不见得乐意投入。

当时便有雏形的避孕方法，譬如以棉花沾浸据信有避孕效果的物质，拿来做阴道栓剂，最常用的物质包括蜂蜜、香柏胶、明矾、铅或硫磺混合油。堕胎是常用手段，当时法律并不禁止，直到 2 世纪末才列为非法。当时的法律也不禁止遗弃婴儿，女婴经常被遗弃。结果是男婴多于女婴，让女人在婚姻市场得到优势。每个单身汉都必须找到一个老婆、生养孩子、传递家族香火，这是公民责任。罗马人和古希伯来人、古希腊人不同，繁殖后代并不是婚姻的唯一理由，但是无法生育也构成离婚要件。根据记载，古罗马的第一桩离婚案件是斯博瑞斯·卡维流斯·鲁加（Spurius Carvilius Ruga）在公元前 230 年（或公元前 231 年）以妻子无子为由诉请离婚。

从共和时代末期开始，罗马上层阶级离婚有如家常便饭，以致略有名气之人都结婚不止一次。男人离婚不仅为了另娶能够生养孩子的

---

[31]　海曼（Hymen）即是 Hymenaeus，婚姻之神。——译者注

老婆，更常为了谋求社会与政治地位的提升。重量级政治人物如庞培（Pompey）与安东尼（Mark Antony）都娶了5个老婆。不管离婚多么平常，和现今时代一样，它对家庭与子女还是会造成情绪打击。伟大的演说家兼政治家西塞罗（Cicero，公元前106—前43）便察觉侄子昆特斯听到父母打算离婚而"极端沮丧"。后来离婚虽未成真，昆特斯却卷入父母争吵火线，其后5年，他一直站在母亲那一边。

西塞罗自己也在结婚30年后选择离婚。虽然他的结发妻子德伦西亚（Terentia）对他非常慷慨，借钱给他竞选，当西塞罗被放逐时，她仍对他爱情不渝，但是西塞罗还是决定离开她，理由是她不再满足他与女儿杜丽亚（Tullia）的需要。德伦西亚对这件事看法不同，她认为西塞罗离开她，是为了更年轻更有钱的女人。根据普鲁塔克所述，西塞罗另娶自己的学生，因为"那年轻女人非常有钱……尽管两人年龄悬殊，朋友与亲戚都劝他娶她，用她的钱满足债主的要求"。西塞罗的第二次婚姻注定维持不久。当西塞罗的女儿杜丽亚（当时已结婚三次）死于难产，他借口妻子不够哀伤，与她离婚。西塞罗两次离婚的便宜行事，显示当时的罗马男人可以轻易诉请离婚并获准，不会遭到舆论谴责。这个阶段的罗马女人只要父亲允许，也可以诉请离婚。

共和时代末期与帝国初期，统治阶层的通奸现象似乎也日益普遍。有些罗马妻子以坚贞闻名，有些则以绯闻知名。譬如执政官马提列斯（Metellus）的妻子克劳狄亚（Clodia）便以情夫众多闻名，面首之一便是卡图卢斯，他在诗中昵称她为莱斯比亚（Lesbia）。奥古斯都大帝的女儿朱莉亚（Julia）特别爱炫耀自己的风流韵事，奥古斯都被迫将她放逐到小岛，她的四个情人也遭到放逐，第五个则被处死。

为了导正这种道德的放纵，奥古斯都大帝在公元前18年通过朱莉亚法（Lex Julia），丈夫如发现妻子通奸，必须在60天内提起告诉。但是这条法律只字未提受到伤害的妻子能够采取什么适当行动，它只说："妻子不得对丈夫提起通奸的刑事告诉，虽然她们希望申诉丈夫违反婚姻誓约，但是法律赋予男人的特权并不扩及女人。"[32] 妻子通奸，丈夫必须休掉她，妻子得交出一半的嫁妆与 1/3 的个人财产，而后被放逐到小岛。小普林尼曾根据此法仲裁某件离婚官司，他的记述让我们一窥当年的离婚过程：

> 第二天开庭的案例是被控通奸的加丽塔（Gallitta）。她是军队护民官的妻子，该护民官正要竞选文官。加丽塔的情夫仅是军队百夫长，他们的通奸不仅降低她的身份，也让丈夫的地位蒙羞。她的丈夫向总督报告此事，总督又转呈皇帝。皇帝详查证据后，将此百夫长革职、放逐。但是判决还有后半部……出于对老婆的深情，这位丈夫后悔对妻子提起告诉，他的宽恕之举遭到众人责难。他向长官报告妻子通奸后，居然还和妻子共处一屋，显然除去情敌，他便已经心满意足了。当法庭传唤他完成离婚告诉，他非常不情愿……最后根据朱莉亚法，加丽塔被公平判决有罪，处以徒刑。[33]

这个案例显示的阶级与性别议题令人心惊。首先，这位丈夫与妻子属于元老院议员阶层，百夫长不是。因此就社会层面而言，他们的通奸构成"蒙羞"，侮辱了丈夫较为崇高的地位。百夫长轻易被解决。一旦去除情敌大患，妻子重新回到身边，丈夫心满意足，但是法律不允许。妻子也得受处罚。值得注意的是，这位丈夫"出于对老婆的深情"，后悔对妻子提出告诉。显然不管法律如何规定，妻子的出轨并未摧毁他对她的感情。

罗马人颇推崇夫妻情爱。配偶应该鹣鲽情深，甚至一起流亡与相偕殉情，这是罗马克己主义的传统。但罗马人不赞成公开表示情爱。最著名的例子是某元老院议员在女儿面前亲吻老婆，而被逐出元老

[32]   *Women's Lives in Medieval Europe: A Sourcebook*, ed., Emilie Amt (New York and London: Routledge, 1993), pp.34–35.

[33]   Pliny, *Letters and Panegyricus*, vol.1, pp.469–471.

院。记录此一事件的普鲁塔克虽觉得这个惩罚"或许太过"，却也匆匆加上一句"在旁人面前拥抱、亲吻，乃大大失礼之事"[34]。

　　情感过度洋溢，不管哪种形式，都被视为奇怪。老夫宠爱少妻，可能成为被嘲笑的对象。庞培（公元前106—前48）便因对最后两任妻子太重感情而闻名。他与第四任妻子朱莉娅（恺撒的女儿）结婚，原本只为政治前途，他却爱上了她。当时庞培46岁，朱莉娅芳龄只有他的一半。普鲁塔克以责备的口吻描述："对妻子的喜爱诱使他养成柔弱习性。"[35] 朱莉娅显然也迷恋庞培，但是她难产早逝，让这段相互的迷醉爱恋提早划上休止符。庞培尽管郁郁不乐，还是很快就投入另一段政治婚姻，这次的对象是寡妇科娜丽亚(Cornelia)。没多久，他便完全拜倒于这位教养高尚的女士裙下。科娜丽亚的迷人处不仅在年轻貌美，还精通几何学、哲学与鲁特琴。

　　当科娜丽亚与庞培在公元前52年结婚时，当时的罗马贵族妻子所享有的责任与快乐，远非古希腊人所能想象。她们可保有娘家给她的财产，不靠丈夫，就成为非常富有的人。她的妆奁交由丈夫管理，万一离婚，必须归还给她。她们可以接受私塾教育，也可以参与公共活动，譬如宴会、沙龙或竞技赛。不管这些活动是包含诗人朗诵、裸女跳舞还是性狂欢，已婚身份都不能禁止女人现身此种场合、全程参与。

　　上层阶级的妻子可以独立在外活动，因为她们的家务重任（包括哺乳）可以交付给奶妈、仆人或奴隶执行。当时的上流女人甚少亲自哺乳，以致塔西佗（Tacitus，56—120）[36] 等人责备罗马帝国的母亲都不再亲自哺乳，因为没吃母奶，年轻人才欠缺公民的美德。

　　罗马妻子是名副其实的"女主人"，掌管家中所有钥匙，只有一个例外，酒窖钥匙归丈夫掌管，因为妻子不准饮酒。这个禁止源自古

[34]　Plutarch, "Advice on Marriage," *Selected Essays and Dialogues* (Oxford and New York: Oxford University Press, 1993), p.286.
[35]　Plutarch, op.cit., p.286.
[36]　罗马历史学家。——译者注

图 1.5　罗马石棺的一部分，母亲正在哺乳，父亲在一旁注视（Louvre, Paris）

老的恐惧，担心酒醉妻子无法保持"纯洁"。

　　如果丈夫被放逐或上战场，罗马妻子必须接管丈夫一切事务。通常，她待在罗马照管家产。她与丈夫荣辱与共。科娜丽亚与庞培短短的 4 年婚姻里，她享尽荣华也受尽苦难。内战时期，她跟着庞培从罗马溃逃，又目睹他遭军事大挫败、甫踏上埃及便被谋杀。

　　当时最著名的爱侣是安东尼与克里奥帕特拉。生前，他们的故事便已经是传奇，两千年来一直供西方人想象。后世诸多诠释者曾改写他们的故事，莎士比亚、萧伯纳与塞西尔·B. 戴米尔 [37]（Cecil B. DeMille）只是其中代表，但光是历史事实便足资证明他们的爱情有如史诗壮阔。而不管他们的故事多么传奇，都让我们对罗马帝国的妻子地位有更多了解。

[37]　好莱坞导演，曾拍过《十诫》与《埃及艳后》。——译者注

克里奥帕特拉是埃及女王，曾与恺撒有过短暂恋情，产下一子，取名小恺撒。恺撒过世后，安东尼与屋大维、雷必达成立后三头政治（second Roman Triumvirate）。安东尼在公元前41年将克里奥帕特拉召到土耳其南部，开始他们命中注定的私通。在遇见这位埃及女王前，安东尼已经结婚三次，但还是疯狂、热烈、义无反顾地坠入情网。

当时，安东尼的第三任妻子富尔维娅（Fulvia）在罗马照管家里，并担起代理丈夫的责任，与屋大维（他后来成为罗马第一任皇帝奥古斯都）斗争。公元前41年到前40年冬天，安东尼与克里奥帕特拉在亚历山大相守。罗马所有关于他们恋情的描述都将克里奥帕特拉描写成狐媚的外国人，她的"东方"魅力摧毁了安东尼昂扬的战士精神。但谁又知道他们之间孰得孰失？我们只知道他们的确肉体交缠，产下一对双胞胎，一男一女，分别取名亚历山大与克里奥帕特拉。

那段时间里，富尔维娅因为政治理由由罗马出逃，投奔丈夫，病死途中。安东尼被迫返回罗马料理事情，与屋大维取得妥协。他们将罗马分为三部分，为了稳固双方的协议，安东尼娶了屋大维的妹妹奥克塔维亚，两人都刚失去配偶，被认为是天造地设的一对儿。奥克塔维亚要照顾安东尼的两名幼子，和罗马好妻子一样，她愿意扛起这个责任。但她是否知道安东尼还有两个和克里奥帕特拉刚生下的孩子？不管奥克塔维亚知情与否，他们决定在元老院特赦奥克塔维亚可以不遵守寡妇丧夫十个月内不得再婚的法律后（和现在一样，法律作废与特赦都是权势者的权限范围），就在罗马盛大举行婚礼。为了庆祝结婚，安东尼铸造以奥克塔维亚为肖像的新币。史上第一次，罗马钱币上出现女人肖像。这是赐给安东尼之妻的殊荣。

尔后数年，安东尼维持两个婚姻——罗马的正式婚姻与埃及的非正式婚姻。他与奥克塔维亚育有两女。但显然他较钟情克里奥帕特拉，因为他在公元前37年所铸的钱币，一面是克里奥帕特拉的肖像，一面是他自己。一年后，奥克塔维亚在意大利才惊闻丈夫与埃及艳后结过婚。法学专家向她保证克里奥帕特拉是外国人，而安东尼是罗马公民，依据法律，罗马公民只能与罗马公民结婚，因此他们的婚姻无效。奥克塔维亚决定原谅丈夫，在公元前35年带着安东尼急需的军队与黄金往东前行。到了雅典，她收到一封信，命令她粮草运往前方，她则返回罗马。

三年后，安东尼正式通知她要离婚。根据普鲁塔克100年后所述："安东尼下达命令至罗马，要奥克塔维亚搬离他的房子。根据我们所知，她伤心哭泣，带着安东尼所有的孩子离家，除了前妻富尔维娅所生的长子，当时他与父亲在一起……"[38]之后，她接受兄长屋大维的羽翼保护，不久，后者便成为罗马帝国唯一的统治者。

屋大维当然痛恨安东尼如此对待他的妹妹，为了埃及艳后，侮慢地和奥克塔维亚离婚。安东尼的遗嘱更令他火冒三丈。安东尼在遗嘱中交代如果他死在罗马，尸体隆重游街穿过公共集会场后，还是要送到亚历山大给克里奥帕特拉。屋大维指控安东尼多项罪名，其中之一是他将有20万册藏书的帕加马图书馆送给克里奥帕特拉。另外一项有力指控是"某次豪华宴会，当着众多宾客的面，安东尼起身为克里奥帕特拉揉脚"。还有一次，安东尼正在举行公开审判，紧要关头，克里奥帕特拉的座辇从旁经过，据闻他连忙离席而去，"跟在克里奥帕特拉身旁，护送她回家"。罗马人认为公开表露情感殊为不当，这岂是罗马人应有的行径？

屋大维对安东尼宣战，公元前31年，安东尼与克里奥帕特拉在阿克提莫（Actium）大溃败，奔逃至亚历山大，等着屋大维兵临城下。安东尼与克里奥帕特拉自知难逃一死，他们一个52岁，一个才39岁，死亡虽痛苦，却不愿任屋大维宰割。秉持罗马人本色，安东尼自杀，同样看重荣誉的克里奥帕特拉紧跟着自杀。流传至今的故事结局虽然无法考究真假，却将他们勾勒成至死不渝的爱侣，也是相偕赴死的罗马模范夫妻。

[38] 此段与后面有关安东尼、克里奥帕特拉的叙述引自 *Plutarch's Lives*, pp.1137, 1148, 1152。

据说，安东尼误信谣言克里奥帕特拉已死，因此自杀。根据普鲁塔克的记述，他以剑刺腹、倒地等死，而后人家告诉他女王仍活着，他叫人把他扛到克里奥帕特拉面前。克里奥帕特拉将他"放在床上，撕裂自己的衣裳，趴在他的身上，双手捶胸，用安东尼伤口的鲜血涂污自己的脸庞。她称安东尼为她的主人、她的丈夫、她的皇帝……"。

克里奥帕特拉的死也很惊人。她忍耐屋大维的造访，让他相信她会为了孩子活下去，结果却自杀。根据传说，她将一条毒蛇藏在无花果叶中带进宫中。她刺激那条蛇咬她。可是连普鲁塔克都写："事实真相，无人知晓。"屋大维将她的死归诸蛇吻，"虽然很失望，也不得不佩服她的勇气惊人，下令以王室的辉煌之礼将她葬在安东尼的身旁"。

很讽刺地，在安东尼与克里奥帕特拉双双赴死后，奥克塔维亚必须抚养安东尼的孩子，除了她与安东尼所生的两个女儿外，还包括他与前妻富尔维娅所生的儿子，以及他与克里奥帕特拉的结晶。此外，还有奥克塔维业与前夫所生的 3 个孩子。当我们看看今日的"再组合家庭"（recombined families）时，别忘了奥克塔维亚的家，以及她照顾这么多孤儿的责任。

安东尼的敌手屋大维的生平故事则让我们一窥最高阶层者的婚姻生活。他与第一任妻子斯科波妮亚（Scribonia）的结婚是政治婚姻，后者在嫁给他之前已经结过两次婚，他们的婚姻只维持了两年。斯科波妮亚产下女儿后，屋大维以她无法容忍他最爱的一位情妇为由跟她离婚。同时间，他疯狂爱上利维亚，当时她怀有第一任丈夫的孩子，屋大维还是宣召宠幸她。他强迫利维亚的丈夫与她离婚，并在公元前 38 年利维亚产子后 3 天与她结婚。之后奥古斯都在位 51 年，虽然利维亚未能为他产下一儿半女，他始终未和她离异。奥古斯都在公元14 年死亡（卒年 75 岁），最后遗言是叮嘱妻子切莫忘记他们婚姻生活的快乐。

比起斯科波妮亚，利维亚显然更能容忍丈夫的出轨。她不仅接纳他的情妇，据闻还帮丈夫找情妇。利维亚的事迹不仅于此。事实上，根据塔西佗等历史学家的恶毒批评，她是个恶名昭彰、工于心计的泼

妇，她扫除障碍，将与前夫生的儿子提比略（Tiberius）拱上继承
大位。有的历史学家如马克西姆斯（Valerius Maximus）、塞内卡
（Seneca）笔下对她则较为仁慈。但是现今多数学者的看法，利维亚
对奥古斯都的贡献非比寻常，彼此的真情亦堪称模范。她是罗马帝国
第一个皇后，以个人的威严与和谐的婚姻为后续皇后树立了榜样。

至于罗马贵族阶层的婚姻，从小普林尼写给挚爱的第三任妻子卡
普妮亚（Calpurnia）的信便可窥知一二。下为书信之一：

我从未像此刻如此怨恨公务在身，让我无法陪你一起前往康帕尼
亚（Campania）疗养身子，阻碍我跟随你的脚步。这种时刻，我特别
想要陪在你身旁，亲眼看着你气力日增、身体强健。

你说，我不再令你思念，唯有手持我的书信聊以安慰……你无法
想象我有多想念你。我非常爱你，不习惯两地分离。[39]

小普林尼的书信虽然是写来准备出版的，依然是伟大爱情的证
词。毫无疑问，多数妻子得不到这样的奉承。

许多哀伤的丈夫以墓志铭纪念妻子，如果我们相信墓志铭上所
言，当可见证不少罗马夫妻的确鹣鲽情深。这些墓志铭以可爱、圣
洁、卓越、甜美、尽职、顺从、贞洁、忠心、节俭、怡人、优雅、钟
爱等字眼形容妻子。最著名的纪念碑是公元前1世纪时某个丈夫献
给亡妻杜妮亚（Turnia）的，勾勒出他对妻子的充分感激。铭文上写
着："少有婚姻如我俩的坚贞持久，未曾仳离。"铭文描写这个妻子的
生平，她在丈夫遭到政治罢黜后，以超凡的努力让丈夫得以平反。她
设法偷偷将丈夫带回罗马，藏在屋顶下的低矮通道。她不断骚扰恳求
行政长官（极有可能危及自身的安危），终于得到胜利，行政长官允
许他们可以合法住在同一屋檐下。膝下空虚是他们幸福婚姻的唯一

[39] Pliny, *Letters and Panegyricus*, vol. 1, pp.403, 41.

阴影，杜妮亚建议丈夫离婚再娶，他拒绝了。墓志铭最后，丈夫哀悼这位模范女子："她是忠心、顺从的妻子，对他人亲切和蔼、和睦良善。"[40]

法国罗浮宫则典藏了一个公元 180 年左右的葬礼祭坛，是尤里斯·斯康杜斯（Julius Secundus）用来纪念死于船难的老婆科妮亚·泰琦（Cornelia Tyche）与女儿朱莉亚·斯康妮亚（Julia Secundina）的。纪念碑文上写着泰琦："对丈夫无比忠心与依恋，对孩子竭尽所能奉献。享年 38 岁 4 个月又 7 天，其中 12 年与我度过。"碑文悼念他们11 岁的女儿为"心地极为善良、举止极为纯洁，知识所学超越一般女性"。

妻子也会为亡夫树立纪念碑，使用的恩爱字眼和女性墓碑上的字眼相同，但意义可能随性别而略有差异。譬如"顺从"用在女人身上，代表她唯丈夫之命是从，但做丈夫的绝不可能臣属于妻子之下。"纯洁"（chaste）一词用在丈夫身上，可能代表他行事谨慎；而"贞洁"（pudicitia）一词用在女人身上，就如字面所示，意指守贞。

寡妇忠于亡夫是受赞美的行为，但是法律处罚 50 岁以下守寡不再婚的女人，还发明了 univera（单一的）这个恐怖词汇来形容只结婚一次的女人。罗马社会并不期望鳏夫不再娶，男人死了妻子，可以马上再娶。但是寡妇死了丈夫，出于对丈夫的尊重，必须等 10 个月才可再婚，后来修法，期限拉长至 1—2 年。

结束古文明世界探讨之前，让我们简短检视一下罗马时代的同性恋。古罗马人和古希腊人一样容忍同性恋行为，尤其是帝国末期。根据历史学者约翰·鲍斯威尔（John Boswell）的研究，"古罗马世界许多同性伴侣终身同居，其独占性无异于周遭的异性恋结合"[41]。酷爱炫耀的罗马皇帝尼禄（Nero，在位时间公元 54—68 年）甚至举行公

[40]　Jean-Noël Robert, *Eros Romain: Sex et morale dans l'ancienne Rome* (Paris: Hachette Littératures, 1998), pp.135–137, and *Women's Lives in Medieval Europe*, ed., Amt, pp.29–31.

[41]　Boswell, *The Marriage of Likeness*, p.65.

开仪式，先后娶了两名男子。苏埃托尼乌斯 [42]（Suetonius）描写尼禄的第一次同性恋婚姻："他阉割史普洛斯（Sporus），企图让这男孩变成女人，并与之举行婚礼。聘金、婚纱一应俱全，全宫廷的人都参加了。之后，他将史普洛斯带回家，待他如妻子。他让史普洛斯穿上唯有皇后才能穿的高贵布料，让他搭同一个轿子……穿越罗马的镜街，不时恩爱亲吻他。" [43]。后来，尼禄又"娶"了自由人 [44]（freedman）多里佛洛斯（Doryphorus）。尼禄强迫帝国宫廷以皇后之礼对待他的"男妻"，一如他的三任异性恋婚姻妻子（首任妻子奥卡塔维亚，被他捏造指控通奸处以死刑；第二任妻子波皮亚，结婚 3 年后死亡；第三任妻子是史达提莉亚·梅莎妮娜）。

公元 1—2 世纪间，同性恋婚姻似乎日益增加，但到了公元 342年即被禁止。部分反对同性恋婚姻的言论和今日保守人士面对同性恋结合仪式、家庭伴侣关系、同性恋婚姻合法化的反应堪称如出一辙。譬如朱维纳 [45]（Juvenal）便在他尖酸的"讽刺诗二"里宣称："看——一个有家有业的男人——和另一个男人结了婚！"以这种闻名遐迩的讽刺口吻，朱维纳描写他被迫参加一位朋友的婚礼，虽是"小事一桩"，但他唯恐这婚礼是个预兆，预告同性婚礼将蔚为巨浪般的潮流：

　　……在我们尚未年迈之前，这类事情恐将公开为之……不仅公开举行婚礼，还要记载于文件！但这些新娘还是面临难题折磨：他们无法受孕，以子女绊住老公。[46]

尽管朱维纳嘲笑男男恋情，他在矛头对准罗马妻子的"讽刺诗

[42]　苏埃托尼乌斯（69—140），罗马传记学者与历史学者。——译者注
[43]　Seutonius, *The Twelve Caesars*, trans. Robert Graves (Hamondsworth, Middlesex, England: Penguin Books, 1972), p.223.
[44]　已免除奴隶身份，但尚未取得全部公民权利的人。——译者注
[45]　朱维纳（60—140），罗马讽刺诗人。——译者注
[46]　Juvenal, *The Satires,* trans. Niall Rudd, (Oxford: Clarendon Press, 1991), Satire 2, line 135-138, p.13.

六”中将异性恋婚姻勾勒得更为不堪。在毁灭性的婚姻与男情人的愉悦间，朱维纳问："难道你不认为与小男友同床共枕更好吗？小男友不会整晚与你争吵，与你共枕也不会索求礼物……"[47] 根据朱维纳的看法，罗马妻子干尽背叛与放荡罪行，婚姻只不过是勒紧男人"愚蠢脑袋"的"绳套"。

至于女人的同性结合，显然，罗马作家对此知之甚详，并一致谴责女同性恋为"恐怖怪诞、目无法纪、淫荡、违背自然与可耻"[48]。罗马文化对男性情爱颇为容忍，却对 tribadcs（拉丁文的女同性恋）的爱情深具敌意。尽管如此，如果我们相信公元 1 世纪与 2 世纪的作家如塞内卡、小普林尼、马修尔（Martial）和朱维纳的作品，应可确定女同性恋和男同性恋一样，都是罗马社会的现象之一。

当时的罗马医师认为女同性恋是"病"，呈现在外的病征是男性化。公元 2 世纪时在罗马行医的著名希腊医师索拉尼斯（Soranus）便认为这种病导因于阴蒂过大。因为女性生殖器官中唯有大阴蒂可比拟为男性的阴茎。阴蒂过大的女人会拥有男人的"主动"特质，而非自然赋予女人的"被动"特质。为了"修正"此一现象，索拉尼斯与同僚研拟出一种手术，叫"阴蒂割礼"（clitorodectomy）。直到今日，尽管医疗专业人员与女性主义运动者反对，"阴蒂割礼"手术在埃及、苏丹以及邻近地区作为伊斯兰教信徒的风俗仍在流传。

古罗马时代，男同性恋被慷慨宽容，女同性恋则遭一致批判，这并不令人意外。古代男人在任何一方面都比女人自由，包括许多后来被基督徒、道德家、精神医学家批评为"可耻"、"变态"或"不正常"的行为。从柏拉图到普鲁塔克长达 500 年的时间，男作家恶言谩骂女同性恋，却持续讨论男同性恋性行为与男同性恋爱情的"好处"。普鲁塔克的《情色》（Eroticus）便对上述争论做了不错的概论。

一个支持同性恋者说："真正的爱情与女人无涉……人世间唯有一

[47]　Juvenal, op.cit., Satire 6, lines 34–36, p.38.
[48]　Brooten, *Love Between Women*, p.29.

种真爱，那就是男孩之恋。"他将男孩之恋与成熟男性的诸种美德结合，譬如哲学与摔跤，诋毁"沉溺于女人膝头与床笫的爱情只在追求安逸，因享乐而软化"。这种罗马帝国时代的态度可以回溯至古希腊，对女性的仇恨鄙视是标准行为。

但是如果我们检视普鲁塔克的对话录，聆听那些支持夫妻之爱者的论述，便会发现古希腊巅峰时期以后，有些东西改变了。因为罗马人的推波助澜，人们开始对异性的亲密关系持较正面的看法，并渗入论述中，不再贬抑夫妻情爱为"次等爱情"。一位支持者坚决认为"对夫妻而言，性爱是爱情与沟通的基础，伟大的奥秘"。他也提及夫妻间的"互爱与互信"以及"挚爱的情谊"（philotes）。这位支持者公然挑战在精英文化阶层盛行了5世纪的"男孩之恋"，坚称没有一种结合比"夫妻结合的爱欲"更伟大 [49]。意义尤为深重的是《情色》一书以异性恋婚姻结尾，所有人都受邀参加。

从主从关系到有限度的伙伴关系

从荷马到尼禄，在希腊／罗马文明的千年时间里，妻子的概念经历剧烈变化。最重要的概念改变是妻子的"所有权"。古希腊时代，年轻女人结婚前，所有权归父亲所有，而后，"她的父亲将她交给她的丈夫"。至今，西方婚礼依然保留此一观念的遗绪，牧师会说："谁引交这位女人？"新娘的父亲回答："我。"适婚年龄的女人是商品，由父亲的家移转到夫家。嫁入夫门后，她要冠上夫姓，受丈夫管辖。做丈夫的毫无理由质疑此种安排，做妻子的默然接受，虽然有些人会抗拒此种驾驭。

慢慢地，"结婚必须征得新娘的同意"这个概念逐渐在罗马世界取得法律与社会分量。理论上，只要父亲同意，新娘子可以依自己的

[49]	以上引言摘自 Plutarch, *Eroticus, in Selected Essays and Dialogue* (Oxford and New York: Oxford University Press, 1993), pp.249-250, 279, 281。

意愿，将自己"交"出去。实际上，它大概是指父亲为女儿选婿时必须征得女儿的同意，无法强迫她出嫁。

同样地，罗马帝国时代的女性也拥有古希腊女性所没有的离婚机会。富有的罗马妻子享有相当程度的平等。如果朱维纳的讽刺诗有一丝为真，那么帝国时代的罗马妻子真是行动自如、性欲自主，并视此为理所当然。朱维纳笔下，某位已婚女士对丈夫说出颇具现代精神的座右铭："很久以前，我们便同意……你爱做什么便做什么，而我亦可如此取悦自己。"[50]

罗马婚姻就许多方面来说是互惠的伙伴关系，也预告了今日的婚姻概念。但如果就此认为罗马人是基于我们今日所信奉的婚姻价值观而结婚，那就太天真了。别忘记古文明社会，几乎所有婚姻都是基于经济、社会与政治理由的家族联姻。没有人期望新郎与新娘会"坠入爱河"，婚前，他们几乎没机会见到对方的长相。这令我想起今日的印度父母仍为子女安排婚姻，给他们一个"去爱"的配偶，而我们是因为陷入了爱河而自己选择配偶，真是天壤之别。对印度与古罗马家庭而言，先有婚姻后有爱情是很正常的事。如果夫妻之间没有爱，和谐相守也足够了。

古希腊与古罗马时代，丈夫与妻子各司其职，稳定社会秩序。其中运作基于两大假设：希腊的"知所节制"理念与罗马的"忠实"理念，后者是指对家庭、朋友、祖国忠心耿耿。一旦夫妻间的"忠诚"超越其他形式的忠诚，妻子这只股票便看涨了。罗马人对异性恋一夫一妻制的尊重渗透了整个帝国，往后的章节，我们将看到它如何深入今日所谓的犹太教／基督教的道德观里。

[50]　Juvenal, *The Satire*, p.46.

第二章

中世纪的欧洲妻子

（1100—1500）

我们从当时的绘画、雕塑或道德文章中，可拼贴出中世纪已婚妇人的生活，无论看似多么陌生，某些特性仍与今日妻子的生活相同。

"……要神职人员说妻子的好话，那是不可能的。"

——乔叟，《巴斯太太，序曲》(The Wife of Bath's Prologue)

　　封建城堡里的贵族太太、城镇的市民之妻、赚取工资的贫穷女人与乡间农妇之间有何共同处？我们如何能将这些不同社会阶层、不同国家、不同世代的女人列为同一群体？一个方法是去检视影响这些妻子的中世纪法律与宗教规章；另一个方法是阅读那个时代的道德文章，检视当时盛行的妻子概念。至于妻子的日常活动，无数的手绘缩小画、木版画、雕刻甚至绘画，都能呈现当时妻子从事的各种行业。但是对我而言，最有价值的是少数弥足珍贵的文件保留了妻子对自我处境的思索。从上述这些不同来源，我们能够拼贴出中世纪已婚妇人的生活，无论看似多么陌生，某些特性仍与今日妻子的生活相同。

法律与宗教因素

　　中世纪时代，天主教会逐渐取得婚姻的管辖权。在这之前，多数欧洲地区都遵循罗马模式，婚姻成立的要件是新娘、新郎与双方父亲的首肯。12世纪中叶起，圣典（Canon Law，或译教会法）做出两项影响长远的改变。首先，教会施加压力要求信众结婚时不仅要有证人、神职人员在场，还得在教堂举行仪式。第二，它降低双亲同意的分量，有意婚配者的共同意愿变成婚姻成立的要件。这个革命性的教义持续盛行了好几个世纪。

更重要的是，一旦婚姻被列为圣礼（透过仪式得到神恩）[1]，它就不能解除。8 世纪以降，婚姻的神圣本质已被普遍接受，虽然直到 1563 年的"天特会议"（Council of Trent），才被列入圣典。中世纪的男女知道自己一旦踏入婚姻，就算配偶之一（或双方）发现此桩婚姻是灾难，也不可能脱身。总体而言，因为传统上多数离婚由男方主动，婚姻一旦成立便无法解除可能对女人较有益，它提供妻子一种独身女子所没有的安全感（修道院女人除外）。

基本上，中世纪是序列阶层社会：农奴与农夫服侍主人，他们的主人又为更高层的领主与贵妇服务，而所有人都为国王效命。在封建体系里，做妻子的不管属于哪种社会阶层，都必须服膺丈夫。诚如 13 世纪法学家亨利·布莱顿（Henry de Bracton）所述，只要丈夫的命令不违反神律，妻子都有义务服从。布莱顿提到一个例子，一对夫妇被控伪造王室文件，丈夫被判绞刑，妻子获判无罪，原因是她必须服从丈夫。法国与英格兰的法律甚至还规定杀夫者应被判"叛逆罪"，而非较轻的刑事罪，因为她是谋杀了她的主人。

在日耳曼世界，《萨克森明镜》（Sachsenspiegel）与《施瓦本明镜》（Schwabenspiegel）明白列出丈夫对妻子的权利，这两本书是多数日耳曼城镇的法律基础。丈夫的权利扩及妻子的财产和她的人。丈夫可以自由处分妻子的财产、衣物、珠宝，甚至她的床单。依据法律，如果妻子违逆丈夫的意愿，他有权打妻子。多数国家，只要不杀害妻子，丈夫爱怎么处罚都可以。

打老婆是大家都能接受的行为，受法律与习俗保障，容许丈夫对妻子施展权威。不少俗谚与文学以滑稽讽刺手法提供"老婆打老公"的反面形象，但是法庭判例呈现的现实却一点也不滑稽，它们往往默许蛮汉殴妻，将之视为理所当然。就算家人与邻居关切介入，交付法律仲裁，丈夫也只是被判罚款，或者发誓"将会接纳妻子、好好待

---

[1] 天主教的礼共有 7 种：洗礼、坚信礼、圣餐、忏悔、临终涂油、神职与结婚。——译者注

她"[2] 就可了事。合法的殴妻并未伴随中世纪过去而消失，直到19世纪，许多地方仍保留此一习俗。即便殴妻不再合法，来自不同种族与不同阶层的无数妻子仍受肢体摧残。现代人设立受虐妻子庇护所、企图消除此种犯行，对抗的便是已有数千年历史的殴妻习俗。

　　因此，婚姻这种制度是从法律、宗教面去肯定男人为妻子的主人，但它也是一种企图为婚姻双方及其孩子缔造福祉的结合。农人阶层的婚姻多半是经济安排，两人拼凑足够共同生活的资源就结婚了。新娘的嫁妆包括成立一个新家所需的钱、物品、动物或土地，再不济，她也要提供一张床、一头母牛或居家用品。为人妻者应当拥有农场生活所需技能——照顾牲口、家禽、挤奶、制作牛油、纺纱、织布。新郎则应提供妻子庇护与生活所需。在实施罗马法律的地区，尤其是卢瓦尔河（Loire）南部，女方如果无法支付原先允诺的嫁妆，婚约便被取消。

　　实施日耳曼法律的欧洲地区，农人阶层的婚姻基本上是两家人的契约，双方决定嫁妆的多寡与结婚日。结婚仪式由新娘的父亲或另一个家族长辈主持，形同"法定移交新娘"。一首13世纪时以中古日耳曼语写成的诗描绘此一情景：

> 现在我必须将年轻的哥特林德
> 交给年轻的拉姆斯林特做妻子
> 同样，我也必须将拉姆斯林特
> 交给哥特林德做丈夫
> 一个白发男人起身
> 他会说睿智的言语
> 擅长主持婚礼的话
> 他让新人站在圆圈

---

[2]　Barbara A. Hanawalt 的引述，见 *The Ties That Bound: Peasant Families in Medieval England* (New York and Oxford: Oxford University Press, 1986), p.208。

首先和拉姆斯林特说

"你愿意娶哥特林德为妻吗？

如果愿意，说'我愿意'。"

"我愿意。"年轻人回答

……

这男人又对哥特林德说

图 2.1　佛兰德斯书稿彩绘画师西蒙·布宁（Simon Bening）的画作，出于《达喀尔斯塔祈祷书》（*Da Costa Book of Hours*）里的 4 月图，1515 年左右。画中，农妇挤奶、搅拌牛油、领牛只去吃草（Pierpoint Morgan Library, New York）

"你，愿意以拉姆斯林特为夫吗？"

"我愿意。先生。如果上帝赐他为我夫。"[3]

但是我们不能就此论断农人阶层的婚姻只是法律与经济的安排。相互的爱恋可能也扮演一定的角色。乡下年轻人可以在森林、田野、稻草堆里找到婚前狎游的机会。许多情侣是直到女方大了肚子、证明她有生育能力后才完婚。婚后马上生子不是什么丢脸的事，就连私生子的污名在农人社会也不算太严重，全少英格兰社会是如此。

社会阶层的另一端——贵族阶层——婚姻最高指导原则是"财富"。婚姻是权贵之人用以结盟与传递继承的手段。父亲有责任为子女找到最好的配偶，以确保门当户对、下一代的地位屹立不摇。因此，贵族人家会细心监督女儿，慎防她在婚前（多数很年轻就结婚）失去宝贵的处女身。

相反地，他们容许儿子有"年轻人"的自由，可以和较低阶层的女孩、情妇、妓女偷情。因为长子继承制度规定头衔与家产都传给长子，较小的儿子通常没什么钱可缔结良配，找不到结婚对象，适婚年龄的女孩人数与未婚男子极不平衡。因为从一开始，女儿的婚事便是用来照顾娘家以及她自己的经济与社会利益，只有极端顽抗的年轻女孩会反对父亲或监护人为她安排的婚事。一般来说，越是有钱人家的子女对婚姻的安排越是无权置喙。

商人阶层的女儿因为是父亲的助手，在邂逅与选择伴侣上可能享有较大的自由。商贩、画家、酿酒商、医师、旅栈老板得仰赖女儿、儿子与妻子的帮忙，他们的女儿通常嫁给与他们有生意往来的人，并且婚后还继续工作。12—15世纪，城镇的兴起为欧洲女人提供了某位学者所谓的"自由之窗"[4]。巴黎、斯特拉斯堡、马赛、巴塞尔、威

[3] Werner Rösener, *Peasants in the Middle Ages*, trans. Alexander Stützer (Cambridge, England: Polity Press, 1992), p.70.

[4] Martha Saxton, "Forward" to Erika Uitz, *The Legend of Good Women: Medieval Women in Towns and Cities*, trans. Sheila Marnie (Mount Kisco, New York:1900), p.9.

图 2.2　中世纪欧洲的婚姻是移转财产的重要方法，
在这份 12 世纪末的西班牙手稿中，一个领主在妻子
的同意下，将女儿交给女婿，同时移转他的封建权利。
出自 Liber Feudorum Maior（Donación de Bernat Ató
a Gausfred III. Archivo Corona Aragón, Barcelona）

尼斯、伦敦，以及吕贝克、法兰克福、科隆、纽伦堡、莱比锡等日耳
曼城镇的市民女儿，比贵妇人或农村女儿更有机会看到各种地位的男
人，与之发生秘密恋情，虽然她们的婚姻多半由家中长者做主。

　　缔结婚姻的两家谈妥金钱条件，便算正式定亲了。中世纪初期，
定亲和结婚一样有法律效力。以马克亚特的克里斯蒂娜 [5]（Christina

[5]　克里斯蒂娜本名西奥多拉（Theodora），马克亚特是她后来的隐居修行地。她的
　　独身故事颇坎坷，先是逃避家人逼婚，她逃家。而后她的父母将她的婚事送交林
　　肯区的主教裁决，主教裁决她可以为上帝守身，但是她的父亲不服裁决，贿赂主
　　教，第二次判决推翻前议，她必须完婚。克里斯蒂娜再度逃家，躲到乡间刻苦修
　　行，而后成为信众景仰的女隐士。——译者注

of Markyate）为例，她来自 12 世纪初期一个盎格鲁 - 撒克逊贵族家庭，父母为她定了亲，她不要，拖延婚事多年。她的父母担心成为"邻里间的笑柄、朋友间的嘲讽对象"，找来教士说服克里斯蒂娜。教士提及他们家收了聘礼，她形同已经结了婚："我们知道你已经依教会的规矩定了亲，我们也知道婚姻圣礼是受神律认可之事，不能解除，因为神配合的，人不可分开。"最后，克里斯蒂娜的案子被送交主教裁决，主教裁示她可以遵守小时候立下的守贞之约，选择出家生活："为上帝保守自己，自由服侍上帝，不受其他男人牵绊。"[6]

　　尽管当时的宗教法令敦促人们举行教堂婚礼，但是对信众不具强制性，也不是一般惯例。日耳曼国家的农人依然在家族成员的主婚下完成婚事，而在信奉罗马天主教的国家如意大利或法国，就连贵族家庭的婚礼也是在民间地点举行。面对此种广泛的抗拒力，教宗亚历山大三世（1159—1181）只好放弃强迫天主教徒在教堂结婚的规定。下面这幕法国婚礼场景便让人联想起新人"圆房"的古老习俗，正是当时和教堂婚礼相抗衡的形式。

　　1194 年，基纳伯爵的儿子阿贺努在家完婚。主持婚礼的教士记录如下："当丈夫与妻子同床好合后，伯爵叫我、另一个教士以及我的两个儿子进入新房。"值得一提的是这位教士结过婚，他的两个儿子也都是教士。伯爵下令教士为新人洒圣水，以香料熏床，新人受福并交付给上帝。接着伯爵自己祈求上帝的赐福，要求让这对新人"活在上帝的神爱中，永保和睦，有生之年瓜瓞绵绵"。这个婚礼便是在新人的新房举行，由新郎的父亲指挥、教士主持[7]。新娘是婚礼 6 人中唯一的女人，远离自己的领土，看到陌生的床，可能会有点害怕吧。她自然觉得仪式十分严肃，尤其她还有义务为新家生下继承人。

[6]　Emile Amt, ed., *Women's Lives in Medieval Europe: A Sourcebook* (New York and London:Routledge, 1993), pp.140-142.

[7]　Georges Duby, *Mâle Moyen Âge: De l'amour et autrers essais* (Paris: Flammarion, 1990), pp.29-30.

但是，婚礼必须公开且在教堂举行的宗教压力逐渐遍及欧洲，1231 年，西西里王国（包括今日意大利南部多数领土）的皇帝腓特烈二世颁布法令："朕命令我国男子，尤其是贵族之后，如欲缔结婚事，公开订婚之后，婚礼必须公开庆祝庄严举行，由教士赐福，以期应有之隆重。"[8]

公开"庆祝"，意指结婚预告得在所属教会连续公布三星期，让反对者有足够时间发出异议。有人可能会说准新郎或准新娘已经有了配偶，或者忌妒的情敌可能揭露这对未婚夫妻其实是第一代或第二代、第三代、第四代堂表兄妹，教会不准四代内的堂表兄妹联姻。如无异议，婚礼应在教堂举行。所谓"教堂婚礼"是指在教堂门口结婚——大门口或边廊。乔叟在"巴斯太太"（《坎特伯雷故事集》）里提到"她在教堂门口有过五任丈夫"，就是这个意思。英格兰与法国地区婚礼使用拉丁礼拜仪式，新人站在教堂门口，男右女左，在教士及证人面前举行婚礼。

英格兰约克地区的婚礼与塞勒姆 [9]（Sarum）、赫里福德（Hereford）、法国雷恩（Rennes）地区的婚礼类同，可以让我们重温古婚礼的风味。略加努力，便不难弄懂教士主持婚礼所说的古英语："看，教友们齐聚于天使、上帝与上帝的圣民之前，当着圣母的面，为这两人的结合见证……如果你们当中有人能指出这两人不应合法结婚的理由，现在就说出来。"

教士向男方说："你可愿娶此女为妻，从今而后，无论安康或生病，爱护她、保护她。无论任何状况，尽丈夫的本分，舍弃他人，只为她保守自己到终身？"

男方回答："我愿意。"

接着教士以同样的话询问女方，并加上 to be buxum to hym, serue hym，意指服从他、服侍他。

[8]　*Women's Lives*, ed. Amt, p.66.
[9]　英国索尔兹伯里（Salisbury）的古名。——译者注

图 2.3 佛兰德斯守护神圣高蒂丽芙嫁给有钱的地主柏托夫（画作细部）。出自 Master of the Saint Godelieve Legend，15 世纪末叶，布鲁日。一直要到中世纪末，教堂婚礼才逐渐普遍。1563 年"天特会议"规定天主教徒必须举行教堂婚礼（Metropolitan Museum of Art, New York）

女方回答："我愿意。"

这时候，教士问："谁将引交此一女人？"通常是新娘的父亲。婚礼仪式的这个部分让人联想起古代视"女儿"为父亲交给女婿的礼物。

接着，新郎以右手拉起新娘的右手（和罗马婚礼一样），跟着教士的话发誓："我娶 ×× 为我合法妻室，从今而后，爱护她、保护她，同食共眠，无论好坏、安康或生病，至死方离。"女方也以同样的话语发誓。

接着，新郎将金、银、戒指放在一块盾牌或书上，教士赐福那个戒指，而后新郎将它戴上新娘的中指或无名指。他拉住新娘的手，跟着教士的话语道："以此戒指，我与汝完婚。以此金与此银，我荣耀汝。以此礼物，我献给汝。"教士接着询问新娘的嫁妆，她将带给丈夫多少财产与金钱。

婚礼以祈祷与祝福结束，然后进入教堂举行婚礼弥撒。不管婚礼弥撒充满多少圣灵感召，都不会为此桩婚事额外增添效力，因为婚礼已在教堂门口举行完毕，具有充分的约束力。

当然，教堂婚礼并不适用于散居欧洲的犹太社群，他们有自己的律法与仪式。犹太社群虽独立自足，还是受到主流基督教文化的影响。譬如，基督教坚持一夫一妻制，便影响了犹太人。10世纪末时，东欧犹太人（Askanazi Jews）已遵循他们所在居住国的习俗，实行一夫一妻制；但是摩尔人统治下、定居在西班牙与近东地区的席法地犹太人[10]（Sephardic Jews）则保持一夫多妻制。虽然德国沃尔姆斯（Worms）的葛斯洪·犹大拉比（Rabbi Gershom ben Judah）在1040年下令禁止日耳曼与法国境内的犹太人行一夫多妻制，但是西班牙系犹太人的一夫多妻习俗仍保持了近一千年。直到20世纪中叶以色列建国后，才全面禁止犹太人一夫多妻。

一首13世纪法国地区犹太婚礼的歌谣显示犹太文化多少被欧

图2.4　犹太婚戒上面有个尖顶，是家的象征，戒指内刻着Mazel Tov。法国亚耳沙斯，14世纪（ Musée de l'Art et de l'Histoire Judaïque, Paris ）

[10]　定居在西班牙、葡萄牙地区的犹太人，以及1492年大迁徙后，散居在荷兰、希腊、巴勒斯坦的犹太人。——译者注

洲模式改观。这首歌曲出现在犹太新人的婚宴上，糅合希伯来语与古法语，演出者分别代表新娘、新郎，穿插合唱部分，融合了传统希伯来婚礼诗歌与法国封建武士世界的意象。演唱者引用《圣经·以赛亚书》里的一句话，以太阳与月亮比喻两位新人，紧接着就是军事命令"交出你的城堡"，这句话源自中世纪的战争，以新郎进攻新娘的"堡垒"，建立了中心隐喻。

中古史学者塞缪尔·卢森堡（Samuel Rosenberg）所翻译的这首婚礼歌谣（括号内英文字为希伯来文），神圣与世俗、淫荡与庄严的引喻，互相调皮竞争：

我们的新郎（hatan）
已经来到乳香山
阳光，月光！
交出汝之城堡。
因为他手握血红之剑
汝若抵抗他的进攻
无人可救汝
……
羚羊，优雅的舞者
我来，是为了追求
否则，我将挑战汝
掀起惨烈战争——
我炽烈武装的热情
将会挺进汝之花径
让我即刻死吧
……

新郎的声音传来
对着他的随从说

即便美歌也会走味

——将新郎与新娘（kallah）抬上王座 [11]

这种希伯来与当地文化的融合是欧洲犹太人的特有产品，尽管基督教国家对他们施加限制，他们还是努力保存宗教认同。

中世纪以降，教士开始较常参与婚礼，教会在婚姻各方面的参与日深，第一件要求便是新人必须在新床上燕好，如此，婚姻才算成效。根据基督教的教义，夫妇应当只为繁衍后代而行房。4世纪时，教会神父开始采取此一立场，到了中世纪，它变成教条。出于肉体欢愉的性爱遭到强烈谴责。为人妻者遭到谆谆告诫，切莫享受鱼水之欢，被动承受丈夫就够了，绝对禁止分享丈夫对性爱的热衷。和现代人的想法不同，"性"在中世纪不是一种被认可的欢愉，只是配偶间应尽的"庄严义务"。

不管是不是笃行上述指示，多数夫妇自小被教导"性"带有原罪污点，婚姻里的性行为也不例外。但是少数的基督教思想家如4世纪的神职人员杰夫尼恩（Jovinian）与圣金口若望（Saint John Chrysostom）都捍卫婚姻的好处，认为妻子不是障碍，而是有助丈夫的救赎，婚姻生活和独身生活一样有价值。但是他们终究不敌年轻一辈的思想家圣哲罗姆与圣奥古斯丁，因此，中世纪的神学理论坚持肉体容易导向邪恶，充其量，婚姻只是必要之恶。

基督教神学家认为婚姻生活次于守寡或维持处子之身，因为守贞的寡妇或处女行禁欲生活。圣哲罗姆便明白指出："已婚妇人的尊荣次于处女。" [12] 这种价值判断呈现于12世纪的日耳曼手稿插画（"处女明镜"，典藏于波恩的莱茵地区博物馆）中，它以寓言方式表现妇女价值的三种层次。最上面一层是处女，收割无数束麦子。中间一层是

[11] Samuel N. Rosenberg, "The Medieval Hebrew-French Wedding Song," *Shofar*, fall 1992, vol.11, No.1, pp.26–28. 我很感激卢森堡教授提醒我注意这首歌。

[12] *Women's Lives*, ed. Amt, p.23.

图 2.5　12 世纪的手稿显示基督徒依据女人的贞洁程度区分其地位：处女位于最上层，寡妇居中，妻子乃最下层。性活动越少者，麦束收获越多（上天的奖赏）。出自 Der Jungrauspiegel（ Rheinisches Landesmuseum, Bonn ）

寡妇，收成较少。最下面一层是妻子与丈夫，仅有一点点收成。[13]

　　现代人很难想象守贞的理想在中世纪信徒中如何被美化、扩散。就如同现代的商业意象成日宣扬性活动的价值，中世纪的基督徒也被著名禁欲者的模范形象包围。圣人的生平被谱成歌或朗诵给不识字的

[13]　复制于 Shahar, *The Fourth Estate*, image 15。

百姓听，大肆颂扬立誓守贞者。最早的例子之一是以古法语写作、完成年代约在 1050 年的《圣徒阿莱修斯的一生》（*Life of Saint Alexius*），它明白揭示阿莱修斯之所以成圣徒，是因为他在结婚夜抛弃妻子，逃家遁隐于贫困生活。它传达给男人的教训十分清楚：抛妻离家过着禁欲生活，胜过做一个奉献的丈夫。同样的，拒绝结婚或抛弃子女追求宗教生活的圣女都得到极高评价。多数圣女是处女，不少是饱受酷刑甚至死亡威胁而不屈服于强暴的殉教女。

　　12 世纪之后，新教堂如雨后春笋般建立，装饰用的雕像颂扬殉教圣人，展示他们身上的伤口或手持被砍下的首级。相对地，除了充当反面教材的亚当和夏娃，已婚夫妇很少成为雕像主题。中世纪的年轻男女仰望这些雕像，形同一再被耳提面命，他们就算结婚，也会犯下人类第一对祖先的罪。如果想得到确切的救赎，最好还是进入修道院。

　　住在教堂或修道院的神职人员，理论上不应该结婚，也不能有姘头与性行为。从公元 325 年的"尼西亚会议"（Council of Nicaea）开始，教会厉行神职人员必须禁欲。1049 年，教宗利奥九世公开谴责神职人员结婚，到了 12 世纪初，拉特兰会议（Lateran Council）宣布婚姻有碍神职生活，神职人员亦不宜结婚。但是中世纪初仍有不少教士与姘妇同居，这是教区信众普遍能够接受的安排，有些神职人员甚至还正式结婚，尽管他们知道此举将阻碍他们在教会系统的晋升。我们从著名神职人员阿贝拉尔（Peter Abelard）与艾洛绮丝（Héloïse）的书信往来得知他们便是在教堂结的婚，还有教团会员与数位证人的见证。这两个人物在许多方面都算特例，他们在婚后许久依然通信，这些书信往来见证了神职人员也有爱与性，一旦结婚便会承受庞大压力。

艾洛绮丝与阿贝拉尔的故事

　　艾洛绮丝与阿贝拉尔的故事已有 900 年，依然具有浪漫暨恐怖故事的震撼效果。证据显示，他们的故事并非杜撰[14]。阿贝拉尔是家中长子，为了追求学术，放弃长子继承。不久，他便击败其他亚里士多德学派的哲学研究生，20多岁便以公开讲学与英俊相貌闻名。到了30岁出头，他已经是神学大师。37岁那年寓居巴黎，他认识了艾洛绮丝，她大约只有15岁。

　　阿贝拉尔的书信中有一封名为"我不幸的故事"（The Story of My Misfortune），是以拉丁文书写，广为同时代人阅读。他在信中回忆如何开始与艾洛绮丝私通：

　　巴黎城里有个非常年轻的女人，名叫艾洛绮丝，她的舅舅是教团会员菲尔贝（Fulbert）。他极端宠爱艾洛绮丝，努力督促她学习各种科学……她拥有女性罕见的博学多闻，更添她的价值，成为举国知名之人。我在她身上看到一种媚人心魄的魅力，并认为与她同床共枕是手到擒来：我当时声名响亮，又年轻英俊、卓尔不凡，不惧怕遭到任何我想追求的女人的拒绝。

　　看到这位神职人员暨老师阴谋引诱少女，现代读者无疑会大为光火。先不要将自己的价值观强加到12世纪的人身上，让我们看看艾洛绮丝如何回忆这段往事：

　　哪个国王、哪位哲学家比得上你的名气？
　　哪个国家、村镇与城市不会因为你的到来而掀起沸腾兴奋？
　　当你出现在公开场合，谁不会赶忙趋前致意赞美？

[14] 艾洛绮丝与阿贝拉尔的书信有许多近代法文译本，这些译者不约而同认为这两个人物确实存在，但有关他们生平的事迹却是"同时代者的杜撰"。流传至今、记载他们故事的最早手稿写于13世纪中叶，距离他们的年代足足有100年，我们很难判断这些手稿的记载是否符合原始的故事。详见 Héloïse et Abélard, *Lettres et vies*, trans. Yves Ferroul (Paris: GF-Flammarion, 1996), pp.30-31。本书的书信英译参考自此书。

当你不在时，哪个已婚妇女或未婚女子不渴望你的现身？

当你出现时，她们哪个能按捺炽热之火？

你拥有两项能够立即俘获年轻女孩心房的天赋：

你知道如何吟诗作赋与歌唱……这是其他哲学家极端缺乏的才能。

阿贝拉尔显然是名人，类同今日的媒体明星，能够吸引大批群众与热情膜拜者。尽管他极具吸引力，在他被爱火燃烧之前却一直保持独身。为了接近艾洛绮丝，他向菲尔贝建议自己住到他家中，担任艾洛绮丝的私人教师。

没多久，阿贝拉尔就完全俘获了艾洛绮丝。他不仅利用年龄、性别、职业、名气打造的权威接近艾洛绮丝，还有权处罚她。当时的处罚包括口头申诫与体罚，阿贝拉尔"在诱惑无效时，还可借威胁与责打让她屈服"。诱惑奏效。阿贝拉尔始料未及的是他们会倾心相恋，他也迷醉了，双双向初恋的情色愉悦与热情投降。

但是性爱欢愉有它的坏处：阿贝拉尔的教学与哲学研究都变差了。他的学生抱怨他心不在焉，谣言沸沸扬扬。最后，艾洛绮丝的舅舅无法再对这桩发生于自家的绯闻装聋作哑，这对爱侣被迫分开。

意料中事，艾洛绮丝怀孕了。阿贝拉尔决定将她送去布列塔尼的姐姐家待产。他则继续待在巴黎面对艾洛绮丝的舅舅菲尔贝。显然，这是两个男人间的事。他们决定阿贝拉尔应当迎娶这个被他"玷污名声"的女孩。阿贝拉尔提出唯一的条件是婚姻必须保密，以保住他的名声与事业。阿贝拉尔是尚未任命的神职人员，根据教会法，他可以娶妻，但是不能继续教学。有趣的是，结婚可弥补艾洛绮丝的名声，却会损及阿贝拉尔著名的神职人员身份。

艾洛绮丝生下一个儿子，取名阿斯托拉布（Astrolabe），交给阿贝拉尔的姐姐抚养后，便和他潜回巴黎。阿贝拉尔决心实践他对菲尔贝的承诺，娶艾洛绮丝为妻。唯一的障碍是艾洛绮丝她自己。

本着那个时代的偏见，艾洛绮丝认为庇护夫妻与小孩的屋子无法容纳神学与哲学，或者诚如阿贝拉尔所言："哪个沉浸于宗教与哲学思索的人可以忍受新生儿的哭闹，保姆安抚孩子的歌声，以及仆人的吵嚷？必须忍受总是脏兮兮的小鬼头，多么恶心！"显然，阿贝拉尔与艾洛绮丝都内化了用来吓阻神职人员结婚的陈腐之言。

艾洛绮丝不愿毁了她崇拜的男人。她宁可做他的朋友、姊妹或情人（amica），因爱与他结合，也不愿成为他的妻子，因婚姻约束而绑在一起。她在后来的书信中写道："如果妻子一词听来神圣、坚强，恕我口出惊人之言，情人一词听起来像姘妇或高级妓女，永远较为甜蜜。"艾洛绮丝宁要爱不要婚姻，喜欢自由胜过羁绊，听起来就像20世纪的解放女性，而非住在寺院、被教团会员抚养长大、已为人母的中世纪女人。

但是艾洛绮丝的反对无效，阿贝拉尔决定兑现他对菲尔贝的承诺。他们在菲尔贝与少数证人的见证下，天刚破晓时，偷偷在教堂完婚。为了保持婚姻不曝光，艾洛绮丝与阿贝拉尔各过各的生活，偶尔会面也极端谨慎。故事原本应该就此打住，但是菲尔贝阴谋设计恐怖意外，摧毁了这对爱侣的结合，让他们的故事名垂青史。

婚后，这对爱侣各自生活，不久，菲尔贝便破坏保密的承诺，开始宣扬他们的婚事。他对事情的结局不满意，希望阿贝拉尔进一步补偿他们的家族名誉。当菲尔贝开始殴打艾洛绮丝，阿贝拉尔决定拐走她，将她安置在她小时生活与读书的女修道院。他为艾洛绮丝准备了教袍，她穿得和修女一样，只是不戴面纱，那是终身守贞者才能戴的。菲尔贝认为阿贝拉尔将艾洛绮丝送进修道院，是为了追求自己的自由，便展开残酷报复。他命令仆人趁阿贝拉尔熟睡时潜入他的房间、割掉他的睾丸。

数年后，阿贝拉尔回忆这段往事，不仅满怀羞愧痛苦，也提及上帝的"奇特正义"。"上帝的旨意多么公正，报应在我犯下罪恶的身体部位！"我们很难揣测这是不是他的第一反应，因为在中世纪肢残犯罪的部位以为惩罚是很常见的事。阿贝拉尔既羞愧又迷惑，退隐修道院。

　　艾洛绮丝呢？再度，她的命运取决于阿贝拉尔，而这一次，无法更改。他命令艾洛绮丝出家，两人同一天穿上僧服，她在圣丹尼斯（Saint-Denis）修道院，他在阿让特伊（Argenteuil）修道院。当时，艾洛绮丝最多 17 岁，阿贝拉尔 39 岁。

　　这个戏剧化的故事可能有其他结局吗？阿贝拉尔与艾洛绮丝如果要如夫妻般生活，有什么阻碍？老实讲，他们并无外在阻碍。他们在教堂结的婚，从各方面看都是合法配偶。虽然阿贝拉尔被阉割了，但是教会规定不曾圆房的婚姻才能取消，而且没有睾丸也不碍行房。只是阿贝拉尔对夫妻生活不感兴趣。经过这一切风风雨雨，他决定返回最早的独身神职生活。尔后 24 年，他是僧侣、作家、老师，并建立巴哈克雷（Paraclet）女修道院。命运巧妙安排，艾洛绮丝后来成为巴哈克雷修道院院长。

　　让我们回到艾洛绮丝从巴哈克雷修道院写给阿贝拉尔的两封信，看看她口中的故事。她在第一封信上的称谓标示出他俩地位的悬殊："给我的君（不如说是我的父亲）与丈夫（不如说是我的兄弟）。"下款写着："您的仆人（不如说是您的女儿）与妻子（不如说是您的姊妹）敬上。"这封信写于阿贝拉尔出意外、他们被迫分离 15 年之后，这时艾洛绮丝已经坐上巴哈克雷修道院院长宝座，仍以情妇与妻子的口吻写信给阿贝拉尔："我以独特的方式属于你……你我因最伟大的义务——神圣的婚姻——而相连，更重要的，我对你的爱始终不渝……奉上我无限的爱。"

　　艾洛绮丝责怪丈夫在她遵守他的每一个命令后，依然抛弃她："如果可以请给我一个理由，为何你独断决定我俩应双双出家。你完全忘了我、抛弃我，我看不到你的人，听不到你鼓励我的话语，你不在时，也不曾捎给我任何安慰之词。"她不止一次提醒阿贝拉尔，她之所以"担起修道院的刻苦生活，不是为了信仰奉献"，而是阿贝拉尔命令她如此。显然艾洛绮丝觉得她最该效忠的对象是她的前任老师、她的主人，而直至当时为止，仍是她丈夫的人。

　　第二封里，艾洛绮丝更露骨表达她对阿贝拉尔的爱恋。她承认无法将他们共同尝过的"肉欲欢愉"从记忆中抹去："不管走到哪里，它们都逼到我的眼前。"艾洛绮丝不像阿贝拉尔，后者认为自己先前的行为是罪恶，且不再对鱼水之欢感兴趣，艾洛绮丝承认她惋惜失去的欢愉。"不仅燕好的动作历历在目，时间与地点也深刻在脑海，让我重温鱼水之欢的每一个时刻，就连睡梦，都不得安宁。"

阿贝拉尔与艾洛绮丝对分居生活的反应极为不同，引来后世无数的评论。仇恨女性的批评者将艾洛绮丝的色欲归罪于女性共有的好色本性，或者归罪于女性倾向以爱情为生命中心。有的人则赞美阿贝拉尔守贞退隐，以及他奉献上帝的心超过妻子。甚少人着墨于他们的年纪差距，毕竟，艾洛绮丝写信时才32岁，而阿贝拉尔已经54岁了。撇开阉割事件不说，这可能也说明了他们的性欲强烈差别。更重要的，艾洛绮丝坦承她不是自己选择出家，这是丈夫帮她做的选择。她也承认上帝与丈夫比起来，她畏惧忤逆、急于讨好后者更甚前者。很难想象这样的话出自修道院女院长之口。

就在这些信写就10年后，阿贝拉尔过世，葬在巴哈克雷。艾洛绮丝又活了20年，1164年过世后葬在丈夫的身旁。

这个主角性格特殊、本质残酷的惊人故事见证了婚姻生活可能为神职人员带来的大不幸。中世纪社会或许容忍嫁给教士（被称为教士之妻）以及与教士同居的女人（教士的妓女），但是教士弃守贞节，她往往成为罪魁祸首，而不是教士本人。已婚的教士可以继续从事神职工作，他的妻子却必须保持低姿态。艾洛绮丝婚后的泰半岁月退隐修道院，通常这是独身女子或寡妇才有的命运。12世纪，杰出的宗教思想体系和异性恋的新观感迅速勃兴，不管艾洛绮丝的故事多特别，我们还是从一个12世纪法国妻子的角度窥知了她的情与欲。

浪漫之爱的诞生

有人认为"浪漫之爱"（romantic love）是12世纪法国的产物，模式是完美的骑士与遥不可及的贵妇（通常是国王的妻子）。浪漫之

爱只存在于婚姻外，秘密气氛更添爱情的强度。就像传说中的凯尔特
地区情侣特里斯坦（Tristan）与伊索尔特（Iseult），他们误食爱情药，
少了对方便不能活。伊索尔特即将嫁给特里斯坦的君主——康瓦耳的
迈克国王，迈克国王怀疑自己戴了绿帽子，特里斯坦被迫逃亡，但是
他与伊索尔特的爱情至死不渝。相对于"平凡的爱"会因日常生活的
状况而变，特里斯坦与伊索尔特的故事代表了无可抗拒、永不消弭的
热情，是足以征服痛苦甚至死亡的"天命之合"。他们的口号成为所
有真心爱侣的座右铭："无我，你将不存；无你，我亦不能独活。"

　　这种爱情看法源自法国南部宫廷，而后扩散至法国北部，提供了
两性关系的新概念，反转了传统的阳刚与阴柔角色，让女人拥有凌驾
男人的力量。女人命令男人，男人服从女人。虽说这种爱情观仅限于
封建君主世界的一小撮人物，建构出一种与主流规范对抗的现实，但
是史上头一遭，女人被置于较高的位置。

　　文学作品里，真正的骑士会无私且专一地效忠女主人，如同家臣
效忠主人或妻子之于丈夫。他的女主人会完全改变他，带领他臻至灵
性的完美，同时，她仍是可望而不可即的。后世无数的论述探讨她是
否真的"不可即"，因为她已经结婚（通常嫁给骑士的主人），因此相爱
的两人无望结缡，但他们必须守贞吗？理论上是的，实际则未必如此。

　　拿兰斯洛特（Lancelot）来说，这位克里蒂恩·托耶 [15]（Chrétien
de Troyes）写于 1180 年的不朽人物就是一个完美的骑士与完美的情
人。的确，他在战场上的剽悍勇猛来自他对亚瑟王之妻桂妮维亚王后
（Queen Guinevere）强烈的爱。当桂妮维亚被邪恶的王子挟持时，他
奋不顾身抢救，而后王后以身相报。托耶的《兰斯洛特》写道：

　　王后伸出双臂抱住他，将他紧紧拥向胸口。她牵引他上床……现
在兰斯洛特达成心愿，因为王后喜欢他的作伴与爱抚，当他拥抱王
后，王后也拥抱他。此景多么甜蜜与美好，亲吻的戏耍、感官的戏

[15]　法国诗人（1130—1183）。——译者注

耍……那一整晚，兰斯洛特享尽欢欣与愉悦。[16]

尽管被禁止、不道德、有害社会和谐，不伦之恋始终不绝。中世纪以降，通奸便是文学的常见主题。其他有关亚瑟王的传奇多半侧重在骑士追求的灵性层面，但是毫无例外，骑士的勇武背后总有一位伟大女士的启发。

这种被爱女子的地位提升未必反映真实的妻子生活。诚如一位历史学者指出："这只是极小撮女性的现实，主要是贵族妇女。"[17]这些女人为了社会、经济与政治理由，多数嫁给年纪较大的男人，穿着闪亮盔甲的年轻骑士是她们情色幻想的出口。最后，这种幻想由贵族阶级往下流至一般老百姓，至今不衰。"哈乐群出版社"的罗曼史小说系列将这些英雄拯救者平民化，持续喂养今日不满的妻子的幻想。

12世纪和13世纪时兴起一种建议文学，指导男人与女人有关爱的艺术。"新"形态的爱需要感伤、叹息、精致辞藻、优雅举止，得到的往往不是感官而是心灵报偿。的确，1170年，安德烈亚斯·卡佩拉努斯（Andreas Capellanus）在香槟地区玛丽女伯爵（Marie de Champagne）宫廷里写就的《爱之论》（Treatise on Love）极具影响力，他主张"纯洁之爱"胜过"卑下的爱"，字里行间却隐藏对性满足的期望。

阿谀是勾引艺术的要旨，对女士的眼睛、鼻子、嘴唇、牙齿、下巴、脖子、手臂与脚极尽赞美。书上建议男士在奉承女士之后，就应采取行动："对她献上无数热吻。"如果女士抗拒，"不管一切，还是抱她吻她。"[18]众所周知，"任何女人都可以被征服"。

[16] Chrétien de Troyes, *Lancelot ou le Chevalier de la Charrette*, ed. Mireille Demaules, trans. Daniel Poirion, (Paris: Gallimard, 1996), pp.127-128.

[17] Shahar, *The Fourth Estate*, p.163.

[18] *The Key to Love (La Clef d'Amors)*, in *The Comedy of Eros: Medieval French Guides to the Art of Love*, trans. Norman R. Shapiro (Urbana and Chicago: University of Illinois Press, 1977), p.36.

另外一位作家甚至建议"强暴"亦可行。"一手掀起她的长袍，另一手贴上她的私处……让她尖声呐喊……将你赤裸的身体贴紧她，遂行你的意志。"[19] 赤裸的暴力与深沉的感情似乎毫不矛盾，的确，作者还建议男人强暴女子后应当娶她，如果这女子忠于他的话。泰半时候，年轻女孩如果因此失去处女身，人们也建议她嫁给强暴者，尤其是她已身怀六甲的话。

写给年轻女人的建议文学呢？这类作品在中世纪也颇流行，但是数量比不上写给男子的指南。13 世纪法国国王的御医理查德·伏尼瓦（Richard de Fournival）曾写作《爱的建议》（Advice to Love），那是他写给妹妹的书信集。受到拉丁诗人的启发，他说爱是"心的愚行、无法浇灭的热火、无法餍足的饥渴、快乐的疾病、甜蜜的愉悦、迷人的疯狂"，男女都有可能先爱上对方。[20] 但是伏尼瓦遵循古老偏见，认为男人应采取主动，女人应居于被动，绝不可以追求男人。那么女人该怎么办呢？

伏尼瓦建议他的妹妹必须以"巧妙的借口"向心仪的男子"透露爱意"。和对方说话时，她可表达模糊的关切，用热切的眼神深深望着他，"简言之，除了坦率示爱与求爱，一切都可以"。因此，女人可以卖弄风情，只要不僭越男性采取主动的地位。女人主动示爱或者主动献吻，在当时是难以想象的事。

另一个 13 世纪的作家罗伯特·布莱斯（Robert de Blois）则写了一本给已婚妇女的指南《女士宝鉴》（Advice to Ladies），他虽然建议已婚女性要谨守婚姻誓约，却也提供她们引燃（而非压抑）欲望的勾引艺术。他建议做妻子切勿好酒贪杯或暴饮暴食、经常以香料芳香口气、天气过热时不要接吻："因为流汗越多，体臭越浓。"[21] 他也谴责某些女人喜欢穿当时流行的低胸衣裳，他明白劝告女人不要让浪游

[19] Guiart, *The Art of Love* (*L'Art d'Amors*), in The Comedy of Eros, p.50.

[20] Robert de Fournival, *Advice on Love* (*Consaus d'Amours*), in *The Comedy of Eros*, p.104.

[21] Robert de Blois, *Advice to Ladies* (Le Chastoiement des Dames), in *The Comedy of Eros*, p.76.

的手驻足胸前。"小心别让你的酥胸／被分外之手／触摸、玩弄与爱抚。"[22] 唯有丈夫的手才能触摸妻子的胸膛。

总而言之，唯有精英阶层才听闻或看过这些爱的论述。但显然"真爱"已经进入文学论述中心，虽然它只代表人口的一小撮，却极具影响力。

对社会多数人口——文盲——来说，爱情则是演说与歌曲的主题。低下阶层的人特别喜欢"怨妇悲歌"（lament of mal mariée）这种歌曲，不断探索妻子、丈夫与情人的三角关系。学者里亚·莱梅尔（Ria Lemaire）对"怨妇悲歌"研究甚深，指出此类歌曲由女人演唱，演唱者一边演唱，一边和其他女人（或者男女混杂）跳舞。"怨妇悲歌"表达女人对丈夫的怨言，以及她们渴望更年轻、更有魅力的情人。诚如下面这首歌曲所示，丈夫一律是"恶劣、残暴、丑恶、贪心、又臭又老"，还经常打老婆；情人则是"年轻、英俊、温柔、威武"：

> 老公，
> 我毫不在乎你的爱。
> 现在我有一个朋友！
> 他外表英俊又高贵，
> 老公，
> 我毫不在乎你的爱。
> 他日日夜夜服侍我，
> 所以，我这么爱他。[23]

歌中的女人年轻活泼，自称女朋友（amie），而非妻子。她称情人为男朋友（ami），显示两人的结合基于爱意，而非法律与宗教的牵

[22] Ibid., p.68.
[23] Ria Lamire, "The Semiotics of Private and Public Matrimonial Systems and their discourse," in *Female Power*, ed. Glente and Winther-Jensen, pp.81.

绊。也是出于这种想法，艾洛绮丝虽是阿贝拉尔的妻子，但仍希望他
称她为女朋友（amica）。

通俗歌谣里，不快乐的妻子欺骗丈夫，似乎毫不内疚。她们以蔑
视的口吻唱："我的丈夫不能满足我／我要找个情人作为补偿。"某一
首歌中，叙述者抱怨丈夫殴打她，因为她亲吻了她的男朋友（ami）。
她知道自己该如何报复："我让他戴绿帽……我要和我的男朋友睡觉，
全身赤裸。"[24] 但是歌中重复三次的副歌"我的丈夫为什么打我？"
可能更接近歌者的生活真貌。我们很难判断这些"性报复"的歌曲是
真实反映已婚妇人的行为，或者只是她们的希望与梦想。

这些文化产物显示不同阶层的某些妻子颠覆了禁欲倾向教会所传
达的讯息，以违逆、通奸等"恶行"为乐。附带一笔，12世纪中叶起，
上流社会的男女也违背教会禁令，开始玩刚从阿拉伯传进欧洲的象
棋。欧洲人创造王后这个棋子，以取代阿拉伯象棋里的元老 (Vizier)。
到了中世纪末，王后成为棋盘上最大的棋子。国王与王后是最主要的
一对棋子：虽然国王这颗棋最重要，但王后的力量远超过她的配偶。
棋赛里的阶级排列或者可以为中世纪末欧洲复杂的婚姻关系提供有趣
的批注。

母亲与其他劳工

多数中世纪妻子免不了要变成母亲，往往新婚第一年就生孩子。
女人渴望成为人母，因为母职是履行上帝赋予的角色。怀孕不易的女
人往往求助接生婆、疗者，甚至朝圣、购买灵药与护身符、向圣母
玛利亚或男女圣者祈祷。她们渴望生儿子以继承家业，下等阶层者
则期望儿子可以在农场帮帮忙。她们也需要女儿帮忙操持家务，以及
与同侪联姻。不管经济、社会、宗教或情感因素，孩子都被视为天赐
之福。

[24]   Ibid., p.86.

图 2.6　产子图。意大利人家给产妇坐月子的礼物，一面是棋盘，一面是绘画。1410 年左右（Fogg Museum, Harvard University Art Museum）

教会严格禁止避孕，直到今日仍是如此。当时常用的避孕法是体外射精，教会视此为男性的罪恶，堕胎则是女性罪恶。杀婴也被视为女性之罪，不管做母亲的是因为经济因素或者想隐瞒通奸、私通证据而杀婴。但是中世纪的教会或民间法庭很少审判杀婴例子，一直到 16 世纪，法律将杀婴视同谋杀，得以处以死刑，杀婴判例才显著增加。

除了体外射精以及哺乳的天然避孕法外，当时的女人别无他法，往往儿女成群。7—8 个孩子算正常，但也有像玛格丽·坎普（Margery Kemp，1373—1431）者，一生就是 14 个，甚至更多。玛格丽连续怀孕生子，再加上抚养众多子女的责任，可能造成了她在丈夫尚未去世之前便断绝性生活[25]——针对此一议题，容后再述。

[25]　玛格丽·坎普是 14 世纪著名的女隐修士，结婚的头 20 年，她便生了 14 个孩子。在生头胎子时，玛格丽见到基督显像，她开始厌恶床笫之事，历经奋斗，才战胜夫婿，得到他立誓保证不再亲近她。详见 B. A. Windeatt 英译、王峋晴中译，《玛格丽之书》，台北：商周出版，2001 年，第 11 页。——译者注

生产过程充满风险。富有的女人有接生婆协助，贫穷女人只能仰赖亲人与邻居。丈夫被逐出产房，因为丈夫出现在产房被视为不吉祥。医师很少见，只有用尽各种方法产妇依然无法顺产，才会请医师来将胎儿拿出。因为生产极有可能死亡，教区教士会让产妇在分娩前办告解与领圣餐礼。

礼拜仪式也出现为孕妇与产妇祈福的弥撒，召唤圣母玛利亚做"临盆妇女的仁慈协助者"，以大能协助"即将产子的贫穷妇女"，庇荫她们"免于一切灾厄"。弥撒也乞求天父"让生产顺利快速完成。"[26]

坐月子对初为人母者而言是一段很特别的时光。如果她出身富有人家，这段时间她卧床休息，接见贺客，备受关注。富有的意大利人家往往送棋盘给产妇，作为月子期间的消遣。如果生下的是儿子，父亲往往会打造庆生托盘，一面是棋盘，另一面是画。哈佛大学的佛格博物馆便典藏了一个 15 世纪初的庆生托盘，一面是棋盘，另一面是生子图。初为人母者坐在高床上，仆人为她端来餐饭。床下，她的孩子才刚洗完澡，正在包裹。和一般生子图一样，画中亦可见贺客来来往往。当然，意大利与其他地方的贫穷女人生完孩子后，能一起身就下床做事。

女人生完孩子后，6 个星期不能进教堂。根据《旧约圣经》的教条，这个阶段的女人不洁。"生产谢恩"（churching）便是让女人重返教堂的仪式。仪式在教堂门口举行，为刚生孩子的女人赐福，教士为她洒圣水，然后丈夫拉起她的右手引领她进教堂。

一般来说，富有与贫穷的女人都亲自奶孩子，农村地区的母亲或许会补充一些牛乳。但是部分贵族女人（尤其是意大利与法国地区）已经开始聘请奶妈。这些奶妈选自好人家，住到主人家奶孩子，这跟后来富贵人家把孩子送往奶妈家寄养不同。

从卓图拉（Trotula）所写的文章，我们看到当时女人所面临的

[26] *Women's Lives*, ed. Amt.

医疗问题。卓图拉是女医师，大约在11世纪末或12世纪于斯勒诺
（Salerno）行医，她以拉丁语与本国语写作不少医学文献，通行中世
纪。卓图拉的论文提到月经、生产、不孕以及她谴责的堕胎，还有如
何恢复处女般的外观。她也提供女人不少保健与美颜的方法，包括如
何在产后缩小已经扩张的阴道，以取悦丈夫。她以直率的中世纪英文
开宗明义："现在我们来谈某些女子的性器官问题，她们的性器官过于
宽松、恶臭，以致丈夫舍弃她们，也不愿接近她们。"[27] 和现今女人
一样，中世纪的女人除了生儿育女外，还有责任让丈夫得到性欢乐。

　　女人同时有责任抚养孩子，并在孩子年幼时教育孩子。儿子长到
7岁时，由父亲接手教育，母亲则继续教育女儿。当然，前提是这个
家庭有足够财力教育孩子。

　　当时的学校教育侧重读、写、算术，13世纪末时，佛兰德斯与
巴黎地区的上等人家女孩就可以入学，数十年后意大利亦跟进。日耳
曼与瑞士则迟至15世纪初才有女子学校。英格兰地区公立学校只收
男生。整体而言，有钱及贵族人家的女孩多半受教于家庭教师，农人
则多半是文盲。

　　城市女人结婚后如何打发日子？德国的中世纪专家艾瑞卡·尤兹
（Erika Uitz）指出城镇市民之妻不仅要操持家务，还得出外做事。当
丈夫外出或生病时，她们必须做丈夫的代理人。她们也多半是丈夫的
事业合伙人，参与零售、金融、纺织、客栈经营、糕饼、酿酒、公共
澡堂或其他技艺的经营。

　　在许多日耳曼城镇，想要加入基尔特（guild）[28] 成为正式的会员
师傅，先决条件是已娶有妻室，因为少了妻子的协助，工坊是不能
运作的。部分城市，师傅的妻子也允许以"合伙人"身份加入行会。
1271年，瑞士的巴塞尔规定"建筑师傅"的妻子也可加入行会，只

[27]　*Women's Writing in Middle English*, ed. Alexandra Barratt (London and New York: Longman, 1992), p.35.
[28]　中世纪的行会。——译者注

要丈夫仍在世。伦敦地区经营小生意的女人可以加入行会，少数巴黎的工匠行会有"太太会员"也有"先生会员"。一般来说，寡妇准许持续亡夫的行当，但是再嫁对象不是行会会员，她就得放弃原先的营生。

一些女人可以不必与先生搭伙，独立运作，大多从事纺织与酿酒。一份 1420 年的日耳曼文件记载某位酿酒女工签约教导两名男士酿酒功夫。这份颇具启发性的文件写道：

我，即上述的费琴，拥有酿酒知识以及（文件前述）丈夫的允许，与各位科隆市议会的高贵睿智绅士达成协议……我将忠心、勤奋、竭尽所能教导两位男士如何酿制好酒……依此文件，我有义务自即日起连续 8 年尽力为上述两位绅士与科隆市工作。针对酿酒，只要他们有需要，通知我，除非我生病，否则我都应前来科隆市教导他们……因为如此，他们必须给我 1 马克（科隆货币），以支付我的劳力与生活所需。[29]

显然，做丈夫的欢迎此笔额外收入，即便他的老婆必须因此离家数天。

不少已婚妇人担任接生婆，有些是医师。直到 14、15 世纪，巴黎大学等颇具名望的医学中心的教师规定：唯有大学毕业生（都是男的）才能使用"医师"这个头衔。硬是把女人排除在医疗行业之外。巴黎大学保留的雅各·弗里斯夫人（Jacoba Felicie）档案记载了这位女士如何在巴黎及其近郊行医，而后被迫停止服务[30]。规避禁令的唯一方法是接生婆嫁给医师，这在佛兰德斯的某些地区颇常见。

城市之外，农夫之妻的日常生活是忙着准备三餐、打扫房子，这是颇简单的工作，因为房子很小，而且没什么家具。此外她们还要挤

[29] *Women's Lives*, ed. Amt, p.208.
[30] Ibid, p.108.

牛奶、喂食家禽与猪只、照顾菜圃、到井边或河边打水（如果她没有小孩帮忙这件颇耗时的工作）、到邻近池边或溪边洗衣、纺纱织布。她还要给幼儿哺乳、换尿片，照顾生病的家人与老人。除此，她还得到田里帮忙，犁地、除草、收割，以及收成过后的拾穗。工作繁多，但是农人之家除了孩子没什么帮手。

位阶高于农人与都市贫民的家庭，最大特色就是有"帮手"。商人与艺匠之妻往往至少有一名仆人，家大业大者，更是仆从如云。15世纪英格兰地区帕斯登家的信件显示当时的富裕人家大约有12—15位仆人，由太太统管。她不仅要监督仆人，还要提供他们衣食所需，帕斯登之类的有钱人家太太显然管理责任颇大。不管哪种社会地位的妻子均得负责管理家务，这是自古以来的性别角色分工。

格蕾丝达与巴斯太太

《巴黎的梅斯拉吉》（*Le Mesnagier de Paris*）与乔叟的"巴斯太太"均写作于1400年，却呈现两极的妻子图像。《巴黎的梅斯拉吉》的作者是巴黎人，年纪大得可以做老婆（15岁）的祖父。他依据宗教训诫以及民间传说中的格蕾丝达，提出三从四德的模范。格蕾丝达对丈夫百依百顺，无人出其右。她出身贫困家庭，嫁给有权有势的贵族，她答应丈夫她的唯一嫁妆就是"唯夫命是从"。她完全没料到这代表她必须忍受极端残暴、羞辱的各种插曲，包括舍弃自己的孩子，让他们可能被处死，也包括她丈夫打算娶第二个老婆，将她赤脚赶回娘家。每一桩痛苦折磨，她都毫无怨言地承受。当然，故事有个快乐结局，就像约伯的故事一样，格蕾丝达胜利通过所有"无条件顺从"的考验。今日看来，格蕾丝达的故事匪夷所思，但是那位巴黎丈夫显然认为他的妻子应认真以她为模范。

《巴黎的梅斯拉吉》泰半内容与妻子的宗教、道德义务有关（尤其是对丈夫的责任），另一半则着重实际的家务操持：如何照料花园、监督仆人，还有详细食谱、如何准备食物。细究起来，这本书能够历久不衰，要归功里面的食谱。

我们对书里那个年轻太太的后来命运一无所知。她是否变成一个好厨师、好管家？她是否坚贞自持、百依百顺？她的丈夫显然深爱她，但她是否也爱恋丈夫？她的丈夫很可能比她早逝，之后，她可能再嫁，一如她先生在序言里所预期的：她习得的"美德、荣誉心与责任感"将不只福荫他一人，而是"如果发生了那样的事，造福了另一个丈夫"。[31]

另外一个"反证型"的太太不仅发生"那样的事"，还结婚多达5次。让我们看看乔叟笔下的巴斯太太，她的一言一行都和格蕾丝达恰成反比，虽然印证了自古以来男人赋予女人的一切刻板缺点，却也强有力地证明了"强悍女人的原型"不仅存在于中世纪，也必定存在于每个时代。

巴斯太太颐指气使、性爱控制、碎嘴长舌、喜欢争辩与爱欲。驳斥当时蔚为主流的禁欲理想，她为性欢愉提出辩驳。她自问："为了什么目的／要有性器官？"然后她自答："为了（繁殖）需要，也为了欢愉。"就她自己而言，她会在"婚姻的行为与果实里，使用她的花朵……"[32]

巴斯太太展现了女性的情欲与宰制，与格蕾丝达恰成对比。她与丈夫争吵，会说谎也会抗议，丈夫打她，她便还击，但是她始终不满，直到最后一任丈夫（也是她最爱的）放弃控制她，宣称："我的老婆，从今而后，你爱干什么就干什么吧。"根据巴斯太太的说法，此后他们纷争不再，家庭和谐。

格蕾丝达与巴斯太太代表了持续整个中世纪、有关已婚女人的两极争议。男人美化格蕾丝达所代表的无私奉献。违反此一理想的女人

---

[31] *Le Mesnagier de Paris* (Paris: Livre de Poche, 1993), p.25.

[32] Chaucer, *Canterbury Tales*, ed. A. Kent and Constance Hieatt (New York: Bantam Books, 1964), pp.187, 189, 219.

让男人失望、怨恨。法国著作《拉图兰多骑士之书》（*The Book of Knight of La Tour-Landry*）与《婚姻的十五乐事》（*Fifteen Joys of Marriage*），以及英国的《誓不娶妻》（*Not to Take a Wife*）、《炼狱》（*The Purgatory*）充斥仇恨女性的言论，流传数世纪，试图证明唯有棒下才能出贤妻，而且丈夫必须将妻子踩在脚下。

玛格丽·坎普的故事

《玛格丽之书》（*The Book of Margery Kempe*）这本特殊的自传勾勒出中世纪末另一种完全不同的妻子图像。她奇行怪癖的神秘主义者形象，与当时虚构的女性原型迥然不同。1373 年，玛格丽出生于诺福克（Norfolk）金斯林的一个中产阶级富裕家庭。20 岁那年，她嫁给社会地位较低的约翰·坎普。第一个孩子出生后（她一共生了 14 个孩子），她得了严重的产后精神病，足足 8 个月后，因为看到耶稣显像才痊愈。从此，她的人生剧烈起伏，她经常啜泣并与上帝神秘对话。因为她的宗教经历，这位文盲女士在 60 岁那年决定找人记述她的一生。尽管玛格丽以第三人称叙述，再加上记述者的风格干预，《玛格丽之书》还是鲜活传达了她的声音。以下便是她自述精神崩溃与看到救赎景象后的经历：

> 这时这人 [33] 恢复以往的理智与聪智，渐趋平静。因此当她的丈夫一来到身边时，她向他索取食物储藏室的钥匙，好像以往一样去拿点东西吃喝。她的女仆与看护反对她丈夫给她钥匙……然而，她的丈夫一向对她温柔又怜爱，命令她们把钥匙交给她。她靠着仅剩的体力拿了东西吃喝，也能认出丈夫、前来探望她的朋友还有那些想要看看

---

[33]　玛格丽的自谓。——译者注

耶稣基督如何对她行使神恩的人。[34]

　　《玛格丽之书》迥异于同时代宗教著作之处在于它混合神圣事物
与居家生活，透过一个妻子的眼光，提供了有关婚姻的独特洞视。玛
格丽形容丈夫为温柔爱怜，愿意信任她，把她生病前保管的食物储藏
室的钥匙交给她，并期望她快快痊愈。或许他有点畏惧老婆，因为她
的家世较他显赫，有时也会提醒他这一点。如果说玛格丽偶尔对丈夫
严苛，她对自己往往更严厉。她形容自己骄傲、羡妒他人、固执、脾
气暴躁，吃了教训还不学乖。刚结婚的那几年，她非常自傲"炫耀式
的穿着"，"如果邻人穿得和她一样好，便极端忌妒"。根据她自己的
说法，后来她"纯粹出于贪婪，也为了维持傲气，插足酿酒业，成为
N 镇上最大的酿酒商，持续了三四年，后来便亏损连连"。

　　继酿酒事业后，她又投入磨坊业，也是不成功。接二连三的破财
被解释为"上帝的鞭笞，严惩她的骄傲"。她的宗教倾向开始显现于
生活的每个细节，到了下面这个事件便全面成熟。

　　一天晚上，这人与丈夫躺在床上时，听到了悠扬的声音，如此甜
美、快乐，让她以为置身天堂。她立刻跳下床，说："真是可惜，我犯
了罪！"此后，只要她听到那首旋律，总会为来自天堂的至福激动啜
泣、叹息，诚挚奉献的眼泪淌流不止。

　　虽然她的邻居觉得她的啜泣叹息很奇怪，玛格丽深信她是在跟更
高的存在沟通，一种唯有她这类的神秘主义者才得知的存在。那晚她
听到的天堂音乐是个转折点，改变了她与先生的关系。她说道：

　　　之后，她便不再有与丈夫行房的欲望。对她而言，履行夫妻义务

[34]　*The Book of Margery Kempe* (Harmondsworth, Middlesex: Penguin Books, 1985).
　　　此段与后面两段引述摘自 pp.42-47, 57-58, 60。

是极其可憎的，她甚至认为她宁可吃喝脓汁与水沟里的粪便，也不同意行房，除非是被迫顺从。

因此，她对丈夫说："我或许无法阻止你亲近我的身体，但我心中的爱与热情都已抽离俗世之人，只奉献给上帝。"但她的丈夫仍遂行自己的意志，她只好哭泣哀叹地顺从……这人经常劝告丈夫要守贞过活，因为他们不知节制的欢爱以及相互以肉体取乐，已经使得上帝不悦。如果他们协议禁绝肉体欲望，以此惩戒自己，或许是好事一桩。

不可否认，玛格丽·坎普不是个"样板"女人，但她流传后世的记录并不因她的奇特人格而减损价值。它显示宗教界依据圣经注疏建构的基督教神学已经渗透到夫妻的床笫之间。中世纪对守贞的强调以及对性的谴责，正好与玛格丽丈夫的倾向甚至她以往的行为背道而驰。现在她受到神秘经验的启发，开始思索性爱之欢，她根据基督教义，认为"不知节制的性爱"会使上帝不悦。繁殖是性爱唯一被接受的功能，而玛格丽已经有了太多孩子了，决定停止性生活。

但是她的丈夫还不打算许下誓约，开始妻子一心渴望的守贞。夫妻间因此经常失去平静，玛格丽奉献之心更强：她一天上教堂两三次、整个下午祈祷、斋戒，并穿粗毛衬衣[35]。我们或许认为这种衣服是变态幻想，但看看她的叙述便知道这种衣服真实存在："她从烘麦芽的窑室弄来一块毛布，非常小心、秘密地穿在袍子里面，不让她丈夫知道。虽然她丈夫每日与她同床共枕，还生了孩子，而她每日穿了粗毛衬衣，她的丈夫都不知道。"我们可能怀疑这个丈夫仍与妻子行房，却不知道老婆穿了粗毛衬衣。但是不管以哪个时代标准来看，玛格丽的举止都堪称疯狂怪诞，我们也不得不怀疑她的口述是否属实。

除了上述许多宗教活动外，玛格丽还开始到英格兰各地神坛朝圣，但是她必须得到"丈夫的允许"才能远行。在这方面，她倒是遵循传统习俗与法律，因为中世纪的已婚妇人没有丈夫的允许不得离

[35] hair-shirt，古时苦行修士所穿的粗毛衬衣。——译者注

家。她的丈夫慷慨答允，有时还陪着她一起去朝圣。就在他们去约克郡朝圣时，另一个决定性时刻发生了。他们已经禁欲8个星期，玛格丽问他为何如此，他的回答是："每当他想碰触她时，都不由自主地害怕起来，什么都不敢做。"显然玛格丽与上帝的对话，以及她对守贞的持续渴求发挥了效果。他们经过长时间的协商，同意如下安排："先生，如果你愿意，同意我的请求，你就能得到你想要的。答应我你今后不再上我的床，我则答应在前往耶路撒冷之前替你还清债务。"……她的丈夫回答："愿你的身体完全属于上帝，一如它曾完全属于我。"

这个重大事件发生于她40岁那一年，他们在林肯主教面前正式宣誓守贞。尔后，她开始一连串朝圣，远至巴勒斯坦圣地、意大利与西班牙。显然玛格丽有足够财力旅行，且无须挂虑儿女，他们有的可能已经长大成人，其余的可能交由仆人、亲戚照顾。

虽然玛格丽的故事在中世纪的妻子史料中显得特别，但她并非唯一特例，也有其他圣女是结过婚的。

奥格尼斯的玛丽（Mary of Oignies，卒于1213年）是最早的圣女之一，出生于布拉班特（Brabant），14岁那年奉父母之命出嫁，但是她说服丈夫让她守贞过活，双双奉献照顾麻风病人。

福林约的安杰拉（Angelo of Folingo）是个富有的妻子与母亲，40岁那年她改变信仰，全心过着清苦与忏悔的生活。

瑞典的圣布里奇特（Saint Bridget of Sweden）13岁那年奉有权有势的父母安排，嫁给身份地位相当的人，生下8个小孩。1344年丈夫过世后，她退隐契斯特山尔的修道院，向副院长口述自己获得的神启。1350年，她前往罗马，在那儿住了下来，创立了自己的"布里奇特教派"，在欧洲非常有影响力，尤其是她的祖国瑞典。

普鲁士孟陶的多萝西（Dorothea of Montau）是个灵视者，16岁结婚，育有9名子女，只有1名夭折。她的婚姻非常不幸福，费尽唇舌终于说服先生与她立誓守贞。晚年，她曾到亚琛（Aachen）与罗马朝圣，而后过着隐修生活至死。

中世纪的世界观将守贞视为比婚姻、母职更为崇高，让妻子得以说服丈夫允许她们投入宗教生活，包括立誓守贞，甚至抛家弃子。玛格丽在她的口述自传里甚少提及她的孩子。她只在乎留下灵性之旅的纪录。在她多次的朝圣里曾拜会知名的诺维奇的茱莉安（Julian of Norwich），她是另一个著名的中世纪英国女人，也创下文学里程碑，她的《神启》（Showings）是第一本由女人以英文写成的书。而《玛格丽之书》则是第一本以英文写成的自传。

克里斯汀·皮桑

同一时间的法国，克里斯汀·皮桑（Christine de Pizan，1363—1429）创下了另一个女性第一。她是第一个靠写作维生的女人。皮桑出生于意大利，父亲是医师兼天文学家，他被查理五世带到法国，皮桑因而成长于富含文化气息的巴黎，未受过正式教育，却学会读写。15岁那年，她嫁给一个喜爱学术、极端迷人的24岁贵族耶第安·卡斯特勒（Etienne de Castel）。根据皮桑稍后的记述："我不能期望有比他更好的丈夫。"[36] 他们育有3个孩子，快乐地生活了10年。卡斯特勒英年早逝后，皮桑便靠写了养活自己、小孩与寡母。她一共写了30本书，最有名的一本是前女性主义、勾勒乌托邦世界的《女人城》（La Cité des Dames）。但是作为妻子，皮桑最为人津津乐道的是她写给早逝丈夫的情诗。《赞美婚姻》（In Praise of Marriage）便是罕见的中世纪妻子自述，描写她与丈夫的鱼水之欢。

> 婚姻乃是甜蜜之事
> 我的经验可以证明
> 女人如能嫁得贤夫

[36] *Christine's Vision*, part III, 引述于 Andrea Hopkins, *Most Wise and Valiant Ladies* (New York: Welcome Rain, Distributed by Stewart, Tabori & Chang, 1997), p.112.

善良如上帝赐我者

婚姻乃是甜蜜之事

……

洞房初夜

我便察觉

他的伟大价值，因为

他不做让我反感痛苦之事

翌日起床前

他吻我百遍

我确定

毫无低下意图

显然，这个亲爱的男人深爱我

……

我的王子

他让我充满疯狂欲望

当他说他完全属于我

他让我甜蜜晕眩

显然，这个亲爱的男人深爱我 [37]

相较之下，《寡妇之悲》（*A Widow's Grief*）呈现皮桑丧夫的惨痛。

我是个穿黑衣的寡妇，孤身一人

愁容满面，穿着简单

极度沮丧，举止伤悲

我披着凌迟我的哀伤

[37]   *Christine de Pisan's Ballades, Rondeaux, and Virelais*, ed. Kenneth Varty (Leicester: Leicester University Press, 1965), pp.33 and 5. 上文为作者英译。其他英译详见 *The Writings of Christine de Pizan*, ed. Charity Cannon Willard (New York: Persea Books, 1994)。

尽管中世纪人普遍认为妻子是男人生活的祸害，守贞或守寡均比结婚高尚，皮桑却是在妻子角色里找到无上快乐，当她被"提升"至崇高的寡妇地位时，显得哀伤无比。

意大利式嫁妆

观察中世纪末的意大利婚姻，会发现它们类同上述的主要婚姻模式，但掺杂了意大利文化的特色。13世纪时，法国与英格兰已经接受教会对婚礼仪式的管辖，意大利却迟至许久之后才放弃民间的婚礼仪式，接受教堂婚礼。意大利式婚姻绝对是家族事务，目标在促进双方家庭的利益，媳妇的嫁妆可增添财富，与权贵家庭联姻可带来名望，或者家族有需要时可以寻求姻亲网络的帮忙。总而言之，婚姻不是两个被迫共度余生的年轻人能够自主决定的事情。自主婚姻，那是什么想法！

父母（或媒人）会替子女寻找门当户对的对象——贵族配贵族、商人配商人、工匠配工匠、农人配农人。有时商人阶级的巨富会"攀龙附凤"与贵族联姻，但如果阶层差距过大，譬如贵族婚配工匠，会被视为违反社会规矩。

和古罗马时代一样，上等家庭的女儿对婚姻安排无置喙余地，而且受到严密保护，不让她有邂逅追求者的机会。作家薄伽丘（Giovanni Boccaccio）甚至建议某些女孩乃至已婚妇女都不可到教堂参加婚礼，以免不适当的人有接近机会，尤有甚者，她们也不该站在窗口或者朝外张望。的确，窗户可能是诱惑的地点，年轻女孩可借此看男子来来往往。多数意大利城市，年轻男人经常在窗下徘徊，如果百叶窗没关，就能一睹坐在窗边的女孩芳容。

意大利不同地区有不同的婚礼习俗，但总体而言，婚礼包含三个不同活动：（一）准女婿与准岳丈的定亲协定；（二）新娘与新郎相互表示同意，通常称之为"戒指日"；（三）新娘搬进新郎家。

定亲和婚礼一样慎重。14、15世纪的佛罗伦萨，如果有人定亲又毁婚，下场将是一大灾难——双方家庭会长期结仇，毁婚者甚至再也找不到婚配对象。天主教徒与犹太人都会对毁婚者高额求偿。

托斯加尼地区商人乔治罗·代提（Gregorio Dati）以日记记载他的婚礼，前后长达3个月："1393年3月31日，我同意并宣誓娶伊莎贝塔为妻。4月7日复活节的那个星期一，在公证人赛·路卡的见证下，我将戒指交给她。6月22日星期天，9时公祷后，依上帝与好运之名，她搬进我的房子，也就是她丈夫的家。"[38]日记中并未提及教士。当时的规矩似乎是婚礼无须在教堂举行，而是在新娘家或者公证人的办公室，也不需要教士主持。和多数人一样，代提选择在星期天结婚，这样才能有最多人目睹婚礼游行，并护卫新娘前往夫家。

在意大利，不管男女，几乎每个人都必须结婚。未婚女人不是修女就是还在筹措嫁妆的女仆。立志出家的女孩大多稚龄时（有的甚至只有7岁）便被送进修道院，12或13岁才宣誓守贞。至于女仆，如果她替主人家服务，只换取吃住，而不另支报偿，主人有义务在她服务满多少年、到达适婚年龄后，替她准备嫁妆。

托斯加尼地区的女孩多半在18岁或更年轻时结婚，城市男人的结婚年龄多半为30岁，乡下男人则为26岁。夫妻一般差8岁，富有人家甚至差距达15岁。巨大的年龄差距让丈夫认为妻子有义务顺从他，妻子则期望丈夫保护她、教导她。当时的家庭如此强调夫妻的年龄与权威差距，我们很难判断"互惠"与"妥协"这类现代概念对他们而言是否有任何意义。

和古罗马时代一样，女人是嫁入夫家、搬进夫家居住，这越发巩固了父系继承与从夫居的体制。托斯加尼的家庭往往两三代同堂，还包含男方各种血缘关系的亲属。法国家庭若只独生一女，有时女婿会搬到岳父家住，称之为"女婿婚"（Marriage à gendre），但是意大利

[38]　Charles de al Roncière, "Tuscan Notables on the Eve of the Renaissance" in *A History of Private Life: Revelations of the Medieval World*, ed. Georges Duby. trans. Arthur Goldhammer (Cambridge, Mass., and London: The Belknap Press of Harvard University Press, 1988).

丈夫绝不会搬进岳父的家。嫁妆丰富的犹太女孩有时也会偕夫婿住在娘家，特别是富商的女儿有幸嫁给贫穷拉比的儿子。但是在奉行天主教的意大利，一定是妻子住进陌生的家。

妆奁制度为社会各个阶层提供了婚姻的基础。1430 年之后，佛罗伦萨甚至有所谓的"嫁妆基金"（Monte delle Doti），基金交由市政府管理。做父亲的必须在女儿还小时，就定期为她存钱（和我们今日的教育基金一样），结婚时，便将累积的存款交给她的丈夫。

法律规定父亲必须提拨部分家族财产作为女儿的嫁妆。这代表每个女儿结婚时都会有一笔钱，其余的分给儿子继承。嫁妆让新人有钱建立家庭，也象征新娘、她的家庭，以及这对新人所值几何。年轻女孩的嫁妆多寡是公开秘密，不仅在公证人处登记，也喧腾街坊。

婚后，嫁妆由丈夫管理，这笔钱不仅供给新家所需，如果丈夫死了，也作为寡妇的生活费。当时欧洲的普遍规矩是寡妇可继承亡夫 1/3 的财产，余者归子女。至于女方的嫁妆多寡，通常在定亲时便协议妥当，采分期付款交给男方，一一记载于公证人处。第一笔嫁妆通常在新娘搬到夫家之前支付，其他的可能分期好几年。如果女方无力或无意继续付款，便可能造成婚姻冲突。除了嫁妆外，新娘对夫家的贡献还包括陪嫁的床单与私人动产。

丈夫除了提供住处，其他物质贡献多半是所谓的"礼物"，包括为新娘购置结婚当天所穿的衣裳，在讲究派头的佛罗伦萨，这笔花费有可能变得很可观。丈夫还得提供新房家具，最醒目的是"新婚衣柜"，它可以非常繁复精致，上面刻满各种教化陶冶新人的神话主题，包括婚姻义务、忠心，以及热情可能带来的危险。通常"新婚衣柜"是随着婚礼游行队伍被抬到新家，放在床前。

而上等人家的夫婿要准备巨额的"相对嫁妆"，地位低微者亦不可免。农夫之子往往以女方的嫁妆头期款支付"礼物"——新娘的出嫁衣裳。到了 15 世纪，此风已逐渐遍行社会各阶层。

越上等的人家缔结婚事，男方的聘礼安排就越复杂曲折。佛罗伦萨地区的丈夫保有聘礼的所有权，婚事如果取消或无效，他可取回全部聘礼。通常丈夫的遗嘱会详载妻子在他身后所能得到的财产，特别是妻子如果再婚所能分配的财产。再婚寡妇身无长物的状况并不少见，因为她的子女可能拖延归还属于她的陪嫁衣裳、珠宝与嫁妆。佛罗伦萨的官方档案充斥母亲（或继母）控告子女，请求归还嫁妆的例子。

有时男方向亲戚或朋友商借聘礼，婚后不久便向妻子收回，因为1年内必须归回借方。他也可能迫于需要，将聘礼卖给职业出租人，他们再租借给其他需要聘礼的男人。

婚戒赠予则牵涉更复杂的规矩。婚礼那天，新郎必须给新娘2—3个戒指。此外在佛罗伦萨，男方的父亲或家人必须在婚礼当天或第二天致赠新娘数个戒指，富贵人家则多达15或20个，许多戒指是新郎家的女眷所赠，以示欢迎女性新成员的加入。但是这些戒指只有仪式价值，和新郎致赠的出嫁衣裳、珠宝一样，不属于新娘所有。再有新人入门，就必须拿出来做赠礼。

14与15世纪的意大利，嫁妆、聘礼与婚礼的金额越变越大，许多人家无力为所有女儿筹措嫁妆，不少年轻女孩只好放弃婚姻，选择较便宜的修道院。（把女儿送进修道院的金额仅及嫁女儿费用的一半。）16世纪，威尼斯近郊的维内托（Veneto），嫁妆金额膨胀到前所未见的规模，以致大家把威尼斯商业不振归罪于富贵人家的夫婿不事生产，靠老婆嫁妆过活。

我们常认为嫁妆制度对女性不利，尤其是那些筹措不出嫁妆的家庭。毫无疑问，它是一个女人婚配资格的明显指标，也决定了什么样的女人可以嫁给什么样的男人。对妆奁丰厚的女人来说，嫁妆是永远的地位象征，可以一直延续至婚后许久。

嫁妆、婚戒、定亲合约这类婚姻产物，甚少让我们得知夫妻之间的关系，这是很难探索的领域。男人撰写家庭回忆录（ricordanze），总是谨慎避免泄漏个人情感，女人则甚少书写此类素材。男人唯一打破谨慎的时候是丧妻时，这时他的笔下才会泄漏曾经或不曾对妻子表达的情感。

数本回忆录作者的日记使用"最甜蜜的"（dulcissima）、最愉快的伴侣（dilectissima consors）、最喜爱的（dilectio）来形容刚过世的妻子，显示他们鲽鲽情深，远超过泛泛的赞美之语。波隆纳的一位家庭回忆录作者则大肆倾吐自己的哀伤："我爱她远超过想象，因为我不相信世间有比她更好的女人。"[39]

另一种形式的婚姻尽头则留下负面的情感记录。那就是婚姻破裂时，丈夫与妻子均会理直气壮向主管离婚或宣布婚姻无效的教会诉愿。历史学家古恩·布昌克（Gcnc Brucker）最近才考证出来的乔瓦尼（Giovanni）与卢萨娜（Lusanna）的故事，揭露了当时佛罗伦萨夫妇的私领域。根据一位公证人的记录，这对爱侣的故事包含了性欲、热情、通奸、秘密婚姻与婚姻宣告无效。这个奇特的故事让我们知道一个15世纪佛罗伦萨女人的婚姻在什么状况下属于有效或无效。

乔瓦尼与卢萨娜

1420年，卢萨娜与乔瓦尼出生于佛罗伦萨，两家相距不到5分钟路程，但两人的出身共同点也仅于此。因为卢萨娜是工匠的女儿，乔瓦尼的父亲则是地位崇高的公证人。乔瓦尼属于佛罗伦萨上流社会的达拉卡斯家族，而卢萨娜的家族则全是小资产阶级的工匠与商人。文艺复兴初期的佛罗伦萨社会极端讲究阶层划分，两家联姻是匪夷所思之事。

的确，卢萨娜到了17岁适婚年龄，父亲为她安排嫁给29岁的麻布制造商安德烈亚·努奇（Andrea Nucci），努奇的父亲是颇发达的糕饼师傅，两家相距仅200米。卢萨娜的妆奁丰厚，共值250弗洛林金币，这如实记载于当地公证人拟写的婚姻契约中。

5年后，乔瓦尼造访邻近教堂，遇见卢萨娜。显然，卢萨娜十分

[39] James S. Grubb, *Provincial Families of the Renaissance: Private and Public Life in the Veneto* (Baltimore and London: The John Hopkins University Press, 1996), pp.20–21.

美丽，虽然已婚，但是对一个觊觎她的威尼斯富人而言，她并非全然遥不可及。乔瓦尼当时才 20 出头，尚未到适婚年龄，但是他的地位与年纪已足够搞些露水姻缘，尔后十年，卢萨娜成为他的情妇。卢萨娜属于工匠阶层，似乎可以自由行动，无须保护人为伴，上等女人绝不可能如此。此外，卢萨娜也没有孩子羁绊。

我们对她的合法夫婿几乎一无所知，只知道他在 1453 年过世，让卢萨娜与乔瓦尼有机会结为连理，这也是卢萨娜极端渴望的事。乔瓦尼终于首肯结婚，卢萨娜的兄长安东尼欧——现在他是妹妹的荣誉守护者——主张婚礼必须有公证人在场。佛罗伦萨的婚礼通常由公证人主持并拟定婚姻契约。乔瓦尼反对，坚持婚事必须保密，唯恐触怒父亲，被取消继承资格。乔瓦尼建议找他的朋友——圣芳济教会的修道士弗拉·费立斯·阿西尼（Fra Felice Asini）来公证婚礼。

这个婚礼真的举行了吗？这是佛罗伦萨主教在 1455 年必须裁决的事。这件事还直达教宗，他写信给佛罗伦萨主教表达关切："我们心爱的主内卢萨娜·班内迪多、一位佛罗伦萨妇女，告知我们她与达拉卡斯家族的乔瓦尼·罗德维可合法结缡，他却与另一个佛罗伦萨妇人公开举行婚礼，进行交换誓约与婚戒等传统仪式。"教宗信上指示主教调查此事，如果卢萨娜的指控为真，就宣告乔瓦尼的第二次婚姻无效，并处罚他的重婚罪。

为卢萨娜出面作证的有 20 名证人，包括她的 3 名家族成员以及乔瓦尼最亲近的朋友阿西尼。根据他们的共同记忆，参与婚礼者有卢萨娜、乔瓦尼、卢萨娜的兄长安东尼欧及其妻、他的继母与两名朋友。阿西尼作证指陈晚餐后，乔瓦尼宣布他要娶卢萨娜为妻，而后参与婚礼者围在这对新人与阿西尼身旁。阿西尼依序询问新郎与新娘是否愿意与对方结成连理，两人都表示愿意，乔瓦尼从左手拿起一个戒指，套进卢萨娜的手指。乔瓦尼与新娘家人互吻致意，并奉上他给女方的聘礼。而后两人退回卧房行周公之礼。依据这些经过，卢萨娜认为她的婚姻有效。

婚礼后，乔瓦尼并未与卢萨娜长住，只是偶尔与她过夜。人前，卢萨娜都做寡妇打扮，在家里，才穿已婚妇人的衣着。他们的婚事在城里是秘密，但是到了乡间，他们便像夫妇般生活。5 个农人作证他们看过乔瓦尼与卢萨娜在一起，并认为他们是夫妇。

8 个月后，乔瓦尼的父亲刚过世不久，卢萨娜的支持者认为该是他们的婚事化暗为明的最佳时机，不料，乔瓦尼却与来自显赫家族、年方十五的玛丽雅塔结婚。好几次，卢萨娜恳求乔瓦尼公开承认他们的婚事，放弃他的第二次婚姻，但是他拒绝了。卢萨娜无计可施，只能向教会诉愿。

乔瓦尼否认他们结过婚。他承认从 1443 年起便与卢萨娜有肉体关系，并企图抹黑卢萨娜为淫乱女子，有好几个情人。他的法律代理人说："卢萨娜此举是出于色欲动机，因为乔瓦尼年轻有才气，她渴望与他发生肉体关系……"证人指称乔瓦尼名声不错，卢萨娜的邻居则说她道德低下，身为人妻，走在街上还会注视男人，不像良家妇女一般垂下眼睛。而且她在丈夫尚未过世之前便有情人，可能还不止一个，这样的女人，谁能相信她的话？

这个案子缠讼数月，乔瓦尼坚称卢萨娜只是他的情妇，卢萨娜则坚称自己是正牌妻室。乔瓦尼利用一般人的心理，质疑以他的高贵身份、年纪轻轻，怎么可能娶一个出身低微的"老"女人（读者不要忘了，他们同年出生）。卢萨娜的法律代理人则辩称以往也有出身较低的漂亮女人嫁给上等人家的例子。主教最后判决卢萨娜胜诉，虽然他们的婚礼是秘密举行，而教会努力扫除秘密婚姻、一再坚持婚礼举行前必须在教堂公告三星期，但是乔瓦尼与卢萨娜曾在证人面前宣示为夫妻，婚姻就算有效。教会宣告乔瓦尼的第二次婚姻为重婚，并命令他必须承认卢萨娜为他合法妻子、待她以"夫妻之情"，否则将被逐出教会。终于有一次，正义似乎站在身份低微者这一边。

但故事还未结束。乔瓦尼提起上诉。因为他有钱又有人脉，有办法推翻先前的判决。1456—1458 年间，教会宣告乔瓦尼与卢萨娜的婚姻无效，他可以与玛丽雅塔成立合法家庭。后者身份地位与他相当，年纪又轻，可望延续达拉卡斯家族香火。1456 年之后，关于卢萨娜的记录便付之阙如。

到头来，金钱、权势、社会习俗与对合法子嗣的渴望战胜了。乔瓦尼与卢萨娜的故事见证了每个时代都会看到的矛盾现实。一方面，色欲之爱是股强大力量，不管面临何种障碍，都非要死命满足。阶级、种族与宗教的障碍以及对配偶的忠诚，都被性爱热情扫到一旁。曾经有过这种热情体验的人都会同意以上说法。

另一方面，多数人也倾向尊重家人、社群、国家所尊崇的社会习俗与法律，其中，最重要的信念莫过于性爱只能也只该存在于婚姻。就算倾向多重性伴侣的男女，表面上，也会标举一夫一妻的理念。

以乔瓦尼的例子来说，"年少轻狂"时，他纵容自己与已婚妇女通奸，但是到了适婚年龄，他必须满足家人与社会环境的期待，卢萨娜出身比他低还不孕，他不可能将这段婚姻"合法化"。他做了大家期望他该做的事，娶了门当户对、年纪比他小很多的老婆，这个女人不仅可以增加他的家族声望，还能为他产下子嗣。从社会秩序的角度来看，乔瓦尼是做"对的事"。但是从道德层次而言，他的行为不无可议之处。

我们该怎么看待卢萨娜的故事呢？她显然不是意大利妻子的模范。她就和250年前的艾洛绮丝一样意志顽强、热情洋溢，虽然她的行为一定会遭到社会禁止与谴责，仍愿意为爱人蒙受风险。这段婚外情虽未能让她渴望的二度婚姻长长久久，但她也不像中世纪之初的通奸女子，受到严格惩罚。

同一时期意大利地区的犹太社群不受教会法约束，他们有自己的律法以仲裁婚姻合法与否以及婚姻破碎时该怎么办。下面这则1470年的记载，让我们看到中世纪末的犹太婚姻。

帕维亚（Pavia）地区的犹太裔客栈老板哈坎·本·热耶尔·科昂·法肯（Hakkym ben Jehiel Cohen Falcon）向犹太官方要求让逃家的老婆返家。好几个月来，他的妻子一再要求他放弃经营客栈，转行营生。她抱怨："你一定得放弃这个营生。"但是她的丈夫充耳不闻。根据哈坎所述，最后："我老婆中午起床，带着她的珠宝和家中银器离家出走，躲到她经常造访的一个非犹太人邻妇家中。"

当这位丈夫在邻人家中找到妻子时，现场还有两个非犹太人妇女、两名男性市民、辅理主教，以及主教的礼拜堂牧师。辅理主教是来鼓励这妇人改信基督教的。这位丈夫设法将妻子拉到一旁，以德语交谈，谈话如下：

> 夫："你为何来此，干啥不回家？"
> 妻："我要待在这里，不爱回家。因为我不想做客栈老板娘。"
> 夫："这件事全由你做主。"
> 妻："你骗不了我……你骗了我不止十次，我不再相信你。"

辅理主教保证这女子不会仓促行事，给她40天时间去想清楚。这男子便啜泣着回家，他的妻子则被带到"严格实施基督教戒律"的女修道院。她在那儿待了一天一夜，第二天，她反悔了，跟辅理主教表示想回家，她说："我是'科昂'之妻，如果我在这儿多待两天，便永远不能回到夫家，因为照规矩，他必须休妻。""科昂"（cohen）是犹太教士阶层的后裔，身份地位显然比一般犹太人崇高，后者的老婆如果不守规矩，无须休妻。这位妻子返家，"为自己的罪恶流泪"，并恳求丈夫原谅。这男人将案子呈交拉比裁决：他可以重新接纳妻子吗？不管拉比的裁决如何，他都必须遵从。

就和卢萨娜与乔瓦尼的故事一样，这份让读者干着急的文件也未记录这位妻子的下场如何。拉比同意她恢复妻子角色吗？她必须继续活在丈夫与族人的谴责中吗？那男子后来有放弃客栈生意，另谋营生吗？不少妻子选择逃家为出路，更有不少妻子曾经考虑过逃家。有时，女人必须采取极端作为才能改变无法忍受的处境。

中世纪欧洲，几乎所有成人都得结婚，夫妻通常至死方离。那时的夫妻年龄差距颇大，加上平均寿命很短（大约是35岁），代表夫妻一起生活的时间通常只有10年或15年。寡妇与鳏夫再婚是普遍现象，某个角度来看，它和现今社会夫妻经常离婚再婚有点类似。婚姻平均寿命 10—15 年？或许我们该想想这是否就够了，不该期望婚姻是白首偕老之事，毕竟现代美国男人的平均寿命为 74 岁，而美国女人的平均寿命更高达 80 岁。或许在一个平均寿命较短的社会，一生一世的婚姻才比较合理。

而且，如果你所生活的体系，宗教、家庭与社群的力量会联合起来支持婚姻，婚姻的维系便比较容易。相较之下，现今婚姻缺乏这种支持，很悲哀。但是换一个角度，前现代社会的婚姻通常缺乏我们今日所珍视的价值，如爱情、个人选择与夫妻间的平等关系。

中世纪的妻子并非对爱情一无所知。通俗歌谣、抒情歌曲、求爱诗篇与故事叙述在印证社会每个阶层都存在浪漫爱情。但是婚姻是严肃之事，不宜由爱情主宰，它也不该占婚姻首要地位。毕竟，多数婚姻奠基于配偶双方的资源结合。大家一致公认经营农场，农场女主人绝对不可或缺；城镇市民之妻则是丈夫的可贵资产，协助经营生意、制作工艺或其他行当，城堡与庄园也需要高贵的女主人。

到了中世纪末，迹象显示妻子地位逐渐提升。欧洲地区的市民之妻、英格兰地主阶层的太太、威尼斯与巴黎的上等女人逐渐享有较高的物质享受与权威。妻子地位的提升可见诸画像，15 世纪起，夫妻画像逐渐增多，有的是各自出现在一个画板，而后两幅连起来，有的则是共同出现在一幅画里。长久以来，宗教主题的三折屏画便常有一幅是夫妻画像，纽约修道院博物馆典藏的"麦洛德祭坛画"（Merode Altarpiece）便有一幅是"捐赠者恩格布契夫妻"[40]（1425—1430），但有更多的 15 世纪人物画是世俗画，坦率颂扬夫妻生活。

最早表现此类新精神的一幅画典藏于阿姆斯特丹国立博物馆，画于 1430 年，画中女人是莉丝蓓·凡·多万多尔（Lysbeth van Duvendoorde）。根据油画背面的记载，她在 1430 年 3 月 19 日嫁给席

---

[40]　"麦洛德祭坛画"为画板的三折屏画，"捐赠者恩格布契夫妻"是左边一幅，中者为圣母领报，右边一幅是老者做活。——译者注

图 2.7 弹风琴的男人与其妻。伊斯雷尔·凡·迈克内姆〔Israhel van Meckenem〕画，1495—1503。夫妇一起玩音乐，背景是他们的婚床〔National Gallery jof Art, Washington, D.C.〕

蒙·安德烈切姆，他是莱因兰地区的副司法官。莉丝蓓在画中透过滚动条上的话对丈夫表达爱意："许久以来，我一直期盼一个打开心房的男人。"席蒙则在另一幅现已遗失的画中对她说："我急着知道谁将赐给我爱的荣幸。"这些示爱语言是用以尊崇夫妻的鹣鲽情深。

另一幅德国的自画像，画者人称"法兰克福大师"，妻子与他并肩而站，丈夫 36 岁，妻子 27 岁（1491 年，典藏于安特卫普皇家艺术博物馆）。她右手中指戴着婚戒，手拿花朵，身旁是一些暗示她生活富裕的对象，包括樱桃、面包与刀子。

15 世纪初，著名的夫妻画有范·艾克（Jan van Eyck，或译凡·爱克）的《阿诺菲尼夫妇》（*Aronlfini and His Wife*），以及昆丁·迈特斯（Quentin Metsys）完成于 1514 年、盛名不相上下的两折屏画《放款者夫妻》（*The Money Lender and His Wife*），还有伊斯雷尔·凡·迈克内姆（Israhel Van Meckenem）完成于 1490—1503 年、名气较不响亮的《日常生活》（*Alltagsleben*）雕版。再加上佛兰德斯、荷兰、日耳曼、意大利的夫妻画作品，处处显示已婚夫妻已日获重视。对比起中世纪初期的人认为守贞第一、鳏寡第二，婚姻的地位只能排到可怜的第三，这种对婚姻与妻子日趋正面的看法，将逐渐渗入到下个世纪的宗教与社会变革。

第三章

日耳曼、英格兰与美国的新教徒妻子（1500—1700）

16世纪掀起的宗教改革改变了婚姻的概念，并从日耳曼、瑞士、英格兰远播至北美洲。站在21世纪回顾这段历史，我们可以说16与17世纪的新教徒为现代婚姻奠定了基础。

　　凡希望与妻子宁静相处的聪明丈夫必须注意三原则。对妻子应多告诫、少责骂、不动手。

　　　　　　　　　　　　——《虔诚家庭之持家守则》，伦敦，1614 年

　　妻子的历史与宗教史盘根错节，毫不令人意外。直到今日，世上仍有许多地区，宗教决定了已婚妇女的命运。最极端的例子便是伊朗、巴基斯坦、阿富汗等国家的伊斯兰戒律要求成年妇女外出，必须从头包到脚，通奸之人仍会被处死或石头砸死。西方世界用以规范婚姻的世俗法律，基本上奠基于犹太教／基督教的圣典，对妇女比较有利。我们常忘了早期的新英格兰社会是神权政治，由清教徒所建立，他们的宗教信仰形塑并指引了每个住民。这些信仰部分可远溯至圣经，有的则成形于新教徒宗教改革的混乱时期。

　　本章将检视 16 世纪掀起的宗教变革如何改变了婚姻的概念，并从日耳曼、瑞士、英格兰远播至北美洲。检视重点有三：马丁·路德对婚姻的宣言以及他自己的婚姻如何影响了同代人与后世人？亨利八世提出的宗教改革，而后经伊丽莎白一世的改良，如何塑造了英国国教徒对神圣婚姻的看法？英格兰的新教徒（尤其是清教徒）如何为美国妻子树立行为模范？

马丁·路德时代的日耳曼婚姻

　　谈到对婚姻制度的影响力，少有人比得上奥古斯丁修会的修士马丁·路德。1517 年，当路德在维滕贝格（Wittenberg）教堂门口贴出

《九十五条论纲》[1] 时，他的第一目标是质疑教堂贩卖"赦罪券"（教宗的特赦，可以减免信众的赎罪忏悔）[2]，接着他又提出连串的爆炸性问题，包括教士应否保持独身。从今日的眼光来看，"赦罪券"当然是奇怪的时代错误，但传道士应否保持独身仍充满争议，天主教会依然抱持强硬不妥协态度，和 1525 年路德与还俗女修士凯瑟琳·冯·博拉（Catherine Von Bora）结婚时并无两样。

路德反对教士不能结婚的教义，看法源自《圣经》。他说他在《新约圣经》里看不到任何耶稣基督谴责使徒结婚的话，的确，使徒彼得结过婚，路德认为圣保罗甚至耶稣年轻时可能都结过婚。圣保罗曾允许某位神职人员娶亲（《提摩太前书》3：2 与《提多书》1：6），对路德而言，这便是有力证据了。此外，许多神职人员与姘头同居，甚至生了孩子，路德认为与其让他们"活在罪恶"中，不如准许他们结婚。他在 1520 年的"致日耳曼贵族书"（Open Letter to Christian Nobility of the German Nation）中详细说明他的理念，包括三项个性鲜明的直率主张：

"首先，不是每个教士都能没有女人，不光因为肉体软弱，更是出于家务的需要……"（注意，女人被视为满足男人性欲与持家的必需品。）

"其次，教皇在这件事上并无权威，一如他无权禁止人们吃、喝、拉、撒或日益肥胖……"（此处，性被等同于其他身体自然活动。）

"第三，虽然教皇所订的律例反对教士结婚，但是婚姻的位阶如

[1] 马丁·路德当时在北日耳曼的威丁堡大学教书，1517 年，教宗利奥十世为了筹募重建圣彼得大教堂的基金，推出"赦罪券"，路德认为这是教会的滥权，为了刺激大家的讨论，他在威丁堡教堂的门上张贴了 95 条辩论提纲，质疑贩卖"赦罪券"的行为，引发热烈讨论，史上称为《九十五条论纲》。——译者注

[2] 根据基督教会的教导，一个人今世的告解必须要持续到死后，炼狱便是死后赎罪悔改的地方。赦罪券可减少信众将来在炼狱停留的时间。举凡捐赠教堂、从事附加或旁支礼拜的祈祷、参与宗教游行、从事圣战及旅途危险的朝圣，均可得到不同程度的赦罪。详见 Brian Wilson 著，傅湘雯译，《基督宗教的世界》，台北：猫头鹰出版社，第 75 页。——译者注

高于教皇的律例时，教皇的律例就失效了；因为上帝的戒律'神配合的，人不可分开'乃在教皇律例之上……"[3]（神律在教皇律之上。）

同一年，路德在"序论教会之沦为巴比伦"（Prelude on the Babylonian Captivity of the Church）一信中，主张婚姻并非圣礼——具有神圣意义的宗教仪式。路德与其他想法相近的改革者将天主教的七圣礼减为三个，仅存洗礼、忏悔与圣餐，因为它们记载于圣经里，是救赎之所需。路德主张将结婚从圣礼中剔除，并不代表婚姻在基督徒的生活里不重要。路德依据圣经（他信仰的最终验金石）所载，建议神职人员与信众都应结婚。他也表达对离婚的厌恶，但认为"此一议题有待辩证"[4]。

虽然路德坚定支持婚姻（包括教士结婚）悖离了教会正统，但是他对女人的想法并未悖离天主教会，认为女人较为劣等，主要功用在繁殖下一代。对路德、他的同辈和前辈而言，女人是"造来服侍男人、做他的帮手，别无其他"[5]。

因此，家庭关系本质是序列阶层的，丈夫是一家之主，妻子排在第二，孩子有义务服从父母。路德的著作特别强调他对家庭的看法，尤其是后来的路德教派家庭标准读物《小问答》（Small Catechism）[6]。配偶之间的义务谨遵性别角色的分野，丈夫必须"灌注妻子荣誉心，

[3]　Martin Luther, "An Open Letter to the Christian Nobility," 3 in *Three Treatises* (Philadelphia: The Fortress Press, 1960), pp.68-69。

[4]　Martin Luther, "The Babylonian Captivity of the Church", in *Three Treatises*, p.235.

[5]　Martin Luther, Sämmtliche Werke (Erlangen and Frankfurt: 1826-57), vol.20, p.84. 摘录于 Merry E. Wiesner, *Women and Gender in Early Modern Europe* (Cambridge, England: Cambridge University Press, 1993), p.9.

[6]　1525 年马丁·路德邀请 Justus Jonas 与 John Agricola 著作一本孩童宗教书，是为《问答》（Catechism）。不过此项工作因故延搁，到了 1528 年 Melanchthon 与路德重新展开此项重要工程。《马丁路德大、小问答》因此出炉，其中《小问答》主要是为了小孩及未受教育的人所写，也是给一般平民家长平日教导孩子的一部信仰专书。内容主要是阐明基督徒最低限度所需的知识，十诫、使徒信经、主祷文、洗礼、圣餐、祷告与信徒训条。详见 http://shop.campus.org.tw/recommend/1k/study/k12.htm.　——译者注

一如灌注较软弱的灵魂"，妻子必须服从丈夫"一如服从上帝"。但是
路德也引用圣保罗的话语，主张夫妻互爱乃上帝之意旨。

全世界的路德派信徒（包括美国、日耳曼与斯堪的纳维亚地区）
将夫妻互敬互爱的信念织入生活，也接纳了夫妻权威不平等的观念。
他们遵守路德的想法，认为基督徒神召生活的实践除了宗教责任，也
包括婚姻义务。

1525 年，路德 42 岁，打算实践他的主张，娶了 25 岁的凯瑟琳，
加入逐渐庞大的改革派娶妻神职人员行列。他绝不是第一个娶妻的
"前"天主教教士，但可能是最具影响力的一个。

这位因为嫁给马丁·路德而名留青史的凯瑟琳·冯·博拉是谁？
我们对她的认识全来自路德与同辈人的记述，因为她并未留给后世
只字片言（包括她写给路德的信）。真可惜，我们不能多认识她一
点！但是凯瑟琳个性活泼充沛，即便透过男人观点的过滤，依然令人
难忘。

凯瑟琳来自一个家境小康的高贵家庭，尚在襁褓母亲便过世，父
亲再婚，将她安置在修道院学校里。9 岁时，她开始宗教生活，进入
萨克森尼比斯钦的一个西妥教团修道院，她的表亲是那儿的女院长。
16 岁，她正式受戒做修女，一辈子做基督的新娘。直到这时，她都
与宗教改革派无涉。

1522 年，她的一个亲戚在尼比斯钦附近的奥古斯丁修会的修道
院做副院长，放弃誓言，与几位教友成为路德教派信众。他的决定深
深影响了凯瑟琳与同院的修女，她们纷纷写信回家，询问能否放弃誓
约。但是家人无意让她们还俗，毕竟，她们会被送进修道院是因为家
里不想负担嫁妆，何况，当初家里也付了一笔钱给修道院，形同某种
形式的嫁妆了。干吗还要她们回来？

得不到家里的响应，这些修女便自行做主，直接写信给宗教改革
领袖路德博士，表示她们已经得到启发，无法再过修女生活。但是在
一个教派严重分裂的国土，她们如何能逃出修道院？她们能去哪里？

一个鱼贩帮她们想出大胆计策。1523 年的复活节前夕，凯瑟琳

图3.1　马丁·路德之妻凯瑟琳·冯·博拉（1499—1552），老克拉那赫画（Nationalmuseum med Prins Eugens Waldemarsudde, Stockholm）

与8位姊妹躲在装满鲱鱼桶的马车逃出修道院，3天后抵达维滕贝格的奥古斯丁修会修道院，路德是那儿的修士，也是圣经神学教授。他负责将这些女孩安置到好人家，甚至帮几位觅得良缘。她们的行踪迅速传开，维滕贝格某位学生写信给朋友说：“几天前，一马车的贞洁处女进城，她们不要性命，也要寻得夫婿。拜托上帝在她们变得更糟以前，赐给她们丈夫吧。”[7]

　　凯瑟琳在维滕贝格待了两年，学习家政，留意合适的对象。一个

[7]　Edith Simon, *Luther Alive: Martin Luther and the Making of the Reformation* (Garden City, New York: Doubleday & Company, 1968), p.327.

出身纽伦堡贵族人家、学识通达的年轻人看上了她，她也喜欢他，但是男方家长反对他娶一个没有嫁妆的还俗修女，他只好屈服。

路德继续她未完的目标，建议她嫁给教区牧师卡斯帕尔·格拉兹，她不喜欢格拉兹博士，却表示她愿意考虑路德的朋友安斯妥夫博士或者路德博士本人。凯瑟琳显然不是株含羞草，她虽然没有嫁妆，但是出身小贵族家庭，还有完美无缺的修道院教育。

不是每个男人都愿意娶还俗修女，但路德开始认为凯瑟琳适合自己。路德在征得父亲（靠铜矿发迹的平民）同意后，娶凯瑟琳为妻，成就一段非常成功的婚姻。两人当初只是两情相悦，却发展成一段充满爱的结合。

他们的定亲礼（视同正式结婚）在 4 个证人见证下举行，两周后举行公开庆典，路德的双亲均参加。尽管路德名气大，却得仰赖赞助人慷慨资助婚宴。这是凯瑟琳这位新嫁娘要面对的第一个经济压力，往后还多得是。

婚后她搬进维滕贝格修道院，睡在多年乏人照顾、肮脏的稻草席上，是什么滋味？枕边人年届中年、大腹便便，既不英俊又不修边幅，她心中是何感受？结婚久了，她会批评他言语粗鄙、举止土气，但刚结婚时，她可能把抱怨往肚里吞。的确，他们的年龄与心智水平都差距过大，因此婚后，她一直敬称丈夫为"博士先生"（Herr Doktor）。

凯瑟琳不是那种光坐着抱怨的人。一开始，她便立定决心接管家务。这座奥古斯丁修道院最早是由选帝侯[8]腓特烈（Elektor Frederick）借给路德的，新任的选帝侯则把它送给路德为结婚礼物。修道院一楼共有 40 个房间，上面还有小室。后来，这里住了他们的 6 个孩子（其中一个尚在襁褓便夭折）、6—7 个失去父母的侄子侄女、路德一位朋友的 4 个遗孤、凯瑟琳的姑姑玛格达琳、孩子的家庭教

[8]　神圣罗马帝国时代的皇帝由诸侯选举，有选举权的诸侯被称为选帝侯。——译者注

师、男仆、女仆、寄宿学生、客人与难民。凯瑟琳不只是个很棒的地主夫人（Hausfrau），还是超大型公寓的超级管理员。

为了卫生，她为修道院装了室内浴室，同时作为洗衣房。为了省钱，她自己酿酒、辟建菜园，还有一个生产苹果、梨、葡萄、桃子与核桃的果园。她放牧牛羊、挤奶、宰杀牲畜、贩卖牛只、做牛油与奶酪。没人批评凯瑟琳懒惰，却有不少人说她跋扈专擅、盛气凌人。路德有时戏称她为"我的君主"（Dominus），偶尔将她的昵名 Kethe（凯蒂）转成双关语 Kette（锁链）。尽管他高唱男尊女卑的婚姻理论，却似乎好脾气地接受凯瑟琳的支配。他说："家务事，我服从凯蒂；余者，我听从圣灵领导。"[9]

在妻子角色方面，凯瑟琳从生理、情绪各方面去照顾丈夫，包括他的饮食、病痛与忧郁发作。长久以来，妻子的角色之一便是疗者，至少得懂得照顾丈夫的健康。1467 年的一本日耳曼手册里有一幅画，描绘妻子的责任之一是陪伴丈夫去拔牙。画中，丈夫坐在椅上，妻子握住他的一只手，牙医正在替他拔牙。[10]

凯瑟琳通晓药草与药膏，她监督路德的饮食，帮他按摩。当路德陷入忧郁——他解释为魔鬼作怪——她会陪在他身旁，直到忧郁结束，有时她还得采取激烈手段，把房门整个拆下，不让路德将自己反锁在房内。当着众人面，凯瑟琳可能对丈夫毕恭毕敬，私底下，她知道何时该介入并推翻丈夫的决定。

她也牢牢抓住经济大权。她认为如果这个家庭要撑下去，就得控制路德对贫困亲戚、学生、朋友、食客的慷慨无度。有人认为或许因为凯瑟琳限制路德随意撒钱，才引来众人对她的批评，另一方面，他们也讨厌她敏锐的生意头脑。许多嫁给饱学之士（譬如心不在焉的教授或犹太拉比）的太太是因为丈夫怠忽，只好扛起管理物质所需的责

[9]　Roland Bainton, *Women of the Reformation in Germany and Italy* (Minneapolis, Minnesota: Augsburg Publishing House, 1971), p.27.

[10]　*Schachzabelbuch*, Codex poet., 1467. Württembergische Landesbibliothek, Stuttgart. 复制于 Erika Uitz, *The Legend of Good Women*, p.143。

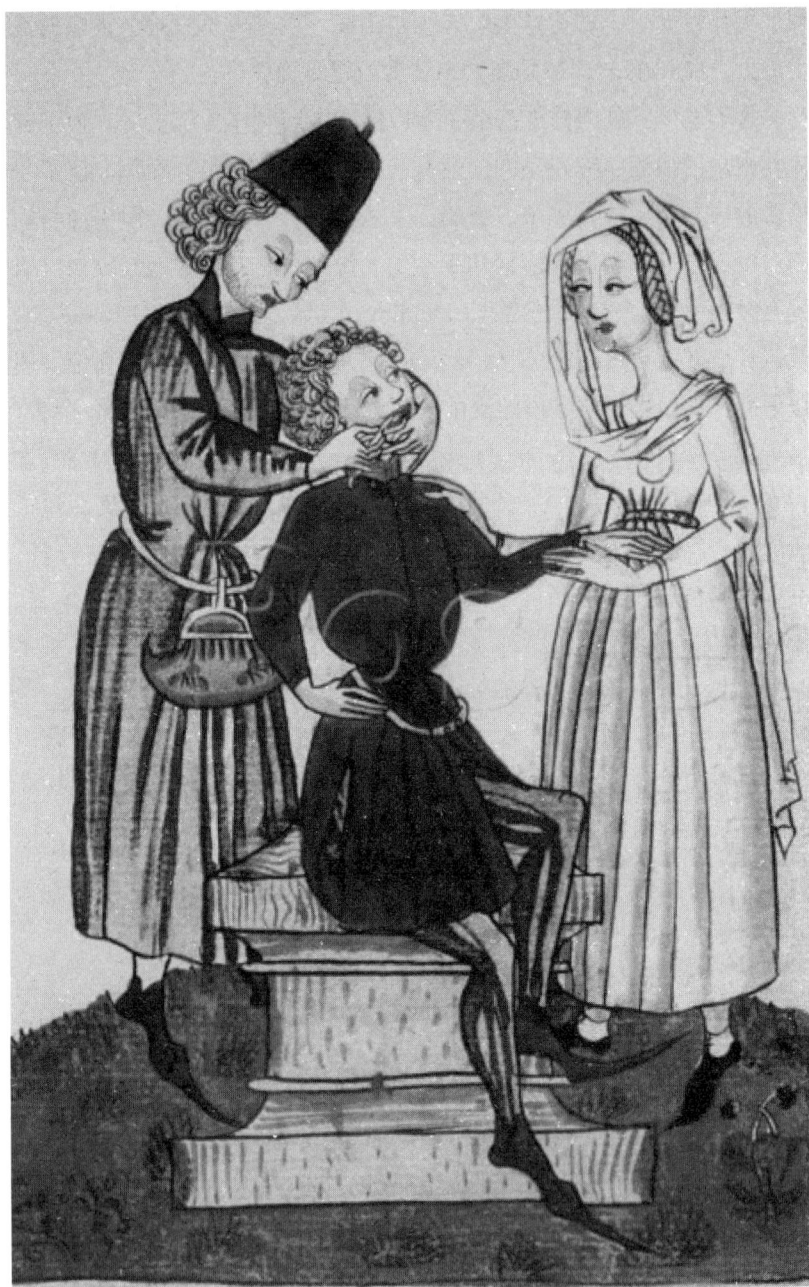

图 3.2　陪丈夫去拔牙是妻子的责任。1467 年象棋手册里的铅笔画（Württembergische Landesbibliothek, Stuttgart）

任，但凯瑟琳可能是性喜如此。

　　就为人父母而言，凯瑟琳与路德态度一致：他们欢喜迎接 6 个孩子降临，和"现代"父母一样，照顾小孩断奶、长牙，以孩子的表现为傲，当两个女儿一个不到一岁便夭折、一个死于 14 岁时，他们哀伤逾恒。当然，两人对孩子的照顾程度有别。他们每个都是凯瑟琳怀胎 9 月、痛苦生产、亲自哺乳长大。根据路德所写，他们一个儿子会四处大小便，凯瑟琳或许还得成日跟在他后面收拾善后。凯瑟琳会对另一个孩子大声叫骂吗？这孩子，根据路德所说："孩子，你做了什么，值得我疼爱？成日弄脏房子，满屋子奔跑乱叫。"[11] 相较于阿贝拉尔讨厌吵闹肮脏的孩子，与艾洛绮丝一致认为生儿育女与灵性追求并不相容，路德则认为孩子给他的生命带来青春气息，这是宗教改革派最大的改变。从此，牧师的家里有操持家务的妻子与在脚下跑来跑去的孩子，提供了全世界新教徒夫妻崭新的模范。

　　瑞士与斯特拉斯堡（奥地利大公国统治下的"自由之城"）等地的女人追随日耳曼女人的脚步，嫁给新教徒改革者，她们的先生多数是还俗的修士。这些女人和丈夫一样有改革的热情，也一起承担了宗教斗争的艰苦与危险。就像凯瑟琳，这些新教徒妻子陪伴并安慰受困的神学家丈夫、庇护流亡的新教者。有时，宗教改革的政治斗争过于激烈，她们也陪同丈夫逃亡。

　　维布兰迪斯·罗森布拉特（Wibrandis Rosenblatt）分别在巴塞尔、斯特拉斯堡嫁了三次，三个丈夫都是新教徒改革者，她为每任丈夫都生了孩子。在这之前，她是巴塞尔人道主义者路德维希·凯勒（Ludwig Keller）的妻子，结婚仅两年，凯勒便在 1526 年过世。维布兰迪斯带着她与凯勒所生的一个女儿嫁给巴塞尔圣马丁教堂的牧师厄科兰巴迪（Johann Oecolampadius），他是学养丰富的神学家与教授，45 岁，而维布兰迪斯才 24 岁，惹得厄科兰巴迪的部分同辈，包括伊

---

[11]　Bainton, *Women*, p.36. 引自 Luther's *Tischreden*。

拉斯谟[12]（Erasmus）在内，讪笑他们是老少配。厄科兰巴迪对自己的选择全然满意。1529 年，他写信给另一个新教改革者卡比托（Wolfgang Fabricius Capito）说："这是我一向梦寐以求的老婆，舍她别无人。她不爱争论、长舌与闲荡，只专心持家。"[13] 维布兰迪斯对丈夫有什么想法，我们不得而知，但她在三年内为他生下一子二女，在家里招待其他新教牧师与他们的家人，并与其他宗教改革者的妻子通信，分享夫婿在巴塞尔的宗教斗争胜利。1531 年，厄科兰巴迪过世，维布兰迪斯哀伤不已。

同一个月，卡比托也丧妻。两年前，厄科兰巴迪曾写信给卡比托，盛赞自己的婚姻选择正确。朋友居中做媒鼓励，不到一年，卡比托便娶维布兰迪斯为妻，成为她的第三任丈夫。维布兰迪斯带着前两任婚姻生下的孩子搬到斯特拉斯堡，卡比托在那儿是著名的牧师与教授。再度，维布兰迪斯担起妻子、管家、母亲多种角色，在她与卡比托结缡 10 年间，为他生下 5 个孩子。她的 9 个孩子均未夭折，直到 1541 年的瘟疫，才夺走 3 个孩子与卡比托的生命。

就在这时，新教改革者奈森纳尔·巴瑟（Nathanael Butzer）的妻子伊丽莎白缠绵病榻，知道自己不久于人世，听到维布兰迪斯丧夫，便将她召至病榻。维布兰迪斯夜间才来（因为刚丧夫，不宜白日出现在大庭广众面前），聆听伊丽莎白的请求。她愿意嫁给即将做鳏夫的巴瑟吗？这个临终的托付让我们得知她们是什么样的人：一个关心丈夫的未来幸福，另一个则是以善良、勤劳闻名的寡妇。第二年，维布兰迪斯嫁给了巴瑟。

虽然巴瑟哀伤妻子的过世，却马上体会新妻的优点。他在写给朋友的信里表达了上述两种情绪："我对新过门的妻子无可挑剔，只盼望她不是那么勤奋与焦虑……希望及得上她对我的温柔。但同时，我对

[12]　荷兰神学家。——译者注
[13]　Bainton, *Women*, p.82.

前妻之逝感到多么痛苦。"[14] 这个新组成的家庭包括维布兰迪斯的母亲、她幸存的 6 个孩子，后来她与巴瑟又生了 2 个孩子（其中 1 个夭折）、收养了 1 个侄女。总计，维布兰迪斯嫁了 4 个丈夫、生了 11 个小孩。

巴瑟在斯特拉斯堡的家和路德在维滕贝格的家一样，为受困的新教徒提供庇护，意大利的微明格里（Vermigli）便曾在信里描述 1542 年暂住巴瑟家的情景："抵达斯特拉斯堡后，我在巴瑟家住了 17 天。它有点像旅馆，接待为耶稣奋战而流亡的人。"[15] 信里并未提及负责招呼款待他、确保他得到舒适照应的维布兰迪斯。事实上那一整年，维布兰迪斯被独自丢在斯特拉斯堡照顾家园，巴瑟则前往帮忙科隆主教。巴瑟数次远行，都是维布兰迪斯留守，照顾生病的母亲、孩子以及川流不息的逃亡客。

1548 年，巴瑟应克来姆地区主教之邀，前往英格兰翻译圣经，并在剑桥任教。维布兰迪斯留守斯特拉斯堡，并不高兴，因为巴瑟的同事劝她"最好前来照顾巴瑟，否则他可能另娶别人。苏佛克女公爵可能会俘获他。她是个寡妇"。

终于，维布兰迪斯拖家带眷前往英格兰，但是巴瑟劳累过度，于 1551 年 2 月死亡。这时，维布兰迪斯又得扛起重责，拖着一家老小回到斯特拉斯堡。她身后留下的书信（有的以德文书写、有的以拉丁文书写）证明她颇能理财。她写信给克来姆主教委婉请求纾困，换得 100 马克的资助。

当他们回到斯特拉斯堡，维布兰迪斯和孩子搬回故乡巴塞尔的家。1564 年，她因瘟疫死于故乡，埋在第二任丈夫厄科巴兰迪身旁。

巴塞尔、斯特拉斯堡、维滕贝格等德语地区的新教徒妻子对宗教改革贡献良多：她们让丈夫得以生存并且家业兴盛。她们协助创建了一种家庭关系新模式，在这个新模式里，不管妻子多么屈从于丈夫的

---

[14] Ibid., pp.87-88.

[15] Ibid., pp.88.

需求，大家仍肯定她是丈夫的伙伴，协助教养孩子的道德人格与创建基督教小区。新教徒鼓励女人阅读路德翻译的德语圣经，尔后 400 年，两性均得以对圣经教义展开对话。Hausfrau（地主太太）一词无法形容这些新教徒妻子所从事的家务与活动有多复杂，包括与他人通信、为了家人与生意理由长途旅行，都让她们涉入了宗教与社会改革的开阔领域。

都铎王朝与斯图亚特王朝的婚姻

宗教改革在日耳曼与瑞士进展迅速，16 世纪中叶，教士可以结婚以及婚姻并非圣礼这两项要求已经成为新教教义。但是英格兰的情况并非如此，这两个议题都耗时更久才获得解决。英王亨利八世希望与第一任妻子阿拉贡的凯瑟琳（Catherine of Aragon）离婚，因而与教廷关系破裂，另创英国国教（英格兰教会）。但是亨利八世一开始也攻击路德的宗教改革。1521 年 5 月还下令烧毁路德的书，并亲自撰文《捍卫七圣礼》（*Assertio Septum Sacramentorum*）捍卫婚姻乃圣礼。亨利八世的保守神学观与他后来的作为大相径庭。他以卑劣手段铲除老婆，前后娶了 6 个，但是他与代言人却采取拖延术，不愿效仿日耳曼与瑞士的新教徒，从宗教面与法律面去改变婚姻的地位。

尽管如此，英格兰还是追随欧陆其他地区的新教徒脚步，终于在 1536 年将婚礼从圣礼项目中剔除。矛盾的是，一旦婚姻不再被列为圣礼，英格兰教会开始尽力强调婚姻的价值与尊严。英国国教的礼拜仪式提醒信众"婚姻乃取悦上帝之事"，为夫妇之爱增添诗意。1552 年颁布的新祈祷书有关婚礼仪式的规定，除了一些重要变更，其余非常类似约克地方自中世纪以来一直在使用的婚礼仪式（详见第二章）。它仍坚持婚姻的神圣任务乃在繁殖后代，要尽量避免私通行为，但也日益强调配偶乃"相互陪伴、帮助与抚慰"。相较于中世纪的人将婚姻的神圣性摆在守贞与守寡之下，新教义宣扬婚姻的神圣性居于后两者之上。慢慢地，婚姻也成为基督徒许多"伦理规范"之一。更重要

图 3.3　亨利八世的历任妻子：亚拉冈的凯瑟琳、珍·西蒙、凯瑟琳·霍华、安波琳、克雷弗的安、凯瑟琳·帕尔。英国雕版画，1796 年〔Courtesy of the Achenbach Foundation, Fine Arts Museums of San Francisco〕

的，修道院生活逐渐在英格兰、北欧与瑞典地区消失，不结婚的人失去了另一种制度化生活的选择。

不变的是，新祈祷书的婚礼仪式依然强调丈夫对妻子的权威。妻子的婚礼誓词与丈夫相同："从今而后，拥有他、珍惜他，无论好坏、贵贱、安康或生病，誓言相亲相爱。"只不过妻子还要誓言"服从"丈夫。这段妻子的英语"服从誓词"源自中世纪的拉丁语仪式，引起许多争议，因为它和新教徒强调的相亲相爱、灵性对等互相矛盾。

提供婚姻建议的行为守则书也散布矛盾讯息。它们支持男性的宰制，认为这是神命，可远溯至《圣经·创世记》。另一方面，它们又引述圣保罗的话（尤其是《歌罗西书》3：18—20与《以弗所书》5：22—31），强调"服从"与"互爱"并存。许多新教牧师在礼拜仪式里讨论此中矛盾，后来发表成书。

非常具有影响力的新教牧师威廉姆斯·古奇（William Gouge）便企图在历史悠久的父权惯例与新兴的互爱观念间取得妥协。他的信众中有些富有太太强力反对他的某些训诫，譬如"未征得丈夫同意，不得将家中物品丢掉"。她们也不赞成丈夫离开餐桌或出门时，她们得马上跟着起身表示敬意；更讨厌丈夫对她们不公斥责时，她们还得整日笑脸迎人，表现出谦卑的样子。

古奇在1622年出版的《家务责任》（Domestical Duties）中试图顺应这些反对意见。古奇也有妻室，他在书中探讨夫妻的妥协之道，甚至建议丈夫把妻子当作"共同的一家之主"。[16] 依据传统的角色分工隐喻，他将男人比喻为头，女人为心，都是生存所不可或缺。但他也承认"丈夫与妻子间存在小小的不平等"，结论是"即使在一般所谓的公正事情上也存在不平等，因为丈夫在各方面都是高于妻

[16]   William Gouge, *Domestical Duties* (London: 1622), Epistle Dedicatory, as cited by
        Anthony Fletcher, "The Protestant Idea of Marriage in Early Modern England," in
        Religion, Culture and Society in Early Modern Britain (Cambridge, England: Cambridge
        University Press, 1994), p.173.

子的"[17]。古奇和同时代的神职人员一样（无论是严格的新教或较温和的英国国教），认为父权的尊卑有序就和星辰排列一样，亘古不变。

　　但是古奇和同辈新教徒还是超越了旧时代的父权习俗，不准信徒体罚妻子。早在 16 世纪末期，宗教法庭便经常审判殴妻案件，但是成效不彰，由法庭的裁判纪录与医疗档案便可窥知一二。17 世纪初在大林弗（Great Linford）地区开业的天文学家暨医师罗伯特·纳皮尔（Robert Napier）便指出殴妻案例司空见惯。譬如斯蒂芬·罗林斯的太太便痛苦控诉，她的先生只要喝醉酒便殴打凌虐她。伊丽莎白·伊斯顿的丈夫则在家人怂恿下，打她如"打狗"[18]。命运坎坷的妻子甚少能摆脱此种虐待，因为离婚就是不再"同食共眠"，不仅难以达成，也所费不赀。但是怀有进步理想的新教与英国国教一致推动新精神，反对丈夫体罚妻子，体罚只能施诸孩子与仆人。教会告诫丈夫应以谅解心对待不驯的妻子，有必要时才能口头训斥，最重要的，要爱妻子。诚如古奇所言，"爱是一种责任，对丈夫而言尤为是"，"与妻子相处的一言一行都必须有爱"[19]。

　　大约也是在这个时期，爱情成为婚姻的首要条件。历史学家艾瑞克·卡尔森（Eric Carlson）专研都铎王朝时代乡间城镇的婚礼仪式，肯定地说："婚姻的第一考虑是爱。"[20] 虽然贵族与士绅阶层的婚姻，财富与社会考虑仍举足轻重，但他们只占全人口的 10%，而且这两个阶层因爱结合的比例也不断上升。至不济，上等阶层的女人面对众多追求者，拥有否决权，也可以选择她最可能爱上的一人为偶。

[17]　William Gouge, Domestical Duties, as cited by N.H. Keeble, ed., *The Cultural Identity of Seventeenth-Century Woman* (London and New York: Routledge, 1994), p.155.

[18]　Michael MacDonald, *Mystical Bedlam: Madness, Anxiety, and Healing in Seventeenth-Century England* (Cambridge, England: Cambridge University Press, 1981), pp.100-101.

[19]　William Gouge, Domestical Duties, as cited by Anthony Fletcher, *Gender, Sex and Subordination in England 1500-1800* (New Haven and London: Yale University Press, 1995), p.113.

[20]　Eric Jose Carlson, *Marriage and the English Reformation* (Oxford, England, and Cambridge, Massachusettes: Blackwell, 1994), p.114.

乡间地区的年轻平民享有相当程度的自由，在公开或隐秘场合如田间、森林、公园、农仓、河边、乡间路上都有机会碰上合适的对象。年轻男女有机会在教堂、菜市场、市集接触对方，或者礼拜结束后到酒馆小酌时相遇。他们可能是一起共事的帮佣或在同一处做学徒，十五六岁便离家做学徒或就业，相较于受父母羽翼至 20 多岁的现代年轻人，他们被迫早熟与独立。

400 年前的英格兰，多数 20 出头的年轻人忙着筹措金钱，独立门户。男人多半在 24—30 岁之间结婚，女人的适婚年龄则为 22—27 岁。大约 1/10 的人终身未婚。那时新娘的平均年龄为 24 岁，新郎为 27 岁。上等阶层的女人比较早婚，适婚年龄在 16—24 岁间，平均结婚年龄为 20 岁。贵族与士绅阶层大都在女儿还年轻时，便急着为她们寻找有利的婚配结盟对象。

众所周知，求爱阶段是女人一生中最自由的时光了。她可以同时接纳数个追求者，但这不代表她的父母便衷心欢喜。对于不受欢迎的追求者，女方父母有许多婉拒方法，包括沉默、冷淡以对，禁止女儿与对方交往，严重的，甚至体罚女儿或将女儿关在家里。有的父亲则在遗嘱注明女儿必须嫁给他选择的对象才能得到嫁妆。多数父母关心儿女的幸福，配偶的选择自然是他们最关切的事项，有必要在及笄女儿与追求者海誓山盟之前适时介入。英格兰和欧洲其他国家不同，父母同意并不是结婚的法律要件，但是多半时候，神职人员替未满 21 岁的人证婚时会先征询新人父母的同意。

长久以来，订婚仪式的重心就是"携手"与"立誓"，称之为 handfasting [21]。携手仪式很普遍，并未因宗教改革或反改革而消失，18 世纪中期仍盛行于英格兰地区，而苏格兰到了 20 世纪仍保留此一习俗。携手是庄严的仪式，也是有效力的"契约"，对许多人而言，携手仪式等同于结婚。当时教会法庭坚持结婚必须有证人才有效力，

[21] handfasting 就是新人携手，这个字后来就演变成"订婚"的意思。后面的翻译，一律译为"携手"。——译者注

并强烈建议婚礼由神职人员主持。不管携手仪式是在牧师主持与证人见证下举行，或者无人见证，都逃不过上帝的眼睛。英格兰的男女不把誓言当玩笑，因为上帝见证人间的誓言。现代人轻易打破承诺，视如敝屣，很难想象古人对待誓言的严肃态度。

订婚誓言并无一定格式。只要以当时的语言发誓娶（嫁）对方为"结缡"或"携手"配偶即可。有些人使用祈祷书里的誓言，许多人自行设计誓言内容，更有人出于冲动立誓嫁娶，现场并无证人，如果一方后来打退堂鼓，往往引发争执。

态度谨慎的女子则会央请父亲、族人、朋友、雇主或神职人员做仲裁人，在自家住宅或酒馆客栈举行公开的"携手"仪式，这样就有许多人可以见证他们定了亲。订婚仪式上通常会交换戒指或钱币，以为象征。有时，未婚夫妻定了亲，当场便送入洞房。伊丽莎白·考恩特（Elizabeth Cawnt）与罗伯特·哈勃（Robert Hubbard）便是如此，他们在1598年结婚，据他们所言，定亲后马上圆房是当地的习俗[22]。乡下人比较倾向认为定亲等于结婚，往往订婚后便同居。

一般社会容忍未婚夫妻可以有性生活，只要他们赶在孩子出世前补办婚礼即可。或许因为如此，一般习俗是订婚后半年内要结婚，但也有些人是等到女方大了肚子，才举办教堂婚礼。"携手"仪式便等同于结婚，但孩子要取得合法地位，还是需要宗教仪式。据估计，当时20%—30%的新娘是先上车后补票。

社会地位较高、顾忌较多的家庭，订婚后必须举行教堂婚礼新人才能圆房、共赋同居。订了婚的男女处于"单身到已婚的过渡阶段"，比单身者自由，却比已婚者少了一点责任束缚。牧师对订婚期应有多长看法各有不同。有人建议短一点，约3—4个月，以免未婚夫妻受不了诱惑，在举行教堂婚礼前干了"罪恶事"。

[22]　John R. Gillis, *For Better, for Worse: British Marriage, 1600 to the Present* (New York and Oxford: Oxford University Press, 1985), pp.45-46.

婚礼通常在女方或男方的教区教堂举行。16 世纪中开始，所谓的"教堂婚礼"不再于教堂门口举行，而是在教堂内。新郎与新娘先接受圣餐礼，然后公开宣读婚礼誓词。许多英国国教的婚礼誓词与象征物至今仍被使用，最重要的便是婚戒，用以象征婚姻的联结永无休止。另一项象征已经失传，那就是教士亲吻新娘的"和平之吻"，美国的新教牧师一直到 19 世纪仍保留此一婚礼仪式。16 世纪时的英国国教婚礼，牧师亲吻新娘后，参与婚礼的宾客才可以亲吻新娘、接住她的吊袜带，新郎亦如是。

举行完仪式后，这对新人就会被登记在教区记录里，如果搬离教区，牧师便会誊写一份记录给他们，证明他们是合法结缡的夫妻，他们的孩子都是合法子嗣。新人除了举行教堂婚礼，还有一大堆庆祝仪式，包括往返教堂的婚礼游行，婚礼后在自宅或者酒馆客栈、镇上公园举行的喜宴——吃喝、跳舞、音乐。

相较之下，清教徒则避免教堂婚礼，以及看似异教徒或天主教的狂饮欢宴。清教徒与英国国教徒的分野在前者抛弃一切圣经不曾记载的仪式，譬如牧师为婚戒祝福、新郎将钱币放在仪式祈祷书上，更别提奇风异俗的大众文化遗绪如婚礼游行、闹洞房等。清教徒的婚礼都在自宅举行，气氛亲密、不虚华，强调新郎与新娘在上帝监督之下所应尽的相互责任。最遵守圣经规范的信徒甚至还不用婚戒。

清教徒最坚守传统圣经权威——子女必须听从父母，妻子必须服从丈夫。清教牧师劝告子女凡事都得尊敬父母，包括配偶的选择。父母的权威当然不是什么新鲜事，却在 16 世纪末渐次加强。许多道德家都站在父母这一边，谴责年轻人"由着自己的性子、放任蠢动的欲望如脱缰野马"。但是潮流站在年轻人这一边。因为金钱考虑而强迫子女结婚的父母逐渐遭到社会谴责。神职人员托马斯·比康（Thomas Becon）在 1560 年的观察便指出有些父母基于"世俗的获益与金钱"，滥用权威强迫子女结婚。尔后 100 年，不少人一再引用比康的评语，清教徒扰然，虽然他们一致同意女子应服从父母，却也讨厌纯粹"金钱考虑"的婚姻，他们重视的是心灵的契合与爱意，认为这才是白首偕老的基础。

整体而言，英格兰比起欧洲其他地区更容许相爱的结合。17世纪初，英格兰的处世规训书便同意男人应"遵循自己的心意"选择妻子，女人虽不能像男人一样自由，也有接受或否决追求的权利。18世纪的孟德斯鸠与19世纪的恩格斯便拿英国女孩与欧洲其他地区的女孩做比较。前者选择伴侣有权"依自己的喜好，无须与父母商量"，后者则仍须征得父母同意。相较于欧洲其他地区与地中海国家，英国女孩的生活也比较不幽闭。类似的变革还包括英国男女较晚结婚，夫妻年龄差距较小。

但我们千万不能误认都铎与斯图亚特王朝的人放弃父权思想的传统。牧师依然告诫教区信众——子女应尊敬父母，妻子应服从丈夫。不仅礼拜仪式与教会小册鼓吹此种思想，民间故事、诗歌与戏剧也在强调这两种"服从"的人伦，包括伊丽莎白时代最著名的剧作家莎士比亚。

莎士比亚的戏剧一再重复类似的冲突——父母的权威与年轻爱侣的反抗意识。翻阅《罗密欧与朱丽叶》、《驯悍记》与《冬天的故事》，我们耳边回荡的是当代问题：父母该如何帮孩子安排最合适的婚配？女儿能拒绝父母安排的对象吗？年轻人可以追求自己的所爱、不顾父母的反对吗？不管故事是发生在神话的西西里国或波希米亚国，莎翁为自己那个时代（1564—1616）的婚姻态度变迁蒙上了一层戏剧光环，其中最响亮的变革莫过于大家逐渐认为年轻人应当因爱而结合，而非奉父母之命。

针对此一议题，《冬天的故事》有一幕清楚辩论。年轻王子弗罗利泽（Florizel）追求牧羊人的女儿潘狄塔（Pertita，她原本是公主，出生后即遭父王抛弃）。当着潘狄塔、她的牧羊人养父、两名伪装的旅人面前，弗罗利泽要求众人为他的誓言做证，然后牧羊人问养女是否同意此门婚事，接着，他以下列话语完成两人的订婚仪式：

握手吧；交易成功了。

不相识的朋友们，

你们可以作证；

我把我女儿给了他，

我要使她的妆奁

和他的财产相当。[23]

我们看到了定亲仪式的一些要件：新郎与新娘携手、父亲将女儿交给女婿、证人见证誓言、丈人承诺给嫁妆。一对新人在证人面前允诺嫁娶，定亲效力无虞。

这时一个伪装的旅人（其实就是弗罗利泽的父亲）说话了，试探他的儿子。

波力克希尼斯：且慢，汉子。你有父亲吗？

弗罗利泽：有的，为什么提起他呢？

波力克希尼斯：他知道这件事吗？

弗罗利泽：他不知道，也不会知道。

波力克希尼斯：我想一个父亲是他儿子的婚宴上最不能缺少的尊客。

弗罗利泽同意一般来说，男子结婚必须与父亲商议，但他的状况特别："我承认您的话很对；可是，我尊严的先生，为了别的一些不能告诉您的理由，我不曾让我的父亲知道这回事。"至此，我们得到清晰画面——这个儿子唯恐父亲不赞同女方地位低微，不让父亲知道婚事，只管追随心里的愿望。当然，《冬天的故事》（莎翁最后一出喜剧）有个完满结果，皆大欢喜。

但是莎翁在《罗密欧与朱丽叶》里让年轻人的爱与父母的反对激

[23] 本章有关《冬天的故事》与《罗密欧与朱丽叶》、《驯悍记》的翻译，引自朱生豪译《莎士比亚全集》，台北：河洛图书出版，1980年。——译者注

荡成伟大的悲剧。这对名垂青史的爱人不仅要面对双方父母的反对，还要面对蒙太古（Montagues）与凯普莱特（Capulets）两家的世仇。故事场景虽是在意大利，却显然反映出莎翁时代的英国问题，譬如贵族家庭的世仇，以及因爱结合的秘密婚姻。《罗密欧与朱丽叶》的故事灵感可能来自出身高贵、年仅 16 岁的托马斯·赛恩（Thomas Thynne）与玛丽亚·马文（Maria Marvin）的秘密结婚，他们两家是世仇。托马斯与玛丽亚在 1595 年结婚，《罗密欧与朱丽叶》也完成于那一年。6 年后，我们从玛丽亚写给婆婆的信得知老赛恩夫妇并未原谅他们，玛丽亚在信中恳求上帝做调人，让婆婆的"心转向"。[24]

　　不管《罗密欧与朱丽叶》是不是虚构故事，都让我们对伊丽莎白女王时代的贵族婚姻有更进一步的了解。譬如，帕里斯（Paris）向朱丽叶求婚时，她年仅 14 岁。一开始，朱丽叶的父亲说："再过两个盛夏，她才成熟做新娘。"所以，一开始他认为朱丽叶太年轻，希望她到 15 或 16 岁才嫁人。但是他不认为朱丽叶太年轻，不宜被追求，他鼓励帕里斯："赢得她的欢心。"女儿必须有意愿，父亲才能首肯婚事。后来，为了不明原因，朱丽叶的父亲改变态度，认为无须女儿的同意，他便可以安排她嫁人。他与妻子命令朱丽叶准备立即和帕里斯完婚。当朱丽叶说："我不结婚，我不会爱他。我还太年轻。"她的父亲勃然大怒，对他来说，做父亲的有权说："我要把你给了我的朋友。"

　　观众知道朱丽叶绝不可能嫁给帕里斯，因为她与罗密欧已在修士罗伦斯的见证下秘密结婚了。罗伦斯得知朱丽叶的父母逼她嫁人，便想出一个计谋，结果让朱丽叶与罗密欧双双走上死路。故事暗示罗伦斯修士是个不牢靠又爱管闲事的人，一开始，他就不该为他们秘密证婚，更不该让朱丽叶装死，以此异想天开的计策来掩盖他们的婚事。更糟的是朱丽叶父亲的愚顽促使悲剧发生。故事的教训是：你无法强迫一个人嫁给她不爱的人。第二个教训是父母、宗教、道德与国家都

[24]　Fletcher, *Gender, Sex, and Subordination*, p.155.

无法阻止年轻爱侣的自由爱好。

《驯悍记》描述另一桩未经男方父亲同意的婚姻——路森修与比恩卡，故事的真正精华却在另一对夫妇彼特鲁乔与凯瑟丽娜，探索夫妇间应有的尊卑关系。根据《驯悍记》所示，妻子必须百分之百服从丈夫，至少在公开场合必须如此。

莎士比亚时代的英格兰，悍妻是喜剧的标准角色。通俗文学教导丈夫如何驯服悍妻，或者反转过来，讪笑夫纲不振的丈夫。当时的英格兰与北欧，到处可见以牝鸡司晨与惧内丈夫为主角的喜剧文章、劝世文 [25]（broadside）与木版画。某些尖嘴利舌的女人不仅成为文字与图画的羞辱对象，有时还因邻人抱怨她们的言行妨碍安宁，而被一状告上法庭，罪名是"令众人走避的利嘴妇人"。

当然，训诫与现实之间总存有落差，一个人不见得总照着训诫而行。《驯悍记》是个好例子，勾勒一个女人企图推翻规范训诫，而她的男人则企图恢复。彼特鲁乔相信美满婚姻建立在妻子对丈夫的全然服从上。他的任务便是收服知名悍妇凯瑟丽娜，让她接受他对婚姻的想法。他成功了吗？

在《驯悍记》最后一幕，凯瑟丽娜似乎被彼特鲁乔收服了。彼特鲁乔与两位男人打赌谁的妻子最服从丈夫，凯瑟丽娜表现得最服从，彼特鲁乔赢了赌注。凯瑟丽娜不仅以无私的格蕾丝达（见第二章）为模范，还向另外两位妻子说：

> 你的丈夫就是你的主人、你的生命、你的所有者，
> 你的头脑、你的君王——照顾你、抚养你。
> ……
> 我为无知的女人感到羞愧，
> 应当长跪乞和的时候，

[25] broadside 又称 broadsheet，是一种大张的单面印刷纸，上面印着通俗歌谣的歌词、劝善文字与广告。——译者注

她却向他挑战，

应当尽心竭力服侍他、敬爱他、顺从他的时候，

她却企图篡夺主权、发号施令。

她建议同为人妻的妹妹"跪下来向你的丈夫请求怜爱"，她便是如此对彼特鲁乔表示全然顺服。

问题是凯瑟丽娜心口如一吗？她真的同意彼特鲁乔的看法，认为妻子顺从丈夫代表"家庭充满安宁、和平与爱"？还是她只是个"口惠实不惠"的聪明女人，当着众人面奉承丈夫，私底下则顺自己心意而行？或许，他们夫妻只是在唱双簧，扮演他们在床笫之间会嘲笑的角色？

莎翁时代的年轻女人看过这类戏剧、听过星期日的牧师讲道，或者与朋友到酒馆里说笑，自然吸收了各种有关女儿、妻子角色的矛盾讯息。牧师告诉她要服从父母与未来的夫婿，但是她看过的戏剧、听过的歌谣、读过的书籍（假设她识字）在告诉她，她应当听从内心的冲动欲望。她环顾四周，举目所见的夫妇都和她的父母一样，未必琴瑟和鸣，但至少生活稳定。她也看过择偶不慎的悲惨女人被追求者或丈夫抛弃。更糟的是，有些"随便"的女人恶名在外、遭到非难，甚至因私通而被公开鞭笞。为什么仅仅是"淫乱"的谣言便能毁掉一个女人的结婚机会！为什么未婚生子不仅承受羞辱，还要终身得不到支持？那个时代并不同情单亲妈妈，因为她不仅触犯大众道德，更可能造成大众慈悲心的负担。

任何羞辱婚姻尊严的行为都不被容忍。通奸虽普遍，却遭所有教派的神职人员谴责。清教徒对通奸男女一视同仁、严加谴责，甚至企图改变沿袭已久的双重标准。一般来说，做妻子的如果通奸便构成离婚要件（丈夫通奸则未必），1650年起，曾有过一段很短的时间，妻子通奸可判处死刑，虽然实际判例只有两三个。夫妻如果不是因为婚外情而分居两地，则不许分离过久，海伦·狄克森（Helen Dixon）便是一个例子：她拒绝追随丈夫"到一个朋友都没有的陌生地方"，宗

图 3.4 《给悍妇的新年礼物》，托马斯·西塞尔（Thomas Cecil）画，1625—
1640 年间。这张英格兰劝世文写着：星期一，男人娶妻。星期二，妻子不乖。
星期三，前往森林。星期四，做根棍子。星期五，狠揍一顿。如果她还不悔
改，星期六，魔鬼带走她。然后你便能在星期日安静吃顿饭（British Museum,
London）

教法庭传唤她，下令她前去与夫婿团聚 [26]。看到这么多警世例子，神
志清醒的英格兰年轻女性在投入婚姻之前，势必会详加思索。

　　婚姻通常会带给女性地位与保护。最好的情况下，丈夫不仅是她
的长期饭票，还是恩爱的伴侣。套某位牧师的诗意话语，她与丈夫会
是"连轭夫妻……因互爱而同心" [27]。她可以有性生活，无须担心犯
下罪恶。她可以有合法子嗣，爱护他们、照顾他们，到老，她的孩子

[26]　Carlson, *Marriage*, p.147.
[27]　William Whateley, *A Bride Bush* (1623), as cited in Keeble, *The Cultural Identity*,
　　　p.150.

会反过来照顾她。现在婚姻的神圣性已超过守贞，投入神圣的婚姻，她尽了基督徒应有的责任。如果她不结婚，只会被贬到桌尾的"老处女"一群。老处女（spinster）这个字源自"纺纱"，当时许多未婚女性以此糊口。

但婚姻并不是女人的无条件幸福。它代表女人必须放弃自由、成为丈夫的臣民，包括接受丈夫的管辖、偶发的冲动或者老拳。它也代表女人必须承受婚姻失和的风险，以及婚姻不幸所带来的心理压力。根据纳皮尔医师在 17 世纪初留下的记录，他曾治疗过成千上万位心理失常的女病人，都是饱受压抑的女儿与妻子。

婚姻也通往可怕的怀孕与临盆阵痛。19 世纪以前的女人必须在无麻醉与无消毒的状况下生产。踏入婚姻代表女人必须承受难产死亡的风险，还要面对孩子夭折率偏高，以及守寡的可能性。但是多数英格兰女孩还是选择了婚姻，虽然比起欧洲其他国家的姊妹，她们较晚婚，结婚比例也较低。

那个时期的英格兰婚姻与其他欧陆国家的最大差异，或许在于英格兰人相信婚姻的最大价值在"互为伴侣"。回归圣经创世记精神，英格兰新教徒遵行上帝所言："那人独居不好"，以及妻子应是"帮助他的配偶"，鼓励信仰基督的灵魂携手分享这一世的快乐与责任，并一步步迈向永生。

新教徒所认可与宽恕的快乐之一是夫妻敦伦，清教徒犹然。一般人印象中的清教徒是"压抑的伪善之徒"，其实正好相反，他们认为经常做爱才是婚姻持久之道，不赞同禁欲，尤其是配偶单方面的禁欲。威廉·怀特利（William Whateley）在 1623 年所写的处世书《新娘的常春藤枝》（*A Bride's Bush*）便建议床第之间应"相互快乐狎玩"，妻子和丈夫一样有权得到性满足。假设清教徒作家所言不虚，那么他们的确认为帷帐之内应当放弃性别的主从分野。"因此，妻子（丈夫亦然）既是仆人也是主人，她是献出肉体的仆人，也是驾驭丈夫的主人。"[28]

英国国教牧师暨诗人邓恩（John Donne, 1571—1631）写了十首祝婚歌，其中一首歌颂"人之平等"，不仅认为妻子是平等的性伴侣，还模糊了传统性别界限，写出"她和丈夫一样有爱欲"、"新郎不是男人，而是少女"、"而新娘变成了男人"这样的句子。性爱不是僵化的性角色扮演，而是夫妻共享、不受压抑的欢愉。夫妻好合时，女人可以如男子般大胆，而丈夫则可能采取女性的被动角色。邓恩是丈夫，也是 12 个孩子的爸爸，在他的眼中，幸福的婚姻是灵与肉的完全合一。他在描写新婚夜的《新郎来了》一诗中说：

> 他们的灵魂虽然早已相知，
> 衣服下的身体却从未相逢，
> 一开始，她可能端庄淑静，
> 不多久，却必会裸裎相见，
> 恣意的，
> 两人四眼相望，两心契合。[29]

中世纪的人不信任肉体，教会也训诫信众性爱的目的只在繁殖，邓恩的诗歌与之大相径庭，显示夫妇的肉体之爱逐渐受到重视，不只是用来防杜"私通"，它本身就是好事。

阅读都铎王朝与斯图亚特王朝男人所写的诗歌与布道词，我们得以了解包围女人一生的宗教与文化氛围。17 世纪以后，女人留下了许多日记、回忆录、书信与诗，让我们有更好的途径了解她们，也更容易进入已婚女性的主观经验。虽然这些作品泰半只传达了精英女性的声音，对许多议题也诸多保留，我们仍能据此以近距离观察古时的

[28] Gouge, *Domestical Duties*, p.361.as cited by Fletcher, *Gender, Sex, and Subordination*. p.114.

[29] "The Bridegrooms Coming," in *The Complete Poetry and Selected Prose of John Donne* (New York: Modern Library, 1952), p.181.

妻子。

我们前面论及《罗密欧与朱丽叶》的故事时曾提到赛恩家族。她们流传下来的书信提供了丰富的数据，让我们一窥地主贵族家庭的两代女人。约翰·赛恩与乔安妮·海威尔（Joan Haywire）经由父母安排，在 1575 年结婚，当时乔安妮 16 岁，是富商之女，约翰则是隆福利庄园的继承人。从结缡 29 年来的书信，我们看到乔安妮从一个年轻恭顺的女人蜕变成干练聪明的女主人，掌管隆福利庄园以及她位于崔西尔的陪嫁城堡。她在信上抱怨丈夫长时间待在伦敦寓所，把她一人丢在乡间掌管产业。类似的抱怨也出现在其他乡间地主夫人的书信里。

赛恩家族的第二代婚姻是托马斯·赛恩与玛丽亚·马文，他们在 1595 年相恋结婚，18 年相爱不渝，直到玛丽亚死于难产，那年玛丽亚才 34 岁。尽管老赛恩夫妇始终不接纳他们的婚事，托马斯还是在 1604 年父亲过世后，继承了隆福利庄园，与妻子一起搬回去管理家业。回到隆福利庄园后，托马斯与玛丽亚在处理资产上时有不和。她在信上抱怨托马斯不信任她在管理产业上的判断，对"她的庸才嗤之以鼻"，让她颇受伤害。她也抱怨他跑到伦敦，留她"像个呆瓜般待在乡下"。抱怨的内容与她婆婆当年如出一辙。尽管如此，玛丽亚深信自己在"扮演贤妻角色"上，绝不逊于任何邻居太太，也始终深爱丈夫，认为他是"可敬的好丈夫"。

这个阶段的人开始流行写私人日记，为那个时代与当时盛行的想法留下可贵的记录。最早写作日记的英格兰女性中应当以贵妇玛格丽特·贺比（Margaret Hoby）留下的日记最为重要。

玛格丽特·达金斯·贺比是约克郡大地主的独生女。根据她的出身阶级与宗教背景的习惯，她被寄养在胡丁女爵的家中，后者是个贵族地主阶层的虔诚清教徒。在胡丁女爵的保护下，玛格丽特学习如何管理大庄园，18 岁那年嫁给胡丁女爵的另一个被保护者。两年后，玛格丽特死了丈夫，膝下也无子，迅速改嫁，再度守寡。25 岁那年，她嫁给第三任丈夫托马斯·贺比爵士。以前，她曾婉拒过贺比爵士的追求，可能是嫌他个头矮、相貌平凡。

　　贺比夫人从 1599 年开始写日记，记录她的宗教生活。一天伊始是合家祈祷与读经文，然后是个人祷告、庄园教堂牧师的公开祷告与讲道，并与众人一起唱圣歌，这都是清教徒家庭常见的宗教活动。晚上就寝前，她还要独自祷告一次。每逢星期天，贺比夫人会上两次教堂。她是整个庄园的性灵导师，必须读经给家里的女人听，一起讨论星期天的牧师布道词。

　　她的日记也记录了庄园女主人的忙碌生活，如何面面俱到地打理她的陪嫁哈克尼斯庄园。她得监督仆人、发放薪水、处理账单、照顾病人，还得帮忙家务，诸如洗床单、秤纱、纺纱、染布、制作蜡烛与蜡油、蒸馏酒、照顾蜂巢、腌渍食物。她得留意播种裸麦与玉米的工人，此外，她还买卖羊只、种植树木。她似乎颇喜欢种花莳草，特别满意自己种的玫瑰。她与仆人共同裁制家人的多数衣裳，还亲手调制疗药、做小手术，照顾全家人的健康。

　　邻居造访时，他们的对谈极端严肃：1600 年 3 月 13 日，她们聊到"该尽的责任"，包括替孩子寻找嫁娶对象，担任亲友孩子的教母与教父。像贺比这样地位的人家必须收些寄养孩子，就像当年胡丁女爵照顾她一样。她在 1603 年 3 月的日记写道："盖茨表兄将他的女儿伊安送来，这女孩 13 岁，盖茨说他愿意将女儿送给我。"贺比夫人膝下无子，可能很欢迎这个 13 岁女孩做伴。

　　贺比夫人的丈夫似乎经常不在家，他是国会议员，参与许多委员会，还是不支薪的保安官，热心督促那些不定时上教堂的人，因此他多半活跃在公共领域，贺比夫人则负责管理庄园与夫妻俩的私人事务。两人主要的共同活动是共进晚餐、上教堂、散步、讨论生意经。他们过的是井然有序的清教徒生活，就算不是心灵伴侣式的结合，也是稳定的伙伴关系。

　　贺比夫人关切自己的内在精神，时刻严格自我检视。只要犯点小过错，都要接受上帝的惩罚，经常以禁食惩戒自己。以下是她自责的记录。

　　1599 年 9 月 10 日："我忘了祈祷，又犯了许多罪恶，求上主惩罚我的心灵，这必会让主高兴。"

1599 年 9 月 14 日："我主，看在主耶稣份上，原谅我的懒惰与疏忽，因为我忘了该做的沉思。"

1600 年 7 月："我恳求上帝以哀伤心触动我，因为我犯的错误，我期望上帝看在耶稣的份上，如他承诺的宽恕我。我读了一篇文章，让我更羞惭。我感谢上帝。"

贺比夫人是虔诚的基督徒，和两个世纪前留着一头短发、装模作样的玛格丽·坎普大不相同。她这种形式的清教徒内省比较安静、私密，但同样深切感受自我的不足、同样敬畏上帝的惩罚、同样希望得到宽恕与救赎。这样的清教徒良知将漂洋过海带到美国。

清教徒的行李

我们对 17 世纪已婚妇人的生活能有丰富了解，得归功另一个"女性第一"，那就是美国第一位诗人安妮·布莱德斯特里特（Anne Bradstreet，1612—1672）。她的一生既是殖民地妻子的典型，也是反典型。她一方面追随那个时代的规范，嫁给同一阶层、同一教派的男人，生了 8 个孩子，当她的丈夫活跃于商场与公共领域时，她在家操持家务。另一方面，以一个女性而言，安妮堪称学养丰富，成为大西洋两岸的知名诗人。就像艾洛绮丝、坎普、皮桑，她的作品也提供范例，让我们知道昔日的杰出女性虽受到严格的性别限制，依然能有成就。

安妮·杜德利·布莱德斯特里特于 1612 年（或 1613 年）出生于英格兰北汉普顿，父亲是律师与产业经理人，母亲是上流女人。他们一家是虔诚清教徒，因为英王詹姆斯一世对偏离英国国教的教派极端仇视，她们饱受宗教歧视。杜德利一家与清教牧师约翰·杜德（John Dod）来往密切，杜德牧师与他人共同撰写的《虔诚家庭之持家守则：依上帝之言管理家庭》（*A Godlie Forme of Household Government:*

For the Ordering of Private Families, according to the direction of God's Word）
十分有影响力。杜德在那本书里极力呼应基督教沿袭已久的层级观
念——妻子必须顺从丈夫，孩子必须服从父母，仆人必须遵从主人。
由于这是上帝授意的尊卑次序，唯有奉行它、遵从在上位者，个人
才能得到救赎。但是杜德也呼应了较新的新教神学理论，认为夫妻
在灵性上是平等的，妻子是丈夫的主内"姊妹"，同是天国的"继
承者"。[30]

安妮初识未来夫婿西蒙·布莱德斯特里特（Simon Bradstreet）时
年仅 9 岁。西蒙那时担任她父亲的产业管理助理，之后，他做林肯伯
爵的管家。西蒙比安妮大 11 岁，曾在剑桥的伊曼纽学院（Emmanuel
College）读书，这是非国教徒宗教思想的中心，安妮的兄长也在那儿
求学，但是安妮只在家里接受非系统化的教育。

安妮在 1628 年下嫁西蒙时，大约只有 15 或 16 岁，比当时的英
格兰新娘要年轻许多，那时女人的平均结婚年龄为 24 或 25 岁。婚后
不到两年，布莱德斯特里特夫妇与杜德利一家便从英格兰移民美国马
萨诸塞州。他们在 1630 年搭乘"阿贝拉号"（Arbella）横渡大西洋。
"阿贝拉号"是依安妮的童年玩伴阿贝拉·约翰逊（Arbella Johnson）
夫人命名，他们夫妇也一起移民美国。同年，"阿贝拉号"等 11 艘船
共搭载 700 名乘客，在马州海岸登陆。

他们是为了宗教信仰而移民，詹姆斯一世与查理一世执政下的反
清教徒氛围，让杜德利、布莱德斯特里特两家人越来越难过，就像几
年前搭乘"五月花号"抵达美国的清教徒一样，他们也认为新大陆是
避难所，在那里，他们可以自由信教，创建一个他们认为更接近上帝
意旨的社会。

"阿贝拉号"的 10 星期航行、恶臭拥挤的空间，对杜德利、布莱

---

[30]   Rosamond Rosenmeier, *Anne Bradstreet Revisited* (Boston:Twayne Publishers, 1991),
       p.16. cited Dod (1612).Rosenmeier 在此书中对布莱德斯特里特的生平与作品均有
       详尽介绍。

德斯特里特这样的上等人家来说，一定特别难熬。女人与小孩睡在主
甲板与船舱顶间的房间，男人则睡吊床。他们的食物仅有腌肉、鱼与
硬面包，炉灶是唯一的暖气来源。寒风、恶水、疾病让多数乘客病
倒，但唯一的伤亡是一名难产而死的胎儿。当他们在 6 月抵达塞林小
镇（Salem）时，当地屯垦区的环境恶劣远超过他们的预期。不少屯
垦者（包括阿贝拉·约翰逊夫妇）在几个月内相继过世。杜德利与布
莱德斯特里特两家人趁着冬天尚未来临，迁往邻近的查尔斯敦，而后
在 1631 年迁往剑桥（当时称为新城），1639 年，哈佛大学成立。

　　和许多 17 世纪抵达新大陆的移民者妻了一样，安妮也经历了颠
沛旅程与初到新大陆时的震撼。她一定怀疑这样一个简陋所在与恶风
异俗的国度，真的能提供她与家人一个合适的家吗？诚如她后来写
的："我发现了一个新大陆，以及让我心惊肉跳的新风俗。"意指新大
陆的风俗习惯让她非常厌恶。但是相较于其他移民者，安妮拥有不少
资源，包括经济富裕的父母、兄弟手足，还有丈夫。西蒙和她的父亲
一样，后来都在马萨诸塞湾殖民地成为颇具影响力的政治人物。

　　初抵殖民地的痛苦，因她"肺病久久不愈、下肢跛行"而雪上
加霜，她解释自己的病是上帝的"纠正"，叫她谦卑、行善。基督徒
（尤其是清教徒）常将病痛解释为上帝的考验，而安妮的一生还有许
多考验等着她。

　　另一个让她不安的事情是她结婚五年一直无子。她说："上帝要我
在很长一段时间都没有孩子，让我极度哀伤，无数的祈祷与眼泪，我
才得到一子……" [31] 美国妻子与欧洲妻子一样，不孕是最大诅咒。孩
子是上帝的赐福，尤其是新大陆地广人稀，"你们要生养众多"的上
帝旨意完全不受地理限制，孩子也是农场与家里的好帮手。多数女人
渴望孩子，经常怀孕，唯有哺喂母乳时才自然避孕。安妮可能向 17
世纪 30 年代在波士顿行医的接生婆简·霍金斯（Jane Hawkins）购买

[31]　*The Complete Works of Anne Bradstreet*, ed. Joseph R. McElrath, Jr. and Allan P. Robb
　　　(Boston: Twayne Publishers, 1981), p.216.

图 3.5　美国橡木摇篮，1625—1675 年（Metropolitan Museum of Art, New York）

助孕药，也可能使用獾的睪丸磨碎混合酒，这是当时盛行的药方，据信可以帮助怀孕。但是这些事情，她都不曾留下记录。

1633 年，她产下头胎子西蒙，开始了殖民地母亲的繁重角色。1633—1652 年，她一共生了 8 个孩子，她在某一首诗中说："一巢孵出 8 只雏鸟。"她的 4 男 4 女平安长大成人。那个时代，能够平安长大的孩子不到 3/4 甚或 1/2。子女平安顺遂让她更有理由赞美上帝。

和其他清教徒母亲一样，安妮也自己哺育孩子。17 世纪初的英格兰，上等人家通常雇用奶妈，新教徒则谴责奶妈哺孩子不干净又违反自然。清教徒与严格的新教徒认为哺乳是母亲的宗教责任。迥异于我们今日对"清教徒"一词的看法，当时的母亲可以当着访客的面奶孩子，谈起奶孩子的种种，也丝毫没有清教徒的拘谨。以下便是安妮对奶孩子的清楚描述："尽管你在乳头上抹苦艾或芥末，孩子还是很难断奶，他们会抹掉奶头上的东西，或者甜蜜的奶汁与苦味一起吞下……"[32] 她以断奶过程比喻某些基督徒的生活："幼稚愚蠢，依然攀附吸吮已经干枯的乳房"，上帝如果不让他们的生活增添"苦楚"，他们便无法改吃"固体食物"，此处意指更高层次的生活。安妮笔下的乳房意象来自她为人母的个人经验，也来自她对上帝宇宙秩序的想法。

安妮虽然渴望多子多孙，但是生活在屯垦区，她并非毫不畏惧生产，因为 1/5 成年妇女的死因是难产。她写给丈夫的诗《产子之前》（*Before The Birth of One of Her Children*）便明白陈述恐惧。

> 亲爱的，何时我将踏上死亡
> 何时你将失去你的朋友
> 对此，我们一无所知
> 但是爱情驱使我写下
> 这些告别话语送给你
> 当死亡结束了牵系你我的婚姻
> 我名似是你的妻
> 然而身却已无影

我们看到安妮预知自己可能死于难产（幸好没有），也感受到她与丈夫的情爱关系，她将丈夫当作"朋友"。

她五首有关婚姻的诗印证了他们的深情是每个时代的妻子都渴望体验的。她在"献给我挚爱的丈夫"（To my Dear and loving Husband）中以坦率迷人的笔法描绘这种深情：

> 如果有所谓的合而为一，那就是你我
> 如果有男子被妻子深爱，那就是你

[32]　Ibid., p.200.

如果有妻子因丈夫而幸福
女人们，
你们谁能与我比 [33]

1635 年，他们移居伊普威治，在那儿，她写了《致因公远离的丈夫》（ *A Letter to Her Husband, Absent upon Publick Employment* ），忆起超越两地相隔的灵肉合一。

（你是）我的头、我的心、我的眼睛、我的生命
尘世快乐的仓库里，不再有我的欢愉
两人如果合而为一，如同你和我
为何你在那儿，而我在伊普威治？
……
我是你的肉中肉、骨中骨
我在这儿，你在那儿，
两地相隔，心儿合一 [34]

在另一首献给丈夫的诗中，她调皮幻想他们像动物结合——两头鹿、两只龟、两条鱼——"同树啮食"、"同屋栖息"、"同河优游"。罕见的夫妻情爱诗勾勒出一个热情洋溢的妻子，迥异于满口地狱惩罚的清教徒布道词所建构出来的性压抑形象。

不管是在英格兰或新大陆，17 世纪的女性写诗很罕见。约莫半数清教徒女性不会读写，而多数殖民者的想法和马萨诸塞湾屯垦区首任总督约翰·温索普（John Winthrop）一样，认为女人"不应插手唯有男人才该做的事，因为男人的心智比女人强"。温索普的这段谈话是针对安妮·耶尔·霍普金斯（Anne Yale Hopkins），她是康涅狄格州

[33]   Ibid., p.180.
[34]   Ibid., pp.182–183.

总督艾德华·霍普金斯的太太。根据温索普的说法，安妮·耶尔·霍普金斯之所以精神状况不稳，是因为"成日读书写字"。他的诊断反映出人们对妻子领域的老旧想法："如果她好好管家，做好女人该做的事……就不会神智失常，或许还能精进智慧、光彩地将自己的才智用在上帝安排给她的地方。"[35]

安妮·布莱德斯特里特当然知道当时人的看法，她在《序曲》（The Prologue）短诗里提出反击，揣想诽谤者对自己的批评："我厌憎吹毛求疵的舌头／说针线活儿比较适合我的手。"然后她屈服于男人自以为是的优越感，只要求大家给女人的写诗能力"一点点肯定"，虽然她们的"写诗才华极为有限"，相较于男人的诗"光灿耀眼"，女人只是"胡乱涂鸦粗糙之文"[36]。我们不难想象安妮为何要捍卫自己、对抗紧密的清教徒社会，因为对他们而言，诗歌这种高雅的表达形式是男人独享的。

清教徒有很多区分男女的行为准则。譬如男女从不同的门进入教堂，依据性别与阶级差异分开而坐，男人与男人坐在一起，女人与女人坐在一起，未婚少女与未婚少女坐在一起，而孩童与孩童坐在一起。地位最崇高的男人坐在最前排。只有男人才能在教堂里公开发言。

多数清教徒女性只要能参加礼拜、不惹人注意，便心满意足了。唯一的烦恼是如何跋涉到教堂。拖儿带女、每个星期跋涉两三英里甚至 5 英里到教堂做礼拜，可不是一件轻松事，更别提或许还要照顾老的病的。布莱德斯特里特与杜德利两家人之所以迁往伊普威治，可能跟他们每星期得从剑桥长途跋涉到波士顿做礼拜有关。安妮经常生病，还有一大堆孩子要照顾，不见得总是有办法花一整天时间准备到教堂的东西，然后跋涉查尔斯河去做礼拜。

[35]　Elizabeth Wade White, *Anne Bradstreet: The Tenth Muse* (New York: Oxford University Press, 1971), p.4. 这是最重要的一本布莱德斯特里特传记。

[36]　*The Complete Works of Anne Bradstreet*, pp.7–8.

　　17 与 18 世纪的清教徒男性经常向地方官员请愿设立新教堂，因为他们的妻儿需要一个离家较近的教堂。女人也以较个人的方式施加压力，譬如汉娜·加勒普（Hannah Gallop）便写信给舅舅约翰·温索普二世（他是马州首任总督的儿子，也是康涅狄格州总督），支持在康涅狄格州密斯迪克设立教堂，因为"还在哺乳的母亲被迫长途跋涉"，导致她们"经常头晕目眩、体力衰弱，整个冬天都无法上教堂"[37]。

　　最后，布莱德斯特里特一家在 1645 年（或者 1646 年）从伊普威治搬到安多佛，希望在那儿创建新小区，根据安多佛镇的记录，西蒙·布莱德斯特里特的家园面积广达 20 亩。再度，安妮必须打包全部家当，到一个遥远、附近森林有狐狼时刻为患的屯垦区建立新家园，让孩子与仆人的生活上轨道。她的长子西蒙已经准备进入哈佛大学，最小的儿子塞缪尔则被送到伊普威治上小学。定居安多佛后，安妮又生了 3 个小孩，但她还是设法持续文学创作，这对她的生活至为重要。西蒙的锯木厂生意蒸蒸日上，也投入政治，奔波于新英格兰各地的活动。布莱德斯特里特一家在安多佛镇日益兴盛，而安多佛镇的社会同构型与农村魅力也一直持续到 20 世纪。

　　他们的牧师是约翰·伍德布里奇（John Woodbridge），娶了安妮的妹妹梅西。1647 年，伍德布里奇一家人到英格兰旅行，将安妮的诗作也带了过去。出乎安妮的意料，这些诗居然集结成册，1650 年于伦敦出版，取名《第十个缪斯》（The Tenth Muse）。伍德布里奇为这本厚达 200 页的诗集写序，序言中说安妮是"在所居地备受推崇与尊敬的女人，因为她举止高雅、才能出众、谈吐虔诚、性情谦冲，勤奋持家、处事周详"。为了维持安妮的勤奋、好教养、全心奉献家庭与小区的完美形象，伍德布里奇连忙附加一笔："这些诗都是她牺牲睡

[37]　Laurel Thatcher Ulrich, *Good Wives: Image and Reality in the Lives of Women in Northern New England 1650-1750* (New York: Vintage Books, 1991), p.218. citing *Winthrop Papers*, part 3N, MHS Collections, 5th Ser., 104-105.

眠与其他娱乐，耗时不多的成果。"[38] 伍德布里奇绝不敢让大家认为写诗对安妮而言，和家务责任一样重要。只要看看托马斯·帕克（Thomas Parker）在 1650 年于伦敦写给妹妹的信，就知道当时的人对女作家多么仇视。帕克以坚定的语气谴责妹妹的文学成就："你违反女人本分，出版了一本书，真是臭不可闻。"[39]

虽然安妮持续写作直到 1672 年过世，《第十个缪斯》却是她生前唯一的出版品。1678 年在她身后出版的《她用巧思与才学编撰的诗选》（*Her Several Poems Compiled with Great Variety of Wit and Learning*）是 17 世纪新英格兰地区仅有的 4 本女性著作之一，同一时期的男性出版品则多达 907 本。

在此，我们不想探索安妮的形而上长诗、她对圣经的评论，或者她有关科学与炼金术的文章。我们想探讨的是：尽管清教徒社会对女性限制重重，至少他们还认为女人的心智应当用在宗教教育上。因此，无论男女都应学会读经，尤其是约翰·加尔文资助翻译的《日内瓦圣经》，这本圣经是流亡瑞士的英格兰新教徒在 1560 年翻译完成的。1642 年，马州立法规定父母必须教导孩子与学徒读写，如此，他们才能熟读经文。女人则应多多参与每星期举行一次的纯女性经文讨论会。这种活动在英格兰颇常见，跟着布莱德斯特里特父母那一代的人漂洋过海来到新大陆。

安妮的母亲多萝西·杜德利则是另一种清教徒妻子典范，全心奉献于宗教礼拜。在献给母亲的悼词里，安妮特别指出："她经常参与公开集会 / 在小房间里不时祈祷。"杜德利夫人被赞美为"一生清白的高贵太太 / 慈爱的母亲与顺从的太太 / 与邻人相处和睦 / 对穷人慷慨布施……家人的真正导师。"[40] 对安妮而言，母亲是模范，不仅对个性

[38]　Elizabeth Wade White, *Anne Bradsheet*, pp.226–250.

[39]　Thomas Parker, *The Coppy of a Letter Writen...to His Sister* (London, 1650), p.13. Cited by Edmund S. Morgan, *The Puritan Family* (New York: Harper & Row, 1966), p.44.

[40]　*The Complete Works of Anne Bradstreet*, p.167.

顽强的丈夫无私奉献，对生活在新大陆的子女也持续提供咨询与支持。

安妮的父亲托马斯也在写给女儿梅西的信中，肯定了多萝西的慈爱、顺从、友善、富含同情心的形象，当然，这封信写于他丧妻不久，不可能对亡妻有所批评。信上，他还添加了许多常用于基督徒妻子的赞语，如谦卑、温顺、端庄、顺从与耐心。现代人很难想象这些是最被赞赏的女性美德。私底下，拓荒者的妻子可能身体强健、意志顽强，才能让自己和家人熬过艰困的新英格兰寒冬。但是公开场合，她们被迫表现出弱者形象。许多女人例如多萝西完全内化了清教徒的思想，全盘相信女人应该脆弱、妻子应当顺从的教条。反之，人们很少讨论丈夫对妻子的依赖，但是长久以来，婚姻研究者便发现丧妻男人往往精神崩溃，甚至随之死亡，否则便是快快再婚。托马斯·杜德利便是如此，虽然他钟爱结缡 40 年的妻子，但是她亡故不到 4 个月，他便再婚了。

和母亲多萝西一样，安妮也是个模范。除了善尽妻职与母职，她还有写作天分，开创美国女性诗人的传统，启发了后世的狄金森（Emily Dickinson）与艾德丽安·里奇（Adrienne Rich）。

当然，安妮的幸福婚姻无法以一概全，其他人不像她这么幸运。安妮的妹妹莎拉的婚姻便极端不幸，以丑闻与离婚收场。1646 年，莎拉与夫婿本杰明·基恩（Benjamin Keayne）前往伦敦，后来莎拉独自返回马州，随之而来的指控包括她向男女混杂的信众传教、不守妇道。本杰明指控莎拉传染梅毒给他，显然与人通奸。

老杜德利先生当时是马州总督，设法将女儿的离婚案件送交州议会，但莎拉还是被波士顿第一教会除名，理由是"不合常规的传教"，以及"与逐出教会者发生可憎、丢脸、不洁的行为"[41]。莎拉显然轻松逃过一劫，因为当时的通奸罚则只是鞭刑、罚款或两者兼有。但是不少新英格兰与南方地区对通奸者的处罚是让他们脖子挂绳子模仿绞刑，当众罚站，或者套着白床单、手持白杖现身教堂，向社会大众道

[41]   Ulrich, *Good Wives*, pp.111–112.

歉。1612年的弗吉尼亚州与1613年的马州甚至立法将通奸者处以死刑，但几乎从未实施。（总计，马州、康涅狄格州与新哈芬三地，通奸者被判死刑的案例只有三个。）虽然前夫仍在世，莎拉后来还是获准再婚，却失去女儿的监护权。

在英格兰，离婚是富有人家的特权，到了新英格兰，虽然实际的离婚案例不多，但是不管哪种阶层或男女都有权离婚。因为清教徒不认为婚姻是圣礼，而是两个人之间的民法契约，和任何契约一样，是可以解除的。清教徒视离婚为最后手段，原因是受苦的一方（通常是女人）可因此再婚，远离通奸或偷情的诱惑。17世纪的马州最常见的离婚理由是通奸、遗弃、长时间分居、无法供养、重婚或虐待。新英格兰地区的离婚案件半数是因为通奸。一位女士诉请离婚，因为丈夫坦承："与其他女人有染，还打算和所有能搞上手的迷人女性偷情，多多益善。"[42] 新英格兰诉请离婚的女人超过男人，显然和莎拉与本杰明的状况不同，妻子比丈夫更迫切了摆脱不快乐的婚姻。

本杰明对"第一教会"诉请离婚的控诉显示莎拉的"性行为不检"只是一端，还有她"传教"。基督徒妻子在教堂里应该缄默不语，这是圣经里使徒保罗的意旨，总督温索普也一再强调。

尽管如此，某些清教徒妻子还是公开传教，安妮·贺金森（Anne Hutchinson）便是其中之一，她对宗教事务的发言被称为"非律争论"（antinomian controversy）[43]，这个词当时是用来谴责她，而非针对她的理念。安妮的父亲是个非国教的神职人员，被教会撤除神职。她在1634年与丈夫、孩子（她总共生了15个）从英格兰迁到波士顿。到了新大陆后，他们分得半亩地，安妮努力操持家务，奉行一个成功

---

[42]　John D'Emilio and Estelle B. Freedman, *Intimate Matters: A History of Sexuality in America* (Chicago and London: The University of Chicago Press, 1997), p.28.

[43]　antinomian 这个字，一般翻译为"主张废除道德律者"，在神学讨论里称之为"非律"。非律主张又分许多种，有所谓的"非律化亚米念主义"、"非律化加尔文主义"、"非律化马丁路德主义"。非律主义又称之为"白白恩典救恩"，主要主张是"行为与信心没关系，只要有信心，就肯定能得救"。详见 www.starzine.org/~raassim/faq/C09.htm。——译者注

商人妻子应尽的社会义务。她还是个经验老到、颇受尊敬的护士与疗者，帮忙接生孩子，用自家的草药秘方调制疗药。

但是安妮很快就有了新角色：宗教异议者。她追随约翰·科顿（John Cotton）的领导，科顿宣扬的理论强调完全仰赖神恩（而非个人的善行）。安妮开始筹组女性集会，讨论星期天的讲道，详细说明她的反正统观点。在这些集会里，被迫在教堂里缄默不语的女人有机会表达自己的想法，并得到其他女性的支持。没多久，这个纯女性的聚会便扩大，连男人都来参加，贺金森家的宽敞客厅聚集了60—80人。

没多久，安妮的影响力大增，让教会备感威胁，指控她悖离清教徒信仰。她拒绝沉默，前往邻近城镇争取更多的支持者，也招来更多的讪谤。温索普总督深信妻子必须服从丈夫，而且无权质疑既有规矩，加入了抨击行列。她被控企图扮演"丈夫（而非妻子）的角色，做个传教者，而非聆听者"[44]。最后，她被逐出教会并流放，与丈夫和一小群信徒搬出马州，成为罗得岛最早的屯垦者。4年后丈夫过世，安妮搬到长岛海峡，1643年遭印第安人杀死。

当然，甚少清教徒妻子是宗教领袖或诗人。多数只是忙着做不完的家事与照顾孩子。她们比英格兰女人早结婚，平均结婚年龄是20—23岁，生养6—7个孩子。如果她们的运气和安妮·布莱德斯特里特一样好，可以看到孩子长大成人，活到高龄才死。但是前现代的社会，女人早死与孩子早夭可能比较常见。鳏夫寡妇再婚也是常态，带着前任婚姻的孩子另组新家庭。现代人离婚频繁，造就许多"再组合家庭"，但是比起美国建国初期的配偶死亡而后再组家庭的人数，那是小巫见大巫。这些不同父或不同母的兄弟姊妹与父母共睡一室，三四人挤一床。

多数新英格兰家庭只有一到两个房间，浴室与挤奶棚在户外。妻

[44] *Antinomianism in the Colony of Massachuessetts Bay*, ed. Charles F. Adams, p.329. (Boston, 1894), cited by Edmund Morgan, *The Puritan Family*, p.19.

子负责洒扫庭院、煮饭、洗衣、补衣、纺纱、做牛油、烘面包、腌渍食物、照护小孩，还要教导女儿持家之道，包括如何做肥皂、蜡烛、蜡油与扫把。多数妻子自己种菜、养鸡、养猪，给牛只挤奶。

男女所司之事有清楚分野。男人负责打猎、捕鱼、耕作，张罗家人的粮食。他们自己盖房子、制作所需工具、养牛放羊、制作皮件、种植亚麻与伐木。他们有些人是鞋匠、工匠、医师或律师。如果丈夫做生意或手工艺，老婆通常是帮手。的确，经营旅馆或贩酒绝对需要老婆帮忙，有时官方会拒绝发照给没老婆的人。马州陶顿镇便有一名男子死了老婆，政府拒绝更新他的旅馆执照，原因是"一个人无法照应旅馆"。

丈夫与妻子都得仰赖孩子帮忙，此外还有契约学徒与契约仆工。这些契约学徒与仆工年纪约在18—25岁，通常是签约数年，交换移民新大陆的交通费与工作期间的吃住。约莫1/3的人家聘有契约工与学徒，但是人手永远不够。通常，这些年轻女仆与女主人关系紧密，女主人会留心她们的远景，甚至在她们服务期满时帮她们找婆家。契约仆工不得在契约到期前结婚，除非新郎愿意帮她支付期约未满的补偿金。

雇主与仆佣同住一个屋檐下，难免有摩擦。安妮·布莱德斯特里特的小姑玛丽·温索普·杜德利便曾向继母描述她有个女仆非常傲慢，让她"烦恼极了"，"如果我写信告知她辱骂我的话与肮脏的言语，必会让你难过"[45]。

同样地，许多仆人对女主人印象也不好，尤其是被处罚时。雇主是她们的主人，依法有权责打她们。有些女仆遭男主人性侵害，伊丽莎白·狄克曼（Elizabeth Dickerman）便一状告上密德瑟斯郡法院，说男主人约翰·哈里斯强行非礼，并威胁她"如果告诉太太，就要吊死她"。法院裁定伊丽莎白申诉有理，罚哈里斯20鞭。女仆若是未婚怀孕（不管是男主人或其他男人的），不仅得担上丑名，还要补偿主人她怀孕、生子、坐月子所造成的损失，额外再做一年。1672年，维

[45]　White, *Anne Bradstreet.* p.132.

州立法规定男主人如果是女仆孩子的父亲，便不得要求女仆补偿他一年工，因为这不公平。这让人不禁怀疑到底有多少女主人对丈夫的偷情睁一只眼闭一只眼。

不管有没有仆人协助，贤妻要件是要懂得持家。想当然耳，持家能力是美国女人的认同标准之一，自傲于厨艺精湛、懂得腌渍食物、纺纱织布缝补刺绣样样精通。17—20世纪，不管是殖民地、边远屯垦地或者奉行共和主义者的妻子，她们的故事都散发着苹果派的香气与手工拼布的斑斓色彩。这些居家对象现在看来虽然充满感性色彩，却是以前人衡量妻子的标杆。劳雷尔·乌尔里奇（Laurel Ulrich）所写的《贤妻》（Good Wives）便记载了厨艺精湛的女人可能以"苹果烤猪（或烤鸭）、芫荽木立薄荷鳗鱼派、韭菜汤、醋栗奶油"等拿手菜闻名，但家常菜可能只是煮肉、青豆、防风草、芜菁、洋葱与高丽菜，多数家庭只在墙上挖个火炉，在上面烧煮，所有菜统统扔到一锅里。

除了做菜，还有"季节性拿手绝活"，譬如春天做奶酪、夏日种菜、秋日做苹果酒。任何采收过苹果、闻过它的发酵气味的人，都知道制作苹果酒会发出刺鼻辛味，颇费时间才能酿出几加仑，供一整年享用。

新布里镇有个女人碧翠斯·普卢默（Beatrice Plummer）"自豪很会操持家务"，头两位丈夫也很激赏她，不幸，第三任丈夫不在乎她腌肉、做面包的能力，只对她的财产感兴趣。虽然他曾签署婚前契约，允许她保留前任丈夫留给她的产业，但是他后来后悔了，逼她撕毁契约。两人失和闹上法院，从两人的证词，我们得到一个印象，碧翠丝自豪烹饪与持家的能力，而她的丈夫却只觊觎她的财产。因为碧翠丝并未撕毁婚前契约，得以保留自己的财产，她的丈夫则因虐待太太而被罚款，至于碧翠丝有没有继续保持这段婚姻，就不得而知了。

允许妻子保留婚前财产的"婚前契约"很少见，在英格兰就更罕见，属富人专有。一份1667年签署于马州普利茅斯的婚姻契约注明妻子"可享有她目前拥有的房子、土地、对象与牛只，有权自由处分"[46]。

那时候的人除非签订"婚前契约"注明妻子有权控制自己的财产，否则一旦结婚，丈夫便自动拥有妻子的财产。男性有权处分女性的财产是遵循英格兰的不成文法，丈夫与妻子被视为"一体"，她的财产自动并入丈夫的财产。除了妻子的个人物品如衣物、床单或其他"丈夫赠予妻子的所有物"外，他有权处理妻子的全部财产。

法律上，丈夫是妻子的监护人，必须为妻子的行为负责，包括她的负债。如果她犯了小罪，法庭的罚款对象是她的丈夫，虽然她也得遭受公开羞辱。譬如长舌或恶言诋毁他人、触犯"唠叨罪"的女人，会被放在"浸水椅"里浸到河中。

如果妻子想要状告他人，通常是由丈夫提起告诉，如果她获得丈夫允许，也可以自己提诉讼。未婚、离婚与寡妇等法律上所谓的单身女人（femme sole）可以自行诉讼，或做法律与生意的让渡。但是已婚女人不能做生意，除非是担任丈夫的助手。

但是女人有权做丈夫的遗嘱执行人。根据法律，女人有权继承丈夫1/3的产业，实际上，多数丈夫留给妻子的遗产不止此数，或者会注明让妻子继续住在家里。有些女人继承了丈夫的农场或生意，法律允许寡妇承续丈夫的生意。有些寡妇变卖当年的嫁妆开创新事业，如经营客栈或卖酒，早年的新英格兰，这两个行业与寡妇密切相关。

现代女人往往寡居终老，原因是女人比男人长寿。17世纪的男女平均寿命差不多，但多数女人也是寡居终老，原因是男大女小的婚配模式，即使妻子只比丈夫小个几岁，丈夫还是比她早撒手人寰。虽然对极少数手头宽裕的女人来说，守寡可能代表某种程度的独立自主，但是多数寡妇还是得仰赖子女（尤其是儿子）给她一个栖身之处与零用花费。际遇最惨的寡妇则必须仰赖教会与大众的救济。

有关早期美国史的研究毫不关切女人，近30年学者才企图纠正这种忽视，完成一些杰出研究，但是数量不够丰富，勾勒出来的殖民

[46]　Nancy Woloch, *Women and the American Experience* (New York: Knopf, 1984), p.22.

地妻子形象也不一致。

譬如莱尔·科勒尔（Lyle Koehler）强调女性从属地位的负面面向，提醒我们不管新大陆多么自由，居住在这块土地上的女儿与妻子并未享有更大的自由。南希·沃勒琪（Nancy Woloch）也说英格兰与欧洲其他地区盛行的女性臣属观念"原封不动移植至殖民地"，因此新大陆的女人被排除在权力与权威的位置外，只有碰到"不寻常的灾难事件——被印第安人强掳或被控施巫法"时，女人才会被历史记上一笔 [47]。其他的历史学者（如劳雷尔·乌尔里奇）则强调殖民地妻子扮演的许多角色如母亲、代理丈夫、邻居、施善者，甚至拓荒女英雄，都是她们取得权威的方法。

17世纪的美国南方与北方，男人均远远多过女人，这或许是美国女人的一大优势。1620年抵达普利茅斯港的"五月花号"，102名乘客中只有28名女性。1607年最早抵达维州詹姆斯镇的拓荒者中，一个女人也没有。但是1608年秋天抵达的那批拓荒者中有两名女性，分别是托马斯·佛瑞斯的太太与她的女仆安妮·布拉丝。佛瑞斯太太没多久就死了，但是布拉丝很快就觅得夫婿，他们成为第一对在维州结婚的夫妇。

因为女人实在太少，主管殖民屯垦的"弗吉尼亚公司"破天荒在1620—1622年运来整船整船的单身女子，总共140人。男人只要先付120至150磅的烟草抵扣运费，便能"买"到一个老婆。维州的乞沙比克市，最早男女比例为6：1，直到17世纪80年代才降为3：1。1619年开始，维州开始进口奴隶，奴隶的男女比例也失衡，为3：2。比起当时的英格兰女人多过男人（约10：9），新大陆的女人不管出身何种阶层、有没有陪嫁，都炙手可热。契约工女仆或寡妇只要想嫁都找得到对象，事实也是如此。

马里兰州甚至还针对寻觅夫婿的女仆打广告，自称是天堂："女仆

[47] Ibid., p.18.

到本地工作，堪称运气好，胜过到其他地方工作，保证要不了多久就有人追求她结连理。"[48] 继马里兰州与维州成功"进口"女人后，卡罗来纳州也打广告吹嘘亮丽远景："任何想到此地的少女或单身女人，一定以为自己置身男人必须付聘金才能娶妻的黄金时代；只要她们举止文明、年纪小于 50 岁，就会有老实男人追求她们为妻。"[49]

可婚配的女人太少，给了女人较多的择婿自由，有的女人便充分利用此一优势。譬如维州的塞西莉·乔丹（Cecily Jordan）太太，她在 1623 年死了丈夫，随即与格雷维尔·普利（Greville Pooley）牧师订婚，条件是普利必须对定亲一事守口如瓶，因为塞西莉新寡不久，必须维持颜面。但是普利泄漏了口风，塞西莉颇为不悦，接受另一个男人的追求。普利告她毁约，但是塞西莉获胜。

另一个维州女子艾莉诺·斯普拉格（Eleanor Spragg）则有两个未婚夫，她的所属教堂因此在 1624 年处罚她，理由是"同时与数个男人定亲"。虽然教堂只要她当众悔讨，但是牧师强调以后类似的例了得遭鞭刑或罚款。

就我们所知，至少有一名维州女士深知自己在婚姻市场上的身价，拒绝在婚礼上誓言服从丈夫。1687 年，牧师在婚礼上循例问莎拉·哈里逊·布莱尔（Sarah Harrison Blair）："是否承诺服从丈夫？"她回答："不。"牧师又重复问了两次，她的答案仍然是"不。"到头来，布莱尔的婚礼违背标准礼拜形式，依她所要的方式完成。

从英国来的女人这么少，不免让人狐疑为何没有更多的跨种族婚姻，白人男性为何不娶黑人女性或印第安女性。事实上，新法兰西地区早期严重缺乏女性，便有不少跨族通婚。而早年的詹姆斯镇居民约翰·罗尔夫（John Rolfe）娶印第安酋长波哈坦的女儿波卡洪塔斯（Pocahontas），并不觉得自贬身价。不管波卡洪塔斯曾经拯救过罗尔

[48] George Alsop, "Character of the Province of Maryland," in *Narratives of Early Maryland*, ed. Clayton C. Hall (New York: Charles Scribner's Sons: 1910), p.358.
[49] Julia Cherry Sprull, *Women's Life and Work in the Southern Colonies* (Chapel Hill: The University of North Carolina Press, 1938), p.15.

福的传说是否为真，他们的婚姻都被视为好事一桩，不仅对罗尔福与受过洗的波卡洪塔斯有利，也有助白人与印第安原住民的和平相处。

依现存数据显示，维州开始引进奴隶农工到烟草田工作后，曾有一段时间，这些奴隶也和白人联姻。殖民早期，奴隶的地位尚未确定（毕竟，英格兰并无奴隶制度），当时的非洲农奴地位接近契约仆人，白种仆人与黑人奴隶间的社会差距并不大。但是伴随奴隶制度逐渐确

图 3.6　波卡洪塔斯（1599—1617）是印第安酋长波哈坦的女儿，嫁给弗吉尼亚州的垦荒者约翰·罗尔夫。1616 年，她跟随丈夫回到英格兰，成为伦敦社交圈闻人。返回美国的途中病逝，年仅 18 岁。西蒙·凡·德·帕斯（Simon van de Passe）的雕版画，1616 年（National Portrait Gallery, Washington, D. C.）

定，黑奴逐渐被"非人化"，白人与黑人、印第安人发生性关系或结婚，慢慢变成一种禁忌。1630年，詹姆斯镇民修·戴维斯（Hugh Davis）被判决"当着一群黑鬼与其他人的面前痛鞭一顿，因为他与黑鬼同床，玷污了自己的身体、羞辱了自己、凌辱了上帝、让基督徒蒙羞。他必须在下个安息日当众坦承错误"。

1661年，马里兰州率先通过黑白禁婚法，主要在防止白人女性与黑人男性联姻。1691年，维州宣布白人男性不得娶黑人或印第安人，违反此一规定者将被逐出殖民地。1705年，马州也通过法律禁止跨种族婚姻。同一年，某位美国风俗观察者指出如果不是担心印第安女性"与族人同谋杀害丈夫，应当会有更多拓荒者追随罗尔福的脚步，大大改善这个国家"。1717年，维州总督亚历山大·斯波茨伍德（Alexander Spotswood）写信给伦敦友人："我看不到有哪个英国人娶印第安老婆。"[50] 此一说法亦适用于黑白配，因为1705—1750年，宾州、马州、德拉威州以及所有的南方殖民地，全立法禁止跨种族联姻。

美国殖民地里，白人与非白人所生的混血儿并非介于"上等"与"下等"的中间地位，这和新大陆其他殖民地不同，譬如加拿大的 metiz 或拉丁美洲的 mestizos 便自成一个阶层。但是在西班牙统治的佛罗里达或法国人统治的路易斯安那州，黑白混血自成一个社会阶层，享有的权利多数和白人相同，直到19世纪美国多数州立法禁止白人与黑人或黑白混血通婚为止。

少了印第安人与黑人的竞争，17世纪的新大陆白种女性物以稀为贵。事实上，她们对边远的拓荒家庭与社群也不可或缺。1619年7月31日，维州下议院的一位议员便承认"开辟新农园，我们不知道是男人比较重要，还是女人"[51]。清教牧师科顿曾在1633年至1652

[50]　Roger Thompson, *Women in Stuart England and America: A Comparative Study* (Lonodn and Boston: Routledge & Kegan Paul, 1974), p.43.

[51]　H. R. McIlwaine, "The Maids Who Came to Virginia in 1620 and 1621 for Husbands," *The Reviewer* 1 (April 1, 1921), pp.109–110.

年间主持"波士顿第一教会",他的一番话颇获认同:"少了女人这
种生物,男人活得不快活,就像政府一样,烂政府也总比无政府
好。"[52] 相较于中世纪的人认为独身比娶得贤妻好,科顿牧师这番褒
中带贬的话足证时代改变了很多。

　　站在 21 世纪回顾这段历史,我们可以说 16 与 17 世纪的新教徒
为现代婚姻奠定基础。美国历史学者埃德蒙·摩根(Edmund Morgan)
便提醒我们清教徒的婚姻非常注重相亲相爱:"如果夫妇不能爱配偶超
过爱任何人,不仅对不起配偶,更是不服从上帝。"但摩根也连忙强
调 17 世纪的"爱"和今日并不相同,不能与浪漫爱情混为一谈,更
不能与子民对上帝的爱相提并论。诚如一位牧师对夫妇之爱的抽象比
喻,"爱情是让婚姻生活甜蜜的糖,而非婚姻生活的精华"。琴瑟和鸣
乃在责任与理性,如能混合热情,那就是最理想的婚姻了。

　　另一个历史学者约翰·吉利斯(John Gillis)相信清教徒婚姻"最
接近现代的伴侣式婚姻,甚至主张配偶的平等(虽然是有限度的平
等)"[53]。十之八九,清教徒妻子也不敢奢望太多,她满足于丈夫是一
家的"头",而她是"心脏"。到了教堂,她坐在指定的位上,回到家
中,她退回小房间祈祷。但是到了床上,如果安妮·布莱德斯特里特
的例子是众多女人的代表,那么清教徒妻子对床笫之事的了解,可能
会叫我们吃一惊呢!

[52] Edmund S. Morgan, "The Puritan and Sex," p.592.
[53] John R. Gillis, *For Better, for Worse*. p.14.

第四章

共和时期的美国与法国妻子

18世纪，西方女性多了一个新的认同：政治意识。此种政治自觉形成于美国与法国推翻君主制度、考验严酷的革命时期，它让大西洋两岸的女人迈入新层次。

18世纪，西方女性多了一个新的认同，那就是政治意识。此种政治自觉形成于美国与法国推翻君王制度、考验严酷的革命时期，它让大西洋两岸的女人迈入新层次。不管她们是爱国者或亲英分子的妻子，她们都觉得和丈夫、父亲、兄弟、儿子共同涉入了国家事务。新共和社会诞生于革命斗争，虽然只有极少数女人被记入历史，但她们的确是新共和的共同创建者。就这个脉络而言，此处"女人"指的是妻子，因为美国殖民地的成年女性几乎都结婚，18世纪的多数法国女人亦是。

美国殖民时期的完美妻子

18世纪，美国人观念中的"妻职"依然建构在三个基本身份上。妻子的首要身份是丈夫的性伴侣与情感伴侣，尽管她是"地位较低的伴侣"。多数妻子会变成母亲，与丈夫共同担负养儿育女的责任。此外，每个女人都是管家，泰半精力耗费在日常家务上。

几乎所有女人都得拨时间参加宗教活动——祷告、读经、做礼拜，参与纯女性的团体讨论牧师的布道词。多数城镇女人会互相拜访，不仅为了社交，也为了帮助生病或坐月子的邻居。经济宽裕的女人能够与同辈享受多姿多彩的娱乐——外出吃饭、参加宴会，连续数天或数星期外出旅行。她们拨时间写信与从事艺术活动，譬如弹大键琴、钢琴、做女红或写诗。综观人类历史，经济地位较高的女人生活总是比其他女人轻松，地理差异也扮演重要因素，城市女人的生活便不像乡间女子那么辛苦，而北方女子受教育机会大过南方同侪。

丈夫的职业决定了妻子的地位。人们称她为铁匠之妻、总督之妻、牧师娘、商人之妻，她原本的出身已经不重要，除了接生婆或受感召的宗教领袖等少数例子，甚少已婚妇人能够名气响亮。

女人一旦结婚，依据承袭自英国的不成文法，她变成 feme covert（已婚女子），她的法律人格被丈夫涵盖或自动并入。唯有丈夫才能兴讼或成为被告对象，也唯有丈夫才能起草遗嘱、签订合约、买卖产业，包括原本属于妻子的产业。已婚女子几乎全无法律权力，离婚又很困难，只得仰赖丈夫的保护或善意对待。

这个时期的英国、法国与美国文章也倡议相同论调：女人是"较弱的人"、"脆弱的性别"，较男人劣等，是造来服侍丈夫与抚养子女的。虽然 18 世纪开始，启蒙运动者挑战以纯粹的宗教观来解释人类历史，强调最后的权威是自然而非上帝，但是他们也肯定女人的从属地位。卢梭的教育书《爱弥儿》（Émile）在大西洋两岸都极具影响力，他在本书中说："男人应当强壮主动；女人应当软弱被动……女人最被渴求的特质是温柔……她应当及早学会毫无怨言地承受丈夫的不公与错待。"[1]

英美两地的通俗作家也一再强调丈夫与妻子并不平等的老旧想法。有人将女性的次等归诸理性不足，有的则强调这是上帝的意旨，不管理由为何，结果都是一样：殖民时代的男女都认定妻子不如丈夫坚强，必须仰赖丈夫。神职人员、医师与道德家均同意："上帝设计女人为仰赖者，永远必须服从。"[2] 一些劝世书如约翰·格雷戈里（John Gregory）在 1774 年写的《一个父亲给女儿的遗赠》（A Father's Legacy to his Daughter）只是用语略有变化，建议做妻子的应"取悦"而非"服侍"丈夫，讯息的基本意义并无改变：女人唯有顺从，才能得

[1] Jean-Jacques Rousseau, *Emile* (London: J.M. Dent & Sons, Ltd., 1943), Book V. 虽然近来流行将卢梭视为女性之敌，但是我们不该忘记他在《新艾洛绮丝》（*La Nouvelle Héloïse*）中对朱莉娅充满同情，在《忏悔录》中亦对华伦夫人充满同情。卢梭就和许多伟大的思想家与作家一样，充满矛盾。

[2] Dr. James Fordyce, *The Character and Conduct of the Female Sex* (London: T. Cadell, 1776), p.40.

到男人的保护与支持。

如果妻子未能表现应有的顺从甚或公开违逆丈夫，丈夫便可伸展夫权，使用英、美两地都允许的"适度体罚纠正"，包括责打或将妻子锁在房内，但不得造成妻子身体的永久伤害或死亡。法律谴责过于暴虐的丈夫，有的妻子在忧心的亲人或邻人的协助下，向法庭提出告诉。少数受虐妇女因而逃脱了受虐的关系，但多数女人可能只是默默忍受。

社会普遍认为女人天生次等、需要男人的主宰，再加上法律也强化此一论调，无疑影响了女人对自己的看法。历史学者玛丽·贝丝·诺顿（Mary Beth Norton）曾检视过许多女人的日记与书信，发现当时的女人确信自己"次于男人"，就如我们今日所言的"自尊低落"。诺顿整理当时女人的自我陈述，令人吃惊与印象深刻，诸如"可怜无助的女人""脑袋空空""低能""才气欠缺""判断力差""无趣""愚蠢""奇怪""矛盾""忧郁""沮丧""乏味""易犯错"等形容词只是九牛一毛，都是女性用来贬抑自己与女性族群的话语。

女人唯一发光发亮的领域是家庭，那是属于女性"天生"的领域。妻子可以自豪持家能力优秀，当时的日用品多数是家庭自制，中等人家的妻子率领一到两个仆人，在自家旁的农场、菜园、挤奶棚生产家里所需的食物，她还得纺纱、织布，虽然城市女人逐渐开始买现成衣裳，但大多数妻子仍得为全家人（包括仆人）裁制衣服，有钱一点的人家才聘得起针线工。上等人家的女人如果能够摆脱某些基本的家务重担，便会投入艺术创作，譬如编织床前的地毯、绣工复杂的窗帘、蕾丝帽子与袖子绉纱。老天不准她们双手闲散，诚如某位道德家说："午后闲散……让妻子变坏。"[3] 当我们在博物馆或特别展里看到这

[3] John Ogden, *The Female Guide; or Thought on the Education of That Sex, accommodated to the State of Society, Manners, and Government in the United States* (Concord, New Hampshire, 1793, pp. 39-41), cited by Linda K. Kerber, *Women of the Republic: Intellect and Ideology in Revolutionary America* (Chapel Hill: University of North Carolina Press, 1980), p.252.

些美国早期的美丽工艺品时，别忘了只有一小撮有钱有闲的女人才能追求自己的创作欲望。

北方城市的有钱女人通常是 8 点起床，上午忙家事，午后两点吃饭，然后拜访朋友或从事骑马、阅读、音乐等休闲活动。南方的有钱女人时间平均分配在家务事与娱乐上。南方殖民地以好客闻名，不管你是住在城镇或乡下，朋友与亲戚常不告而访，期望女主人招待吃喝住宿。

但多数中下阶层的太太有忙不完的活儿。虽然城里的仆佣价码不高，很多女人还是雇不起，她们自己结婚前便是女仆、厨师或者洗衣妇，婚后还是从事这些属于女人的糊口工作。不少妻子帮丈夫做生意或做手艺，丈夫死了，她们就继承夫业。乡下女人比不上都市女人，住家附近就有商店或市场，生活用品都得自己生产，有忙不完的工作。

有些妻子跟着丈夫迁徙到边远之地寻找较大的土地与机会，却发现自己被寂寞与孤立包围。1778 年，北卡罗来纳州一个巡回法庭的法官写信给妻子，说他借住某对夫妇家，他们的家远离其他人家，年轻的妻子在方圆 18 英里内找不到一个女伴。许多偏远拓荒地的女人写信给亲戚，倾诉自己的不满，哀叹日子艰苦，但也有些女人和当年的移民祖先一样，在逆境里蓬勃发展。

一直到最近，许多历史学者还是喜欢美化殖民时代女人的生活，拿来和 20 世纪的后代子孙做比较。现代女人怎么能抱怨生养孩子很痛苦，她们大多只生两三个，以前的女人一生就是 6—8 个。现代女人有电炉、洗衣机，相较于以前的女人赤手空拳，连肥皂都得自己做，她们怎么还能抱怨家务繁重？早年这些勤奋、虔诚、"任劳任怨"的女人被当作模范，用来对照"腐化"的现代女人，一如罗马帝国的人美化共和时期的罗马女人一样。

但罗马帝国时代的人以及那些专研美国人生平的历史学者，都忘了问问过去的"模范"女人对自己的处境有何看法。他们从来不问这些女人是否快乐。如果我们以政府文件或庙堂的壁缘雕饰来判断一个社会的面貌，那是一回事，因为它们都是男人的创作。如果透过诗、书信、日记、回忆录等女人的主观经验陈述来判断一个社会，那又是另一回事。

我们从报章启事便可发现 18 世纪的美国女人并非全是楷模，这些由丈夫刊登的启事和寻找失马、逃亡奴隶与逃家仆人的启事摆在一起，昭告众人他的妻子"逃离他的家"或者"秘密离家"，印证了社会每个阶层都有的家庭失和。丈夫为何要刊登此类启事？表面上，他是要宣布自己与妻子的未来债务无涉，骨子里，是让妻子颜面尽失。启事里，丈夫可能指控妻子带走不属于她的值钱物品，包括银盘、钱、珠宝，可能指控她是臭名昭彰的淫妇，如下面这则启事：

> 凯瑟琳·崔林，启事刊登者之妻，违反了神圣誓约，极尽丢脸之能事，离开自家住所，与一名叫威廉·科林斯的泥水匠非法同居，昨晚她被人发现躲在这人的床下。她极力掩饰自己的丑行，因此，她备受伤害的丈夫为了讨回公道，有必要警告所有因他之故而信任凯瑟琳的人，因为她的淫乱秽行罪证确凿，所有她积欠的债务，他将不为她偿还。[4]

有时，做妻子的也会反击，捍卫自己的行为，譬如莎拉·坎特韦尔（Sarah Cantwell）刊登的这则启事：

> 约翰·坎特韦尔胆敢厚颜在报纸刊登启事，警告所有人不得与我有金钱往来，他在娶我之前，毫无金钱信用。至于提供妻子吃住，他娶我时根本贫无立锥之地。我不是与人私奔离家，而是躲避他的殴打。[5]

[4]　*Maryland Journal,* January 20, 1774, cited in Julia Cherry Sprull, *Women's Life and Work in the Southern Colonies*, (Chapel Hill: University of North Carolina Press, 1938), p.180.

[5]　*South Carolina Gazette*, July, 12, 1770. Cited in Sprull, Ibid., p.182.

每一则启事背后不为人知的故事，真的可以发展出一个想象力无限的小说。

阿比盖尔·亚当、妻子与爱国者

阿比盖尔·亚当（Abigail Adams）是美国第二任总统约翰·亚当的太太，可能是最为人所知的 18 世纪妻子典范。根据后来出土的珍贵书信，为她写传记的伊蒂丝·盖利斯（Edith Gelles）称她为"模范妻子、模范母亲、模范姊妹、模范女儿、模范朋友，也是美国建国初期的爱国者。"[6] 虽然阿比盖尔的生平故事很特别，她与殖民地女人仍有许多共同处。

阿比盖尔最为人所知的言论之一关乎婚姻的未来。1776 年，她的丈夫是"美国独立宣言"起草委员之一，她写信给丈夫，提醒他"莫忘了女人"，当时，阿比盖尔关切的是配偶关系的一面倒。她在信里写："别让丈夫的权力毫不受限制，切记，男人只要有机会，都会成为暴君。"然后她建议婚姻互动的新模式，丈夫应"自愿放弃'主人'的暴虐头衔，换取较为温柔可爱的'朋友'头衔。"末尾，她为促进女人的幸福提出感人呼吁："将我们视为上天置于你们保护羽翼之下的生物，并仿效造物主，善用你们的力量让我们幸福。"[7]

和现今时代不同，"幸福"在当时还不是评断生活好坏的主要指标，只不过刚刚挤下"虔诚"、"美德"等字眼，成为自我评价的语汇之一，并进入"独立宣言"。这份革命性的宣言载称人人享有"生命权、自由权和追求幸福的权利"。这个天赋人权的观念迅速进入男人

[6]   Edith B. Gelles, "First Thoughts"：*Life and Letters of Abigail Adams* (New York: Twayne Publishers, 1998), p.3. 另见 Gelles, *Portia: The World of Abigail Adams* (Blomington: Indiana University Press, 1992)。

[7]   *The Book of Abigail and John: Selected Letters of the Adams Family 1762–1784,* ed. L.H. Butterfield, Marc Friedlaender and Mary-Jo Kline (Cambridge, Massachusetts, and London: Harvard University Press, 1975). p.121.

与女人的心里。阿比盖尔对"幸福"的想法与长久以来的圣经信仰密不可分，认为男人保护妻子是上天的旨意，就像上帝统治子民一样。阿比盖尔的想法较为激进处在"女人群体的幸福必须受人间法律的保障"。如果法律不限制丈夫对妻子的权力，有些丈夫便会继续制造婚姻不和，让女人活在痛苦中，而不受到惩罚。

当然，阿比盖尔突发的大胆想法与充满煽动性的言语，显然受到当时的革命论述影响。她将"英国暴君"与"暴君丈夫"做巧妙连接。美国臣民正吵着向"英国暴君"争取政治发言权，而习于虐待妻子、妻子又默默承受的"暴君丈夫"呢，阿比盖尔以戏谑的口吻写道："如果女士们得不到该有的注意与关切，我们决心掀起自己的'抗暴'，绝不受女人没有代表性也无发声余地的法律约束我们。"[8]

约翰的回应充满纡尊降贵、等闲视之的口吻。"对于阁下超卓的法律规则，我只能莞尔。"鉴于孩童、学徒、印第安人、黑人等族群纷纷要求独立的蔓延效果，他认为阿比盖尔的信是"仿效其他不满的族群，只是人数与力量远较其他族群为多。"然后他为陈腐的男性宰制找借口，向阿比盖尔保证："'女人独裁'起来，丝毫不逊男人喜爱要'主人威风'呢。"阿比盖尔的严肃要求只换得此种对待。

根据盖利斯的看法，美国建国初期的女人能够如此批评男性权力，"实在了不起"。就像16年后，英国的玛丽·沃斯通克拉夫特（Mary Wollstonecraft）在法国大革命动荡时写了《为女权辩护》（*Vindication of the Rights of Women*），阿比盖尔也认为女人应该从新国家诞生的民主启发中受益。差别在她不像沃斯通克拉夫特般著书立说，而是透过私下的请托，因为她相信透过丈夫这个中间人，她能够影响某些公共政策。

尽管约翰对妻子的请求，反应十分"沙文"，私底下，他的确更像妻子的"朋友"而非"主人"。约翰前往费城、纽约、华盛顿、巴黎、英格兰忙着国家大事，阿比盖尔留守家园时，她曾写过数千封

[8]　Ibid, p.121.

图 4.1　年轻时代的阿比盖尔·亚当，粉蜡笔，本杰明·布莱思（Benjamin Blyth）画，约 1766 年（courtesy of the Massachusetts Historical Society）

信给他，经常称呼他为"最亲爱的朋友"。约翰不在时，阿比盖尔负责照顾马州布兰特里的家园，扛起通常由男人担负的管理与法律责任。独立战争期间，这种例子屡见不鲜。当丈夫加入"美洲军人"[9]（Continental Army）或民兵部队时，许多妻子便要担起"代理丈夫"责任，接手以前男人的工作，替家庭与生意做决策。她们必须独自面对敌军来袭的危险，忍受战争的恐怖——家园毁坏、孩子在混乱中走失、受伤或者被强暴。有时，我军或敌军部队会驻扎在她们的家里，战乱时刻，你无法避免这种不速之客带来的骚扰。她们必须应付粮食短缺、被迫迁移，或者忧心家人得痾疾、水痘。是的，这些女人必须强韧勇敢才能生存。

多数女人不像阿比盖尔拥有这么多资源。首先，她来自富裕家庭。父亲是威廉·史密斯牧师，在马州威茅斯颇具声望；母亲则来自受人敬重的昆西家族。和当时多数新英格兰女孩一样，阿比盖尔不能和同一阶层的男孩一样接受正式教育，而是靠她父亲丰富的藏书自修。1759 年，她初识约翰，年方 15 岁，约翰则是 23 岁，毕业于哈佛，在布兰特里做开业律师。

从现今留存下来、两人恋爱期间的书信，实在看不出约翰会是后来那个以严肃、不苟言笑闻名的美国总统。当时的他顽皮热情，称呼阿比盖尔为"可爱的小姐"，恳求她赏下"许多的吻，而且答应他的请求，9 点之后仍陪伴他许久许久"（1762 年 10 月 4 日）。阿比盖尔则称呼他为"我的朋友"，署名为"戴安娜"（1763 年 8 月 11 日）。当时流行采用古人或神话人物为笔名，阿比盖尔后来自称"波西娅"（Portia）。波西娅是罗马的美德妇人，也是《威尼斯商人》里的机敏法学家。

1763 年，大家已公认约翰是阿比盖尔的未来夫婿，他以温柔口吻称她为"分享我一切喜悦与哀伤的亲爱伴侣"，并期望他可以尽快"因婚姻的温柔牵系，与小姐您连为一体"（1764 年 4 月）。阿比盖尔

[9]　参与独立战争的美洲军人。——译者注

的信不如约翰浪漫热情，但流露自然性情，她在 1764 年 4 月 12 日的信上写："我最亲爱的朋友，我在房里独自一人，我向你保证，简直像修女似的。"约翰比她年长 8 岁，对这位高她一等的男性，她常在信里不自主地流露敬意，有时迹近谦卑逢迎："长久以来，我一直渴望一个朋友，有他为榜样，我的行为将完美无瑕，即便犯了他无法弥补的错误，他也一定以仁慈心原谅我。"

约翰持续赞美阿比盖尔，以及和她一样"善良"、"温柔"、"亲切"的女性（1764 年 4 月 14 日）。他甚至开玩笑列出她的缺点（1764 年 5 月 7 日），这张有趣的缺点单子包括："打牌与学唱时心不在焉"、"走路时脚趾内弯"、"坐时两腿交叉"、"垂着头儿像芦苇"。虽然阿比盖尔说她收到这张单子，"仿佛他人收到列满优点的单子一样，很快活"。却对"两腿交叉"的评论不表赞同，她说："我认为绅士不应评论女士的腿。"（1764 年 5 月 9 日）当时尚未进入维多利亚时代。维多利亚时代的人称人的腿为"下肢"，还谨慎地用布将钢琴腿包起来。

如果这些早年书信表现出符合阿比盖尔的年龄与性别应有的顺从，她也绝非自我压抑，很明显，她与约翰的关系像挚爱的朋友，无拘无束、互敬互爱。的确，这些书信的最大特色便是他们深爱对方、互相敬重，而且伴随着岁月流逝越发明显。结婚前数星期，约翰在信上写道，他深信阿比盖尔会给他的人格带来好影响（这是 18 世纪的典型想法）："你将打磨陶冶我的举止与生活情趣，扬弃我个性里一切不合群与坏天性的粒子，让我有快乐性情，兼具真诚坦率与敏锐洞察。"（1764 年 9 月 30 日）

或许现代读者会觉得这种感情有点过时了。我们还期望配偶对我们发挥道德影响力吗？丈夫与妻子应当互相勉励，成为更好的人，这和现代美国社会汲汲追求的目标并不相符。有多少年轻人会刻意选择为人慷慨、行为端正的人为配偶，以期配偶的美德会让他（她）变得更善良、更有智慧？期待配偶让我们更快乐、更富有、更成功，是的！但是，成为更好的人？

阿比盖尔与约翰对彼此的期望在 50 多年的伴侣式婚姻关系中完全实现。约翰成为新共和国的建国者之一，派驻英国与法国为公使，成为乔治·华盛顿的副总统，而后成为美国第二任总统。毫无疑问，大家觉得阿比盖尔只是"约翰·史密斯夫人"，但是她也曾是独撑大局多年的女人，管理布兰特里的产业，当约翰外放 4 年以及长时间在费城与华盛顿履职、无法履行父职时，她自己一手带大孩子。

当然，约翰与阿比盖尔是罕见的例子，但是他们的故事对我们还是有所启发。首先，这是一则有关挚爱不渝、痛苦分离与坚毅忍耐的故事。阿比盖尔临终之前曾透露，独立战争期间，约翰与她被迫相隔两地，那是她这辈子最痛苦的折磨。独立战争迫使阿比盖尔与她所谓的"我的保护者、我年轻时代的朋友、我的伴侣、也是我选择的丈夫"分离[10]。1818 年，阿比盖尔过世，约翰（比她多活了 8 年）在追悼词里称呼她为"我生命中的伙伴，也是我 54 年来的妻与爱人"。那个时代，"爱人"可用来称呼自己追求的年轻贞洁女子或妻子。

阿比盖尔与约翰象征了 18 世纪婚姻的一切"新"和"好"。虽然父权结构仍盛行于大西洋两岸，但是伴侣式婚姻的新理想已逐渐生根。它移植自英格兰的有产阶级，随着殖民精英漂洋过海到美国，在这块肥沃土地上开花、扩散。伴侣式婚姻代表一个人有权以爱情之名选择配偶，也代表配偶是因爱情、友情、尊重、共同的价值观与兴趣而结合。它代表结婚的两个人与父母的身份是分开来的，而丈夫与妻子的横向关系应该超越父母与子女的纵向关系。早在 17 世纪的荷兰以及 18 世纪的英国、法国、北欧与美国，到处可见以夫妻为主题的双人画，清楚说明了这个婚姻新理想。

伴侣式婚姻遇上美国独立战争

独立战争或许加速了伴侣式婚姻在美国的扩散。虽然性别的尊卑

---

[10]　Gelles, *First Thoughts*, p.171.

并未消失，但是丈夫与妻子应有相同的政治忠诚与公民美德。因此阿
比盖尔并不认为自己的爱国心逊于丈夫，虽然他献身于公共领域，而
她只是待在家中。她代替丈夫留守家园执行任务，也是有益家国的必
要牺牲。

　　18 世纪 60 年代末以前，美国殖民地的人并不认为女人应当与闻
政治事务。但是伴随着不满母国的声浪越来越高张，女人开始频繁参
与政治讨论。1777 年 7 月 13 日，费城女诗人汉娜·格里菲特（Hannah

图 4.2　最高法院首席法官奥利佛·埃尔斯沃斯（Oliver Ellsworth）与其妻，罗夫·艾尔
（Ralph Earl, 1751—1801）绘。埃尔斯沃斯是美国联邦法庭制度的起草人之一，画中，
他与生下 8 名孩子的妻子共同现身，埃尔斯沃斯的手放在象征成就的文稿上，窗外背
景是他的乡间产业，自在的穿着与舒适的地位正足以代表 18 世纪的贵族。他的妻子
头戴巨大的棉布帽子，全身包裹得密不透风，显得僵硬而拘束（Wadsworth Atheneum,
Hartford, Connecticut）

Griffitts）在写给安东尼·韦恩（Anthony Wayne）将军的信中，表达了这种女性新意识："曾有一段时间，我对政治一无想法，一如我不妄想夺得王权。现在情况改变了，我相信所有女人都渴望熟知有关她国家的一切。"[11] 1776年，塞缪尔·亚当（Samuel Adams）在给妻子贝丝的信中提及了军队与政治的最新动向，虽然他也承认"我很少写信和你谈战争与政治的事"。4年后，他笔下更无防御心："我想不出有什么理由，一个男人不能和妻子谈论他的政治想法。"[12]

独立战争期间，美国妻子和丈夫一样积极涉入政治的动荡。她们阅读报纸与传单，不与军事行动脱节，并和男人、女人讨论政治。诚如历史学者诺顿所言，女性在政治意识与政治投入上的改变"非常惊人"。

波士顿的女人活跃参与革命行动。虽然她们无法直接参与政府（无法担任公职，也无投票权），但她们还是设法挤入政治场域。在1776年革命爆发前10年，女人不是旁观者，而是暴动与抵制的参与者，在"波士顿大屠杀"、"波士顿倾茶事件"与"波士顿围城"等历史事件里，她们也是军事支持者。

她们是成功抵制英国进口货的关键。早在1767年，一群女人便呼吁不要丝带与其他进口纺织品。为了让抵制成功，她们必须自制纺织品，尤其是城市地区，因为那里的女人习惯购买进口布料。纺纱集会变成女性爱国情操的象征，毛料售出后，得款捐给慈善机构。

1770年，集体行动终于因为抵制英国茶叶而集结起来。根据那年2月的《波士顿晚邮报》报道，"300多位家庭主妇，其中多数是上等人家、颇具影响力的太太"联署了一份请愿书，呼吁大家不要买英国茶叶。早在"波士顿倾茶事件"爆发数年前，已婚妇女即利用身为家中女主人的力量，对英国施加消费者压力。1773年12月的"波

[11]　Cited by Pattie Cowell, *Women Poets in Pre-Revolutionary America, 1650–1775, An Anthology* (Troy, New York: The Whitston Publishing Company, 1981), p.55.

[12]　Norton, *Liberty Daughters,* p.171.

士顿倾茶事件"里，男人冲上3艘英国船，将整箱整箱的茶叶倒入
港口。

倾茶事件不久，英国封闭了波士顿港，实施军事戒严，女人加入
男性抗暴阵营，阻止英国士兵搜索武器等行动。1775年4月，独立
战争在邻近的列克星敦（Lexington）爆发，波士顿沦陷，爱国女性与
她们的家人成群逃离波士顿，留下亲英分子。

1775年被迫舍弃波士顿家园的女人得到全马州爱国女性的支持。
阿比盖尔竭尽所能照顾蜂拥至布兰特里的流亡者，她一位精通文墨
的朋友梅西·奥蒂斯·沃伦（Mercy Otis Warren）从普利茅斯的自宅
不断写信、投书与发表剧作，鼓励其他女人有爱国思想、做个爱国
志士。

如果说波士顿孕育了第一批有政治新意识的女人，它绝不是最后
一个。康涅狄格州的妻子便勇敢挑战囤积货品哄抬价格的商人。东哈
特福的22位女性要求进入某位商人的家，搜出窖藏的糖，她们用自
己带来的秤称重，付了她们认为合理的价格，远低于那位商人妻子开
价的一磅4元。

费城的女人甚至在1780年成立了一个纯女性的组织支持战事。
由伊瑟·杜博特·里德（Esther deBerdt Reed）撰写的传单建议爱国女
性摒弃豪华衣裳与配饰，将存款捐给革命军队。这项"女士奉献"的
建议广受欢迎，3天后，36位费城女性建议殖民地每一个郡的女人组
织起来，由每州的总督夫人做领导，将募得的捐款送交马莎·华盛顿，
由她统筹分配给军队。虽然统筹的荣誉归诸男性官员的妻子，但捐款
来自所有女性。

费城的组织者将全城分为十区，每区由两位女性联袂地毯式募
款。著名的募款者包括宾州法院院长之妻莎莉·麦基恩，还有本杰
明·拉什（Benjamin Rush）的妻子朱丽亚·史托肯顿·拉什，以及罗
伯特·摩里斯（Robert Morris）夫人（拉什与摩里斯均是"独立宣言"
的签署者）。这些夫人并不认为向各个阶层的女人（包括女仆）募款
有辱身份，不到一个月，她们便向1600人募集了30万美洲元（因为

纸币通货膨胀，如果换算成钱币，约莫为 75000 美元）。

同一个月，各地的报纸均刊载了里德的要求。新泽西州、马里兰州、弗吉尼亚州的女性纷纷加入"女士协会"（Ladies' Association），筹组类似的募款活动，筹募的款项用来买布，为士兵裁制了 2000 件衬衫。当乔治·华盛顿赞美她们展现"女性的爱国心"，许多妻子也开始觉得自己是男人的战争伙伴。

亲英分子的妻子便没有那么兴奋的经验。她们受到爱国邻居的口头甚至身体攻击。1775 年，某位马州妻子表达自己的政治立场，依某位英国指挥官的名字为自己的新生儿命名，一群女人愤而攻击她的房子，只差没把这对母子黏上柏油与羽毛。独立战争将女人分为两个阵营，友谊破裂势不可免。就连配偶都可能因政治理念不同而婚姻失和。富有的费城女士伊丽莎白·格雷姆（Elizabeth Graeme）便与苏格兰籍丈夫亨利·弗格森离异，费城政府还是以她的丈夫效忠英国王室为由，没收了她的财产。

另一个社会地位崇高的亲英分子妻子格蕾丝·格罗登·加勒韦（Grace Growden Galloway），在丈夫与女儿逃往英军占领的纽约后，独自留守费城。为了与丈夫脱钩，并保护富有的父亲遗留给她的庞大产业，以便留给女儿，她走上司法途径，但是没用。她含恨发现父亲的遗产文件上只记载她丈夫的名字，最后，她失去费城的庄园以及所有家族财产，在 1781 年过世。

有些亲英分子的妻子支持英军战事，她们携带文件穿越战线给英军，充当间谍，协助英国战犯。毫无疑问，她们多数人只是为了求存与保全家人的性命。和爱国女性一样，多数亲英分子的妻子与母亲把家人放在第一位。就这点，她们可能和海伦娜·科莱特·布拉舍（Helena Kortwirght Brasher）的立场一样，虽然对独立战争充满同情，却谴责丈夫所谓的"国家第一、家庭第二"。[13]

[13]　Carol Berkin, *First Generations: Women in Colonial America* (New York: Hill and Wang, 1996), p.176.

共和党与保皇党：法国观点

美国独立战争 10 年后，轮到法国体验血腥动乱。这是共和党对抗保皇党、穷人对抗富人、"平民"对抗贵族的冲突。两个阵营的妻子（尤其是贵族）都目睹丈夫被推上断头台，有时，她们也会失去项上人头。期间，男人为了保卫革命而与他国作战，失去了性命，数千个家庭必须由寡妇当家。

法国大革命之前，上流人家（富有的资产阶级与贵族）的妻子过着与丈夫几乎毫不相干的生活。她们的婚事多半由父母安排，奠基于金钱、阶级、家族名望，大家并不期待结婚的两个人有亲密的情感或共通的兴趣。事实上，贵族阶层的夫妻如果形迹过于亲密，反而被认为不够时髦。如果已婚男人性好渔色（哪个有自尊心的法国男人不是如此！），他会找个情妇。如果他的妻子也有此种倾向，而丈夫愿意睁一只眼闭一只眼，她也可以找个情人，不必担心丢脸。

一小部分上等人家的妻子献身文化与知识追求。不少文学沙龙是由已婚女性主持（不管她们的丈夫有没有参与），其中最有名的女性导师是谢特雷夫人（Madame du Châtelet），她翻译牛顿的作品，足以和同时代的伟大学者并驾齐驱。戴波娜夫人（Madame d'Epinay）则是另一位博学之士，以卖弄学问的书写闻名。虽说一般人提起这两位太太，会先想起她们有名的情人——伏尔泰与格林，其次才是她们的丈夫。这说明了美国社会与法国社会的绝大差异。

18 世纪末期，法国大革命即将爆发，某些妻子积极参与丈夫的事业，譬如孔多塞夫人（Madame Condorcet）、罗兰夫人（Madame Roland）、拉瓦锡夫人（Madame Lavoisier）。在雅克·路易·戴维（Jacques Louis David）于 1788 年所绘、著名的拉瓦锡夫妇画里，化学家安东·洛朗·拉瓦锡（Antoine Laurent Lavoisier）坐在书桌前，手上拿着一支笔，眼睛望着妻子的美丽脸庞，拉瓦锡的妻子玛丽·安妮则瞪视着画框外的观者。这幅相当了不起的画有别于许多夫妇画都是妻子深情望着丈夫，而丈夫转头看着画框外的世界。拉瓦锡夫妇画诉说伴侣式婚姻标举互敬互爱的新理想。

　　拉瓦锡不只在妻子身上寻找爱，也寻找灵感。是她的脸庞鼓励他
振笔疾书写下留名青史的科学著作。玛丽·安妮自己则是颇有成就的
画家，为了丈夫的科学研究，以自己的艺术为丈夫的科学研究服务，
成为拉瓦锡的助手、缪斯，留名后世。从拉瓦锡的朋友让·方斯华·迪

图 4.3　安东·洛朗·拉瓦锡（1743—1794）与其妻玛丽·安妮·皮埃雷德·波尔
兹（Mary Anne Pierrette Paulze，1758—1836），雅克·路易·戴维（1748—
1825）画。拉瓦锡是现代化学之父，正凝视妻子寻求灵感（Metropolitan
Museum of Art, New York）

西（Jean François Ducis）所写的这首诗，我们便能清楚窥知：

> 既是妻子又是表妹
> 充满爱与愉悦
> 让拉瓦锡臣服于你的法律
> 你扮演了两个角色
> 既是缪斯也是秘书

许多妻子都是丈夫的缪斯兼秘书。1794 年，拉瓦锡被拉上断头台，英年早逝，他的未亡人继续为他的作品画插图，将之付梓。玛丽·安妮就算不是与丈夫旗鼓相当的灵性伴侣，也是"伟人"背后的帮手妻子，这也是 18 世纪不少精英妻子开始扮演的杰出角色。

尽管法国上流阶层的某些妻子与丈夫地位平等，但是大革命时期的法国和独立战争年代的美国一样，依然认为男女有别，女人不如男人。卢梭与他的追随者鼓吹的性别歧视意识形态，将女人界定为只宜待在家里的造物，唯丈夫之命是从，并应排除在公共领域之外。尽管早在大革命之前便有人倡议男女平等，并在 1789—1793 年甚嚣尘上，但是性别歧视的观念依然盛行于共和政治。相较于美国女人，18 世纪的法国女人更积极发声争取自身权利，根据历史学者卡伦·奥芬（Karen Offen）在《1700—1950 年的欧洲女性主义》（*European Feminism, 1700—1950*）一书中提出的丰富数据显示，当时也有一些同情女性的男人为她们说话。譬如著名的数学家暨哲学家孔多塞侯爵早在 1787 年便抗议法律让已婚女性处于从属地位，他并于大革命初期在国民议会发言，主张"配偶间恒久的平等关系"[14]，甚至倡言有财产的女人也应该有公民资格。结果，不管已婚、未婚、守寡、有财

[14]   Karen Offen, *European Feminisms, 1700–1950* (Stanford: Stanford University Press, 2000), pp.27–68. 另见 *Women, the Family, and Freedom: The Debate in Documents*, ed. Susan Groag Bell and Karen M. Offen, vol, 1. 1750–1880 (Stanford: Stanford University Press, 1983), pp.97–109。

产或无财产的女人，都未被列入 1789 年发布的 "人权与公民权宣言"（The Declaration of the Rights of Man and the Citizen）里。1791 年，剧作家、传单作者奥兰普·德·古热（Olympe de Gouges）写出颠覆性的 "女权与女公民权宣言"（Declaration of the Rights of Women and the Female Citizen），而后又有许多人向国民议会请愿要求女权，却全遭激进的共和党人轻蔑驳回。1791 年制定法国宪法的那些人 "有效地将女人排除在公民新阶层之外"，只要求她们扮演妻子与母亲的角色[15]。如果一个妻子能够影响丈夫的政治决定，也最好不要让左邻右舍知道。

罗兰夫人便是一例。许多人誉称她为法国大革命时 "最高贵的女人"，唯有她和玛丽·安托瓦内特（Marie Antoinette）[16] 对法国政治的影响力不容否定。1791—1793 年法国大革命最动荡的两年，玛丽－珍·菲利普·罗兰（Mary-Jeanne Phlipon Roland）是丈夫担任公职的左右手。人前，她细心扮演传统的妻子角色，毫不专断，也不是她丈夫的政敌后来所诽谤的凶恶贪婪女人。根据她 1793 年在监狱撰写的回忆录，她记得家中常举行激进的左派众议员政治聚会：

我知道女人该扮演的角色，也绝不会放弃。这些聚会当着我的面召开，却从未让我参与。他们秘密会商，我则在旁边的桌上写信。就算我一口气写了十封信（有时真是如此），也没漏掉他们说的每一句话。有时我真得紧咬嘴唇，才能压抑我想说的话。[17]

这个阶段，虽然罗兰尚未成为众人瞩目焦点，罗兰夫人便已经小

[15]　Karen Offen, "Was Mary Wollstonecraft a Feminist? A Contextual Re-reading of A Vindication of the Rights of Woman, 1792-1992," in *Quilting a New Canon: Stitching Women's Words*, ed. Uma Parameswaran (Tornoto: Sister Vision, Black Women and Women of Colours Press, 1996), p.16.

[16]　法王路易十六的妻子。——译者注

[17]　Marilyn Yalom, *Blood Sisters: the French Revolution in Women's Memory* (New York: Basic Books, 1993), p.93. 罗兰夫人较完整的生平故事，详见 pp.75-96。

心隐藏她对政治的高度兴趣，以及她在推动丈夫事业上所扮演的角色。一年后，上面有意任命罗兰为内政部长，众议员毕希索前来找罗兰夫人，希望借重她对丈夫的影响力。根据罗兰夫人所言："一晚，毕希索来找我……想知道罗兰是否同意接下重任；我回答……以他的热情与活动力，绝不会婉拒政府这样培养他。"[18] 罗兰夫人当时的密友苏菲·格朗尚（Sophie Grandchamp）后来说，罗兰夫人比丈夫更渴望政治权力。

一旦罗兰就任公职，罗兰夫人便津津有味扮演部长夫人角色。她每周招待宾客两次，一次是丈夫的同事，另一次是商界与政界的闻人。她的宴会并不豪华奢侈，因为那会触犯共和理念。

幕后，罗兰夫人则扮演了积极的伙伴角色。罗兰主持的"舆情处"（Office of Public Opinion），她是幕后推动主力，也是该单位许多出版品的作者。她解释自己如何以文字来诠释罗兰的思想：

> 如果那是传阅的函件、指示命令或重要的公开文件，基于我们的相互信任，我们会详加讨论。他孕育出来的想法再加上我的增补，然后我提笔将它们书写出来。谈到提笔为文，我可是比他有经验得多。因为我们想法与原则一致，因此同意此一形式，而我的丈夫也不担心透过我手布达他的计划。[19]

但是不久，罗兰与国王（仍是名义上的统治者）的不和便日益明显，被迫辞去内政部长一职。依据罗兰夫人的说法，他的辞职信是两人的共同创作（"我们共同起草了那封著名的致国王书"），还广为印制散发给全国老百姓。

到头来，摧毁罗兰夫妇的不是王室而是激进左翼。1792 年 8 月，

[18] Mme Roland, *Mémoires de Mme Roland*, ed. Paul de Roux (Paris: Mercure de France, 1986), p.65.

[19] Ibid, pp.93, 155.

王室成员被监禁后，罗兰再度被任命为内政部长与众议员，但是他们夫妇的政治温和立场不见容于丹东（Danton）、马拉（Marat）与罗伯斯庇尔（Robespierre）。1792 年 9 月 25 日，丹东在国民议会质疑罗兰的任命，他说："如果你们打算邀请罗兰入阁，罗兰夫人也得一起来，因为众所周知，罗兰可不是一个人做部长，和我不一样。"[20] 丹东知道如何毁谤对手，想想 18 世纪的人如何畏惧女人干政，懂得与妻子共享政治权力的政治家只会成为笑柄。看看以前的人如何限制女人干政，我们便会记起克林顿担任总统之初，希拉里在健保政策的参与如何引起反感，她被迫放弃惹人注目的政策决定者角色，而后成为大受欢迎的妻子，因为她在丈夫最悲惨的时刻，"坚定支持她的男人"。

　　1793 年，罗伯斯庇尔整肃包括罗兰在内的一大批众议员，罗兰夫人被牵连下狱。罗兰避难乡下，罗兰夫人留守家园对抗丈夫的政敌，不相信他们会歼灭"区区一名妻子"。在她系狱 5 个月期间，她撰写回忆录，成为法国大革命最著名的目击记录。她在 1793 年 11 月被定罪处决，她的丈夫仍然躲在乡下，随后自裁。

　　法国大革命期间，做个"区区妻子"不保证能逃过一劫，不管她们的丈夫是献身新政府的共和党员，还是效忠王室的保皇党贵族。伊丽莎白·勒巴（Elisabeth Le Bas）、玛丽－维克多·德·拉威如埃特（Marie-Victoire de la Villirouët）、艾莉莎·弗格瑞特·德·曼维勒（Elisa Fougeret de Ménerville）的故事，显示法国大革命迫使许多已婚女性变成她们原先想都没想过的女英雄。

　　伊丽莎白·杜普利初识菲利普·勒巴时，年方二十。勒巴是国民议会的众议员，也是罗伯斯庇尔的朋友，罗伯斯庇尔当时借住伊丽莎白父亲家。伊丽莎白曾和罗伯斯庇尔的妹妹夏洛特一起参观国民议会，观察公开演讲，对勒巴一见倾心。他们互有好感，几个月后，勒巴向伊丽莎白求婚，但要先测验她是否具有坚强的共和理念。他想确定伊丽莎白会做个好妻子，舍弃轻浮的兴趣，愿意亲自哺乳小孩，才

[20]　C.A. Dauban, *Etude sur Madame Roland et son temps* (Paris: Henri Plon, 1864), p.CL.

向伊丽莎白家人提亲。由于伊丽莎白的双亲都是坚定的共和党人，勒巴认为他们会乐于有他这样一位女婿。更重要的，他比伊丽莎白年长10岁、地位崇高、学养丰富。伊丽莎白的母亲倒是犹豫了一番，毕竟伊丽莎白是最小的女儿，上面还有姐姐未出嫁呢。最后，她和丈夫还是同意了这门婚事。

婚期定了，伊丽莎白有20天时间准备嫁妆。她的父亲有许多房子，拨出一栋给他们做新房。这时，国家政治介入了。勒巴奉派一项特殊任务，当天便必须舍未婚妻而去。不顾好友罗伯斯庇尔的严肃训诫，伊丽莎白郁郁不乐，说"她不想再做个爱国者了"[21]。但是她对勒巴的需求不敌国家的需要。最后，透过罗伯斯庇尔的帮忙，设法让勒巴返家，匆匆完婚。数个月后，伊丽莎白怀孕了。

政治灾难腰斩了这对忠诚共和党信徒的爱情。罗伯斯庇尔在"热月政变"（1794年7月27日）中被推翻，勒巴也被处死。伊丽莎白后来写信说自己"错乱，迹近疯狂"，虽然孩子仍在襁褓，她却在地上足足躺了两天。因为她是勒巴的妻子，也是勒巴孩子的母亲，她和孩子一起被关进塔拉鲁监狱。她回忆："我身为人母才5星期，尚在奶儿子；我还不到21岁，却被剥夺了一切。"

伊丽莎白与儿子被监禁9个月，每天晚上，她都到天井的水槽洗尿片，将它们夹在床垫中晾干。她拒绝狱警与政府代表的提议，他们要她改嫁另一个众议员，舍弃不光彩的勒巴姓氏。但是她拒绝放弃夫姓，出狱后，她也终身冠夫姓。她与勒巴1年婚姻的回忆支持着她度过65年的寡妇生涯，终其一生，她都相信勒巴，也相信勒巴为之殉死的革命理念。

罗兰夫人与勒巴夫人的故事显示共和党人的妻子可能深深涉入丈夫的事业，也会因为丈夫的政治活动而获罪。贵族女性的下场则更悲

[21]   Elisabeth Le Bas, "Manuscrit de Mme Le Bas," in *Autour de Robespierre, Le Conventionnel Le Bas*, ed. Stefant-Paul (pseudonym of Paul Coutant) (Paris: Flmmarion,. 1901), p.127. 此段与后面有关勒巴夫人的话语，取自 Yalom, *Blood Sitsters*, chapter 7。

惨，常常被囚禁，或者因出身背景而被送上断头台。贵族妻子的处境往往差异极大，影响因素很多，视她们所住的地域而定，也要看她们的家族和地方百姓的关系如何（这牵涉到他们愿不愿意给予保护），有时，还要看她们的丈夫在不在家。如果丈夫跑到国外加入反革命军（甚或只是保命），留下妻子照顾家庭与产业，这时，做妻子的命运常是不确定的。她可能因贵族身份被关，或者涉嫌非法与流亡海外的丈夫联络而锒铛入狱。

玛丽－维克多·德·隆毕利的例子便符合上述许多状况。她是威如埃特伯爵的太太，出生于布列敦，身高仅 1.4 米，年方 26 岁。1793 年 10 月，她因"曾是贵族，丈夫与兄长都逃亡海外"而被捕。入狱时，她与丈夫已经分居 20 个月，后者离开法国加入德国与苏格兰低地的反革命军。去国前，他赋予妻子管理家产的法律权力，并合法监护他们的 3 个年幼孩子，其中一个在他离后 6 星期才诞生。

入狱前，威如埃特夫人与 3 个孩子、年老姑妈住在一起。1793 年 6 月 2 日，罗伯斯庇尔宣布流亡海外者的妻子、父亲、母亲、孩子、兄弟姊妹都是"嫌疑犯"，威如埃特夫人遂被捕入狱。

威如埃特夫人和其他犯人最大的不同在她不愿默默等待革命过去。她从寒冷、潮湿、没有暖气的牢房不断写信给地方代表与国民议会代表，抗议自己的被捕，也抗议囚犯的生活环境恶劣。1794 年 10 月，在她被捕一年后，她写信从法律观点一一驳斥她的罪名。谈到"曾是一个贵族"的指控，她说："一个人无法选择自己的出身。"至于"流亡者妻子"，她说："从 1792 年 7 月起，我便失去丈夫的音讯……基于各种理由，我相信他已经死了。"

但是，她最令人讶异的辩护理由是"妻子不应因丈夫的行动而受审"。她说："就算他真是个流亡者，这就构成我该为他的行为负责的理由吗？有史以来，不管走到哪里，法律都规定丈夫乃一家之主，事实也是如此，所以，你们不该因丈夫的行为而起诉妻子。"我们很少看到一个妻子如此理直气壮，从法律面与道德面与丈夫脱钩，宣称自己不应因丈夫而受罚。威如埃特夫人雪片般的书信攻势终于奏效，

1795 年 1 月，她与同伙囚犯都被释放。

　　法国大革命迫使成千上万的法国妻子执行男性的权力、主动出击。威如埃特夫人和罗兰夫人一样，知道"女作家"角色惹人非议讪笑，却果断运用一支笔拯救自己以及处境相同者。

　　四年后，威如埃特夫人被迫超越写作。这时，她与更名换姓的丈夫秘密居住在巴黎。当她的丈夫因"曾是流亡者"被捕，可能被判死刑，她决定以丈夫辩护律师的身份出庭。当然，威如埃特夫人并未受过律师训练，也不确定法庭是否允许她为丈夫辩护。但是她极具说服力，终于获准代表丈夫出庭，成功说服 7 位"衣冠楚楚、留着胡髭、佩戴军刀"的法官释放她的丈夫。她在写给子孙的回忆录里回忆那段 42 分钟的庭上答辩，显示她不仅能用充满说服力的法律语言驳斥丈夫的罪名，更知道如何打动这些"为人父、为人夫"的法官。演讲结束时，押解威如埃特伯爵的警卫并未阻止他趋前亲吻老婆，法官也只讨论了 30 分钟，便释放了威如埃特伯爵。妻子挺身在法庭为丈夫辩护是个创举，威如埃特夫人显然充分利用了这个事件的新鲜性与悲怆性。

　　另一个因大革命而被迫采取意外之举的女人是曼维勒夫人。她出生于一个颇有势力的治安官家庭，和同阶级的女性一样，她欣然接受父母之命，在 18 岁时嫁给一个比她年长 13 岁、颇具家产与声望的男人。依照双方的约定，婚后头 5 年他们必须住在娘家，曼维勒夫人颇喜欢这样的安排。但是 5 年尚未期满，为了躲避大革命，她与丈夫、两名幼子便于 1791 年 10 月与一群流亡者逃离法国。

　　他们在比利时、荷兰找到暂时落脚处，后来定居英国。每一次迁移，祖国传来的消息都每下愈况——她的母亲与姊妹被关，父亲被砍头。她与丈夫离家越远，手头便越拮据。当他们到了伦敦，这位当年出嫁时坐着镀金马车、佩戴美丽钻石的贵妇沦落成女工。许多流亡者妻子是家中唯一的经济来源，曼维勒夫人也追随她们的榜样。据她说："我替城里一位商人画扇面，他将这些扇子卖到葡萄牙。我还替另一个商人做精工刺绣，他将这些刺绣卖到俄罗斯。我教法语……我还做刺绣衣裳，这是收入最好的工作。"[22] 多数上流阶层男人觉得在异国无法赚钱，他们的妻子则有弹性得多。她们未受过军事或法律训练，只知道缝纫、烹饪，并对艺术略有涉猎，这些技术足以糊口。不管大革命摧毁了她们什么希望，某些妻子自傲于能够养家糊口。

　　从法国大革命开始到拿破仑崛起的 10 年间（1789—1799），法国女人培养了前所未有的政治意识。曼维勒这样的贵族太太或许宁可不要这样的政治意识，只希望能回到从前的日子，让她们的父亲或丈夫来包办政治思考。但是法国大革命将她们逼到一个必须独自思考、独自行动的处境。政府并无女性代表可以为她们发声，但是她们找到许多方法和这个排除她们的体系周旋交涉。不管她们在政治上效忠谁，是共和党人还是保皇党，家人的生存永远是她们第一考虑（罗兰夫人或许是唯一例外）。

新偶像：共和母亲与妈妈老师

　　在大革命的动荡平息后，"自由、平等、博爱"的口号对已婚女人有何影响？女人的新政治意识与爱国心为她们带来任何立即的好处吗？答案是"没有"。革命为美国与法国妻子的生活带来大灾难，女性群体却未能自革命获利。她们的丈夫成为公民，她们却依然只是"某某的妻子"。

　　美国并未通过任何符合阿比盖尔心愿的法律，保护妻子免受暴君丈夫凌虐。美国虽摆脱了英国的严酷统治，却未通过新的法律体系以取代英国的不成文法：妻子还是有义务服从丈夫，丈夫的身份还是涵盖或淹没她的身份。

　　至于法国，已婚妇人的处境反而还更恶化。1789 年大革命初期的进步精神被恐怖统治的血腥冲刷殆尽。拿破仑执政时代在 1804 年通过的民法碾碎了先前有关夫妻平权的一切努力，基本上，它复辟并

[22]　Madame de Ménerville, *Souvenirs d'Émigration* (Paris: P. Roger, 1934), p.170.

强化了原有的不平等，妻子还是受丈夫监管，必须绝对服从丈夫，以换取丈夫的保护。多数女人都受"财产共有法"钳制，根据此法，妻子不得买卖或管理自己的财产，也不得保有自己的收入。丈夫全权管理妻子以及他自己的产业。

在大革命初期大声疾呼、满怀希望的女性主义者到了拿破仑时代，开始明哲保身、保持沉默。法国皇帝无法容忍杰出的女人，令人难以轻视的斯达尔夫人[23]（Madame de Staël）遂被迫流亡。沃斯通克拉夫特在1792年写就的《为女权辩护》，呼吁让年轻女孩受教育，她们才不会臣服于"奴隶式婚姻"，现在这本书在作者的母国英国或者法国、美国，都没有人阅读了。

诚如历史学者琳达·凯尔贝（Linda Kerber）所言，这段时间的"共和的母职精神"（republican motherhood）要求，企图为女人和城邦国家建立一种新关系。为了共和理想，美国与法国的女人都被命令应该亲自哺育小孩、扛起小孩的公民教育责任，为女人的家务责任增添了政治色彩。由于女孩都在家受教育（如果她们有接受教育的话），男孩在入学前也由母亲教导，孩子的识字、宗教虔诚心与爱国心的发展全部是母亲的责任。法国政府仿照天主教教义问答书形式写就"爱国课本"，发放给母亲，用来促进共和美德。《好母亲与她的孩子》（*The Good Mother and Her Children*）开宗明义便是孩子提问："母亲，我们常听人提及共和，告诉我们有关共和的事。"母亲回答："孩子们，共和国就是建立在人人平等的政府……"诸如此类。[24]

早在学校教育盛行前，法国与美国都靠母亲灌注下一代（尤其是儿子）有关国家和谐不可或缺的社会美德。共和母亲（或者法国人所谓的"妈妈老师"）带来的稳定作用，为下个世纪某些大胆的法国、美国女性铺设跳板，让她们一头栽进社会与政治运动。

[23] 法国小说家与批评家，因《德意志论》一书赞美德国文化，激怒拿破仑，遭到流放。——译者注
[24] Elke Harten and Hans-Christian Harten, *Femmes, Culture, et Révolution* (Paris: des femmes, 1989), pp.561–562.

图 4.4 法国母亲朗诵《人权与公民权宣言》给儿子听。尼凯特·勒·热纳（Niquet le Jeune）的木版画，1789 年（Musée Carnavalet, Paris）

如果我们用另一个角度来看"共和的母职精神"，就会发现它是一种倒退（这也是盖利斯评论独立战争期间美国女性处境的论点）。利用这个口号将女性排除在公共领域之外，让她们无法发挥革命期间习得的新技巧。本质上，不管母职如何与共和美德的理想相连，它仍是一种"居家行业"。就像古希腊的女性，法国、美国的母亲充其量只是"消极"的公民，其作用在灌注公民精神给她们的儿子。"积极"的公民仍是男性专属权利，直到 20 世纪为止。

为国家培养公民的母职精神只是一种规范式的理想，和真实的女性生活并无多大关系。有多少美国、法国女性认为自己的首要责任是教育未来的公民？顶多一小撮人。就算女性试图将自己的母职角色概念化，多数女人也是将它放在"家庭"的概念脉络里，而非"国家"。

革命或战争过后，经常会出现"教养下一代"的口号，那往往是男人用来肯定战争流血的噩梦已经过去。如果我们援用颇受欢迎的心理学概念俏皮调侃此一现象，我们可以说共和母职的概念是一种退化形式，用以满足男人的自我。我不认为它是一种刻意的阴谋，要将女人局限在母职与家务的范畴，但结果是一样的。不管你是共和党人或其他，只要你是妻子与母亲，你的角色就是留在家中，把公共领域留给男人。

但是欧洲倒是有一个伟大的艺术作品，捕捉并保留了妻子扮演的勇敢积极政治角色，那就是贝多芬的歌剧《费德里奥》（*Fidelio*）。"费德里奥"在1805年首演，受到法国大革命的启发，以及贝多芬对女性的崇高想法，剧中的真正英雄是女主角列奥诺拉（Leonore），而非她的丈夫佛罗斯坦。列奥诺拉才是拯救者，深入监狱，从残暴的逮捕者手中救出饱受折磨的配偶。歌剧结尾的高潮句子"噢！天！多么伟大的时刻！"弥漫着胜利气息，胜过贝多芬更广为人知的"快乐颂"。就《费德里奥》这个例子而言，胜利共鸣更是属于妻子的。

第五章

维多利亚时期大西洋两岸的妻子

现代西方婚姻约莫兴起于美国独立革命到 1830 年间。在那 50 年里，爱情变成选择配偶的第一要件，在这之前，相爱结合的婚姻也存在，只不过现在它变成普遍理想，甚至成为常态。

最棒的家庭小仙女

莫过妻子

她的金发

垂落于丈夫的椅背

他的小妇人

——西奥·吉福特（Theo Gift），《小妇人》

（ *Little Woman* ）[1]

她胜任丈夫的需求

放下生命中的趣事

扛起妻子与母亲的

荣耀工作

——埃米莉·狄金森（Emily Dickinson），

《妻子》（ *The Wife* ），约 1863 年

"所谓的合法妻室不过比奴隶略高一等。"

——露西·史东（Lucy Stone）[2] 致安东尼特·布朗·布莱克威尔

（ Antoinette Brown Blackwell ）书信，1850 年 6 月 9 日

---

[1]　Theo Gift citation from "Little Woman" *Cassells Magazine*, 1873, vol.7. (new series), p.240. Cited by Judith Rowbotham, *Good Girls Make Good Wives* (Oxford: Basil Blackwell Ltd, 1989), p.11.

[2]　露西·史东 (1818—1893) 是美国的女性主义与解放黑奴的先锋。安东尼特·布朗·布莱克威尔则是她在 Oberlin College 的同学、密友，后来成为妯娌。安东尼特·布朗·布莱克威尔也是美国第一位受教会任命的女牧师。——译者注

"我试过结婚这档子事，决心不再试。"

——伊丽莎·霍尔曼（Eliza Holman），结过三次婚的解放奴隶 [3]

多数历史社会学者同意现代西方婚姻约莫兴起于美国独立革命到 1830 年间。在那 50 年里，爱情变成选择配偶的第一要件，虽然财产、身家、社会地位依然扮演重要角色。1820 年，年轻的美国女孩伊丽莎·查普林（Eliza Chaplin）在给朋友的信中便表达了那个时代人的信条："如非我心所属，我不会答应求婚。" [4] 许多父母（尤其是美国）都接受了子女依自己的喜爱选择配偶、父母最多只有否决权的事实。在这之前，相爱结合的婚姻也存在，只不过现在它变成普遍理想，甚至成为常态。

不少人提出理论分析此一决定性转变如何产生。它是伴侣式婚姻理想的自然演变？因为在这之前，美国、英国、北欧地区受过启蒙教育的中产阶级便盛行伴侣式婚姻。它是革命的普及精神让孩子脱离父母的监督保护，得以追求更独立的选择？它是理性时代的反挫，让浪漫主义的热情洪流冲进情诗与小说的读者中？还是它是英美新教徒的基督徒精神复苏，坚信"天赐良缘"并不亚于"神圣的爱"，并散播此一理念？它是工业化萌芽的结果，让许多年轻女人离开家庭，进入磨坊与工厂，得以脱离父母的监控？不管理由为何，年轻人与父母之间越来越平等，爱情至上的婚姻信念在 19 世纪也越来越稳固。

本章将探索浪漫之爱的理想在英美两地如何与现实面融合。不管是正在考虑踏入婚姻或已为人妻者所留下的书信、日记、回忆录，或者男人与女人写作的煽情诗歌与浪漫小说，以及自命专家者所提供的理性建言，都透露出现实与理想渴望这两股力量在婚姻结合上的交互

---

[3] Eliza Holman citation from *The American Slave: A Composite Autobiography*, ed. George P. Rawick, (Westport, Connecticut: Greenwood Press, 1972), vol. 4, part 2, p.150.

[4] Eliza (Chaplin) Nelson Letters 1819–1869. Essex Institute Library. Salem, Massachusetts. Cited by Mirra Bank, *Anonymous Was a Woman* (New York: St. Martin's Press, 1979), p.50.

运作。尽管地理区域、社会阶级、种族、民族与宗教的差异，主宰中产阶级的相爱结合式婚姻已经逐渐浮现，而后盛行于大西洋两岸。

大英帝国的爱情，婚姻与金钱

维多利亚时代对爱情的肯定绝不代表肉体热情不受限制。不管恋爱阶段的人多么相互吸引、关系多么亲密，都必须遵循社会传统的规范，包括婚后才能发生性行为。中上阶层的爱侣也多半等到婚后才发生性关系，但是证据显示许多低下阶层的女性常是大了肚子才进礼堂。根据1800—1849年英国部分教区的数据显示，约莫1/5—2/5女人的头胎是婚前便怀孕了。虽然未婚生子会遭到社会唾弃，日子也不好过，但仍有许多女人（尤其是女仆）未婚生子。[5]

虽然社会普遍认为结婚的两个人应当相互吸引，但多数人也同意婚姻持久不是光靠爱情便够了。选择伴侣的条件还包括相同的社会与宗教背景、相互的尊重，以及共同的价值观，这不仅是社会普遍的看法，年轻人也如此认为。展读19世纪女人的书信与日记，看看她们面临求婚时的挣扎，她们不知道热情的追求者会不会是个好丈夫，也狐疑自己是否在情感或各方面都有能力做个好妻子，这些都给我们带来极大启发。

维多利亚时代的中产阶级以道德高调闻名，情书往来却为他们染上缤纷色彩。根据当时通行的礼节，年轻男子应当先写信给女方，如果女方父母同意他们交往，她才能回信。审慎是那个时代的原则，尤其是女人，男方尚未表达追求之意以前，女方绝不能流露真情。依据此一精神，托马斯·特洛勒普（Thomas Trollope）写信给弗兰西斯·特洛勒普（他们后来的孩子便是小说家安东尼·特洛勒普[6]）说，他不

---

[5]　Penny Kane, *Victorian Families in Fact and in Fiction* (New York: St. Martin's Press, 1995), pp.98–99.

[6]　安东尼·特洛勒普（1815—1882），《红尘浮生录》（*The Way We Live Now*）等小说的作者。——译者注

图 5.1 《漫长的订婚》，亚瑟·修斯（Arthur Hughes）画，1859 年
（Birmingham City Museum and Art Gallery）

知道"男人应向女士口头表达依恋爱意……还是透过书信，比较相宜？"他选择了后者，继续表白："您主宰了我在尘世间未来的幸福。直到您惠赐我回信之前，我别无他法，只能焦急等待。"他喜欢与弗兰西斯相处，并察觉弗兰西斯对此"并非一无所觉"，或许还觉得"与他相处，同样愉快"。托马斯知道他必须先求婚，弗兰西斯才能表明心迹，于是他在信上告知弗兰西斯他的年收入为 900 镑，认为这是合宜之举。虽然他给弗兰西斯 3 个星期的时间"赐下片言只字"。但是弗兰西斯第二天就回信了。既然托马斯已经求婚，她也可以真情流露，她说以"骄傲与感激"的心情接受他的求婚，并说她的父亲 1 年给她 50 镑，但她有 1300 镑的存款。尽管弗兰西斯已经快 30 岁，托马斯也 35 岁了，他们还是严格依照年轻人该守的规矩行事，非要等到托马斯求爱，弗兰西斯才能表明心迹。在一个贬抑女性采取主动的社会里，女人如果贸然行事，承受的风险比男人高得多，尤其当时适婚女性远多于男性，20—30 岁的男女比例约为 9：10。

爱侣的书信往来必须机密保存，万一婚约破裂就得归还对方。订婚期约为 4—8 个月，足以让双方决定是否适合对方。当时的人不鼓励订婚时间过长，担心未婚夫妻会有肌肤之亲。

约翰·奥斯汀（John Austin）[7] 与莎拉·泰勒（Sarah Taylor）订婚 5 年才结婚，他们的书信正足以代表维多利亚时代那种高蹈的言辞与道德内省。性格活泼、轻浮的莎拉出身于良好的英国家庭，他们家是宗教异议领袖，以热心市民服务而闻名。约翰以拘谨语气写信给莎拉，要求她检视过往的行为，揪出有伤她声誉的任何"小污点"，并思索她的灵魂是否"匹配和他的灵魂合而为一"。[8] 莎拉写信给表亲说，她对约翰的爱"将比世上任何东西都更能提升改进我的性格"。爱情是通往道德更生之路。订婚期间，约翰在伦敦攻读法律，莎拉则

[7]　约翰·奥斯汀（1790—1859）为英国法学家。——译者注
[8]　此段与下段引言摘自 Lotte and Joseph Hamburger, *Troubled Lives: John and Sarah Austin* (Toronto, Buffalo, London: University of Toronto Press, 1985), pp.12, 13, 23。

留在诺威治，阅读未婚夫开给她的古今作家书单。她形容这段时间为
"以爱维生的 5 年，也是苦读的 5 年，以期配得上做一个妻子"。她终
于达到约翰的标准，两人在 1819 年 8 月结婚。

但是他们终于能够结婚不是因为莎拉的道德提升，而是约翰的父
亲愿意每年提供 300 英镑，莎拉的父亲也答应每年给 100 英镑。就
算有爱情的狂喜加上道德的渴望，婚姻的考虑还是不能完全脱离经济
现实。基本问题是丈夫能否供养老婆。从简・奥斯汀到伊迪丝・华顿
（Edith Wharton），面包与爱情不只是英美伟大小说的主题，也是 19
世纪社会的真实支架。虽然品格高尚的勃朗宁夫人（Elizabeth Barrett
Browning）在 1846 年 1 月与 2 月写给密夫特小姐的信中，批评以利
益为考虑的婚姻是"合法卖淫"、某些人的婚姻"就像生意谈判"；
小说家狄更斯笔下也有一些为金钱而结婚的可憎人物（譬如《我们共
同的朋友》[*Our Mutual Friends*] 里的莱姆利夫妇），社会仍普遍认为
身无恒产而结婚，至少是"不够深思熟虑"。

当时的忠告文学警告年轻人没有合理收入，切莫结婚。根据 1858
年《泰晤士报》的一篇读者投书，所谓的合理收入是一年 300 镑。劳
工阶层者无法期待这样的收入，必须等到能够自给自足时才结婚。这
代表英国男女普遍晚婚，女的大约 26 岁，男的还要更大一些。

无须他人提醒，正在考虑婚事的女人知道她未来的福祉要看丈夫
的经济状况。她无法仰赖出外工作的收入或娘家给她的财产。因为依
法，一个女人的资产与收入全属于丈夫。

更糟的是，中产阶级的妻子不应工作赚钱。养家糊口是一家之主
的责任。前现代社会，中产阶级家庭的妻子与孩子会共同为家庭经济
奉献，而受人尊敬的妻子可以在丈夫的铺子里帮忙，但是那样的时代
已经过去。贵妇的标准就是无须为五斗米折腰。只有劳工阶层与小农
仍须仰赖妻子一起投入生产工作，或者需要妻子那一份额外的收入。

那么，受丈夫抚养的中产阶级妻子，她们的责任是什么？大致
分为三类：（一）顺从并满足丈夫；（二）维持孩子身心的健康；（三）
操持家务。第三项责任通常由仆人负责，有钱人家的太太如比顿夫

人（Mrs. Beeton）在 1861 年的畅销书《持家之道》（*Book of Household Management*）中所说的"率领仆人如率领军队"。住在乡间庄园的贵族家庭有时仆人多达 20—25 人，城市的中产阶级太太则看经济状况而定，仆人数在一两名到五人不等。

尊贵太太的户外活动多半是上教堂与拜访朋友。另一项被允许的活动是慈善活动，伴随着英国的日渐发展，慈善活动项目越来越多，行善的太太们贡献时间于学校、感化院，以及照顾老人、残废者与贫民的慈善团体，她们特别关注未婚妈妈与渴望从良的妓女的困境，经由她们的帮助，有些从良妓女与未婚妈妈得以移民国外。少数上等女人如莎拉·奥斯汀则追求知识、文化甚至政治的兴趣。

如果说爱情是新郎与新娘迈入婚姻生活的大门，那么婚后的生活就让他们置身历史学者所谓的"截然两分的领域"。多数中产阶级女人待在家里，男人则外出工作。理论上，这两个领域应当具有同等价值，它们是依据性别分工，为家庭、商业与公民需求而服务。但是诚如后来的女性主义者所言，相较于男人可以同时活跃于公私领域，生命经验较为丰富，"分离领域"的意识形态却局限了女人发挥全部潜力。但是 19 世纪的前 50 年，女性主义的抗议并非主流规则。

相反地，日益增多的忠告文学开始建议女人如何履行家务责任。各式针对母亲与妻子撰写的手册在 19 世纪 30 年代与 40 年代兴起，至今仍盛行不辍。早在《好家政杂志》（*Good Housekeeping*）、斯波克博士 [9]（Dr. Spock）、露丝博士 [10]（Dr. Ruth）之前，各种家事专家便一直灌输女人一个观念：家庭幸福是她的责任，而且是她一个人的责任。孩子的道德发展与身体健康，她们必须担负全责。也唯有她们才能鼓舞男人对社会有更大的贡献。维多利亚时代的妻子与母亲不再是夏娃的女儿——让男人堕落，而是被抬举到精神导师的地位。浪漫主义与英国新教主义两股力量标高了女人"偏重情感"的本质，让它符

[9]　小儿科医师，著有《育儿宝典》。——译者注
[10]　美国性学专家。——译者注

合妻职与母职的需求。但是不管她们被抬举到什么位置，妻子不能忘记她们必须仰赖丈夫。莎拉·斯蒂克尼·艾利斯（Sarah Stickney Ellis）在 1839 年的著作《英国女人》（*The Women of England*）中称女人为"关系人"（relative creature），十分贴切。135 年后，法国历史学者弗朗索瓦·巴施（Françoise Basch）以"关系人"为书名分析维多利亚时代的女人，认为女人根本无法单独存在。维多利亚时代博学之士格雷格（W. R. Greg）便说："女人之本质乃是受男人供养，因此受男人管辖。"约翰·拉斯金（John Ruskin）[11] 也严肃形容女人拥有力量却无权力的矛盾："一个真正的妻子在家是丈夫的仆人，唯有在丈夫的心中，她才是皇后。"[12]

因为男人（而非女人）被认为较为好色，服侍丈夫的途径之一便是满足他的性欲。为了符合女人是天使的新观念，女人被剥除了一切肉体欲望。著名的英国医师威廉·阿克顿（William Acton）便认为："女人甚少渴望性满足，她臣服于丈夫的拥抱，主要是为了满足他的欲望。"[13]

就算有的医师认为女人也有性欲，还是建议她们以满足丈夫为第一优先。奥古斯特·德拜（Auguste Debay）博士的婚姻手册在祖国法国是畅销书，我们看看他的建议："噢，妻子们！遵循以下建议。顺从丈夫的需求……勉强自己去满足他，假装得到快乐痉挛；为了留住丈夫，这是无害的伪装。"[14] 伪装高潮只是另一个为家庭牺牲自己的

---

[11] 罗斯金（1819—1900），英国小说家。——译者注

[12] Greg and Ruskin citations from Françoise Basch, *Relative Creature: Victorian Women in Society and the Novel*, trans. Anthony Rudolf, (New York: Shcocken, 1974), p.26.

[13] William Acton, *The Functions and Disorders of the Reproductive Organs in Youth, in Adult Age, and in Advanced Life* [London: John Churchill, 1857] as cited from 1897 Philadelphia edition in *Victorian Women: A Documentary Account of Women's Lives in Nineteenth-Century England, France, and the United States*, ed. Erna Hellerstein, Lesile Hume, Karen Offen, Estelle Freedman, Barbara Gelpi, and Marilyn Yalom (Stanford: Stanford University Press, 1981), p.178.

[14] Auguste Debay, *Hygiène et physiologie du mariage* (Paris: E, Dentu, 1849), p.138.

方法。

较典型的英、美手册聚焦于床第之外的妻职。妻子必须在家里树立善行的模范，惕励自己达到"家庭仙女"的标准，为她的家注入甜蜜、欢欣、崇尚上帝、爱国的氛围。美国的莉迪亚·席格妮（Lydia Sigouney）在1839年出版《致人母书》（*Letters to Mothers*），莉迪亚·玛丽亚·蔡尔德（Lydia Maria Child）则在1844年出版《母亲之书》（*The Mother's Book*），她们与莎拉·艾利斯、比顿夫人等忠告专家膜拜居家生活，将之变成一种世俗宗教。

对大众而言，维多利亚女王便是妻职与母职神圣化的极致代表。有王夫艾尔伯特为伴与9名孩子围绕，她成为英国甚至全世界的居家尊贵典范。维多利亚女王年轻时代，相爱结合的潮流正好来临，她也一定读过一些简·奥斯汀的小说。奥斯汀于19世纪初一共出版6本小说，将婚姻描写成每个未婚女子的唯一渴望，她们的命运系之于能否找到合适的丈夫。虽然维多利亚女王从未面临奥斯汀笔下女子的悲惨境遇，但她的确吸收了当时的论调。人人都需要幸福的婚姻，女王亦不例外。从她的书信、公开谈话与举止来判断，维多利亚女王的婚姻也的确非常幸福，直到她挚爱的丈夫艾尔伯特英年早逝，让她悲伤守寡半世纪。

奥斯汀的小说描绘优渥的中产阶级不分男女都在追求配对游戏，均以爱情为基础努力寻找配偶。但是男女主角还是有显著差别：除非中意的男人先展开追求，女人不能率先表达爱意。中世纪的规范书告诫女人不应采取主动，到了奥斯汀的时代依然不变。

尽管如此，奥斯汀笔下的女人还是有办法点明自己的渴望。她们尽可能看起来迷人、打扮时髦，用最娇柔的步态行走，根本就是"摆出最好的一面"。她们习歌练舞，让自己在婚姻市场拥有优势。至少，奥斯汀的小说还容许女人"聪明"。诚如《爱玛》（*Emma*）里的奈特利先生说："有理智的男人绝不要蠢笨太太。"虽然未必所有男人想法都如此，奥斯汀笔下便有不少蠢笨太太，譬如《傲慢与偏见》里的班奈特太太，但是上流社会已经开始接受"理智"未必是男人的专利，一个知识渊博的太太对男人并无坏处。奥斯汀笔下的女主角都关切自己的终身大事，她们也大多找到丈夫……这颇贴近19世纪初的英国实况，虽然10%—12%的英国女人终身未嫁，包括奥斯汀自己。

奥斯汀在1817年过世，约莫30年后，另一个女小说家夏洛蒂·勃朗特（Charlotte Brontë）面临中年老处女恐慌。年轻时，勃朗特曾拒绝过两名男士的求婚，其中一人是神职人员，非常合适她，但是勃朗特并不爱他。她写给妹妹的信明白说出理由："……虽然我对他感觉不恶，因为他和蔼可亲、脾气又好，但是我没有愿意为他赴死的强烈感情，将来也不会有。如果我要结婚，我对丈夫必须有这种爱慕之情。"[15] 没错，勃朗特的婚姻观点符合那个时代浪漫幻想充斥的特色，但是撇开遣词用句不谈，它和本书开场那封给"亲爱的艾比"的信有何差别？

勃朗特终于在39岁时出嫁，她的夫婿亚瑟·贝尔·尼可斯（Arthur Bell Nicholls）完全不符合她原先的期望，他是个平凡的神职人员，不仅聪明才智无法与当时已经文名远播的妻子匹敌，更不是那种勃朗特愿意为之"赴死"的人。但是勃朗特已经39岁，或许觉得自己无法再蹉跎。她与尼可斯的家人在爱尔兰度过愉快的蜜月，在她9个月后死于妊娠疾病前，或许多少也爱上尼可斯一点吧。

勃朗特笔下的女主角爱情际遇便好得多——简·爱（Jane Eyre）历经混乱颠簸，在故事结尾时说：

> 现在我已结婚十年。我知道只为世上最爱的人而活是怎么一回事。我认为自己得到上帝极大的福佑，远非言语所能形容：因为我是我丈夫的生命，而我丈夫则是我的生命。没有任何一个女人比我更亲近配偶：我绝对是他的骨中骨、肉中肉。

---

[15] Charlotte Brontë, Letter to Ellen Nussey, 12 March 1839, cited by Patricia Beer, *Reader, I Married Him* (London and Basingstoke: The Macmillan Press Ltd, 1974), p.6.

就像 200 年前的安妮·布莱德斯特里特，勃朗特小说中的女主角
也从《圣经》寻找语言 [16]，来表达许多女人眼中的理想爱情，以及婚
姻里的夫妻平等、合而为一。

这个时期典型的英国小说结局多半为结婚，好像有了配偶便可解
决人生所有问题。在弗兰西斯·特洛勒普于 1864 年出版的小说《一
个聪明女子的一生与冒险》（*The Life and Adventures of a Clever Woman*）
中，30 岁的女主角夏绿蒂·毛里斯在结婚前夕的日记写下：“除非我的
生命提早结束，否则我的故事将不会到此终止，虽然我即将完成终身
大事，而女人的故事通常是到此为止。”[17] 特洛勒普当时已经结婚多
年，育有 6 子，迫于生计写书，应当痛苦察觉婚姻甚少是诗歌与小说
中所勾勒的天赐福佑。

英美两地的婚姻法

首先，法律并不认为女人与丈夫相等。事实上，依据威廉·布莱
克斯通（William Blackstone）爵士在 1753 年所著的《英国法律评论》
（*Commentaries on the Laws of England*），妻子在法律上并无存在地位。
直到迈入 19 世纪，《英国法律评论》仍是英美两地的不成文法基石。
布莱克斯通说：“一旦结婚，丈夫与妻子在法律便成为一人；也就是，
这个女人的存有或者她在法律上的主体暂告停止，或者至少并入丈夫
的法律主体。她的一切行为都在丈夫的羽翼、保护与涵盖之下。”换
个通俗说法，那就是“丈夫与妻子为一人，而这个人是丈夫”。

法律依然允许丈夫“适度纠正”妻子，可以杖打老婆，只要棍子
的粗细不超过丈夫的拇指。虽然上流阶层说只有下等人才体罚老婆，
但是今日的数据显示殴妻发生于社会各个阶层，让人怀疑以前它是否

[16]　“骨中骨、肉中肉”出自《圣经·创世记》，上帝用亚当的肋骨造夏娃，对亚当
　　　说，这是你的骨中骨、肉中肉。——译者注
[17]　Pamela Neville-Sington, *Fanny Trollope: The Life and Adventures of a Clever Woman*
　　　(London: Viking, 1997), p.45.

真的只存在于下层社会。

财产方面，法律记载毫不含糊："结婚后，女人的个人财产便绝对属于她的丈夫。"这包括她婚前的财产以及婚后的收入。丈夫有权在死后将这些财产赠予任何人，只保留 1/3 给妻子。

对婚姻不幸福的女人而言，更惨的是如果丈夫坚持同居，她便不能分居。英国的塞西莉亚·玛丽亚·科克伦（Cecilia Maria Cochrane）便是一例。她逃离夫家 4 年，跑到巴黎与母亲住在一起。1840 年，她的丈夫使计让她回来，将她禁锢家中。塞西莉亚设法搞到一纸人身保护令，对丈夫提起告诉。法官判决"遵循英国法律赋予丈夫对妻子的支配权"，科克伦先生"为了防止妻子毫无限制与外界发生危险交际，有权强迫她同居、共处一屋"。塞西莉亚形同被判"终身监禁"于家中。[18]

至于孩子的监护权则属于父亲。就算丈夫施虐或通奸而夫妻离异，下堂妻也可能被禁止探视孩子。19 世纪上半叶，英国的离婚案例非常少，因为得花上 800—900 镑的天价才能取得国会通过的离婚决议，这可是中产人家 3 年的用度！女人所诉请的离婚仅 3% [19]，这也是可想而知。至于这一小撮女人是如何筹措到这笔天文数字，就更启人疑窦。或许娘家人、有钱的亲戚施以援手，有的妻子或许是"偷盗"家产。

喧腾一时的卡罗琳·谢里登·诺顿（Caroline Sheridan Norton）案例在修正英国离婚法与监护权法上扮演重要角色。卡罗琳与丈夫乔治·诺顿爵士从 1836 年起分居，诺顿不让她探视小孩，也拒绝给她生活费用，虽然他的财产多半是岳父母赠予卡罗琳的，但是婚后全变

[18]　*Not in God's Image: Women in History from the Greeks to the Victorians*, ed. Julia O'Faolain and Lauro Martines (New York, Hagerstown, San Francisco, London: Harper & Row Publishers, 1973), p.318.

[19]　Victorian Women, ed, Hellerstein, et al., p.258. 本章引述的许多资料来自"斯坦福女性研究中心"的"维多利亚时代女人"研究计划。此计划由 National Endowment for Humanities 赞助支持，由笔者在 1977—1981 年主持。

成他名下的财产。卡罗琳身无恒产，开始尝试写作养活自己，但是法律规定她的收入也属于丈夫，而诺顿爵士经常上门索讨她赚的钱。卡罗琳写了一张宣传单论述自己与同类女人的痛苦处境，由于这张传单的推波助澜，1839 年国会通过法案允许离婚母亲可以有限度地探视小孩。当国会终于打算讨论离婚法改革时，卡罗琳在 1855 年写了《就克兰沃斯大法官阁下之结婚与离婚法案致女王陛下书》(*Letter to the Queen on Lord Chancellor Cranworth's Marriage and Divorce Bill*)，里面提及了她的亲身体验以及让人为之眼界大开的讯息：

> 英国老婆不得离开丈夫的家。丈夫不仅可以提起诉讼要她恢复"夫妻义务"，还有权进入她躲藏的朋友或亲戚家……强拉她回家。
>
> 如果妻子不堪虐待诉请离婚，虐待的严重程度必须达"危及生命或肢体"。
>
> 如果她的丈夫诉请离婚，她不得为自己辩护……她无律师代表，在原告丈夫与所谓的被告情夫的赔偿官司里，她不被列入任何一方。
>
> 如果英国妻子被判通奸罪，她的丈夫可以休掉她，另娶他人。但是不管她的丈夫多么放荡，她都不能离婚。英国法庭不能判决离婚，唯有国会针对每一个案所做的特别决议可以终止婚姻。[20]

　　另一个对婚姻改革运动大有贡献的女人是芭芭拉·莱·史密斯·博迪雄（Barbara Leigh Smith Bodichon），她的父亲是富有、颇具影响力的激进派国会议员。她在 1854 年所写的宣传小册《简言概论关乎女性的最重要法律》(*A Brief Summary, in Plain Language, of the Most Important Laws concerning Women*) 成为 19 世纪中期英国国会辩论的最关键文件。它不仅吸引了立法者的注意，也吸引了有改革想法的

---

[20]　The Hon. Mrs. Norton, *A Letter to the Queen on Lord Chancellor Cranworth's Marriage and Divorce Bill* (London: Longman, Brown, Green and Longmans, 1855), pp.9-11.

女人组了一个委员会，收集现行法律下苦命妻子的资料。她们的请愿书共有26 000人签名，包括勃朗宁夫人、海丽叶·马蒂诺（Harriet Martineau）[21]、加斯克尔[22]（Elizabeth Gaskell）等文坛知名人士。这份请愿书在1856年3月呈到国会，强调"现代文明无疑扩大了女人的职业领域，某种程度让女人摆脱了对男人的经济依赖"，是该"给予女人的劳力成果法律保障"的时候了。中上阶层的已婚妇人进入"文学与艺术领域，为家庭增加收益"，而低下阶层的女人则受聘于工厂或"其他各式各样的行业"。贫穷女人尤其需要法律保护，因为她"从清晨工作到半夜，不希望看到她的劳力成果被（丈夫）夺走，浪费在酒馆"[23]。根据1861年的普查，约莫1/3的劳工是女人，其中，又有1/4是已婚妇人。

1857年通过的"离婚法"或"婚姻诉讼法"将分居、离婚等管辖权从宗教法庭移转至刚成立的民间法庭。离婚成立的理由仍然是虐待与通奸，但是妻子如果想据此打离婚官司，必须证明丈夫因通奸离弃她，或者除了通奸外，对她还有虐待、强暴、鸡奸与残忍等行为。但光是妻子通奸便足以构成男人诉请离婚的要件。这种双重标准源自一般人认为女人通奸比男人通奸更应受到谴责，一直要到1929年英国才废除了这种不平等条款，夫妻双方的离婚事由才终于平等一致。1857年"离婚法"的最大改变是女人分居或离婚后，可以像未婚女人一样保有自己的财产。这无疑是正确的一大步，虽然已婚女人的财产权并无改变，丈夫依然享有全家的财产与妻子的收入。

当时离婚案件仍很罕见，也很贵，但女人主动诉请离婚的比例已经上升了。拿1869年弗兰西斯·凯利（Frances Kelly）太太的例子来

---

[21]   海丽叶·马蒂诺（1802—1876）是英国女作家，主要写社会、经济、历史议题相关的文章，以25册的 *Illustrations of Political Economy* 闻名。

[22]   伊丽莎白·加斯克尔（1810—1865），英国女作家，著有《玛丽·巴顿》（*Mary Barton*）、《北与南》（*North and South*）等。——译者注

[23]   Lee Holcombe, "Victorian Wives and Property: Reform of the Married Women's Property Law, 1857–1882;" in *Widening Sphere: Changing Roles of Victorian Women*, ed. Martha Vicinus (Bloomington and London: Indiana University Press, 1977), p.19.

说，法院判决她可以和丈夫詹姆斯·凯利牧师离婚，原因是"虐待"与"过度使用夫权"。法官认为她的丈夫刻意使妻子不快乐，目的在屈服她的意志。虽然丈夫有主宰妻子的权力，但行为必须有所节制："在不轻视夫权至上与公正的原则下，我们必须保障妻子不会沦为家仆，任其驱使……使其服从丈夫的命令。"[24] 伴随岁月流逝，离婚将逐渐成为西方社会女性的重要议题，但是在 19 世纪的英国，离婚多半只是上流阶层的特权，而且下堂妻比起离婚男人要背负更多污点。

1870 年，英国国会终于通过"已婚妇女财产法"（Married Women's Property Act），允许妻子控制自己财产与收入。此法的通过要归功于杰出的哲学家约翰·斯图尔特·密尔（John Stuart Mill）与他的妻子哈丽特·泰勒·密尔（Harriet Taylor Mill）。密尔在 1865 年当选国会议员，1868—1870 年，国会热烈辩论已婚妇女财产法时，密尔出版了《论女性之从属》（*The Subjection of Women*，1869），一夕之间成为倡议女权的经典作品。除了密尔夫妇，还有许多杰出的男女（包括波迪琼夫人）协助打败国会的保守派，后者担心女人有了财产权，便会因此独立甚至道德沦丧。国会议员亨利·雷克斯（Henry Raikes）说如果夫妻吵架，太太会说："我自己有财产，如果你不喜欢我，我可以离开你，和喜欢我的人一起住。"根据雷克斯的看法，财产平等权会造成"人为、虚假、不自然的男女平等"[25]。对雷克斯这类人而言，两性平等依然是"不自然"。

许多支持改革者以美国为例，指出美国一些州修正不成文法，允许已婚女人控制自己的财产。雷克斯及其他保守主义者则批评这是英国体制"美国化"。但是1870 年时改革当道，到了1882 年提出的"女性财产法"（Women's Property Bill）对旧法有更多改进，不仅允许英国女性拥有婚前及婚后所得的财产，她还可以签署合约、提起告诉或

[24] *Victorian Women*, ed. Hellerstein, et al., p.260.

[25] Lee Holcombe, "Victorian Wives and Property," in *A Widening Sphere*, ed. Vicinus, p.15.

者成为被告，并允许以出售、赠送、遗嘱赠予等方式自由处分她的财产。

丈夫如果虐待妻子罪名成立，"女性财产法"还有一条附加条款可以保护妻子，她可以申请"一纸命令，以保护她的收入与财产"，丈夫则不得"未经妻子同意前往探望妻子"。针对受虐妻子，法庭叫将孩子的监护权判给她，直到孩子年满 10 岁为止，期间，丈夫必须"每星期支付妻子一定金钱以维持她和孩子的生计"。虽然这些条款未能保障妻子不被丈夫殴打或虐待，至少确立了受虐妻子对付丈夫的法律程序。

总体而言，19 世纪的前 50 年，英美两地的婚姻法非常类似，但是美国各州有各州的立法，有些州的婚姻法显然对女性较有利。1848年，在伊丽莎白·凯帝·斯坦顿（Elizabeth Cady Stanton）与露奎西亚·莫特（Lucretia Mott）的领导下，女性主义改革者在塞内卡福尔斯（Seneca Falls）集会，起草女权草案，要求改革现有法律的许多不平等。她们所提出的决议称之为"感性宣言"（Declaration of Sentiments），对夫权至上提出严正批判：

> 根据法律，婚后，妻子形同被丈夫宣告"在民法上死亡"。他夺走妻子所有的财产权，甚至她的收入……他也设定离婚法，规定何谓适当的离婚理由，也规定离婚后，孩子的监护权谁属，完全无视于女性的幸福。就各个层面而言，我们的法律是基于一个错误假设而运转，那就是男人的地位在女人之上，所有权力均属于男人。[26]

斯坦顿与苏珊·安东尼（Susan B. Anthony）一直领导美国的女权运动至 19 世纪末，她们认为婚姻议题是女性"所有改革的基石"。1853 年，已婚的斯坦顿写信给未婚的安东尼，指出："只要女人在婚

[26] *Women, the Family, and Freedom: The Debate in Documents*, ed. Susan Groag Bell and Karen M. Offen (Stanford: Stanford University Press, 1992), vol.1, 1750-1880, p.253.

姻里被贬抑，女性地位的提升便无望……我认为整个女权议题都和婚姻有关。"[27] 对斯坦顿而言，唯一能接受的婚姻是互敬互爱、两性平等的婚姻。

自从密西西比州在 1839 年率先通过"已婚妇女财产法"后，各州女性的地位逐渐改善。1869—1887 年，一共有 33 个州与哥伦比亚特区通过立法，允许妻子有财产控制权。少数州如路易斯安那、德州、新墨西哥、亚利桑那、加州则采用共有财产法，家庭财产属夫妻平均共有。有些州更为先进，譬如纽约州便在 1860 年立法，允许妻子与丈夫共同拥有孩子的监护权，而爱荷华州更早在 1838 年便立法，让母亲可以单独拥有孩子的监护权，而后某些州才跟进。

19 世纪末的法律论述也将先前两个世代的改变考虑进去。譬如亨德里克·哈托格（Hendrik Hartog）的卓越著作《美国夫妻》（*Man and Wife in America*）便提及：19 世纪 90 年代以后的法律教科书虽纳入了家庭关系的新法条，但也没放弃夫妻的传统责任观点。已婚妇人仍然必须尽持家、满足丈夫性欲等传统责任；已婚男人则必须提供妻子保护与温饱。不管女人在财产、收入或孩子监护权上取得何种新权利，妻子的身份依然先于任何自主权。尽管多数州的立法逐渐进步，对妻子有利，但是不成文法里的"已婚妇人身份"（coverture，妻子的身份为丈夫所涵盖，因此必须服从丈夫）的观念，依然对法律的解释造成深远影响。

美国的妻职

虽然美国与英国的不成文法系出同源，两国社会结构的众多差异还是让两地妻子的行为显著不同。初抵新世界的旅游者常会感到讶异，譬如 1830 年特洛勒普夫人抵达美国，便很讶异美国女性在女孩

[27]　*The Elizabeth Cady Staton - Susan B. Anthony Reader: Correspondence, Writings, Speeches*, ed. Ellen DuBois (Boston: Northeastern University Press, 1992), pp.55–56.

时"举止自由自在"，随即变成"子女众多、负担繁重的太太"。[28]英
国作家、旅游家暨废奴运动者 J. S. 白金汉（J. S. Buckingham）曾在美
国南方旅游很长一段时间，发现美国女学生远比英国同年龄女孩"自
由得多"。虽然他很讶异美国"男孩女孩的举止异常早熟"，以及他们
的普遍早婚（有时女孩 13 岁、男孩 14 岁就结婚），他也承认"整体
而言，此间的婚姻看起来和英国人的婚姻一样幸福"。[29]

　　虽说英美两国上等人家女孩的举止、穿着还是受严格规范，但是
美国女孩所受的外在控制较少，只臣服于家人与宗教施加的心理压
力。一旦结婚，多数美国女人便只能将自由的想法抛诸脑后。美国不
像英国帮佣甚多，为人妻者被迫成日应付做不完的家务琐事。多数美
国妻子自己干活，只能偶尔仰赖雇工帮忙换季大扫除或者洗衣。南方
各州的家庭例外，几乎 1/4 的家庭蓄有黑奴，但是整体而言，大约只
有 15% 的美国家庭有能力聘请全天候住在家里的佣人。

　　较不富裕的美国家庭得仰赖全家成员维系家庭经济。多数农家，
妻子负责犁地、除草，丈夫负责耕田、收割，孩子到了六七岁就得
帮忙汲水、捡柴火。巴克翰以同情的口吻描写田纳西州荒僻地方的
人家："屯垦人家必须费尽辛劳辟地，忍受贫困，过着最低水平的
生活。家里每个成员都必须辛勤工作，不管男人还是女人、小孩还
是大人……他们的模样都十分肮脏，他们的母亲太累，无力帮他们
洗澡。"[30]

　　城市里的贫穷家庭则很庆幸未婚子女能外出工作，为家里赚进额
外收入。尤其是移民家庭，除了丈夫与儿子的薪水外，还得仰赖妻子
帮人洗衣、招收寄膳者，以及女儿到别人家帮佣赚钱。美国的劳工家
庭和英国不同，他们的"阶级"并非无可扭转，这一代他们是劳工阶

[28]　Frances Trollope, *Domestic Manners of the Americans* (Oxford and New York: Oxford University Press, 1984[1831]), p.98.

[29]　J. S. Buckingham, *The Slave State of America* (London: Fisher, Son, & Co., 1842), vol.1. p.127.

[30]　Ibid., p.231.

层，到了下一代便可能爬上中产阶级甚至上流阶层。当我们检视美国妻子的历史，不能不考虑美国社会的经济与社会流动力这个显著因素。

种族与民族背景差异也造成不同。虽然祖籍英国的美国人仍占多数，但是19世纪初到第一次世界大战间，一拨拨爱尔兰、德国、北欧、东欧、亚洲移民为美国带来数百万新人口，每一个族裔都有自己的语言与文化传统。新移民之妻往往处于两套行为规范的夹缝中，因为在这块新土地上，源自祖国的旧有婚姻模式未必行得通。譬如经过社会化洗礼、学会接受丈夫酗酒的爱尔兰妻子；出身东欧犹太村落、头戴假发、信奉犹太正教的妻子；或者长得像画一样、被告诫在男人面前要低垂眼睛的日本新娘——现在她们所面对的社会隐隐鼓励她们质疑过往的规范。

特别值得一提的是黑人女性。在废奴之前，奴隶是不能合法结婚的。他们是主人的财产，主人鼓励他们多生孩子，以制造更多奴隶，就算举行过宗教结婚仪式也不保证一对奴隶夫妻不会被拆散。主人常将他们全家（父亲、母亲、孩子）卖给出价最高的人。拍卖槌敲下去，一家人就可能四分五散。不管北方或南方，只有被解放的奴隶可以合法结婚。南北战争后，黑人成为自己的主人，可以依据各州的法律结为夫妇。1865—1880年这个短暂期间，前南方联盟各州还出现不少黑白通婚的例子。

但是传统不会在一夕间消失。在美国南方，不管是学校、公共运输工具、旅馆、餐厅或各种娱乐场所仍坚持黑白隔离政策，遵奉白人至上。当时共有41个州制定或再次通过黑白禁婚法，黑白通婚即触犯法律。事实上，南卡罗来纳州直到1999年才正式废除这条黑白禁婚法，而亚拉巴马州更迟至2000年，才以公民复决方式推翻了类似的法条。

讨论美国的妻子，不能不注意地理分布的多样性。北美洲拓荒史的第一个200年集中于东部，后200年一直往内陆扩散至太平洋海岸，甚至还要再过去。伊利诺伊州、犹他州、加州、夏威夷地区的妻子，她们的生活经验与北方或南方妻子大不相同，因为每一州的法律都不一样。譬如，怀俄明州的女人早在 1869 年便有投票权，西部另外3 个州也在 1896 年通过妇女投票权。怀俄明州的一位妻子急于澄清该州女人有了投票权后，不会变得 "不女性化"，她在《女性杂志》（ *Woman's Journal* ）撰文向读者保证怀俄明州的男性下班后，将回到一个 "有温暖炉火与热腾腾饭菜等待的家，而这个家由一个深爱家庭、穿着漂亮、充满女人味的妻子操持" [31]。美国其他地方的女性以及英国女性都是在第一次世界大战后才取得投票权。类似这种地理、族裔与社会阶层的差异性，在本书往后的讨论将更见显著。

最后，我们必须了解维多利亚时期妻子的法律与社会文化地位均受到刚萌芽的女权运动影响。1848 年参与塞内卡福尔斯集会的女人多半已婚，她们关切女性处境的改善，逐渐改变了美国妻职的面貌。由斯坦顿与安东尼带头的团体视婚姻制度为类似奴隶制度的女性枷锁，英国作家玛丽·沃斯通克拉夫特在 1792 年的《为女权辩护》中也强调类似观点。到了 19 世纪 50 年代，"婚姻等同于奴隶制度" 成为改革者反对婚姻权力分配不公的常用比喻。1855 年，女性主义先锋露西·史东甚至找到一位牧师肯在她的婚礼上公开宣称：他每次主持婚礼，都 "再次深切感受到现行婚姻法非常不公平" [32]。

维多利亚时代的女人虽被刻画成 "天使"，但是另一种美国女人形象也逐渐成形，它让天使有身体也有头脑。奥斯汀、勃朗特笔下的顽强女性漂洋过海，渗入美国的进步思想中。譬如莎拉·葛琳凯（ Sarah Grimké ）成长于美国南方，而后搬到北方从事废奴运动，她在1837 年的《两性平等书》（ *Letters on the Equality of Sexes* ）中批评女性

---

[31] Letter from Mrs. Vivia A. B. Henderson, *Woman's Journal*, November 19, 1898, p.375, cited by Barbara Ehrenreich and Deirdre English, *For Her Own Good: 150 Years of the Experts' Advice to Women* (Garden City, New York: Anchor Press/ Doubleday, 1978), p.150.

[32] Cited by Katherine Moore, *Victorian Wives* (New York: St. Martin's Press, 1974), p.xxv.

完全被局限在家务范畴。她认为女性从小被教导认为自己是"次等的性别"，长大后自然缺乏"自尊"，但是教育可以匡正此一现象，女人受教育也对丈夫有益，因为到头来，他们可以得到较有趣的伴侣[33]。美国牧师乔治·博纳普斯（George Burnaps）在 1848 年出版的演讲集秉持同一脉络，提及"脑袋丰富之美"以及受过教育女人的吸引力。他向读者保证"理智聪明的对话，其吸引力对异性而言，胜过珠宝后冠"。[34]

19 世纪时，教育的重要性成为全美专注焦点。19 世纪 30 年代与40 年代，州政府出资、男女合校的小学在美国东部如雨后春笋出现，19 世纪 50 年代则开始出现纯女子的高中与专校，而南北战争前后，女子学院纷纷成立。1890 年，高中毕业的女生人数已为男生的两倍，而家里负担得起的年轻女孩也有许多州政府出资的男女合校学院或女子私校可以就读。

当时的女子教育还是被视为通往婚姻的道路，主要价值在培育好妻子与好母亲。博纳普斯牧师提及两性问题，笔下便流露这种传统观念："他们将踏入不同领域……女人照顾家庭、烧饭裁衣、哺育教养孩子。"[35] 其他 19 世纪中期的女性代言人都认为家政教育优先于其他形式的教育，因为女人的角色是丈夫的帮手与管家。这些人包括凯瑟琳·比彻（Catherine Beecher），她在 1841 年出版了《论家政》（ Treatise

---

[33]　Sara Grimké, *Letters on the Equality of Sexes* (Boston: I. Knapp, 1838), p.51.

[34]　George Burnaps, *The Sphere and Duties of Woman* (Baltimore: John Murphy, 1848), pp.145-146. 另见 Frnaces B. Cogan, *All American Girl: The Ideal of Real Womanhood in Mid-Nineteenth-Century America* (Athens and London: The Univeristy of Georgia Press), p.79。

[35]　Burnap, *The Sphere*, pp.45-46. 如想进一步了解有关 19 世纪美国女人的居家意识形态，请见 Glenna Matthews, "Just a Housewife", *The Rise and Fall of Domesticity in America* (New York and Oxford: Oxford University Press, 1987), 特别是第一与第二章。此外另见 Nancy M. Theriot, *Mothers and Daughters in Nineteenth-Century America: The Biosocial Construction of Femininity* (Lexington: The University Press of Kentucky, 1996), and Ruth H. Bloch, "American Feminine Ideals in Transition: The Rise of the Model Mother, 1785-1815," Feminist Studies, 1(1978):101-125。

on Domestic Economy），还有莎拉·约瑟法·霍尔（Sara Josepha Hall），
她在 19 世纪 30 年代到 70 年代曾是极具影响力的《高蒂女士书》
（*Godey's Lady's Book*）杂志总编辑。仅有极少数人认为教育是女人获得
经济与社会独立的手段。尤其是南北战争前的南方人认为教育会让女
人逾越应有"领域"，因此对女子教育深怀忧惧。就连我的母校——
成立于 1870 年的马州卫斯理学院——的校训"不求被服侍，但求有
贡献"（not to be ministered unto, but to minister），也在 20 世纪 50 年
代被戏谑改为"不求做部长，但求做部长夫人"（not to be a minister,
but a minister's wife）。

伊丽莎白·凯帝·斯坦顿：妻子、母亲与运动者

多数人听过伊丽莎白·凯帝·斯坦顿，但是有多少人知道这位女
权运动的激进先锋曾结婚近 50 年，并育有 7 名子女？一个妻子如何
履行她对家庭的责任，同时间还可以与"老处女"朋友安东尼成为
19 世纪最著名的女性平权运动者？斯坦顿和 14 世纪的玛格丽·坎普
一样，不容许一窝孩子阻碍她完成使命。和玛格丽一样，她也在晚年
写出杰出的自传，以戏剧化的手法描述自己的使命。虽然玛格丽与斯
坦顿都非"样板"老婆，她们的故事却让我们了解了她们的婚姻，更
窥知了那个时空的妻职传统。

斯坦顿的自传《80 余载：回首 1815—1897 年》（*Eighty Years and
More: Reminiscences 1815–1897*）以童年开场，她是纽约州一位杰出律
师的女儿。秉持维多利亚时期的自传特色，斯坦顿在书中甚少提及母
亲，只说她"生了 10 个小孩，庞大的家庭照顾压力让她心力交瘁"。
这 10 个孩子只有 5 个顺利长大成人，她和 4 个姊妹一起成长。斯坦
顿曾有一个兄弟，刚开始她必须与这个兄弟争宠，后来他不幸早逝，
斯坦顿便取代了家中男孩的地位。

她经常待在父亲的办公室，聆听委托人的陈述、与学生谈话、读
一些有关女性的法律。在她长大的苏格兰裔美国人区，"仍有许多男

人对女人与财产抱持老旧的封建思想。做父亲的死后将大部分财产留给长子，附带条件是母亲与长子同住。常可看到一个家庭的财产多半是母亲的陪嫁，到头来她却不快乐地仰人鼻息，婆媳失和或者儿子挥霍成性，还得仰赖他们慷慨施舍度日。"

对那些跑来寻求她父亲法律协助、"哭诉抱怨"的女人，斯坦顿感同身受，也讶异迷惑于法律所揭示的"不公与残酷"。一名法律学生跟她打趣说："如果到时你成为我的妻子，这些珠宝都将属于我；我可以拿走它们、锁起来，除非我的允许，你无法佩戴它们。我甚至可以拿它们去换一盒雪茄，你也只好看着你的珠宝变成阵阵轻烟。"

斯坦顿的父亲则给她较严肃的建议，要她长大后，"前往奥班尼，去见立法者，诉说你在这间办公室看到的事——英裔女人如何受苦受难，被剥夺财产继承，只能仰赖没出息的儿子。如果你能说服他们通过新法，旧法就会成为空文"。讽刺的是，当斯坦顿准备循父亲的建议而行时，他又反对，说这不是已婚妇人该干的事。

斯坦顿在男女合校的高中读到 16 岁。当班上的男同学获准进入"斯克内塔迪联合学院"，她却发现这所学校不收女生，备感屈辱，只好进入特洛的"韦拉德夫人女子学院"就读。这是一所时髦的女子学校，专门培育法语、音乐、舞蹈等"女性"才艺。以前，斯坦顿成日与男性为伍，视为理所当然，现在与男性分属两个世界，开始"特别渴望"男性相伴。

毕业后，斯坦顿回到父母的家，结交不少男女朋友。她的生活因"不乏男女调情而强烈多彩"，但是采纳姐夫的建议，她与妹妹们尽量拖延"婚姻的羁绊"。

斯坦顿是在 24 岁那年认识未来的夫婿亨利·斯坦顿（Henry B. Stanton），形容他为"反奴隶运动里口才最便给、最热情洋溢的演说家"。当时她住在纽约州彼得波罗（Peterboro）的亲戚盖瑞特·史密斯（Gerritt Smith）家中。史密斯的宅第是协助南方黑奴逃往加拿大的秘密中继站，也是"全国有志废奴团体的集会地点"。每天早上，两辆马车满载绅士淑女前往邻近的反奴隶集会，"参与这些伟大集会者的

热情、撼动人心的演说、条理清晰的论述，都让那些日子成为我这辈
子最迷人难忘的时光"。就在这种道德情绪洋溢的气氛里，斯坦顿与
亨利坠入了爱河。

　　表亲盖瑞特察觉这段萌芽的爱情，警告斯坦顿说她的父亲绝不会
同意她嫁给一个废奴者。"因为我与亨利的定情发生于他的屋檐下，
他觉得有必要撇清责任，长篇大论教训我有关爱情、友谊、婚姻，以
及率性而为者可能面临的诸种陷阱。"

　　两人的恋情进展飞速，但是斯坦顿心中不无"疑虑与冲突"。她
质疑"拿女孩家的自由与快乐"换取可能遭到父母反对的婚姻，是否
是明智之举。"经过数个月的焦虑与疑惑"，她甚至一度取消与亨利的
婚约，但是亨利即将前往欧洲参加"世界反奴役大会"，她不希望与
亨利隔着一个大洋，遂改变取消婚约的心意，在长达 7 个月波折不断
的订婚后，他们终于在 1840 年 5 月 10 日结婚。

　　因为婚事决定得匆促，他们选在"一般人视为不吉利的星期五"
结婚。斯坦顿后来在自传里向读者保证此说并无根据，因为她与丈夫
"共同生活 50 年，婚姻摩擦并不比一般夫妇多，还生了 7 个孩子，只
有一个夭折（到自传出版的 1897 年为止）……大家无须担心星期五
结婚会不吉利"。19 世纪的礼节手册还指出星期六亦不宜嫁娶。[36]

　　除了选择星期五结婚，更特别的是斯坦顿坚持婚姻誓词必须"删
除'服从'两字"。尽管主持婚礼的牧师反对，他们的婚礼并未出现
传统的"服从"誓词。结婚那天只有少数亲友参加，斯坦顿身着"简
单的白色晚礼服"。然后这对新婚夫妇便前往纽约，搭上驶往欧洲的
船。（两个星期后，埃米莉亚·詹金斯 [Amelia Jenkins] 嫁给狄斯特·布
鲁默 [Dexter C. Bloomer]，婚礼誓词也仿效斯坦顿，取消"服从"两
字。布鲁默这个姓氏后来与服装革命以及恶名昭彰的"灯笼裤"紧密

[36]　Ellen M. Plante, *Women at Home in Victorian America: A Social History* (New York: Facts on File, Inc.), 1997, p.23.

相联）[37]

从许多方面来看，斯坦顿的故事都很特别。首先，她出身地位高尚富裕的家庭；她所受教育也远超过同时代的女孩；她还特别喜欢挑战质疑现状。但是从英国到美国，她逐渐发现她也不能豁免于"女人应当固守本分"的偏见与法律限制。

1840 年，她陪伴丈夫前往伦敦参加"世界反奴役大会"，她只是同行女伴，因此被排除进入会场的一楼大厅，只能待在二楼的包厢，所有女性代表都无投票权。为斯坦顿的回忆录平装版撰写序言的盖尔　帕克（Gail Parker）指出，这个羞辱激起了斯坦顿的女性主义意识。

但是 1840 年，斯坦顿这位新嫁娘主要还是陶醉在蜜月之旅：她与亨利认识了许多很棒的男女；在朋友的陪伴下，他们游历了伦敦与巴黎；还单独到苏格兰游山玩水。只是爱尔兰的赤贫让他们颇为不忍。

返回美国后，亨利决定跟着斯坦顿的父亲学习法律。这代表她可以回到娘家，与"妹妹们再快乐相处两年"。后来这些妹妹也出嫁了，根据斯坦顿的说法"运气特别好，嫁得好夫婿"。

没多久，斯坦顿就生了头胎。在当时，她是个很进步的母亲，拒绝一些值得怀疑的传统做法，譬如将婴儿从屁股紧紧襁褓包裹到腋下。每次保姆将孩子包起来，她就把褓巾拆开来。当时的医学界慢慢透过《礼仪万象书》（*Bazaar-Book of Decorum*，1870）这类的畅销书刊批评这种方式会"危及孩子的健康与下一代的活力"[38]，但是一直到 19 世纪末，知识程度较差的母亲与保姆还是用这种方式襁褓孩子。

和多数美国母亲一样，斯坦顿也给孩子吃母奶。北方地区不流行

[37]　19 世纪的女性多半穿着紧身马甲，勒出细腰，伤害身体甚巨。后来 Fanny Wright 改良女性穿着，以较为宽大舒适的衬衣搭配及膝洋装、下着土耳其式的灯笼裤，除了头、手、脚，身体各部位都未暴露，但是穿起来较轻便舒服，但是在当时却被批为不伦不类。这种穿着广为女权运动者喜爱，埃米莉亚·布鲁默夫人并大为推广，后来大家就以她的夫姓称这种灯笼裤打扮为 bloomers。——译者注

[38]　Harvey Green, *The Light of the Home: An Intimate View of the Lives of Women in Victorian America* (New York: Pantheon Books, 1983), p.43.

奶妈，奶瓶喂奶虽然早在 1800 年就有了，但要到 19 世纪末巴斯德杀菌法出现，大家才知道奶瓶煮沸过就安全，使用奶瓶喂奶才变得比较普遍。斯坦顿每隔两小时给小孩喂奶一次，学会相信"母亲的直觉"。

母职是个严肃的工作。某些美国历史学者甚至认为"母职"是维多利亚时期妻子的主要工作，超越殖民时期的丈夫"帮手"角色。从 18 世纪到 19 世纪初，对孩子的管教责任由父亲移转到母亲身上，新国家赋予母亲的使命是培育好公民。到了 19 世纪中，母职已经成为美国女性存在的理由以及光荣桂冠。她们所管理的家必须成为道德堡垒，保护易受影响的年幼孩子，也是丈夫在残酷世界打拼、疲累返家后的庇护所。

1843 年，亨利通过律师资格考，开始在波士顿执业。第一次，斯坦顿有了自己的家，成为女主人。她后来回忆："一个新家，刚刚装潢完毕，面朝波士顿湾美景，这正是我梦寐以求的家。斯坦顿先生说我必须全权管家。因此，我得独力看管两名能干仆人与两个小婴儿，过得极端充实与愉快。"

和其他富裕的维多利亚时期女性一样，斯坦顿以全副热情投入妻子与母亲的专属领域。她说："初次成为一个家的女主人，就像年轻牧师第一次有了自己的教堂，那种感觉充满了骄傲与满足。能在四壁之内称王，这是女性生涯的光荣时刻……我研究管理家务的所需知识，乐此不疲。"

第三个孩子出世，斯坦顿只有一个怨言："缺乏能干、信得过的仆人。"迥异于同一个阶级的女性，斯坦顿不认为仆人是唯一解决之道。她希望与其他家庭建立"家务合作"关系。当时，美国与欧洲兴起一些乌托邦公社，斯坦顿的想法显然受到启发，尤其是她颇熟悉的法国傅立叶公社。

1847 年，斯坦顿搬到塞内卡福尔斯，在那儿住了 16 年，又生了 4 个孩子。一开始，斯坦顿觉得塞内卡福尔斯令人沮丧，因为少了她在波士顿时赖为生活支柱的朋友与各式活动。他们的住家位于市郊，道路泥泞而且没有人行道。因为亨利经常远行，斯坦顿的责任压力远

图 5.2　伊丽莎白·凯帝·斯坦顿与女儿哈丽特·斯
坦顿（Blatch）

超过她所能负担。她对自我处境的分析让人想起 100 年后的贝蒂·弗
里丹（Betty Friedan）在《女性迷思》（*Feminine Mystique*）一书中论
及的妻子苦境：

> 照顾房子与院子使之井然有序、购买日常生活用品、维持一家六
> 口衣着整齐、带孩子看牙医与鞋匠、送他们到不同学校、找老师到府
> 家教，即便我能找到人帮忙，这林林总总的事儿还是让一个人脑袋忙
> 不过来。然后，操持家务的新鲜感消失了，家庭生活的迷人处现在已
> 泰半变得烦人。

　　生平第一次，斯坦顿觉得深陷困境，她面对的是住家地处偏僻、
家务责任繁重、缺少朋友与刺激心智的活动。她首度明了女人真的会
向绝望投降："在这种状况下持家，根本没办法。"

斯坦顿算是运气好，可以和孩子搬回娘家住。在那儿，她慢慢走出沮丧阴影，因为她将自己的处境与类似的女性连接起来。她后来领悟："我不满女人必须身兼妻子、母亲、管家、医师与心灵导师诸多角色，如果女人不时刻监督家务，家里就会陷入混乱，多数女人经常面露疲惫焦虑，让我深切觉得这个社会必须积极补救它的错误，尤其是对女人的错误对待。"斯坦顿的作为一如许多伟大的思想家：将一己的不快乐升华至普世的层次，解决一己的问题，也要解决许多相同处境者的问题。我们甚至可以说 1848 年的塞内卡福尔斯会议以及 19 世纪后 50 年的女权运动发展史，都发轫于这位美国家庭主妇的不满。

从 1850 年起，斯坦顿与安东尼合作，将进步女性大声主张的议题呈现给美国大众知道，包括最重要的女性投票权。虽然斯坦顿与安东尼都未能活到 1920 年，目睹美国女性得到投票权，但是在她们的长年合作里亦有不少辉煌胜利。其中最令斯坦顿欣慰的莫过于纽约州在 1860 年通过 "已婚妇女财产法"，妻子终于可以拥有自己的财产与收入。从 1850—1902 年斯坦顿过世时，她与史东妮始终努力不懈争取女性的平权。她们那种紧密深远的关系常被比喻为类似夫妻。历史学家卡罗·史密斯－罗森堡（Caroll Smith-Rosenberg）便指出就感情深度而言，19 世纪女性之间的友谊常足以和夫妻之情相抗衡。

1892 年，斯坦顿在美国参议院司法委员会发表了名为 "人本孤独"（Solitude of Self）的演说，这篇雄辩滔滔的演讲呼吁女人应该拥有教育、就业、参政等权利。但是这篇演讲的意义不仅如此，它还是一篇存在主义式的恳切呐喊，源自人本孤独的宗教理念。

在那篇演讲里，斯坦顿全然驳斥女人的本质只是 "关系人"——母亲、妻子、姊妹、女儿等角色只是 "附属" 于男人的。她认为和男人一样，女人的本质也 "必须在各自的独立灵魂与追求自立的需求里去寻找"。她坦率批评同辈女性："不管一个女人多么喜欢倚赖男人，接受男人的保护与供养，也不管男人多么期望女人如此，每个人的生命旅程都得独自度过。"

依据自己的妻职与母职经验，斯坦顿勾勒出一个 "反教条"，强调女性其实是自立自强，而非倚赖男人。

一个年轻妻子与母亲的最大成就是找到一个好丈夫，保护她不受生命风雨侵袭，带给她财富、运气与地位，提供她一个安全港，躲避生命中常见的厄难。但是一个女人要管好一个家、给社会带来正面影响、保持与朋友的关系、维持对丈夫的热情不减、善加训练孩子与仆人，她势必兼具罕见的智慧、常识、外交手腕并且洞悉人性。一个女人需要成功政治家的一切重要美德与人格优点才能做到这些。

而女人要到"年轻时代的快乐已不再"，进入晚年后，"孩子长大、结婚、离家，生活的忙碌与杂乱才能略微减轻一些"。斯坦顿明白指出"男人与女人都必须靠自己"，而"男人根本扛不起女人的重担"。这篇"人本孤独"的演讲就像斯坦顿本人，远远走在时代的前端。

美国南方的妻子

19世纪中期，与斯坦顿有关的女权运动主要流行于北方，虽然多数北方男性与女人不是漠视就是反对女权运动。多数南方人也反对，因为它威胁了南方人的主要信念：女人是脆弱、端庄的生物，注定要倚赖男人。内战之前的南方，人们一再提及受过教育的独立女人恐怕会变得"男性化"。倡议奴隶制度以及女性从属的乔治·弗茨休（George Fitzhugh）便说，只要女人持续"神经质、善变、反复、脆弱、缺乏自信、依赖成性，男人就会继续爱慕她。女性的柔弱就是她的力量，女性的艺术是去培养、精进自己的柔弱。"费兹修斯在结论里说："我们南方男性总是宁可呵护病恹恹的女人，也不愿被女学究牵着鼻子走。"[39]（今日男性对上述言论一定觉得荒谬可笑，显示时代实在进步很多）

[39]　George Fitzhugh, *Sociology for the South* (Richmond: Morris, 1854), pp.214, 217.

一般来说，南方女性接受女人必须倚赖男人的观念，吸纳了家庭、宗教、大众媒体灌输给她们的教育。1855 年，格特鲁德·托马斯（Gertrude Thomas）在日记中写道她感谢上帝让她的丈夫善于统御，因为这"迎合我的女人天性。我忠于女性本色，喜欢崇拜自己的先生，并乐于自己的女性柔弱受到男性优越力量的保护"。凯瑟琳·艾蒙斯顿（Catherine Edmondston）则担心自己想要出版诗作是逾越了女性的本分，提醒自己："妻子的首要责任是言听计从。"玛丽·霍华·斯库克拉夫特（Marie Howard Schoolcraft）则在南卡罗来纳州议会上骄傲宣称："本地所有女人都被教导要顺从丈夫。"——不像北方那些关切女权的女人。[40]

南方女孩自小被教导要担起妻子、母亲与女主人的角色。父母、教会、学校、书本与杂志都指出年轻女性未来的人生方向是步入礼堂。弗吉尼娅·伦道夫·卡里（Virginia Randolph Cary）在 1828 年写了一本给女孩看的建议书，她支持女孩受教育，但教育的前提只在让女孩长大后，能够在家里担起教化的使命："我热切希望看到女人的心智与道德得到良好教养，但依然满足于待在家庭的圈圈里。"[41]

新成立的女子中学与学院甚少偏离中产阶级适婚女孩"适合"学习的项目：文法、拼字、书写、算术、地理、外国语文（通常是法语），还有针线活、绘画与音乐等技艺。19 世纪 30 年代与 40 年代，美国南方女子学院成立的目的是教育出符合男性期待的理想妻子。人们不时提醒年轻女孩：教育程度过高或者怀抱"逾越本分"的期望会让她们变得不够"女性化"。1857 年，佐治亚州某女子学院的毕业典礼训辞便说："你们到此求学是为了成为男人爱惜与尊敬的平等伴侣，只要你们谨守上帝与自然赋予女人的位置，男人便会持续爱惜与尊敬

[40]   Citations from Marli F. Weiner, *Mistresses and Slaves: Plantation Women in South Carolina, 1830–80* (Urbana and Chicago: University of Illinois Press, 1998), pp.73, 66.

[41]   Virginia Cary, *Letters on Female Character, Addressed to a Young Lady, on the Death of Her Mother* (Richmond: 1828), p.149. Cited by Suzanne Lebsock, *Virginia Women 1600–1945* (Richmond: Virginia State Library, 1987), p.63.

你们。"另一个女子学校的毕业典礼致辞则提醒年轻女孩："女人不该畅所欲言，因为众所周知，女人有时快语、多舌、措辞强烈，如果她说话不实，她的丈夫便得面对决斗挑战或者法律诉讼。"[42]

内战之前，无论北方或南方的夫妻仍旧受布莱克斯通编撰的 18 世纪英国不成文法规范，丈夫的确得为妻子的行为负责。如果女人言辞脱轨，丈夫有可能面对诽谤诉讼，这是美国在 17 与 18 世纪时最常见的诉讼，源自维多利亚时期的礼节遗绪。虽然犯了"谩骂罪"的尖嘴利舌女人不再被罚坐"浸水椅"（此项发明将犯罪者反复浸入水中，直到他们反悔为止），依然得付高额罚金。由于妻子的人、财产、孩子都归丈夫监管，罚款就成为丈夫的责任。

艾莉诺·米奥·波德莱特（Eleanor Miot Boatwright）曾在 20 世纪 30 年代研究内战前的佐治亚州女性，最近才将这个杰出研究付梓，让我们对当时女性的恋爱、嫁娶与其他面向有了深度了解。对多数佐治亚州女性而言，结婚是唯一能被接受的身份，"老处女"则是被嘲笑与鄙视的对象，最好的下场是屈居某个亲戚家或遭到众人漠视。少有女人大胆选择独身，多数女人觉得有丈夫总比没有好。自幼，女孩就开始准备嫁妆箱，不少人十四五岁便出嫁。女人到了 20 岁仍云英未嫁，会被认为是"干枯的老处女"。总体而言，女人找对象并不难，因为 1790—1860 年，不光是佐治亚州，整个美国都男多于女。（但是内战期间，60 万名男性死于沙场，男女比率遂颠倒了过来）

内战前的南方年轻女性可以风情万种、打情骂俏、罗曼蒂克，但是不能逾越礼节限度。在大农园或城市中产阶级的家庭里，父母会小心护卫年轻女儿，当女儿在客厅接待追求者，他们熬夜不睡监督，确保女儿对追求者只有"言语鼓励"。虽然美以美教会、浸信会与长老教会做礼拜时，男女依然分开坐，"女士们坐在中间，男士们坐在两

[42] Quotations from Eleanor Miot Boatwright, *Status of Women in Georgia, 1783–1860* (Brooklyn, New York: Carlson Publishing, Inc., 1994), pp.24, 53.

边的长凳",但是在走路或骑马往返教堂时,年轻男女是可以混杂相处的。烤肉会、舞会、拉糖会或歌唱聚会都是制造罗曼史的机会。

一旦追求者得到女方足够的鼓励,照规矩,他该向对方的父亲提亲。但是多数状况,年轻男女并不遵循这个规范,往往尚未正式与女方父亲商量,就两心相属或者求爱破裂。但是不管年轻男女之间有何默契,通常必须男方先示爱,女方才能表露真情。

22 岁的玛丽亚·布莱恩(Maria Bryan)出生于佐治亚州一个拥地1800 亩、蓄奴百人的富有家庭,1829 年 12 月她写信给姐姐,描述一个思慕她的追求者向她求婚。

……梅杰·弗洛伊德威武的身影站在门前……我带他走进房间,请他坐下……但是他并未坐下,反而紧盯着我,好像除了眼前这个可人儿,他什么也无法思考,当他好不容易恢复正常,坐了下来,便马上提起这个引人入胜的话题……他希望、他乞求他刚才的冲动之举(套句他说的话)不会阻碍他以整个生命来让我幸福……"噢,请接受这个活生生的人对你的依恋,让他奉上真挚的爱与热切的心。"[43]

尽管玛丽亚断然拒绝,弗洛伊德并未放弃。数个月后,他写信再度求婚。玛丽亚又向姐姐抱怨:"多数人口中所透露的爱,对我而言,是全世界最讨厌的字眼,你可想见这个例子更是讨厌至极。"

年近 24 岁,玛丽亚才找到一个追求者,他口中透露的"爱意"比较吸引她。1831 年,她嫁给一个 24 岁的陆军工兵,此桩婚事显然未得到她父亲的同意。她写信给姐姐表示脱离家庭最大的痛苦是"父亲会因此很不快乐"。和斯坦顿一样,玛丽亚为了嫁给自己选择的对象,无畏忤逆父亲。我们无法判断当时有多少婚姻未征得父母同意,

---

[43] Citations from *Tokens of Affection: The Letters of a Planter's Daughter in the Old South*, ed. Carol Bleser (Athens, Georgia, and London: The University of Georgia Press, 1996), pp.110–111, 120, 131.

但是多数时候，似乎富有家庭的子女得花较多心力获得父母的首肯。

反观南方人称之为"贫穷白人垃圾"的平民阶层——乡下老百姓、劳工男女——比较不受礼节限制。他们大多自己拿主意，躲开父母的监控与爱管闲事朋友的眼光。中上阶层的女性必须守贞，低下阶层的女性往往先上车后补票，甚至未婚生子。一位南方医师便说，他行医的那个地方，私生子与婚生子一样普遍。

某些低下阶层圈子，男人甚至可以登广告征婚，堪萨斯州某男子便刊了这么一则广告："凡拥有一张床、印花布衣裳、咖啡壶、平底锅、懂得如何裁剪短裤、缝制打猎衬衫、知道如何照顾小孩的女人，就能得到我的终身照顾，至死方离。"[44]

求婚一旦被接受，对男方的约束力超过女方。佐治亚州的法律与舆论不允许男人反悔婚约，但是女人可以悔婚，或许是认为女人单身的损失要比男人大。当时女人的日记与书信记载了她们订婚后的兴奋与快乐，但也反映出她们的焦虑与反复思考。即将结婚的女人知道婚姻是人生最重大的决定。结婚前几天，弗吉尼亚州的莎拉·安德森（Sarah Anderson）在日记里反问自己："B博士就是我要的丈夫吗？他会如我期望的一般爱我吗？我并不祈求完美幸福，但求我的丈夫以整个灵魂奉献爱我。期望完美的幸福是太愚蠢了，但是我的心渴望完美的爱。"[45] 对莎拉而言，爱情是不可或缺的条件，多数维多利亚时期的女性亦做如此想。

订婚后，新娘的朋友开始为她制作拼布棉被，算是公开确定这门婚事。不管是美国南方、北方、西北部或西部，一开始，缝制拼布棉被是集体互惠的行动，到了19世纪中期，它已经变成一种共有的仪式与精致艺术。缝制拼布棉被的女性一起讨论设计式样，譬如拼布的

[44]　Boatwright, Status, citing *Augusta Georgia Constitutionalist*, February 25, 1841, citing *Batesville [Arkansas] News*.

[45]　Sarah Anderson diary, May 6, 1827, cited by Jan Lewis, *The Pursuit of Happiness: Family and Values in Jefferson's Virginia* (Cambridge, England: Cambridge University Press, 1984), p.198.

大小、颜色花样等。然后每个人各自缝一块，再用墨水或刺绣在那块拼布上写上自己的名字。所有拼布块都做完后，再拼成一整个被面。然后将棉被的被里绷在框架上，铺上棉胎，再把拼布被面铺上去，用装饰针法将里外三层缝起来。这种拼布棉称之为"订婚拼布被"或"新娘拼布被"，一辈子珍藏，传给后代子孙。

图 5.3　1850 年 7 月号《高蒂女士书》杂志的全页彩色插图，展示精美的新娘服。《高蒂女士书》创刊于 1837 年，是非常受欢迎的女性杂志，莎拉·海尔夫人担任总编辑长达 40 年（Courtesy of Department of Special Collections, Stanford University Libraries）

　　婚礼在教堂或家中举行，新娘通常穿象征纯洁的白色新娘服，不过到了19世纪末，也有人开始穿彩色新娘服。新娘的花冠与捧花通常是橘色，而自从维多利亚女王戴着面纱结婚，后来的新娘也开始流行戴婚纱。婚礼仪式的尾声，牧师通常会亲吻新娘，然后就是有美酒、佳肴、音乐与舞蹈的婚宴。由于亲友通常得长途跋涉来参加婚礼，盛大的喜宴是免不了的。但是不管婚宴规模是简朴或豪华，都少不了结婚蛋糕，切成一片片，让宾客带回家。婚后，女人就得舍弃婚礼的白色衣裳或者小姐时代的色彩艳丽的衣裳，换穿色彩较为严肃的衣服。生了孩子后，她就得戴上蕾丝帽，死了丈夫的，得穿一年丧服并戴上"寡妇帽子"。

　　已婚妇人的责任视其阶级、财富、居住地而有很大不同。马里兰州、弗吉尼亚州、北卡罗来纳州、南卡罗来纳州等地的农园主妇要管理广大的产业，并监督家中数十甚至数百名奴隶。但是肯塔基州或田纳西州的农场女主人只有7—8名奴隶。乡下地方的小地主或许得和奴隶在田里并肩工作，如果家里穷得养不起奴隶，妻子便得和丈夫一起下田。她还得烧饭、织布、裁衣，到井里或溪边汲水。

　　在农园，黑人与白人女性过着不平等却相当亲近的生活。农园女主人（通常已婚，有的寡居，甚少是独身）必须监督农园里的各种家务事。举凡大屋里的三餐、全家人与奴隶的衣裳、招待宾客（经常客人来都要过夜或一住数天）、照顾生病的家人，这些都是她的责任。就像军医一样，她必须照顾家中白人与黑奴的健康，甚至接生孩子与监督医务室（如果他们的农园有医务室的话）。虽然南方各州禁止教导奴隶识字，有些女主人还是会教导奴隶的孩子简单的读写与宗教知识。如果有点闲暇时间，她会做针线活、弹钢琴，但是这种时间一定很少。不管理论上南方女人是多么脆弱、端庄，现实里，她必须吃苦耐劳有效率，才能做个农园女主人。从自由自在的女孩变成责任繁重的妻子，这种突然的改变势必很痛苦。不少女人记录下生活转变带来的震撼。充满自信的17岁新娘踏入婚姻，毫不畏惧主妇的责任压力，"接触了现实"后全然不知所措。南卡罗来纳州一个农园女主人向丈

图 5.4　结婚证书。库里叶（Nathaniel Currier）的石版画，1848 年。左右两边罗列出 "丈
夫的责任" 与 "妻子的责任"，引用《圣经》经文，加上画家自己的话。丈夫必须爱
妻子、供养妻子，不可抛弃妻子（引自《圣经·提摩太前书》5:8）。妻子则必须爱丈夫、
服从丈夫，并且 "恋慕丈夫"（引自《圣经·创世记》3:16）， "你的丈夫必管辖你"
（Achenbach Foundation, Fine Arts Museums of San Francisco）

夫哭诉不知道该拿这么多奴隶怎么办。还有一位 16 岁的新娘足足花
了两年时间才让家中的仆人都上了轨道。[46]

　　玛利·韦纳（Marli Weiner）曾著书探讨 1830—1880 年南卡罗来
纳州的农园女人，尤金·吉诺韦西（Eugene D. Genovese）也写过一本
讨论内战前美国南方的书，不约而同描绘了农园女主人与家奴的复杂
关系。黑人女性与白人女性互相倚赖，不仅维持家里的顺利运作，也
是基于个人感情的相互需求。她们分享生病愁苦的私密，在父权的阶
层结构里建立一个相互倚赖的女性世界。通常，主人屋里的奴隶活

[46]　Ann Frior Scott, *The Southern Lady: From Pedestal to Politics 1830–1930* (Chicago
and London: The University of Chicago Press, 1970), pp. 27–28.

儿[47]是由黑人奶妈而非女主人统管，由她来监督煮饭、洗衣、缝纫、给孩子哺乳等。但是许多活儿依然由女主人与奴隶一起做。

女主人与奴隶一起做的大件活儿是每年春天与秋天给全农园的人缝制衣裳。女主人裁布、奴隶缝制。这个活儿往往做上好几个月，做完后，便将衣裳派到奴隶屋里，每个人都兴高采烈。亚拉巴马州的苏菲·沃森（Sophie Watson）写信给远行的丈夫，描绘农园发新衣裳的欢乐场面："为了不浪费黑奴在田里工作的时间，我们等到吃晚饭时才分发衣裳，先发给男人，然后是女人，最后才是小孩。穿起来颇合身，他们都很高兴得了新衣裳。"[48]

不是所有奴隶都"高兴得不得了"。根据莉迪亚·玛丽亚·蔡尔德主编、1861年出版的《一个奴隶女孩的生命事件》（Incidents in the Life of a Slave Girl），女奴哈丽特·雅各布（Harriet Jacobs）的主人是佛林特医师，她在书中回忆对女主人的恶劣感觉："她的责任是提供我们简单衣裳。我清晰记得佛林特太太每年冬天都给我一件棉毛衣裳。我多讨厌那件衣裳！穿上它，就好像戴上奴隶的徽章……"[49]

有时当丈夫远行、生病或死亡，女主人得扛起管理农园的全部责任。苏菲·沃森的丈夫亨利离家9个月去处理父亲的产业，期间，苏菲与丈夫的书信往来（尤其是亨利回给苏菲的信）详细揭露了管理农园的细节。苏菲的信透露出她对指挥奴隶缺乏信心，尤其是一开始时，但是3个月后，她写信说："他们的表现显然比我在你刚离家时的想象要好很多。"[50]

其他女主人指挥奴隶毫不拘谨，甚至会体罚奴隶，而不是交由丈夫或监工执行。德州一位解放奴隶回忆男主人与女主人鞭打奴隶有性

---

[47] 在主人屋里工作的奴隶称之为 house slave，有别于在田里工作的奴隶。——译者注

[48] Marli Weiner, *Mistress, and Slaves;* p.32.

[49] Harriet Jacobs (Linda Brent, pseud.), *Incidents in the Life of a Slave Girl* (Boston: Published for the Author, 1861), p.20.

[50] Marli Weiner, *Mistresses and Slaves*, pp.35–36.

别差异。"男主人鞭男奴隶，女主人鞭打女奴隶。有时她会用荨麻鞭子，当她用荨麻鞭子，打起来并不痛，但是事后会又痒又刺，很痛苦。"另一个解放奴隶则无法忘怀残酷的女主人用牛皮鞭打她："打完后，她去休息，然后又回来打我一顿。" [51] 虽说通常使鞭子的都是男人，有些女人也喜欢殴打奴隶，残暴不亚于男人。

农园女主人生活的最大压力来自孩子一个接一个。缺少可靠的避孕方法，她们最畏惧的莫过已经生了 6—8 个甚至 10 个孩子，还是持续怀孕。亚拉巴马州的克莱家族，做先生的回家，赫然听闻老婆怀了第 11 个孩子，他的感觉和老婆一样"悲伤和懊恼"。另一个南方的将军在内战期间写信给妻子，形容怀孕是"9 个月的痛苦与不适"。1 年后，他的妻子又怀孕了，这次他的信里充满同情："我真是希望你能避过这一次，但是亲爱的，这一定是上帝的正面旨意，我们也只好服从。"北卡罗来纳州一位烦恼不堪的农园女主人在 1867 年写信向先生抱怨："威利斯，我尚未看到月事来临的迹象……"威利斯的回信不像前面那位将军那么充满同情："我从未想过你就不再生孩子了，你的家族血统向来多子多孙，你不可能在这个年纪就不生了。如果这是上帝的意旨，那么我们就得服从他。"面对生命的重担，服从上帝的意旨是传统答案。生命的重担包括生养过多的孩子，对这位太太来说，它"只会带来麻烦与哀伤" [52]。

相较于东北部与西部女性，南方女性的生育率是最晚下降的。19 世纪时，全美白种小孩的出生率下降了一半，从 1800 年白人母亲平均生养 7.04 个小孩，下降到 1900 年的 3.56 个。这显然是出于刻意的努力，以禁欲、体外射精、堕胎、避孕方法（详见第八章）来降低生育。至于内战前南方女性是否使用上述方法避孕，历史学者说法不一，有的人认为农园主人阶层的夫妇不避孕，有的历史学者则认为他

[51] 这两则引言请见 *The American Slave*, ed. George P. Rawick (Westport, Conn: Greenwood Publishing Co., 1972), vol.5, part 3, pp.83, 77。

[52] Scott, *Southern Lady*, pp.38–39.

们实行避孕。南方女性的生育率高于其他地方，很重要的一个原因是她们使用奶妈，无法受益于亲自哺乳、延迟来经的天然避孕法。相较于白人女性，19 世纪初的黑奴女性生育率略低，平均生 6 个孩子，但是往后的 100 年，她们的生育率并未和白人女性一样下降。这可能要归诸几个互相关联的原因，包括黑奴女性的初次性经验年龄较早，而且主人期望她们生养更多的奴隶孩子（见本章以下所述）。

尽管有黑人奶妈与保姆的大力协助，南方女性还是得对子女的福祉负起最终责任。的确，各种公私领域的论述不断提醒她们，她们的义务是养育对国家、对所在的州，甚至整个"南方"有贡献的孩子。所谓的"南方"是一个被浪漫化的地方，据称它的住民都是美丽的女人、绅士男子与感恩的奴隶。这幅充满基督仁慈精神的田园美景往往和奴隶本身所留下的叙述，以及北方与国外观察家的见证背道而驰。

女性奴隶包办农园所有工作。在田里工作的奴隶必须犁田、锄地、摘棉花、扎篱笆。在主人屋里工作的奴隶得烧饭、缝纫、洗衣、熨衣、奶婴儿、照顾孩子以及女主人与男主人的需求。她们自己做肥皂、染料、编织篮子、做各种杂事。忙完这些后，她们鲜少有精力与时间照顾自己的先生与孩子，但还是设法抽空做自己的家务事。有的主人会让她们星期六休假，打扫她们自己的房子与洗衣。其他女奴则未必如此幸运，一位解放黑奴便回忆说："我妈得在星期六晚上洗我们第二天要穿的衣服。"[53]

虽然法律规定奴隶不得合法结婚，因为他们是主人的财产，但女黑奴通常与"实质上"的丈夫同居，多少也算得上为人妻子。女黑奴的男人通常是由主人分派或者她们自己挑选，看主人的规矩而定，但是多数主人视奴隶如牲口，盯紧他们努力制造小奴隶。亚拉巴马州一位解放奴隶告诉访问者："我爸和我妈不像现在人是结过婚的，因为那时候的白人把男黑奴、女黑奴当作牛马一样送做堆。"[54] 来自德州的

[53]　Weiner, *Mistresses and Slaves*, p.22.
[54]　*The American Slave*, ed. Rawick, vol.4, part 2, p.163.

解放奴隶莎拉·福特（Sarah Ford）记得她母亲说："他们把男人和会生孩子的女人像驴子一样送做堆，那个女人喜不喜欢那个男人，完全无关紧要。她最好乖乖去，否则就要吃鞭子。"[55] 同样来自德州的贝蒂·鲍尔斯（Betty Powers）则说："主人说，'吉姆、兰西，你们睡在一起。'主人下令了，你最好服从。农园主人可不会管女人的感受怎样。"[56]

罗西·威廉斯（Rose Williams）回忆主人如何强迫她与一个叫鲁佛斯的黑人配对。

……主人跟我说："你要跟鲁佛斯一起住在下面那个木屋。去整理一下。"我那时才 16 岁，不识字，只是个无知的孩子。我以为主人的意思是让我去整理那个木屋，让鲁佛斯和其他黑人住……

我不喜欢鲁佛斯，因为他是个蛮人，块头很大，所以认为大家都得听他的。我们吃过晚饭，我跑来跑去和人聊天，到了睡觉时间，我爬上自己的床。躺下后，那个黑人就来了，爬上我的床。我说："你这个笨黑鬼，你要做啥？"他要我闭上嘴。"这也是我的床。"他说。

我跟他说："你疯了，滚出去。"然后用脚踢他、用手推他，他还搞不清楚怎么回事就跌下床去。他跳起来，气极了，看起来就像一头发疯的熊。他又要爬上我的床，我跳起来去拿拨火棒。那拨火棒大约有 3 英尺长，当他走过来，我就一棒敲在他头上。那黑鬼是不是就住手了？是的……

……第二天，我跑去找太太，跟她说鲁佛斯干了什么好事。太太说那是主人的意思。她说："你是个强壮的女孩，鲁佛斯是个强壮的汉子。主人要你们替他生许多强壮的孩子。"

……又过一天。主人叫我，跟我说："女人，我花了大钱买你，就是要你生一大堆孩子。我让你和鲁佛斯住在一起，就是这个意思。现

[55] Ibid., p.42.
[56] Ibid., vol.5, part 3, p.191.

在，如果你不想被绑在树上挨鞭子，就乖乖照我的话做。"我想到主人从拍卖场买了我，让我不跟家人分离，又想到被绑在树上吃鞭子。我又能怎么样？我决定听主人的话，就顺了他的意。[57]

在以前的南方，主人有权指定或拆散奴隶的婚姻。他决定奴隶能否婚配，是否可以自己选择配偶还是由他指定。但是女主人也有权处置屋子里的奴隶，可以干涉她们的爱情。她会斥骂女奴爱上错误的人，一位解放的男黑奴便模仿女主人的口吻说："那个年轻男子是谁？你跟他在一起干什么？别再让我看到你和那个大猩猩在一起。如果你没法挑到好男人，我就要帮你做主了。"[58]

有的女主人不那么心狠。一个91岁的解放黑奴回忆，"白人问我：'你们谈恋爱的时候都说些什么？'我说我们只是谈天说笑。她们又问男孩会不会亲我们、叫我们嫁给他们，我说：'没有，太太。'她们说：'你们不知道怎样谈情说爱。'然后就告诉我们该怎么做。"[59]

谈情说爱这码子事只适用于那些主人把他们当人看而非牲口的奴隶。来自德州的解放奴隶曼蒂·海纳特（Mandy Hadnot）便特别幸运，她的主人没有孩子，拿她当自己的孩子。她记得："我16岁时，我想要谈恋爱了。太太允许那个男孩进到大屋来看我。他每个礼拜天走两英里路到我们这里来，然后我们一起去鲁金浸信会教堂做礼拜。之后，太太会让我们一起共进周日晚餐。"后来曼蒂要结婚了，女主人还帮她准备嫁妆箱子，有床单，还有一套星期天吃饭用的盘子。

虽然奴隶的婚姻未获法律承认，但是奴隶结婚还是很普遍，而且不少婚礼是由主人主持。一个密西西比州的农园主人在日记里记载了他替7对奴隶主持婚礼的经过。他轮流问新郎与新娘是否愿意以对方为配偶，并履行丈夫与妻子的责任。然后他宣布："现在我们做了该有

[57] Ibid., part 4, pp.176–178.
[58] Weiner, *Mistresses and Slaves*, p.85.
[59] Ibid., p.81.

的规矩，我可以宣布这 7 对男女为夫妻了。"之后，他"依据祖先留下的良好老规矩，嘱咐新郎可以亲吻新娘了"。[60]

　　历史学家卡尔·德格勒（Carl Degler）发现这个仪式虽然受到标准的基督徒婚礼影响，却没有请求上帝赐福新人，也未要求新人必须一辈子忠于配偶。这样的誓词没有意义，因为当时的社会，主人有权拆散奴隶夫妻，将丈夫或妻子单独卖掉。

　　路易斯安那州的解放黑奴弗吉尼娅·贝尔（Virginia Bell）描述她们农园里的婚礼："如果奴隶帮佣想要结婚，刘易斯主人就会叫他们晚饭后到大屋去，让男的与女的手握手，然后念一段书里的话。我想那是《圣经》。然后主人就会宣布他们已经结婚了，但是明早一样要上工。"[61]另一个路易斯安那州的解放黑奴也有类似描述，只是她的主人对新婚奴隶比较仁慈："黑人女孩要结婚，主人便在大屋里帮她主持婚礼。他让她们星期六结婚，星期天不用工作。"[62]

　　还有不少奴隶婚礼是由牧师主持，结婚地点在主人的大屋里或教堂。来自德州的解放黑奴南希·金（Nancy King）回忆内战时，一个白人牧师帮她在教堂证婚。"太太给我一块布还有染料做结婚衣裳。我妈帮我染布，我自己裁衣裳。虽然是自己家里做的布衣裳，但是在那个时代，一点也不寒酸。婚礼过后，主人帮我们准备了一顿丰盛晚餐，我们真是好好享受了一番。"[63]

　　另一个德州的解放奴隶则快乐回忆她与自己选择的伴侣所举行的宗教婚礼："我丈夫名叫戴维·韩德森，我们住在同一个地方，属于同一个主人。噢，我们不是希尔主人凑合的，我猜这是上帝的意思。我们相恋了，戴维请求希尔主人让我嫁给他。我们在大屋里举行婚礼，由浸信会一个黑人牧师证婚。我穿了一件白色棉布洋装，希尔太太给

[60]　Eugene D. Genovese, *Roll, Jordan, Roll*, pp.477-478.
[61]　*The American Slaves*, ed. Rawick, vol.4, part 1, p.63.
[62]　Ibid., p.79.
[63]　Ibid., vol.4, part 2, p.288.

我一锅面粉做礼物。希尔主人还给我们一栋房子。我丈夫对我很好，他很会照顾人，也不粗鲁。"[64]

虽然黑人的婚礼往往仿真白人婚礼的模式，包括穿白色新娘服、引用圣经经文，但是黑人婚礼有一个代代相传的特点，那就是新人必须跳过或跨过扫帚。这个习俗的起源已不可考，但是它盛行于整个南方，跳过扫帚有点类似白人的"结缡"（tie the knot）。路易斯安那州的解放黑奴玛丽·雷诺斯（Mary Reynolds）留下一段有关"跳扫帚"的叙述："主人与太太依照黑人结婚的惯例帮我们证婚。他们站在屋内，用一把扫帚横在门槛，我们站在门外……然后我们跨过扫帚。主人说这样我们就算结婚了。"[65] 亚拉巴马州的解放奴隶卡托·卡特（Cato Carter）对黑人婚礼则有挖苦描述："他们大多跳过一把扫帚就算结婚了。有时白人会念一段圣经里的话，黑人就觉得自己的结婚更正式了。"[66]

结婚后，奴隶夫妇通常住在自己的木屋或草棚，前提当然是他们隶属于同一个主人。多数奴隶夫妇可以同住一起，但是如果他们隶属不同主人便无法同居。德州一位解放奴隶回忆她的父亲住在邻近的农园，只有每个星期三与星期六晚上才能来探望她妈妈。另一个解放奴隶说婚礼结束后，她的丈夫必须返回主人家，但是每个星期六可以到她那儿过夜，星期天才回去。有的黑人丈夫一两个星期才能见到妻子一面，但是某位黑人女性记得："他来探望我们的次数比这个多，因为他只要有机会就会偷溜出来。"[67] 奴隶和自由人一样认为婚姻是一辈子的允诺，诚如历史学者赫伯特·古特曼（Herbert Gutman）对南卡罗来纳州农园生活的研究显示，如果没有遭逢亡故或者被主人贩卖，奴隶的婚姻往往可以维持 20 年或者更久。

我们无从得知多少女黑奴是在怀孕或生子后才结婚。当代的白人

[64]　Ibid., vol.4, part 3, p.136.

[65]　Ibid., vol. 5, part 3, p.244.

[66]　Ibid., vol. 4, part 1, p.207.

[67]　Ibid., vol. 5, part 3, p.258.

观察家认为多数奴隶女性在 15 或 16 岁时便开始杂交，这约莫是 19
世纪美国女性的普遍初经来潮年纪。但是古特曼的研究对黑人女性的
性生活提出另一种解释。他认为婚前就发生性行为，怀孕后便结婚，
这是许多前现代农业社会常见模式，和杂交不同。根据"美国自由民
调查委员会"（American Freedmen's Inquiry Commission）在 1863 年
所做的调查，古特曼认为"奴隶男女一旦结婚，便期望配偶维持忠
贞"。[68] 虽然我们无法确知多少奴隶谨守婚姻忠贞，但是奴隶社群的
确遵从一夫一妻制，这是出于他们的意愿，也是他们所属教会与主人
一再强调的。1865 年，奴隶主弗朗西斯·巴特勒·利（Frances Butler
Leigh）观察说："黑人不认为女孩未婚生子有何不对，但是婚后便必
须严守忠贞。"[69] 黑人丈夫也必须严守一夫一妻制，虽然他们如果发
生婚外情，承受的污名压力较小。

　　解放黑奴留下的书写或口述历史均显示他们的婚姻关系因人而
异，不仅受限于外部结构，也受人际动力影响。有的婚姻稳定，有的
不稳；有的配偶因爱相守，有的配偶因恨分离；有的婚姻幸福，有的
不幸，有的则相敬如宾。有的妻子提及前后任丈夫，对他们的情感好
恶不一，从爱恋、感激到厌恶都可能。黑奴的孩子回忆父母的婚姻，
感受也是不一，虽然多数孩子对父母充满感情，尤其是母亲。很多
孩子根本不认识父亲，口述历史里经常出现"我对爸爸一无所知"这
样的叙述。多数例子是孩子还小时，父亲就被卖掉了。但是如果父亲
还在，他便是一家之主，妻子与孩子都必须服从他，这和白人家庭没
两样。

　　基于显而易见的原因，在黑奴的一般叙述里，母亲的角色比父亲
来得显著。多数黑奴以及他们的主人都觉得黑人双亲中，母亲扮演较

[68]　Herbert G. Gutman, "Marital and Sexual Norms among Slave Women," in *A
　　　　Heritage of Her Own*, ed. Cott and Pleck, p.301.
[69]　Genovese, *Roll, Jordan, Roll*, p.467.

重要的角色，而且黑人家庭常以母亲为重心。事实上，如果弗吉尼亚州的例子可以用来推论其他州，那么主人为奴隶小孩造册时，孩子往往登记在母亲名下，而非父亲。孩子出生的头几年，少了母亲无法活。就算女性黑奴当时帮主人家奶孩子，她也会同时给自己的孩子哺乳。诚如一位黑人母亲说："有时，白人孩子吃我一边奶，黑人孩子吃另一边奶。"[70]黑人母亲有没有时间固定给自己的孩子喂母奶，要看主人的高兴。一个被指派到田里工作的女奴隶哀伤地回忆："我得丢着孩子在院子里哭泣。"[71]德州的夏洛蒂·贝弗利（Charlotte Beverley）比较幸运。她口中的女主人非常仁慈，膝下犹虚，设了个育儿室照顾所有黑奴的孩子。贝弗利回忆："有时，育儿室里50张摇篮都躺了黑奴婴孩，太太会照顾他们，给他们翻身、擦屁股……每天早上和下午，我会吹号子，叫这些孩子的母亲从田里回来喂奶。"[72]

不管女性黑奴是为人妻、单身、有孩子、没孩子，她们往往都是主人或工头的觊觎对象。针对此事，德州的贝蒂·鲍尔斯坦白说："工头和白人想占我们便宜就占我们便宜。女人最好不要小题大做，否则就会吃鞭子。"[73]密西西比州的解放黑奴安·克拉克（Ann Clark）言简意赅地说："我妈怀了两个白人孩子，是主人的，都被当作奴隶卖掉。"[74]安蒂·托马斯·约翰斯（Auntie Thomas Johns）的母亲解放时，她才两岁。童年时，她听母亲说过德州主人欧登少校的事情。欧登未婚，"有一个黑人情妇，大家都叫她菲莉丝阿姨，她和主人生了几个孩子"。欧登少校素以对奴隶仁慈而闻名，不仅对他和菲莉丝生的"五个几乎像白种"的孩子很好，也对她和别的男人生的"黑种孩子"很好。"有时她喝醉酒或生气，就会说她比较常想她的黑种孩子胜过

[70]　*The American Slave*, ed. Rawick, vol.4, part.1, p.77.
[71]　Ibid., p.107.
[72]　Ibid., p.86.
[73]　Ibid., vol.5, part 3, pp.191-192.
[74]　Ibid., vol. 4, part 1, p.224.

白种孩子。"[75]

女奴如果抵抗主人性胁迫，可能遭到严厉惩罚，下场比被强暴还惨。弗吉尼亚州的解放黑奴芬妮·贝瑞（Fanny Berry）便提及奴隶苏姬的故事："主人想要苏姬做他的女人。"一天，苏姬正在做肥皂，主人扑上前去，"她用力推他一把，结果主人就一屁股坐在熬肥皂的热锅上。肥皂正滚烫，主人差点没了一条命……后来主人便不再骚扰女奴"。但是数天后，苏姬就被送去奴隶拍卖场。[76]

如果女奴鼓起勇气向女主人投诉，后者可能会质问丈夫，但是有些妻子慑于丈夫的淫威，畏惧挺身捍卫受到性侵害的女奴。弗吉尼亚州的解放黑奴海斯·谢泼德（Hayes Shepherd）便提及女奴黛安娜恳求女主人保护她不被男主人强暴，女主人很同情黛安娜，但是不敢挑战丈夫，唯恐丈夫会打她、"扯光她的头发"[77]。

奴隶哈丽特·雅各布还只有十来岁，但是她的主人佛林特医师勾搭她。佛林特太太察觉丈夫的意图，把哈丽特叫来质问。她要哈丽特对着圣经发誓说实话，接着她下令说："坐在这个小凳上，看着我的脸，告诉我你和主人之间发生的一切事。"哈丽特说主人三番两次引诱她，佛林特太太听了便垂泪叹息。"她觉得自己的婚姻被亵渎了，她的尊严被糟蹋了；但是对于丈夫不忠行为的受害者，她却一无同情。"[78]虽然佛林特太太答应保护哈丽特，却因为愤怒又忌妒，反而开始敌视丈夫与哈丽特。

奴隶最大的恐惧就是被主人分开贩卖，导致一家人妻离子散。马里兰州有位年轻的解放女黑奴非常害怕，因为她的主人还算正派，有一天却带她"去看刻薄的主人如何用抽签法分开贩卖奴隶，将丈夫、

[75] Ibid., vol.4, part 2, p.205.
[76] *Weevils in the Wheat: Interviews with Virginia Ex-Slaves*, ed. Charles L. Perdue, Jr., Thomas E. Barden, and Robert K. Phillips (Bloomington, Ind.: University of Indiana Press, 1980), pp.48–449. Cited by Lebsock, *Virginia Women*, p.75.
[77] Weiner, *Mistresses and Slaves*, p.75.
[78] Harriet Jacobs, *Incidents in the Life of a Slave Girl*, p.53.

妻子、父亲、母亲与孩子拆散。他带着我们走到一个大高台，一个白人带着他的奴隶走上来，开始叫价，奴隶站在那儿，样子非常可怜，当有人出价买走了他，大家便开始喊叫哭泣。"[79] 另一个解放奴隶回忆她的父母如何被拆散："一天早上，我们被赶上车，妈妈哭着说我们要去德州，但是爸爸不能跟来。他跟我们不属于同一个主人。这是我最后一次看见我爸。"[80]

英国女演员芬妮·肯布尔（Fanny Kemble）嫁给一个非常富有的美国农园主人，生动地记录下她如何阻止一个奴隶家庭被拆散。她的丈夫是宾州的皮尔斯·马斯·巴特勒（Pierce Mease Butler），继承了佐治亚州两个岛屿的广大土地与奴隶。1838—1839 年的那个冬天，她与丈夫带着两个小女孩从宾州来到南方。她在那儿住了 4 个月，日记（1863 年出版）里记载了下面这个事件：

我们有一个名叫赛姬的年轻女人，她的工作有点类似保姆助手与助理……她的年纪还不到二十，身材非常好，举止温柔优雅，除了肤色（她是个不名誉的黑白混血），她的脸蛋算是漂亮……她有两个不到 6 岁的小孩……这个可怜女人的丈夫是巴特勒先生的奴隶，一个优秀、聪明、勤快的好年轻人。[81]

赛姬和她的先生分属于不同主人。她和小孩属于工头，她的丈夫乔则属于巴特勒先生。芬妮惊恐发现她的丈夫为了取悦即将离去的行政官，"要把乔当作礼物送给他"，乔得跟着新主人到亚拉巴马州，急得要疯了，"他哭得嗓子都哑了，激动得说不出话来，一再重复他绝不离开这座农园，死也不去亚拉巴马州，他不要与父母亲、可怜的老婆与小孩分离"。

[79]　*The American Slave*, ed. Rawick, vol. 5, part 4, p.167.

[80]　Ibid., vol. 4, part 2, p.164.

[81]　Frances Anne Kemble, *Journal of a Residence on a Georgian Plantation in 1838–1839* (New York: Alfred A. Knopf, 1961), pp.132–133, 136, 137, 140.

芬妮向她的丈夫恳求："为了他自个儿的灵魂起见，不要做这么残酷的事。"虽然巴特勒先生看似对妻子的激烈乞求（大家别忘了，芬妮可是个有名的演员！）相应不理，故事却有个圆满结局。乔没去亚拉巴马州，而巴特勒先生向工头买下了赛姬和她的小孩，让他们一家人可以团圆。芬妮事后回想，赛姬"如果住在一个农园，没有疯狂的英国女主人哭哭啼啼、严词谴责，并百般为他们请命，而男主人也不愿聆听她的恳求"，那么他们一家人的命运可能就大大不同了。

尽管这件事以奴隶夫妻团圆、主人夫妻妥协收场，但是芬妮与巴特勒并未白头偕老。他们两人对奴隶制度与婚姻的本质都有无可化解的歧见，导致 10 年后以离婚收场，而且搞得沸沸扬扬。巴特勒宣称他们的婚姻之所以失败，全归因于"巴特勒太太对婚姻怀有奇特看法……她坚持婚姻必须是平等的伴侣关系"。为了证明自己所言不虚，他公开了芬妮稍早之前写给他的一封信，她在信上抗议丈夫认定自己有权控制她。巴特勒则谴责"婚姻关系必须平等"是个"错误原则"，他的想法只是反映出当时一般人的看法，尤其是南方人的看法。巴特勒夫妇在 1849 年离婚，依据当时的英美法律与习俗，巴特勒获得了孩子的监护权。

芬妮的故事并不符合南方婚姻生活的简单诠释。它让我们知道一个英国女子企图颠覆婚姻体制，结果却失去丈夫与孩子。它也显示白人女性的生活其实与奴隶紧密交织。而那个时代的婚姻其实和今日一样，配偶的意识形态与目标差异可以变成婚姻的战场。

类似这样的家庭战争撕裂了多少维多利亚时期的婚姻？我们无从得知。即便是不太在乎张扬夫妻龃龉的现代人，我们也很难估量婚姻失和的比例。安妮·菲洛尔·史考特（Anne Firor Scott）的经典著作《南方女士》（*The Southern Lady*）曾列举南方女性的主要痛苦，譬如担心孩子太多、家务责任压力过巨，以及豢养与监督奴隶的重担。

有些南方女性甚至公开反对奴隶制度。1839 年 2 月的《萨凡纳电讯报》（*Savanna Telegraph*）刊登了一份致佐治亚州议会的请愿书，39 名女性联署希望佐治亚州废除奴隶制度。州议会的一个委员会批评这些请愿女人是"未经许可，干涉似乎应当属于她们的父亲、丈夫与兄弟才应该管辖的议题"。建议这些女人"如果将注意力局限在家务事上，多关心如何缝补丈夫与孩子的衣裤，而不是忙着弥补法律与宪法的裂缝，那她们对社会将有更多贡献"。[82]

南方妻子被严拒涉足公领域，私领域里又遭到丈夫责难，无疑是活在我们今日绝对无法忍耐的父权管制下；但我们如果认为全部甚至多数南方女性都婚姻不幸福，那就错了。史考特的《南方女士》便依据南方女性所写的日记、书信、回忆录，列举出许多婚姻幸福的例子。譬如芬妮·摩尔·韦布·邦帕斯（Fanny Moorc Webb Bumpas）在 1842 年 3 月 9 日的日记中写道："真是愉快安逸啊！能够有一个伴侣是多么快乐，一个你能放心与他分享一切快乐与哀伤的伙伴。"苏珊·康沃·舒梅克（Susan Cornwall Shewmake）则在 1861 年 3 月 1 日的日记写道："明天就是我结婚 13 周年。时间飞逝，这些年来我充满快乐。"另一个佐治亚州农园女主人则对自己的婚姻持久满怀感恩："上帝恩赐我宝贵的丈夫，让他陪伴我到老……我们虽然变老了，但岁月只让我们感情日深。23 年来，我们共享一切快乐与伤悲。"[83] 当然，古今皆然，婚姻的满意程度随每对配偶的关系而有差异。

婚姻持久的奴隶夫妻所留下的第一人称叙述多半是口述历史，情感表现上比较不那么热烈，但是我们偶尔也会看到用语简单、流畅的叙述。譬如亚拉巴马州的米娜娃·温迪（Minerva Wendy）提到结缡 59 年的丈夫，说："我是个 6 月新娘，在 59 年前结的婚。一个叫布莱克席尔的年老白人牧师让我和黑人艾德葛·班迪站在一起，然后我们就结婚了，一直到现在。"[84] 奴隶制度废除许久之后，德州的卡罗琳·莱特（Caroline Wright）骄傲地说："威尔和我结婚 75 年了，到现

[82]　J. S. Buckingham, *The Slave States of America* (London: Fisher, Son, & Co., 1842), vol.1, pp.140–1141.

[83]　Citations from Scott, *The Souther Lady*, p.40.

[84]　*The American Slave*, ed. Rawick, vol.4, part 1, p.69.

图5.5　弗吉尼亚州乡下的黑人老夫妇，1899年。弗朗西斯·本杰明·约翰斯顿（Frances Benjamin Johnston）的摄影（Library of Congress, Washington, D.C.）

在还是夫妻，现在年轻人实在太不尊重婚姻了。"[85]

　　一般来说，美国内战前的南方白人妻子和北方妻子的差异在于孩子的数目、对奴隶劳力的倚赖，以及南方人引以为傲的"好客之道"。但是不管南方、北方有多大的文化差异，两边的妻子还是有许多共同处。她们都受英国不成文法的规范，妻子必须服从丈夫。她们几乎全是基督徒，和爱尔兰或其他天主教国家来的新移民不同，她们身为盎格鲁－撒克逊的白种新教徒，相信自己有着更高的神命。富有的南方女性会前往北方时髦的温泉（譬如萨拉托加 [Saratoga] 温泉），与北方女性结交朋友，有时嫁给这些北方友人的兄弟或儿子。内战爆发前，北方与南方家庭不乏往来。

　　许多北方与南方的夫妻住在开拓已久的地方——繁荣的城市、小镇或乡间小小区，那儿至少有可通行的道路与定期的邮件发送。但是伴随着美国人往西部迁移，迈入原始荒凉的区域，资源的稀少激发了

[85]　Ibid., vol.5, part 4, p.222.

女性原本不会表现出来的素质，如果是在东部，这些女性素质还可能被认为是"不宜"。但是文弱端庄的妻子在印第安纳州的农场根本无法生存，更不用提俄勒冈荒径（Oregon Trail）[86]。唯有兼具体力、勇气、聪明、心理韧性与某种程度的独立，你才可能成为拓荒女性。

[86]　1843 年，大约有 30 万移民从密苏里沿着俄勒冈荒径向西迁移，历时 30 年，全长 2000 英里。——译者注

第六章
维多利亚时期的美国边疆妻子

一旦涉及生存，不管已婚还是未婚的女人，只要能够养家糊口，什么活儿都肯干。"男人的活儿"与"女人的工作"之间界限越趋模糊。而让许多男女投入拓荒的"开疆扩土"精神，往往也伴随着他们日益深入的西部，而颠覆了原有的性别界限。

美国西部、中西部的拓荒者故事理所当然蔚为传奇，被拓荒存活者予以神化，以致我们难以将历史事实从刻板印象与虚构故事中抽离开来。有关那段期间的已婚妇女经验，最可靠的记录来自她们的日记、游记、书信与回忆录——典藏于各地方档案室的各式手写文件，直到最近才有人开始针对它们做系统化研究。[1]

很奇怪，她们的故事许多方面都令我们联想起 200 年前的美国移民。首先，男女比例悬殊。他们有人写信叫老婆或心上人来团圆，有的则热切欢迎任何有勇气单身前来的女性。

某个瑞士年轻男士 17 岁时前来美国，在明尼苏达州落户，数年后写信给家人，要他们尽快为他张罗一个老婆。她必须身体强健，能够照顾牛、猪、鸡，以及他亲手搭建的木屋，因为他得忙着干"男人

---

[1] Julie Roy Geffrey, *Frontier Women: The Trans-Missipsy West, 1840-1880* (New York: Hill and Wang, 1979)。Glenda Riley, *The Female Frontier: A Comparative View of Women on the Prairie and Plains* (Lawrence, Kansas: University of Kansas, 1988)。上述两本书让我们对 1840—1890 年横越密西西比的拓荒女性有较多了解。Julie Geffrey 的著作研究 1840—1880 年偏远西部的农业拓荒者，以及 1849 年加州开始淘金热后的开矿拓荒者，然后横跨到都市开拓者。Glenda Riley 的研究范围包括爱荷华州、密苏里州、伊利诺伊州、明尼苏达州，以及印第安纳州等大草原各州，也研究堪萨斯州、达科达州、内布拉斯加州、俄克拉荷马州等大平原各州，以及部分的科罗拉多州、德州、怀俄明州、蒙大拿州。Joanna L. Stratton, *Pioneer Women: Voices from the Kansas Frontier* (New York: Simon and Schuster, 1981) 则专注于堪萨斯州的研究。Joanna Stratton 运气奇佳，在她祖母的阁楼里找到 800 位堪萨斯州女性的回忆录。这批宝藏最早是由她的曾祖母（她在 1884 年来到堪萨斯州）开始收藏。其他有用的数据还包括 Lillian Schlissel, *Women's Diaries of the Westward Journey* (New York: Schocken, 1982) and Kenneth L. Holmes, ed. *Covered Wagon Women: Diaries from the Western Trails, 1840–90,* 11 volumes (Glendale, CA: Arthur H. Clark Company, 1983–1993)。

的活儿"。他的父母帮他挑了一个女人，两年书信往返后，他的未来新娘航行 5000 英里到达美国，他们在 1858 年 6 月 4 日在圣保罗市首度见面，隔日就结婚。

数以千计的女性响应边疆寂寞男性的呼唤，虽然很少人如下面这位东部女士这么大胆，她在 1860 年爱荷华州滑铁卢市的报纸刊登广告：

> 一位住在纽约州中部小镇的年轻女士为了成家，渴望与定居西部的年轻男士通信……她年约 24 岁，品行高尚，称不上好看，但性情温和，身体健康，教育水平尚可，全然娴熟操持家务的秘诀。[2]

或许她的持家才干能够弥补容貌之不足。

宣传小册对女性特别具有吸引力。一份小册写道："依据爱荷华州现行法律，夫妻在持有、处分财产上并无差别待遇。万一丈夫死亡，妻子仍然存活，将无条件继承丈夫名下 1/3 的财产。"[3] 这份 1870 年的声明正好与英国的"已婚妇女财产法"同步，反映出美国各州的立法已逐渐让夫妻平等持有家产，希望吸引对新法律感兴趣的妇女，但是寡妇只能继承 1/3 家产的传统观念仍未消失。

不管是居住在大草原或平原各州，多数女性一开始都被恶劣的环境吓到了。伊利诺伊州某位早期屯垦女性的负面反应颇能传达许多人的心声："当我们来到刚买的产业，一个号称流着蜜汁与牛奶的福地，我们极为失望并严重思乡，但是既然已经来了，就只能尽力而为。"[4] 他们暂居在篷车、帐篷、斜顶小屋、草屋与小木屋里；面对暴风沙、暴雨、龙卷风、洪水、泥泞、灰尘、蚱蜢、毒蛇、臭鼬、郊狼、野狼与熊的威胁；恐惧印第安人与白人恶棍的突袭；教堂、学校

[2]　Cited by Riley, *The Female Frontier*, p.48.

[3]　Ibid., p.31.

[4]　Ibid., p.46.

与其他文明设施付之阙如——这些是早期屯垦女性最常见的怨言。只有极少数女性欢欣拥抱新家园。嘉丽·拉赛·德特里克（Carrie Lassell Detrick）还记得她的母亲看到他们在堪萨斯州第一个家的反应："当我们的篷车驶近父亲为我们准备、只有一个房间的草屋时，他扶着母亲下篷车，母亲环顾荒芜的农园，我到现在还记得她的表情，她用手抱住父亲的脖子放声大哭。就我记忆所及，母亲就只这么纵情大哭过一次。" [5]

　　为什么这些女人愿意远离熟悉的环境、亲人、朋友与舒适的安稳小区，投身危险的不可知未来？显而易见的答案是"由不得她们做主"，因为决定权在丈夫。法律规定丈夫有权决定家人该住在哪里，妻子无法拒不跟随，尤其丈夫的理由是寻找发财机会。

　　玛丽·简·海登（Mary Jane Hayden）回忆她丈夫听说加州有黄金时的兴奋，并片面决定要与几个新英格兰地区的男子一起淘金。她问丈夫要拿她和 6 个月大的孩子怎么办，他回答："我送你回娘家去住，直到我回来。"初闻此语，海登太太一时说不出话来，"想到与丈夫分隔两地，心都要碎掉了"。她终于按捺不住：

　　　我说："我们结婚就是要住在一起……只要是你觉得好，我愿意随你浪迹上帝脚下的国度，以目前的状况，你有权去你想去而我无法随行的地方。假设如此，你也不必回来了，因为我会当你是死了。"他回答："嗯，如果你的想法如此，我就不去了。"我必须强调的是——我们的对话毫无火气，因为结婚两年来，我们从未意见相左。最后我们决定明年才去加州的金矿矿区。[6]

　　卡顿太太（W.B. Caton）也接受丈夫的片面决定，在 1879 年搬

[5]　Cited by Stratton, *Pioneer Women*, p.55.

[6]　Mary Jane Hayden, *Pioneer Days* (San Jose, California: Murgotten's 1915), as cited by Cathy Luchetti, "I Do!" *Courtship, Love and Marriage on the American Frontier* (New York: Crown Trade Paperbacks, 1996), pp.215-216.

到堪萨斯州:"对我来说,堪萨斯州代表毁灭、不法之徒与龙卷风。我不同意丈夫的看法,我不认为搬到这样一个地方有什么好下场。但是照例,男人的性格占了上风。"[7]

一首名为《横越大陆 1852》(*Overland 1852*)的诗描绘众所周知的夫妻态度差异:

> 他想前往西部
> 他是那种静不下来的人
> 上天也知道,
> 土地是如此稀少,
> 而钱总是不够用。
> 但是他告诉我的那一天
> 我还是哭了
> 我恳求他不要离开这儿
> 他只说我们非走不可
> 越快越好。[8]

夫妻一旦完成横贯大陆的旅程、建立了初步的家,就得开始在新领土上打拼。没有别的帮手,只能单打独斗,这时夫妻的"男女领域"划分已经模糊。妻子往往被迫参与男性的传统工作,譬如种植、收割、照顾牲口,甚至打猎。共同分摊工作可能让某些夫妻更趋于平等。但是多数例子是妻子得包办屋内的活儿,这些活儿在每一州都大同小异,包括煮饭、裁衣、补衣、洗衣、熨衣,整理房子,虽然家具少得不能再少,她们还是尽量让家里看起来吸引人。一把珍贵的摇椅或木制午茶推车就能让家里蓬荜生辉。而免不了的,母亲的胸膛不是

---

[7] Cited by Stratton, *Pioneer Women*, p.44.

[8] Cited by Susan Butruille, *Women's Voices from the Oregon Trail* (Boise, Idaho: Tamarack Books, 1993), p.49.

躺着吃奶的娃儿，就是肚子里又怀了孩子。

每个家庭都欢迎孩子，他们是额外的帮手，拓荒家庭往往人口众多。某项针对密苏里州的研究指出当时的家庭平均每 2—3 年生一个孩子，另一项研究则指出拓荒家庭平均孩子数为 10 个。有的研究得到的数据较保守，指出拓荒家庭的生育率只比全国平均高一点。

前面提到的那对瑞士夫妇——西奥多与苏菲·博斯特——在婚后一年（1859）喜获女儿。初为人父的西奥多写信给瑞士的父母，详细描述妻子在明尼苏达的生产过程：

> 亲爱的爸爸妈妈，感谢上帝，我们的女儿朱莉·阿黛尔平安躺在苏苏的身旁，母女均安。苏苏从 19 日星期五清晨 3 点开始阵痛，历经辛苦的分娩，在昨天（20 日）上午 10 点生下孩子。她不听我的劝

图 6.1 《前往加州》。丈夫出发前往加州，妻子企图拦阻他，哭喊："亲爱的约翰·彼得，我要怎么办啊!!"丈夫回答："你跟孩子都下地狱吧，如果你不放开我，我就要把你丢下码头。"淘金热时期的漫画，1849 年左右（California Historical Society, San Francisco）

告，不要医师来家里帮她接生，我们找来邻居接生婆；但是到了清晨
2 点 30 分，我派人去找医师，医师认为顺其自然就好，拖到 10 点才
来。医师来了后，发觉"顺其自然"不行，让苏菲颇折腾了一会儿，
我们的"小小姐"才在半小时后降临人世。[9]

　　不是所有老婆都这么幸运。跨过密西西比河，接生婆很少，医师
更少。女人分娩往往只能靠丈夫、年长女儿或者其他已婚妇人的协
助。有时丈夫有事不在家，又没有医师、接生婆、邻人帮忙，女人得
一个人生孩子，这对任何女人来说都是非常恐怖的经验。

　　让边疆拓荒女性备感压迫的不仅是身体的威胁与环境的困苦，还
有心灵的严重贫瘠。她们的书信与日记透露出寂寞、孤立、思乡、焦
虑、沮丧、哀伤、失落与普遍的不安。科罗拉多州的莫莉·多尔西·桑
福德（Mollie Dorsey Sanford，我们在本章后面还会长篇详述她的故
事）在 1860 年 10 月 22 日的日记写道："我很羞愧自己如此想念家乡。
当然我在日记里所写的事情不会向丈夫和盘托出……为了拜朗（她的
丈夫）的缘故，我尽量表现得开心，担心他认为我和他在一起不快
活。他不像我，他没有家人的牵绊，无法体会我的心情。"[10] 哪怕像
莫莉这样深爱丈夫，而丈夫也爱她的女人，都无法向丈夫沟通自己的
"郁病"感觉，更加深了女人的孤立感。

　　女人怀念分离两地的家人、哀叹缺少女伴。只要情况允许，她们
尽量与其他女性建立关系，经常跋涉数英里去参加做拼布被的聚会、
婚礼，或者帮人接生孩子。一位俄勒冈女士在老年时回忆早年屯垦
者颇为仰赖的女性网络："当我还是个小女孩，当时的女人如果生病
了，她不需要请护士。她的邻居会来帮忙，帮她做家事，把她的孩子
带到她们家照顾，直到她痊愈了为止。邻人会送来自己做的面包、果

[9]　Charles Marc Bost, *Les derniers puritains: poinniers d'Amérique, 1851-1920* (Paris: Hachette, 1977), p.181.

[10]　*Mollie: The Journal of Mollie Dorsey Sanford in Nebraska and Colorado Territories, 1857-1866* (Lincoln: University of Nebraska Press, 1959), pp.145-146.

酱这些东西……"[11] 就这个角度，她们非常类似美国早年殖民时代的女人。

　　从另一个角度来看，19 世纪的边疆拓荒女性和早年的先民还是有所不同：她们不全是英裔美国人。除了加拿大、墨西哥以及美国其他地方来的移民，欧洲许多国家的女人也远渡重洋到美国中西部与西部拓荒，到了 20 世纪初，更增加了中国与日本移民。大草原各州的外来者以北欧人居多，比起南方或英裔女性似乎更能适应，或许因为多数北欧女性出身小农场。爱尔兰、苏格兰、威尔士、德国移民适应得也颇快，但也要看他们在故国做些什么营生。如果是德国市民阶级的太太来到美国中西部，可能会怀念旧有生活的舒适。而爱尔兰的乡下姑娘来到美国，如果能找到丈夫、两人一起工作，或许就会雀跃于她们能分到开放给屯垦者的自耕农场，不管环境是多么原始困苦。

　　边疆拓荒女性的民族背景非常多元，她们的语言不同、习俗不同，信仰也不同。新教徒、天主教徒与少数的犹太人往往各自形成紧密的社群，在这些社群里，女人与同族女性说母语，努力维系属于她们的信仰与仪式。不少族裔即使面对美国的自由模式，依然奉行旧世界的求爱与婚姻习俗。家里付不起嫁妆的欧洲女性为了躲避强制性的妆奁制度，横渡大西洋来到美国，往往乐于追随同族人的指导，尤其是已婚女性指导她们如何找到合适的丈夫。中西部的俄罗斯移民则维持"安排式婚姻"的习俗，年长女性评估未来媳妇会"捏捏她手臂是否强壮，注意她刚刷洗过的厨房是否干净"。意大利移民和俄罗斯移民不同，他们很快就抛弃"安排式婚姻"，和多数美国人一样，他们"相恋结婚"，但是婚礼仍在天主教堂举行，并遵循夫妇敦伦的限制——不得在斋戒日、节日或怀孕期间行房。

　　到头来，欧洲移民还是受到主流英裔美国文化影响。虽然他们每个星期六或星期天都与相同信仰的人一起做礼拜，但是开学期间，他

[11]　Fred Lockley, *Conversations with Pioneer Women* (Eugene, Oregon: Rainy Day Press, 1993), pp.98-99.

们将孩子送往只有一个教室、男女合校的学校上课（这类学校在大草原与平原各州如雨后春笋般成立）。就这样，慢慢地，她们就算不是跟着美国女性，也会从自己的孩子那儿学会这个新家乡的语言与习俗。

有一类女性是欧裔美国人甚为陌生的，那就是美国原住民女性。拓荒者妻子比较有机会碰上印第安男性，他们会趁她们的丈夫不在家，上门乞讨食物。一个根据拓荒女性的日记、书信、回忆录与小说所做的研究显示，印第安人很喜欢上门要食物——饭菜、刚烤好的面包，或者主食。和传说故事正好相反，印第安男性并不常掳走拓荒女性或者剥人头皮（虽然也有少数可怕例子），更几乎不强暴拓荒女性 [12]。曾与印第安男性接触并留下记录的女性记得她们虽然很害怕，还是镇定地拿出食物，如果入侵者拿走珍贵的食物，她们也只好忍气吞声。这才是谨慎的做法。

某些拓荒女性住得非常接近印第安部落，譬如蒙大拿州的北夏延（Northern Cheyenne）。她们便对印第安邻居充满同情，虽然印第安女性与白人女性之间几乎没有跨族裔的长久友谊。少数印第安女性口述或书写的故事则勾勒了印第安妻子的部落生活。

莎拉·温尼姆卡·霍普金斯 [13]（Sarah Winnemucca Hopkins）公主青少年时期曾在白人学校上学，两度嫁给白人（第一次婚姻以离婚收场）。两任丈夫对莎拉公主的成年生活都无太大影响，她终身致力于争取派尤特（Paiute）族的权益。1883 年，她出版了一本自传，旨在让美国人了解派尤特人在白人统治下的悲惨命运。先是移民大举入

---

[12] Susan Armitage, "Women's Literature and the American Frontier: A New Perspective on the Frontier Myth," *Women, Women Writers, and the West*, ed. L.L. Lee and Merrill Lewis (Troy, New York: The Whitson Publishing Company, 1980), pp.5–13.

[13] Sarah Winnemucca Hopkins 是派尤特族公主，1880 年 1 月她曾北上华盛顿特区向总统 Rutherford B. Hayes 请命。Hayes 虽承诺改善派尤特人的处境，但后来食言。Sarah Winnemucca Hopkins 并未因此气馁，她巡回各地发表了 400 多场演说，呼吁改善派尤特人的困境，并致力于开创学校、教育族人的小孩。47 岁那年，她死于肺结核。——译者注

侵，迫使她的族人从内华达州迁移至加州，接着他们又被驱赶到保留区，饱受腐化的行政官员欺骗。她拿派尤特人田园诗歌般的早年生活与现在所受的羞辱和苛待做比较。自传中并对派尤特人的求爱、婚姻仪式有详细描述。[14]

女孩尚未成为女人前，不能结婚，月经来潮那段时间被视为神圣……年轻女孩在两个年纪较大的朋友陪伴下，与众人隔离，住到一个印第安帐篷里，大小只够她们3人住，这是专门为她们搭建的……每天三次，她必须捡拾5堆柴火，堆得越高越好。这样她一天共捡拾15堆的柴火。每5天，她的照顾者带她到河边洗澡一次。她必须连续禁食肉类25天，往后，每个月她都禁吃肉5天。25天隔离结束后，她回到家人居住的木屋，将自己所有的衣物送给照顾者，以示答谢。

从这时起，大家都知道她可以结婚了。对她有兴趣或者想和她联姻的年轻男人就会前来。我们的追求过程和白人很不一样。追求者不可以和意中人说话或者探访她的家人，而是展现骑马等技艺来吸引她的注意。

这种沉默的求爱往往长达一年或更久。就算这位年轻勇士进入意中人的帐篷，也不能和意中人说话，也不跟睡在姑娘旁边的祖母说话。如果这位姑娘对追求者满意，向祖母透露心意，姑娘的父亲就会招来这位男子，问这位印第安勇士是否爱他的女儿，然后再问女儿是否爱这位勇士。他提醒这对年轻人丈夫与妻子的义务。"妻子必须鞣制猎物的皮革、煮饭、清理鹿皮、帮丈夫做鹿皮靴、整理他的头发、捡拾柴火——换言之，也就是所有家务活儿。"

一旦这对年轻人打算成亲，"就要搭建一个印第安帐篷，用来装

[14]　Sarah Winnemucca Hopkins, *Life among the Piutes; their wrongs and claims*, ed. Mrs. Horace Mann (Boston: For Sale by Cupples Upham and Co., G. P. Putnam's Sons, New York, and by the author, 1883). 另，Sarah Winnemucca Hopkins 的小传请见 Elinor Rickey, *Eminent Women of the West* (Berkeley: Howell-North Books, 1975), pp.125-151。

双方亲友致赠的结婚礼"。然后他们开始准备婚礼。

喜宴的食物都装在篮子里。新娘坐在新郎的旁边，奉上篮子，里面装了她亲手为他准备的食物。新郎不用右手接过篮子，而是抓住新娘的手腕，用左手拿过篮子。这样就代表两人成婚了，新娘的父亲宣布他们已经是夫妻。他们进入自己的帐篷，在那儿住到第一个孩子诞生为止。头生子诞生也需要庆祝，双亲都要禁食肉类。接下来的25天，丈夫必须捡拾柴火，接手妻子所有的家务活儿。年轻母亲经常聚在一起交换经验，谈论她们生孩子时丈夫如何照顾她们，并互相询问对方的丈夫是否尽责照顾小孩、注意妻子的健康。

当然，我们无法根据这些叙述来推论其他部族的经验，但它的确指出生命周期的重要过渡（passage），譬如青春期、订婚、婚姻与生子，仪式都扮演了重要角色。它也点出丈夫与妻子的性别分工，印第安女性和主流女性一样，必须担负"所有的家务活儿"，唯有生完孩子的25天里，她可以暂停家务责任，有趣的是，丈夫不肯依习俗扛起妻子的活儿，会遭到族人或至少族中妇女的谴责。

求爱时致赠礼物是普现于印第安文化的习俗。年轻的勇士可能背了一头鹿，沉默地放在意中人的帐篷前。如果对方接受他的追求，便会将礼物收下。他必须致赠礼物给意中人的家人，譬如皮毛、羽饰或牲口，还要付出50匹马或者许多毛毯作为聘金。卡罗克（Karok）印第安人的规矩，如果男方没有付聘金，婚姻便算无效；而海岸地区的印第安人，如果夫妇结婚，男方赠礼不够丰厚，生下的孩子会被视为是私生子。

美国原住民的婚姻习俗各族不同。有的部族容许婚前同居，有的不准。有的奉行一夫一妻制，有的一夫多妻。黑脚族（Blackfoot）便是一夫多妻制，大老婆被尊称为"坐在丈夫旁的配偶"，有权管辖其他妻子。狐族（Fox）印第安人会将新娘的妹妹带到他们睡觉的地方，她长大了就成为丈夫第二个妻子。母系社会的印第安部族，女性可以尝试许多男人，直到她找到愿意共度一生者。

多数印第安部族认为妻子应当守贞，不忠的老婆会遭到肢残或驱逐的严惩。阿帕契族（Apache）的妻子如果不忠，会被割掉鼻子或耳朵。借妻[15]（wife sharing）则是另一回事，某些部族视此为礼节，譬如普布罗（Pueblo）印第安人在举行宗教仪式时便有借妻行为。

当时的人虽不鼓励印第安女性与白人男性跨种族联姻，但它也不是禁忌。19世纪初期，捕猎者与商贩经常娶印第安女性为妻，她们在许多方面都是可贵的帮手，可以帮忙做白人与印第安人的通译、消除印第安人的突袭、在逃亡期间做饭，还帮忙捕猎、医治牲口、修理器具。

虽然许多白人男性懒得将这种"混血关系"合法化，但也有人请新教牧师或天主教神父为他们证婚。传奇捕猎者安德鲁·加西亚（Andrew Garcia）与来自庞多雷（Pend d'Oreille）的新娘便是由天主教神父证婚，当时，加西亚23岁，新娘19岁。婚礼前，加西亚一直未与印第安妻子同房，然后出乎其他捕猎者意料，他将戒指套进新娘的手指，誓言做个模范丈夫。这些早年的跨种族联姻故事一再提醒我们：从白人踏上新大陆之后，美利坚的历史便是一则多文化并存与交融的故事。

在美国编年史里，最传奇的莫过于横越草原、平原、山陵，跋涉至偏远西部的男男女女。据估计，1841—1867年，共有35万人循着俄勒冈荒径与加州荒径挺进边疆。俄勒冈荒径又称为"合家荒径"，已婚男子带了妻儿，通常选择这条前进西部的路。而单身男子受到黄金、冒险的诱惑，多半选择往南的加州荒径。

---

[15]　wife sharing 照字面为"共享老婆"，意义十分模糊。据译者去信作者 Marilyn Yalom，作者回信指普布罗印第安人的 wife sharing 不是一种常设安排，而是出借老婆给他人几天，仪式过后，妻子还是回到原来的家。这类似人类学上所谓的"借妻"（wife lending, wife hospitality），意指主人的丈夫为了对客人表示兄弟之谊，而让客人分享其妻之性特权。详见芮逸夫主编：《云五社会科学大辞典——人类学》，台北：商务印书馆，1971年，第200页。——译者注

前进俄勒冈

最早挺进西部抵达俄勒冈的美国家庭是 4 对传教士夫妇，时间是 1838 年，其中一对是艾肯那·沃克（Elkanah Walker）与玛丽·理查德森·沃克（Mary Richardson Walker）。从玛丽的日记与书信，我们得以拼凑出一个了不起的故事[16]。玛丽原本申请成为传教士，被拒绝后，教会宣教部安排她与艾肯那成亲。1830 年，玛丽 19 岁，就读缅因州的卫斯理女子学院（Wesleyan Seminary），读了 3 年。但是未婚女性不能被派驻边疆宣教，唯有成为传教士的妻子，她才能达成心愿。这时艾肯那出现了，他是个超过一米九五的高大汉子、害羞、笨拙，还是个神学院的学生，需要一个妻子。虽然玛丽还有好几个追求者（其中一人深深吸引她，可惜是个异教者而被她拒绝），但是她很快便和艾肯那达成婚事的默契，等到他毕业才结婚，然后他们便要离开玛丽的家乡缅因州，前往密苏里州，再从那儿一路穿过印第安人居住地，前往俄勒冈。穿越异地需要陆军部核发的护照。

到达密苏里后，他们与另外三对蜜月中的夫妇会合，加入一个有 25 匹马与驴子的篷车队。他们的储藏品包括面粉、米、糖、胡椒与盐，预计可以撑到车队抵达水牛出没的区域，届时便能靠水牛肉维生。但是当他们抵达那里时，玛丽已经筋疲力尽、备受挫折。她在日记中写道："我有一大堆话想写，但是我太累了。我们有两个帐篷，大约是 2.4 米宽、3.6 米长，用布帘隔开不同家庭……史密斯夫妇在帐篷那一头鼾声如雷。沃克先生躺在我身旁，说我写够了。"

除了身体劳累与缺乏隐私，玛丽还得忍受丈夫性情古怪。她在日记中抱怨："如果沃克先生肯对我稍微热诚些，我便觉得比较好过。他甚难取悦，我总是无法如他意，让我沮丧极了。如果我激动，那是冒失；如果我安静，就是消极。我一直努力取悦他，有时，我觉得那是

---

[16] 以下引述语摘自 Ruth Karr McKee, *Mary Richardson Walker: Her Book* (Caldwell, Idaho: The Caxton Printers, Ltd., 1945)。

枉然。"不多久，她便与丈夫"大吵一顿"，艾肯那似乎颇为吃惊，因为玛丽后来写道："今天，他对我非常好。"

跋涉 3000 英里、长达 6 个月的旅程带来内外压力，有些压力可能来自玛丽已经身怀六甲。基于维多利亚时代的谨慎作风，她从未向人提及怀孕之事。抵达俄勒冈数个月后，玛丽生下了第一个孩子（她一共生了 7 个）。不管哪个时代、什么地方，初为人母者总是无限喜悦，她的日记记载了此中各种感受：恐惧、痛苦、坚忍、如释重负与快乐。

9 点时，我开始阵痛得厉害，也开始失去勇气，几乎恨不得自己没结婚。但是容不得我退缩，只能勇敢面对。11 点，我近乎勇气尽失……就在我以为更糟的还在后头，我的耳边突然传来孩子的哭声。人们庆贺我喜获"麟儿"。一抱住这个美好的孩子，我顿时忘记自己的痛苦。晚间，我丈夫返家，满心感谢，一直亲吻我与儿子。

像玛丽这样的传教士妻子要协助丈夫在不同的印第安部落宣教，包括达科他州的苏族（Sioux）、西北部的那兹帕赛族（Nez Percés），还有偏远西部的温尼巴勾族（Winnebago）与奇卡波族（Kickappo）。1838—1869 年，新教会共派遣 270 名传教士前往边疆地带归化原住民，只有一名传教士是单身。当时教会的看法是传教士都应娶妻，想要成为神职人员，未婚是一大缺点。一位俄勒冈传教士便抱怨教会拒绝派他到阿拉斯加："这是我第三度与好的奉派机会擦身而过，都因为我没有老婆。"[17]

玛丽·理查德森·沃克的故事之所以进入官方历史，因为她是第一批抵达西北部的传教士妻子。还有许多默默无闻或者少为人知的拓荒女性并未留下任何记录，即使有，也是断简残章。譬如中西部的农场女性基图拉（简称基特）·潘顿·贝尔纳普（Kitturah Penton

[17]　Luchetti, "*I Do,*" p.184.

Belknap），她只留下数页日记，却鲜活记录了他们前往俄勒冈的旅程。基特与先生乔治在离开爱荷华州前，已经生过 4 个孩子，其中 3 个夭折。她仅存的孩子才 1 岁大，她在 1847 年 10 月的日记写道："现在我只剩一个小男孩。我必须将仅余的一点精力用来准备横越落基山脉。"[18]

行前准备包括"替乔治裁制 4 件棉布衬衫、替小儿子杰西做两套衣裳"，还有"一块做篷车盖的麻布以及一些麻布袋"。替丈夫做衬衫、替儿子做衣裳、缝制装食物的麻袋，这些都不出奇，但是替篷车做顶盖，便不免让读者吃惊了！日记里还有几句话提及她在做行前准备时，丈夫陪在一旁："我多数晚上都在纺纱，我的丈夫则在一旁读书给我听。"有关拓荒家庭的记录经常出现丈夫朗诵书籍给老婆小孩听的画面。基特的简短记载说明了他们夫妻情深，至少她没有称呼丈夫为"贝尔纳普先生"，当时高尚的中产阶级太太不管写日记、回忆录、书信，甚至与人言谈间，都以"××先生"称呼自己的丈夫。

当贝尔纳普家展开长征，他们与另外 5 家人同行，每家有一到两辆篷车，每辆篷车有 8 头拉车公牛。宽仅 1.2 米、长 3 米的篷车要载满 6 个月的粮食。基特的麻布袋与木箱（将来还可以做桌面与储物箱）装满面粉、谷类与"苹果干、桃子干、豆子、米、糖与咖啡"。基特充分利用每一寸储物空间，语气充满对未来的坚定期望："还有一个角落可以放洗澡盆，午餐篮正好可以放进洗澡盆里。我们要用的碟子就放在篮子里。我打算先用比较好的陶制碟子，如果它们破了，就换锡制的。我做了 4 块漂亮的桌布，这样，就像在家里一样。"

艰辛的旅程挑战基特的乐观情绪。从她与无数男女留下的叙述，我们发现没有一个征西者能够完好无伤地抵达旅程终点。他们历经同行者的死亡（通常是小婴孩或死于难产的母亲），还有致命的传染病如伤寒、赤痢、天花，以及恐怖的霍乱。他们得忍受暴风、刺痛眼睛

---

[18]   "Original Diary of Kitturah Penton (Mrs. George) Belknap" as quoted in Susan Butruille, *Women's Voices*. p.53 and following.

的沙尘暴、皮肤病、骨折，不仅要在严酷艳阳下忍饥耐渴，碰到同行者死亡或者跟不上车队，更要忍受生离死别的痛苦——这些拓荒者留下的回忆在在令人难忘。

一度，基特的儿子"因高山症病得厉害"，她忧心自己会失去仅剩的孩子。她记录了自己的最坏打算："晚上我在想我们可能得将孩子留在这儿，如果这样，我得留下来陪他。"幸好，天光破晓带来"新的勇气"。

基特一面照顾生病的儿子，继续征西的旅程，只字未提她又怀孕了。当时的女人甚少在文字记录里提及怀孕，甚至写给至亲的信也是委婉带过，今日的读者很容易忽略她们笔下的暗示。虽然基特的日记到了旅途中途便中断了，但是我们从其他数据源得知她们全家平安抵达俄勒冈，小宝宝也诞生，尔后，她与丈夫一共育有 5 子。乔治死于 1897 年，基特则殁于 1913 年。

莉迪亚·鲁德（Lydia A. Rudd）的《前进俄勒冈的路旁笔记》（*Notes by the Wayside en Route to Oregon*）则记载了俄勒冈荒径沿途有人生病、死亡。1852 年 5 月 9 日，她写道："今天，我们途经一个新坟，上面写着死于 5 月 4 日，死者是俄亥俄州的某男子。我们还碰到一个往回走的男子，他刚埋葬了老婆。她死于麻疹。"[19] 死了老婆，这位无名男子显然太沮丧，无法独自继续前行。不少征西的家庭在俄勒冈荒径上死了亲人，因而打道回府。

6 月 23 日，莉迪亚的车队中有人病亡："吉特曼先生昨晚 11 时死了。留下他老婆孤家寡人，一个亲戚也没。但是有两个不错的绅士与她先生同行，加上她先生的兄弟，他们都会照顾她。"这位年轻寡妇将不乏追求者。

莉迪亚的日记不断记载沿途有人生病、发生意外与死亡。她一度沉痛呐喊："联邦各州的生病、死亡情形本就严重，但比起大草原，简

[19]　"Notes by the Wayside en Route to Oregon," by Lydia A. Rudd. Typescript in the Collection of Lilly Library, Indiana University, Bloomington, Indiana.

直不算什么。"[20]

　　拓荒者在荒径沿途所受的苦，到达目的地未必结束。艾薇娜·阿博森·费洛斯（Elvina Apperson Fellows）的回忆录便记载了俄勒冈拓荒史初期，她曾是个娃娃新娘的辛酸[21]。她的父亲在横越大草原时死亡，她母亲"除了自己，还有9张嗷嗷待哺的嘴"。抵达波特兰后，她的母亲在码头做洗甲板的工人，也经营寄宿公寓。艾薇娜的母亲够命苦了，但还比不上女儿第一度婚姻那么苦。晚年时，艾薇娜回忆自己的故事：

　　1851年，我妈为了赚钱养活我们，已经累垮了。这时餐馆厨子朱利亚斯·托马斯想要娶我。我妈认为我最好跟了他，所以，我就答应了。那年，他44岁，我才14岁。

　　话说1851年，那是70年前的事了，当时南方把黑人当奴隶，但是全美各地都有老婆被奴役的例子……一个14岁的女孩如何保护自己不受44岁的大男人欺负，尤其我的丈夫又一天到晚醉醺醺？我的少女时代就是跟那样的丈夫度过，每次想起来都还会颤抖。他喝醉酒就想杀了我，还经常打我，让我受不了。

　　有一次我跑回娘家避难，他找上门来。我锁上门。他企图爬窗进来，我将窗户关上。他气疯了，拿出枪射我。子弹从我脑袋上飞过，碎玻璃落在我身上，我吓坏了，倒在地上。他从窗户探头进来看，看到我躺在地板上，以为他杀了我，就把枪塞进自己嘴巴并扣下扳机，我就成了寡妇。

　　到了20岁，艾薇娜遇见一个"好男人"爱德华·费洛斯，嫁给了这位蒸汽船机械师。两人的婚姻持续了半世纪。

[20]　美国向西部拓荒之初，各州的人口数要到达一定标准，才能申请加入联邦。此
　　　处原文用states，指的是原本就已经在联邦的各州。——译者注
[21]　Lockley, *Conversations*, pp.42-44.

一个西部罗曼史

拓荒女性留下的记录中，最意志昂扬的莫过莫莉·多尔西·桑德福在 1857—1866 年于内布拉斯加州与科罗拉多州所写的日记[22]。莫莉从 1857 年 3 月开始写日记，那年她 18 岁，举家正打算从印第安纳波利市迁往内布拉斯加市。显然打从一开始，莫莉就是个意志昂扬、聪明的年轻女性，出身良好的基督教家庭，受过不错的教育。她在日记中斩钉截铁说："我们是个快乐家庭。"的确，莫莉的日记记载了她与父母、7 个弟妹往后 3 年的生活，勾勒出他们的家庭关系十分和睦紧密。

莫莉一家人从印第安纳波利市搭火车到圣路易市，然后再坐船到内布拉斯加。整个旅程耗时两周，莫莉认识了不少朋友，包括一位要前往加州的"迷人"新娘，还有一个莫莉自承对她"着迷得不得了"的年轻女性丽比。当丽比下船后，莫莉在日记中告白："她知道我爱她。她真是我见过最有趣的女孩。"维多利亚时代的女孩互相表露强烈情感，甚至互相亲吻、交换情感信物，都不算失礼行为。

夏天时，莫莉一家人已经在内布拉斯加分到自耕农场，安顿下来。这是莫莉一生中最闲逸的时光。尽管强风暴雨、物质匮乏，她的日记却大多写些美妙的夕阳、巨大的榆树，以及"广袤草原的怀抱"。而某位即将成为她丈夫的男士显然让她的日子更快活。

一位朋友建议莫莉"好好把握住"拜朗·桑德福先生，他刚从印第安纳州来到内布拉斯加。5 月 5 日，莫莉初次见到拜朗，她在日记中写道："今日我打店铺里出来时瞄到他一眼，相当好看的男人。"然后她又说："我不知道自己是否能够爱一个男人到愿意跟他结婚的地步。如果我到了 21 岁，能够碰到一个头脑理智、不会胡乱说些奉承话的男人，我便愿意将我的少女心交付给他……如果一个绅士太过滥情，我便很容易对他生厌。"

[22]　*Mollie: The Journal of Mollie Dorsey Sanford*, pp. ×××.

　　两人长达 3 年的恋爱颇为顺利，一方面是莫莉与拜朗的个性都很温柔和蔼，另一方面也得益于边疆社会较为自由的气息。诚如莫莉在 1857 年 6 月 29 日的日记所写："看了那么多花花公子，能够看到像他这样的男人，真是耳目一新。到了这个州，人们变得自由轻松，真是好。"10 月 15 日，莫莉的祖父母刚来到此处，路上发生了意外，拜朗伸以援手，顿时成为他们家的"英雄"，莫莉在日记里写："祖母那个老脑袋瓜子不知怎么想的，以为他是我的爱人……我自己是这么想的。他今天来时我就知道了，他已经许久未来，而我心里实在关切他。昨夜我们几个女孩和他一起坐在有盖篷车里，唱歌聊天，深夜方散。他摸索我的手，温柔久握不放。没有人知道，除非我的脸今天泄漏了秘密。"

　　4 个月后，拜朗的求爱行动进展到偷吻。莫莉说："拜朗又来看我。他看起来神采飞扬，而他来探望我，也让我开心。一晚，我们去祖父家坐一会儿，当我们沿着小径走，欣赏满天星斗，他叫我注意某一颗星，我转头瞧，他便亲吻我的脸颊！这真是胆大鲁莽！我想表现出被侵犯的模样。拜朗说他知道自己错了，愿意将刚才的行动收回。但是我保留了那个吻，仔细回味，直到今日，它仍燃烧着我的脸颊。"尽管外在束缚变少，但是维多利亚时代的求爱依然有其内在约束，不准有更进一步的肉体亲密关系。

　　1858 年 3 月 1 日，莫莉收到拜朗第一封正式求爱的信，她在日记上写："现在我心中再无疑问了。今日，我收到一封信，一封甜蜜的信……拜朗真诚温柔地爱我，祈求我也同样爱他。现在我确知可以与他携手共度人生，无论前程是平坦还是狂风暴雨。我信任他胜过以往任何情人。我心中对他毫无怀疑与不安，我也如实告诉他。我们并不是疯狂陷入热恋，像我以前所期待的，而是'慢慢萌生爱苗'。我希望这也是我们的爱情会持久永恒的证据。"

　　6 月时，莫莉与拜朗正式定亲，但是"对未来尚无确切打算"。拜朗似乎有不少营生门路，包括与别人联合投资土地。莫莉跟着一位内布拉斯加市的太太做了几个月的裁缝，她一向头脑冷静，1859 年 6

月 1 日，她在日记写着："21 岁前，我不会结婚，到了要结婚那一天，我要有自己的房子。我俩都要朝这个目标努力。"

1859 年 2 月 15 日的日记，莫莉透露心事："我收到拜朗以及两三位男士送的'情人节'礼物。有时，我希望拜朗能够多表露真情、感性一点，他是个实事求是的人，我想，如果他真的感性一些，我很快就厌倦了。我知道他爱我，对一个理智的女孩来说，这就够了。"当时英美两地已经开始流行情人节，你可以送礼给心上人，也可以送礼给点头之交者，以表达自己有追求之意。

那年春天，莫莉开了一所学校，收了 20 名 6 岁到 9 岁的学生。每个星期日，她与未婚夫碰面，她在 5 月 15 日的日记写道："他看起来好极了，我越来越爱他。"虽然还有好几位男士对莫莉感兴趣、经济前途也比拜朗看好，莫莉都没有变心。

1860 年，莫莉与拜朗终于结婚。她在 2 月 13 日的日记兴奋写道拜朗与他的兄弟前往"郡府所在地特库姆塞，去申请结婚证书，我们这一区需要官方文件，婚姻才算成立……我自己烘烤结婚蛋糕，婚礼要在明天下午两点举行，一切准备妥当。"但是事情并未如莫莉计划。她在婚礼后数天所补述的日记让我们一窥边疆生活充满了不确定：

我们的婚礼并未如我预期的平静完成。星期二上午，我们忙着准备婚礼晚宴，迎接、招待客人，在小小的房子里，我们每个人都忙着与客人聊天，期待着拜朗随时会现身，10 点过后，我开始紧张了……12 点！1 点！2 点！3 点！新郎还是无踪影。大家纷纷拿我开玩笑。我的心在期盼与恐惧间起伏摆荡，但是我一点都不怀疑，他一定是给耽搁了……3 点时，大家肚子开始饿了，所以我们决定先吃、喝、喜乐一番……晚餐结束，暮色逐渐降临，我受不了这种延宕了，偷偷跑出去垂泪祈祷，然后再摆着笑脸回到屋内。

一直到深夜，莫莉才听到"逃婚爱人"的马蹄声，然后急忙忙将"冻得发僵"的心上人迎进屋内。他们将这场濒临灾难的婚礼变成欢笑，偷偷穿上结婚礼服，突然现身在苦候许久的宾客面前。莫莉用轻快的笔调叙述婚礼的尾声：

> 我们站在门外，等着米尔顿叔叔的暗号。婶婶先进屋，对着宾客说："我们不等山佛先生了。来祈祷吧。"大家面色凝重鱼贯步入厨房。米尔顿叔叔打了暗号，门儿打开，我们步入厨房，结婚仪式正式开始，拜朗·桑德福先生与莫莉·多尔西小姐正式结为夫妇。接着就是暴风雨般的亲吻与惊叹欢叫声。晚餐时，我们保留了一些好菜，大家七手八脚帮忙，很快地，婚宴便摆设妥当，还有真正的新娘与新郎坐在桌首。我们是在厨房行的婚礼！亲爱的新娘们，别吃惊！虽然你们蒙着婚纱、捧着橘色花束、在时髦又有钱的家里结婚，但是比起我这个在内布拉斯加荒野小木屋厨房里结婚的姑娘，你们的誓言未必更真诚、你们的心未必更快乐。时光会改变，我的周遭事物也会改变，回首这个简陋的婚礼，我可能会觉得好笑，但我相信我的心将和结婚那日一般的勇敢真诚，也和今日一样的快乐不变。

但是未来的确严厉考验着莫莉当初的期望。

结婚不到两个月，莫莉便与拜朗离开内布拉斯加与莫莉深爱的家，前往科罗拉多州展开新生活，据说有冒险心的年轻人在那儿有较大的发展。那次的旅程是惩罚磨难，每天在烈日、风雨下行进20英里，沿途疾病、意外不断。莫莉在6月14日的日记写着："今晚是我结婚满4个月，但是我太累了，没力气详述。天气实在太热，我们浑身是沙土，肮脏得很。事实上，大家都快生病了。就连牛只、小马都懒洋洋打瞌睡。我们决定休息一天。休息？哪有什么休息之处？"

莫莉与拜朗从内布拉斯加来到丹佛，十个星期的旅程并不比那些从密苏里走到太平洋海岸、耗时5—6个月的拓荒者更累，但也是够折磨人的。他们来到居民约有5000人的丹佛市，与其他联邦各州来的"朝圣客"一起扎营。拜朗再度与人合伙，并设计"一种发明，可以用水力运转磨碎石头淘金"。莫莉则做起缝纫工，"报酬颇丰"。她养母鸡产蛋，用蛋来交换肉、蔬菜与牛奶。那是一种随机应变的生活，需要聪明才智与坚韧的心。

不久，他们搬去博尔德市西北方一个名叫黄金丘的小矿区营地，住在那里的山间木屋。有一段时间，莫莉做厨子，烧饭给挖矿工人吃，她自己觉得这份工作"有损身份"，而且"羞愧自己极端想家"。12 月 17 日，莫莉 22 岁生日那天，她只庆幸自己还活着。2 月 14 日，结婚满一周年，她一个人待在山上的木屋，"伤心拜朗远行不在家"。但是就和她结婚那天一样，到了深夜，拜朗回家了。"他在寂寞的路上走了 10 英里，只为了回来与我共度结婚周年。如果任何人（甚至我）认为拜朗不够多情，这证明他们错了。现在他躺在床上休息，我则高兴有好多话要写在日记上。"

莫莉与拜朗的生活又浮沉了好几年，最大的打击是失去头胎子——"一个漂亮的男娃儿"，很快就回到上帝的"怀抱"。但是莫莉觉得庆幸，因为自己活了下来。南北战争期间，拜朗曾加入科罗拉多州自愿军，夫妻俩住在陆军兵营里。结婚两周年，莫莉写道：

> 结婚两年了！一整个下午，我们都在聊往事，勾起我们初认识时的回忆。我们经历了这么多起伏，在短短的婚姻生活里也遭逢了一些磨难与困苦，但它只让我们的心更坚定地在一起。我们爱对方，也为对方而活。

这是真正的"爱的故事"、历久弥新的模范罗曼史，而且结局圆满。1862 年 9 月，莫莉生下第二个儿子，"奇妙……可爱"。这个小男孩后来又添了一个妹妹。拜朗成为丹佛市美国铸币厂的员工，在那儿做了 40 年。莫莉与拜朗都活到 20 世纪，拜朗享年 88 岁，莫莉 76 岁。在家人的记忆里，她是"家人的柱石"。

西南部的婚姻生活

依据许多加州荒径拓荒前锋留下的书信、日记、回忆录，我们能够重新建构早年西南部金矿聚落的夫妻日常生活。当男人忙着用盘子淘洗金沙，他们的配偶挑起其他各式工作。她们经营寄膳公寓、提供洗衣服务、做厨师、替淘金者编织毛袜、照顾他人的小孩。这可能是女人首度有机会自己赚钱。

玛丽·巴洛（Mary Ballou）从加州一个矿区营地写信给儿子，描绘她在一个寄膳公寓的简陋临时厨房里所提供的菜肴。她在 1852 年10 月写道："让我告诉你我在这个泥泞的地方干些什么活儿。我的厨房只是 4 根柱子插到地上，上面铺着工厂用的布，没有地板，只有泥巴地。"[23] 她在这样的厨房提供了花样繁多的食物：

……有时我做什锦果仁派、苹果派或南瓜派。有时我做什锦果仁卷酥与甜甜圈。我偶尔会做小甜面包或者玉米饼，或做些塞了葡萄干的小布丁、印第安烤布丁、梅子布丁。有时我会做填料火腿或猪肉，一磅要花 4 角钱呢……每天三次，我要准备餐桌，它大约 12 米长，我填装胡椒罐、醋瓶、芥末罐与奶油碟。有时我喂鸡，有时要把猪赶出厨房，把驴子赶出餐厅。

玛丽的菜单还有："今天晚餐，我做了一个蓝莓派。有时我做汤、蔓越橘馅饼，还有烤鸡，一只要 4 美元呢，或者煮蛋，蛋一打要 3美元。有时我煮包心菜、芜菁、水果馅炸饼、煮牛排……有时我煮松鼠。"

此外，"有时我帮人家带孩子，一周收费 50 美元"。玛丽还做

[23] Mary Ballou, "'I Hear the Hogs in My Kitchen': A Woman's View of the Gold Rush," in *Let Them Speak for Themselves: Women in the American West 1849–1900*, ed. Christiane Fischer (Hamden, Connecticut: Archon Books, 1977), pp.42–46.

些东西来卖，譬如肥皂、席子、床单与旗子（有自由党，也有民主党的）。再要不然，她就是忙着洗地板、刷烛台、排解男人的纠纷。她将心爱的孩子留在家乡，跟着丈夫前进西部，面对加州这个巴别塔[24]（Tower of Babel）——"法国人、荷兰人、苏格兰人、犹太人、意大利人、瑞典人、中国人、印第安人各种语言与民族杂处"，玛丽觉得自己"累到快病了"。大概为了让儿子放心，她加上一句："但是我对他们一视同仁，一样的尊敬。"这位活力充沛、幽默、未受过教育的女性显然将"巴斯太太"不屈不挠的精神漂洋过海 8000 英里，搬到太平洋海岸。让我们不禁揣想如果她有"美膳雅牌"（Cuisinart）厨具在手，还不知会做出多少东西呢！

　　15 年后，受过教育的雷切尔·哈斯克尔（Rachel Haskell）留下了记录，显示矿区城镇中产阶级女性的生活和东部姊妹相去不远[25]。雷切尔是内华达州奥洛拉镇（Aurora）一位通行税稽征员的太太。某个星期天上午，因为两位牧师都病了，她得以赖床，到中午才吃早饭，替儿子们洗澡（全身刷洗一顿），之后躺在沙发上看书。她的丈夫（日记中，她总是称他为哈斯克尔先生）在炉子上热晚餐，她则洗碗。晚餐后，她"到起居室，坐在钢琴旁的凳子上听爱拉（她的女儿）弹琴伴奏，全家人一起唱歌。她将桌子拉到炉边，继续阅读《灯火》一书，阅读的空档就看到孩子快乐的脸庞。哈斯克尔先生与两个最小的孩子在地板上玩耍，之后，坐到沙发上阅读。"这幅闲散快乐的居家图简直像是出自《高蒂女士书》杂志。

　　星期一，雷切尔先教女儿爱拉弹钢琴，接着陪儿子练习九九乘法表。星期二，她烘焙面包，"替约翰的书架糊上美丽的纸"，晚餐则准

[24] 《圣经》中记载，很久之前所有人类都说着同一个语言，当他们决定造一个塔（Tower of Babel）以膜拜上帝所创的日月星辰，而非膜拜上帝时，上帝震怒了，他决定混乱人类的语言，让他们说着彼此听不懂的话。之后，Babel 这个字便代表着困惑不解。——译者注

[25] Rachel Haskell, "A Literate Woman in Mines: the Diary of Rachel Haskell," in *Let Them Speak*, ed. Fischer, pp.58–72.

备了炖煮食物。星期三，她拜访镇上的朋友。"穿上丝质衬衫、红色
紧身上衣、帽子与红披肩。辛苦跋涉雪地，前去拜访赖维太太，两人
聊得颇愉快，还看了她的姊妹（我想多达9个）以及她双亲的照片，
他们现在还住在莱因地区的史特拉斯堡。接着我去拜访普尔斯太太，
在那儿和库柏斯太太会合。她留我下来共度下午，并派人找贺凯斯先
生过来一起吃晚饭，直到天黑才散，非常愉快。"库柏斯太太家里还
有几个客人，"笑话连篇，笑声震天"。回到家里，哈斯克尔夫妇发现
大孩子将小的照顾得很好，"玛妮躺在约翰的臂弯里睡觉"。矿区营地
的居民大多远离了原生家庭，社交生活对他们而言非常重要。一般来
说，新来的白人不管是哪种民族或宗教背景，只要不是穷到离谱或者
生性怪诞，在此都会受到温暖的欢迎。拿赖维太太来说，她可能和西
南部为数极少的犹太裔屯垦者一样，鲜少受到偏见对待。

　　只有一件事困扰哈斯克尔太太：她丈夫晚上喜欢和其他男人在镇
上流连。她在日记写着："哈斯克尔先生和他们到镇上，待到很晚。我

图 6.2　温情洋溢的家居生活图，出自《高蒂女士书》，1859 年 4 月号

在沙发上等到睡着了，醒来，发现他还没回家。我便爬上床睡觉。我对这件事已经麻木，不再因此睡不着，或者如以前一样痛苦。"另一篇日记写："醒来时，我心里觉得非常寂寞、愤怒。"但是日记末写着："哈斯克尔先生似乎热情多了。"

尽管哈斯克尔太太忧心丈夫，但是他们对彼此、孩子以及友人的爱，共同牵系了温暖而友爱的夫妻关系。远离了波士顿、查尔斯顿等地的精致文化，这位定居在沙漠中部的女性似乎在妻子、母亲、管家与友人的多种角色中得到了发挥。

当拓荒者继续往西挺进，便与加州、新墨西哥州、德州的西班牙社群有了接触。西班牙天主教传统与新教大不相同，往往让新教徒感到好奇。加州女孩身穿鲜艳衣裳、头戴玳瑁梳子，身边总是有嬷嬷严密看管，多数在 13—15 岁结婚。西班牙裔（尤其是贵族家庭）多数奉行安排式婚姻，年轻人也泰半遵循族人的传统。女孩依家中的财力准备嫁妆箱子，新郎则必须付聘金（有时高达一串金币），在神父主持的庄严宗教仪式下结成夫妇。婚礼后的喜宴则以饮酒、音乐、舞蹈、美食、欢乐气氛而闻名。

不是所有女人都乐于早婚。休伯特·豪·班克罗夫特（Hubert Howe Bancroft）在 19 世纪 70 年代所做的口述历史便记录了几位妻子抨击早年那种"可憎"的习俗——在女孩尚未准备妥当之前，便强迫她们扛起婚姻责任。亚维拉的玛丽亚·伊诺森·皮柯（Maria Inocent Pico）来自洛杉矶有财有势的皮柯家族，她的回忆便充满怨憎：

许多女孩根本没读几年书，母亲强迫她们辍学去结婚，因为我们这儿习惯让女孩早嫁。我在学校只读到 14 岁，我妈便带我回农场，教我如何工作，15 岁又 8 个月，我便嫁人了。[26]

[26] Genaro Padilla, "'Yo Sola Aprendi': Mexican Women's Personal Narratives from Nineteenth-Century California," in *Revealing Autobiography, Biography, and Gender*; ed. Susan Groag Bell and Marilyn Yalom (Albany: SUNY Press, 1990), p.123.

伴随着美国征服西南部（1846—1848），越来越多拓荒者抵达此地，跨种族婚姻也日益普遍。许多"自由婚配"是白人男性屯垦者娶劳工阶层的西班牙裔女孩或者印第安女性。美国陆军士兵可能和军营里的洗衣妇缔结婚约，但是退伍之后，也往往抛弃习惯法婚姻下的妻子（common law wife）。[27]

在西班牙的精英阶层里，求爱与婚姻都是繁复的仪式，为了娶得富有的老婆，西班牙裔与英裔美国绅士经常激烈竞争。詹姆斯·亨利·葛理森（James Henry Gleason）写信给他住在东部的妹妹，由这些信，我们得知他辛苦追求某位富有、美丽的西班牙裔女性，而后终成眷属。[28]

我亲爱的妹妹：

我已经向可爱的凯特琳娜·沃森求婚，她的父母希望我等 18 个月，然后再来求婚，因为她只有 14 岁，太年轻，不能结婚。凯特告诉我她只要我，不要别人……她的父亲家产约有 4 万美元。这真是我这辈子最快乐的时候……

蒙特利

1847 年 5 月 30 日晚上 11 时

我亲爱的妹妹：

芬妮，我已经结婚了。我亲爱的凯特现在正趴在我的背上……我们是 10 月 7 日上午 3 时结的婚。下午，我的岳父在家里帮我们摆了一个大宴席，接着是晚间的舞会，花费铁定将近 1000 美元……

蒙特利

1849 年 11 月 15 日

---

[27]　未曾举行宗教仪式但是具有法律效率的婚姻。——译者注

[28]　James Henry Gleason, *Beloved Sister: The Letters of James Henry Gleason 1841-1859*. Glendale, CA: The Arthur H. Clark Co., 1978.

图 6.3　西班牙殖民地家庭，1800 年左右。画者佚名。（Mission San Diego de Alcala Museum）版权所有 Kathleen Cohen

我亲爱的妹妹：

　　我太太请你原谅她不会写英文，她要我告诉你，为了表示她对你的爱……她要送你一件凤朵纤维的披肩……在我们这儿，一件要 125 美元呢。她还会寄上一幅银版摄影的照片，是她身穿新娘礼服俯身弹竖琴的模样，那是她在婚礼前一晚拍的。

　　　　　　　　　　　　　　　　旧金山，1850 年 5 月 31 日

亲爱的芬妮妹妹：

　　……我将妻子妥善安置在蒙特利，如果老天的安排没遭到破坏，几个月后，我就要做爸爸了。现在我要回家，一方面探望老朋友与亲戚，另一方面躲开哭闹的婴儿。我是很喜欢孩子的，但要等他们长大些，我才喜欢……

旧金山，1850 年 7 月 1 日

我真想不计任何代价窥知凯特琳娜·沃森在那段时间的想法！不管她多么着迷于这位追求者，但是他显然倾心于她家的财富与她的美貌，还受不了婴儿的啼哭，她后来有没有后悔嫁错人？

伴随着兼并国土的推进，英裔美国人与西班牙裔的跨族婚姻在社会各个阶层始终不绝。不到一个世代，跨族群婚姻便制造了我们今日所谓的混血"拉丁裔美国人"族群。

勇敢的男女踏着艰困旅程向北部、西南部挺进，他们的故事已经成为美国传统的一部分。但是那些被留在东部的人呢？那些等待召唤的未婚妻与妻子呢？她们的命运又是如何？

俄亥俄州的玛丽·卡本特·皮克宁（Mary Carpenter Picke-ring）在未婚夫约翰·布鲁斯·贝尔（John Bruce Bell）于1850年前往俄勒冈后，便开始做拼布被，那块拼布清楚诉说了她的多年等待。它不仅有复杂刺绣，还有花篮与花朵图案的贴花，根据拼布被历史学者玛丽·拜瓦特·克洛斯（Mary Bywater Cross）的估计，这块拼布被至少得费工 4 年才能完成。贝尔前往西部 8 年后终于返家，在 1861 年 9 月 3 日与玛丽完婚，这时，玛丽已经 30 岁了。她与丈夫在俄亥俄州成家立业，1864 年举家迁往偏远西部的爱荷华州。

玛丽亚·阿比盖尔·亨利·亚当（Maria Abagail Henry Adams）则留下了 27 页的日记，记载了她的丈夫查尔斯·威尔森·亚当（Charles Wilson Adams）前往加州拓荒，她则与小儿子留在新罕布什尔州的都柏林镇。从 1860 年 1 月到 1861 年 7 月，她细心记录每日天气的起伏变化（宜人、下雨、飘雪、狂风、又是无趣的阴沉天），也记录下新英格兰地区小镇生活的平凡细节（上教堂、参加婚礼、葬礼、采蓝莓、晒苹果、偶尔生病、亲朋往返等）。

严肃的记录间不时迸现她对远行丈夫的思恋："噢，真希望我今晚能见到他。我觉得好寂寞。好像世上一个朋友也没有。"（1860 年 4 月

图 6.4　玛丽·卡本特·皮克宁·贝尔的拼布被面，1855 年左右（Smithsonian Institution, Washington, D. C.）

15 日）"噢，我今天觉得好寂寞，真希望查尔斯在我身旁。"（1860 年 5 月 16 日）"噢！我真希望和他在一起，但是我不能。"（1860 年 7 月 21 日）"我与查尔斯一别，到今天已足足两年。"（1861 年 2 月 21 日）

　　这位才 20 出头便与丈夫相隔 3000 英里的妻子下场如何？由于她的日记与一幅他们的夫妻像均遗赠给旧金山的"加州历史协会"，所以我们猜测她由大西洋岸长途跋涉到太平洋岸，最后夫妻团圆。

摩门教的多偶婚制

　　任何有关西部妻子的叙述都不能忽略摩门教一夫多妻制的特殊状

况。迥异于一般人的想象，并非所有摩门家庭都是一夫多妻，事实
上，只有 15%—20% 的摩门家庭是如此。而在这些一夫多妻的家庭
里，2/3 是娶两个妻子，20% 是娶 3 个老婆。能娶 4 名或更多老婆者
通常是杰出的教会领袖，以令人瞩目的众多妻妾与子女来展现他对摩
门教义的坚持。

　　摩门教义主张：妻子越多的男人以及孩子越多的女人，到了天上
必得丰富报偿。在尘世间摩门教堂结的婚，死了之后在天堂依然继
续。从 1852 年摩门教徒到犹他州落脚到 1890 年间，一夫多妻制（或
者学者较偏好使用的"多偶婚制"[plural marriage] [29]）是摩门教的基
本教义之一，直到教会的首领屈服于美国的反多偶婚法律。在这长
达 40 年的时间里，即使是偏好一夫一妻的摩门教女性也捍卫多偶婚
制，因为那是教会的神圣命令，套句某位妻子说的话："这是救赎之必
要。"另一个多偶婚制下的妻子则说："如果一夫多妻是上帝的意旨，
它便必须贯彻。" [30]

　　典型的一夫多妻家庭是男子于 23 岁成亲，娶比自己小 3 岁的老
婆；这将是他唯一的合法婚姻。十几年后他娶第二个妻子，年纪比他
的大老婆小 11 岁。如果他再娶，第三个妻子大约是 20 出头。不管是
一夫多妻或一夫一妻，摩门教女性多半生育率很高，平均每人生 7—
8 个孩子。

　　摩门教丈夫视自己的财力与喜好，可以将妻子们安置在同一栋房
子的不同房间，或者安置在不同房子里，有时妻子们住得相距颇远。
一个摩门教妻子被迫与其他老婆、她们的小孩共处一个屋檐下，她必
须与其他妻子合作，过着互助式的生活。她们可能因此产生摩擦与忌
妒，也可能因此建立坚强的姊妹情谊，尤其是亲姊妹共事一夫的状况。

　　一个摩门教妻子如果住得离丈夫的主屋很远，就必须变得很独

[29]　polygamy 这个字是一人有多个配偶（一夫多妻或一妻多夫），人类学上一般多
　　　翻译为"多偶婚制"，但是常见的多偶婚是一夫多妻，所以这个字后来也常直接
　　　翻译为"一夫多妻"。——译者注
[30]　Jeffrey, *Frontier Women*, pp.166 & 172.

图 6.5　查尔斯·威尔森·亚当与其妻玛丽亚·阿比盖尔·亨利·亚当画像，19 世纪中叶
（California Historical Society, San Francisco）

立。她在抚养孩子方面颇具自主权，事实上，摩门教的社群里，母子间的联结往往超过夫妻，因为一个妻子必须与其他女人分享丈夫，丈夫又常常住得很远或者因为宗教任务出远门。我们也常看到摩门教妻子外出做事，因为教会鼓励女性赚钱与寻求经济独立。相较于维多利亚时代其他较大社群的中产阶级妻子，摩门教妻子绝不会局限于家务范畴，她们种田、做裁缝工、做生意，有的还成为护士或医师。许多人活跃于"救济会"（Relief Society），这个组织成立于 1842 年，是致力于宗教、慈善与文化工作的支持团体。1872—1914 年间，一些进步思想的摩门教女性成立了一份报纸"女性代表"（*Women's Exponent*），关注许多议题，包括和世纪末"新女性"相关的议题。显然，19 世纪的摩门教婚姻远比我们想象中满足男人性欲的"后宫妻妾"

要来得复杂。

　　玛丽·安·贺芬（Mary Ann Hafen）留给后代的回忆录则鲜明勾勒了她在犹他州、内华达州居住时的一夫多妻生活[31]。玛丽·安在第一任丈夫（她是他的第二个老婆）死后，在父母的敦促下接受了约翰·贺芬的求婚。约翰的大老婆苏西特非常不高兴他再娶。因为苏西特的反对，玛丽·安是在极不情愿、痛哭流涕之后，才答应约翰的求婚。后来，约翰又娶了两个老婆，玛丽·安则生了7个孩子。

　　1891年，玛丽·安生下第6个孩子后搬到内华达州，她的丈夫与其他妻子则仍住在犹他州。玛丽·安说：

　　因为圣克拉拉（犹他州）地太少、屯垦者又太多，我们决定最好我带着孩子搬到班刻维尔（内华达州），那里有一个新屯垦区，土地比较便宜……我知道我要再度吃童年那种苦日子了；我的孩子要在陌生地方长大，一个亲戚也没有；他们得一起吃苦、征服新土地……没多久，我们便开始在乡下的田里种植玉米、甘蔗、棉花、南瓜与甜瓜，也在镇上的地种蔬菜。矮树丛做成的篱笆根本无法抵挡动物的肆虐践踏。尽管如此，今年我们种下的东西收成都不错。艾柏特（她的儿子）从美斯基特镇上挖来3棵桑树，种在我们那一无荫蔽的屋子旁。

　　起初，玛丽·安非常思恋圣克拉拉的老家，每年都设法回去一趟。刚开始，她先生也定期来看她。但是据她说，她先生"身为圣克拉拉的主教，此外，他还有3个家庭，不能在这儿待太久。所以我只好独力照顾7个孩子"。玛丽·安生第七个孩子——一个重12磅半的小壮丁——时，是由当地摩门主教的妻子照顾，按照习俗，她前来帮忙了10天。玛丽·安的先生此刻又身在何处呢？他拖到孩子出生后才

[31] Mary Ann Hafen, "Memories of a handcart Pioneer, with some account of frontier life in Utah and Nevada," in *Let Them Speak*, ed. Fischer, pp.101–108.

来探望。玛丽·安以激动的骄傲语气说："我从不需要医师帮我接生孩子，也从未因为生养孩子的事看过医师，每次找接生婆，我花不到 5 块钱。"

玛丽·安继续叙述她作为"一家之主"的工作：

> 我不想增加丈夫的负担，尽量让我的家庭自给自足。我用以工换货的方式帮人家采棉花，增加我的收入。当大的孩子去上学，我就将小的带到田里工作，我尽量不让孩子缺课。采棉花非常非常累，让人背脊都会断了，但是它让我的小孩有衣穿。我自己种菜园子供应自家吃的蔬菜。每天两次浇水与拔草花掉我许多时间。我还养了几只猪、一头牛、一些鸡，日子相当好过……

平铺直叙的描写证实了许多摩门教妻子都是自立自足，话语里并不自怜，只淡淡暗示一夫多妻制对配偶双方可能带来压力。其他女人不像玛丽·安，表露出较多的忌妒与痛苦。一夫多妻的安妮·克拉克·谭纳（Annie Clark Tanner）便在自传里写：

> 我相信如果不是宗教信仰的关系，没有女人会接受一夫多妻制。同意一夫多妻的女人莫不痛苦牺牲自己的心愿。夫妻关系非常神圣，家里有了第三者，势必会搅乱原有的信任与安全感。[32]

同样地，摩门教最早的传道牧师法兰克林·理查德斯（Franklin D. Richards）的妻子简·史奈德·理查德斯也回忆她身为大老婆，必须接纳先生 10 个小老婆进门的痛苦。1880 年，历史学者班克劳傅的妻子帮他记录简的故事，结论是摩门教女性认为一夫多妻是"一种宗教责

---

[32] Annie Clark Tanner, *A Mormon Mother: An Autobiography* (Salt Lake City: University of Utah Press, 1969), p.116.

任，把它当宗教忏悔，学着忍受其中的不快"[33]。

带领摩门教徒定居犹他州的宗教领袖布莱罕·杨（Brigham Young）承认："女人说她们不快乐。"部分男性也承认娶第二个老婆会让第一任婚姻不快乐。但是杨坚持摩门教男女必须"拥抱福音全部教义"，包括一夫多妻。如果办不到，也还有其他选择，她们可以诉诸离婚。犹他州在 1852 年 2 月 4 日通过的离婚法是全美最宽松的离婚法之一，对女性特别有利。除了一般离婚理由外，"法庭可以基于夫妻无法和睦相处与维系关系，分离为双方之最大福祉"而判决原告诉请离婚成立。女性如果觉得婚姻状况无法忍受，往往主动诉请离婚，如果妻子反对离婚，犹他州男性要获判离婚比较不容易，但他总是可以再娶一个老婆。

摩门教信徒选择配偶，爱情不是主要考虑。摩门教妇女的回忆叙述丝毫不强调爱情。相反地，她们自小被教导选择夫婿要以家庭和谐、经济责任、小区福祉为考虑。因为如此，摩门教社会远离浪漫爱情与美国主流所强调的女主内风气。

汉娜·克罗斯比（Hannah Crosby）的故事点明了这种婚姻哲学。她出生于一个一夫一妻的摩门教徒家庭，19 世纪 70 年代，她决定嫁入犹他州一个一夫多妻的家庭，让她的父母不敢置信。她向父母坦承她"不像恋人一般"爱她打算嫁的丈夫，但是"她很爱他的妻子们，还有他家的气氛"。事实上，汉娜最珍惜这段婚姻的就是妻子间的姊妹情谊。她写道："我们这些妻子系统化管理家务，井井有条，轻轻松松便能做完许多活儿。有一段时间，某位妻子会在其他女孩的帮助下，监督厨房活儿与烧饭，另一个妻子铺床叠被、打扫房间，第三个妻子则给孩子梳洗。7 点 30 分，我们便可坐下来吃早饭。"

怀孕与坐月子期间，所有妻子都"挑起重担，互相帮助"。她说：

[33] Lawrence Foster, "Polygamy and the Frontier: Mormon Women in Early Utah," *History of Women in the United States,* ed. Nancy Cott (Munich, London, New York, and Paris: K. G. Saur, 1992), vol.2, p.269.

"好多年来，我们都是这样过活，一起工作、同用一个锅子在同一个大灶上烧饭、在同一张长饭桌上共食，没有一句龃龉……"她很少提到丈夫，好像他根本不存在，虽然他是这个婚姻得以运转、不可或缺的父权支柱。但是当汉娜思索摩门教义应许她的生活，她也只想到其他两位妻子："只要想到我们现在过的一夫多妻生活是在为来世生活奠定基础，我便很高兴。我们三个互敬互爱，远甚姊妹，将来，也会手牵手度过永生。"

汉娜是一夫多妻制的清晰代言人，她坚称："有过一夫多妻经验者才能体会它的优点。我们享受的许多好处是一夫一妻制下的妻子所不知道的。"[34]

几个谨慎的概论

由于维多利亚时代女性生活的多样化，诚如我在上一章开宗明义所言，有关婚姻的概论仍有许多讨论空间。伦敦与华盛顿盛行的"男主外女主内"概念是否也适用于爱荷华州与加州？纽约州支持女权的女性、佐治亚州农园的女主人、加州矿区小镇的女厨师、内华达州通行税稽征员的妻子，她们的生活是否也受"男主外女主内"规范？很显然地，男女各有所司的教条自然产生女性困守家务范畴的结果，但它并非一体适用于所有阶级与地理区域。越是处于社经阶级低阶者，"男人的活儿"与"女人的工作"之间界限越趋模糊。一旦涉及生存，不管已婚还是未婚的女人只要能够养家糊口，什么活儿都肯干。相同地，越是偏远西部的妻子越可能与丈夫并肩工作，至少一开始是这样。堪萨斯州的妻子与丈夫一起种田、怀俄明州的妻子与丈夫一起经营牧场，而加州妻子则与丈夫共同经营寄膳公寓。让许多男女投入拓

[34]　Hannah Crosby, *Sketch of the Life of Hannah A. Crosby*, from the Historical Records Survey and the Federal Writers project of the Utah Works Administration, 1935–39, as cited by Luchetti, "*I Do*," pp.187–188.

荒的"开疆辟土"精神，往往也伴随着他们日益深入西部而颠覆了原有的性别界限。

尽管如此，男主外女主内、家务是女性范畴的意识形态并不容易消失。就算是横越荒径的旅程，工作也依性别分工：男人赶牛车、修理器械；女人烧饭、洗衣、缝纫、照顾小孩。虽然女人往往还得做些非传统的工作，譬如收集水牛粪做燃料，但她们还是得提供妻子、母亲的传统服务，男人却不必相对付出。每天，她们"忙乱奔走"做早饭，到了晚上，还要"煮足够撑到第二天晚上的食物"。

拓荒的旅程里，女人承担了许多男性的工作，却不代表她们的权威便与丈夫相等。拉薇娜·波特（Lavinia Porter）所说的这则故事，便点出了女性很难挑战男性的领导权威。拉薇娜建议丈夫掉头驶往半英里外的树丛，这样她就可以捡拾柴火，而不用捡水牛粪，但是她丈夫拒绝了。拉薇娜愠怒爬上篷车，告诉同车队的男人"如果晚上烧饭要用燃料，他们自己去捡，也请他们自己烧饭。"然后她就哭着睡着了。后来，拉薇娜的丈夫摇醒她，捧着亲手做的饭企图补偿她，但是他们的关系还是紧绷了好几个星期。记录这则故事的约翰·法拉格（John Faragher）与克里斯汀·史坦萧（Christine Stansell）便指出，虽然密西西比河以西的区域，性别界限比较容易跨越，但是从东岸到西岸，维多利亚时代传统的性别分工与男女权威差异观念依然是美国婚姻的主干。[35]

西岸拓荒女性在踏入婚姻之时，对居家生活的期待和东岸姊妹并无两样。因此，俄勒冈州年方14岁、家境富裕的贝丝妮亚·欧文斯－阿戴尔（Bethenia Owens-Adair）在1854年5月4日结婚前，已经准备了一口嫁妆箱子，里面有"4床被面……4条棉布床单、两对枕头套子、两块桌布、4块毛巾"。她的父亲给了她"一头很好的母马坐骑"、一头母牛、一头小牛犊、一辆马车和马具。她的母亲给她"一

[35] John Faragher and Christine Stansell, "Women and Their Families on the Overland Trail," in *A Heritage of Their Own*, ed. Cott and Pleck, p.255.

床上好羽毛床垫、枕头、一床很好的稻草床垫、两床毛毯、两床额外的拼布被套"。此外，婚礼仪式在上午举行，贝丝妮亚下午还挂父亲的帐，买了齐全的食品杂货、厨具、搅乳器、洗澡盆、洗衣板、30加仑的铁制洗澡水壶、水桶与长柄勺。她丈夫的财产仅有一匹马、马鞍、一把枪，还有一个宽 3.6 米长 4.3 米的小木屋，没铺地板也没有烟囱，这便是新娘子被娶进门的地方。[36]

在拓荒者的家里，就算妻子还得忙别的活儿，打理家务与照顾小孩主要还是她的责任。丈夫偶尔在厨房帮帮忙，但是就算老婆生病或坐月子，也没有人期待他会扛起家务重责。如果他死了老婆，必须自己操持家务，他的第一个念头就是再娶。配偶的关系虽然系乎于父权机制的两大支柱——法律与宗教，但也因人因地而异。如果某些女人（特别是南方女性）表示满足现状、心甘情愿接受男性的宰制，它绝不是所有女人的想法，就连南方也不例外。或公开或隐秘，许多妻子都找到推翻丈夫意志的方法。

一个拓荒新娘如此分析她的个人处境："我对男人是一家之主这件事，早有我自己的想法。结婚前，我便采取谨慎措施，告诉他婚姻誓约里有'服从'这个词，发现他也反对这个说法。不管大家赞同与否，总之我们的婚姻誓词将取消'服从'两字。我已经尽过服从的义务，和其他小孩一样，听从父母的管束。现在，我是个女人了，有能力做这个家的'半个主人'。我的话将和他的话分量相同。"[37] 我们猜想这是多数女人的立场，她们以爱为标准选择夫婿，期待夫妻是平等的结合。

虽然许多北部、南部、中西部、西部女性留下快乐婚姻的记述，但是也有不少人忍受多年婚姻冲突，最后以离婚收场或遭到丈夫抛弃。有的男人为了其他女人而抛妻弃子，有的则导因于酗酒、沮丧或

[36] Bethenia Owens-Adair, *Dr. Owens-Adair: Some of Her Life Experiences* (Portland, Oregon: Mann & Beach, 1906), pp.24–27.

[37] Cited by Stratton, *Pioneer Women*, p.58.

是对生活束手无策。有时是妻子反过来抛弃丈夫，报纸分类广告寻人栏里的"警告逃妻"便足以证明。有的女人会诉请离婚，尤其是离婚法比较宽松的边疆区域。

有的夫妻直接分居，懒得办理离婚手续，除非对方有再婚的需要。即便是那样的状况，在幅员广大的美国，一个人很容易逃到新地方，未终止先前的婚姻就另结姻缘。重婚似乎是"早期美国普遍的社会经验"。[38]

很少有妻子像贝丝妮亚一样，拥有双亲与家庭的支持，可以抛弃俄勒冈那个没出息的丈夫。结婚4年后，当时年仅18岁的贝丝妮亚带着稚子回到娘家，诉请离婚。一名老妇问她为何离婚，她回答："因为他痛手鞭打我的宝贝，揍我还掐我。""一个我不再爱也不再尊重的丈夫、离婚让我永生背负污名，还有一个病恹恹的两岁孩子。"[39] 这种黑暗时刻，她的困境似乎无法摆脱。

但是贝丝妮亚的未来人生却令人惊叹。首先，她回到学校完成初级教育。然后她招收了16名学生，每个收费2美元，一期3个月。当她和儿子搬离娘家，她靠着教书、替人洗衣、采蓝莓过日。她还做过几年的裁缝并经营一家女帽店。到了1870年，她存了足够的钱培养儿子就读柏克莱加州大学。

就在这时，贝丝妮亚的人生有了重大转折。她决定习医。她向一个医师借来《格雷解剖学》(Gray's Anatomy)，自修有关人体的运作，并设法进入费城的"折衷医学学校"(Eclectic Medicine School)[40]。因为女人不能进入知名的医学院，而医师也不被视为是女性行业，她的

[38] Hendrik Hartog, *Man and Wife in America: A History* (Cambridge, Massachusetts: Harvard University Press, 2000), p.87.

[39] Owens-Adair, *Dr. Owens-Adair*, pp.52, 53.

[40] 美国建国之初，许多医疗用品来自旧大陆，经常青黄不接，使得某些医师开始研究印第安人的疗方与药草，有的甚至在印第安部落研究数年，其中最著名的便是 Constantine Rafinesque。"折衷医学"一词便由她首创，意指不拘泥于西方医学的传统，只要对病人有益的另类疗法均可采用。19世纪30年代，美国成立"折衷医学研究所"，作为西方医学之外的"另类选择"。——译者注

家人觉得很"丢脸"。但是贝丝妮亚完成了医学训练，不仅自"折衷医学学校"毕业，还进入密歇根大学。当时只有少数几个大学的医学院收女学生，密歇根大学是其中之一。1880年，贝丝妮亚在40岁高龄拿到医学学位，成为传奇"女医师"，在家乡俄勒冈行医25年。

　　贝丝妮亚很幸运，她成年时，围绕英美两地妻子的父权模式开始崩离。英国在1857—1882年的立法以及美国自19世纪40年代开始的立法，都给了已婚女性较大的自由，而新的教育与工作机会也让单身与离婚女性除了做妻子之外，还有其他实际的选择。

第七章

女性议题与新女性

即使在传统的异性恋婚姻，许多美国妻子也期望她们比老一辈的女性拥有更大的权力。维多利亚时代末期的妻子必须与丈夫、社会甚至自己抗争，就算不会公开反对，私底下，她们也一定不愿意像前辈女性一样，毫无异议地臣服于丈夫的权威。

易卜生《玩偶之家》（*A Doll's House*）的第三幕里，先生汉默与妻子娜拉有场激烈的对话。汉默对妻子说："你的妻子与母亲角色先于其他一切。"娜拉回答："我不再如此想。我相信我和你一样，身为'人'的角色先于其他……我将尽一切争取成为一个'人'。"[1]

《玩偶之家》于1879年12月在哥本哈根皇家剧院首演时，引来强烈非议。一个受人尊敬的女性居然抛弃母亲与妻子的角色，离开丈夫与孩子，走自己的路，这简直是侮辱社会最尊崇的价值。在丹麦首演前数星期，这出剧本已经在易卜生的祖国挪威出版，他的保守派敌人找到了完美的打击目标。虽然易卜生习于遭到恶评，但是这一次激烈的负面反应遍及整个北欧，让他大吃一惊。在德国演出时，他甚至屈服于抗议，改写故事的结局。新版故事里，娜拉并未用力甩上门离家出走，而是被汉默强迫去看熟睡中的孩子，落幕前，娜拉跌坐在地板上哭泣说："天啊！我虽是对不起自己，但我无法舍他们而去。"

当然，易卜生是以原始故事赢得进步思想者的掌声。娜拉在这个"玩偶家庭"里只是个傀儡般的老婆，而在这之前，她也只是父亲的"玩偶孩子"。娜拉企图脱离"玩偶家庭"，反映出许多女性试图成为人类社会"正式公民"的挣扎。娜拉顿时成为女性生存自主权的同义词，即使这代表女人必须放弃所谓的妻职与母职。

和许多文学名著一样，《玩偶之家》不仅反映了它所属的年代，也历久弥新。女主角娜拉是个受到时空环境、社会习俗枷锁的挪威中产阶级妻子，也象征了每一个时代里寻找自我实现的女子。娜拉的故

[1] 此段与下面的引述摘自 Henrick Ibsen, *A Doll's House and Other Plays* (Baltimore, Maryland: Penguin Books, 1967), trans. Peter Watts, pp.228 and 334, note 11。

事虽然有它自己的背景，但也是所有女人的故事。

我们来看看《玩偶之家》的写作年代。19 世纪下半叶，北欧地区和欧洲其他各国一样，卷入所谓的"女性议题"战火中。挪威小说家卡米拉·科雷（Camilla Collet, 1813—1895）与瑞典小说家菲德列卡·布梅尔（Frederika Bremer, 1801—1865）的作品指出男性享有一面倒的特权，对提高大众的意识卓有贡献。未婚女性一定得将所有主动权交给男人，等到男人宣布求爱后，她才能表达心迹吗？婚姻非得是个强迫单身女性牺牲自主以交换保护的父权机制吗？在法律面前，妻子非得是个臣属于丈夫监督的次要个体吗？女人除了保管钥匙（象征家务操持的责任）之外，非得放弃一切经济权利吗？女人非得结婚吗？

在瑞典（当时，挪威与瑞典为联盟，受瑞典统治），国会针对"女性议题"激烈辩论，结果在 1874 年通过立法，大大改变了女性的地位，已婚女性首度可以拥有部分的财产权。在这之前，但凡拥有丰厚嫁妆或者父母遗产的妻子，往往来自上流阶层，嫁给同一阶层的男性，但是不管她们的社会地位如何，都无权支配自己带进夫家的私人财产。北欧各国在 19 世纪 70 年代的立法让《玩偶之家》里的娜拉可以背着丈夫向银行贷款，让她的心腹密友大吃一惊。（如果她知道娜拉是在有价证券上伪造已故父亲的签名，以取得贷款，恐怕要更吃惊了。）

1874 年的立法同时允许妻子保留自己的收入，对劳工阶层女性更是意义非凡。她们当中许多人在婚前便是自立自足，往往延宕婚事，直到筹足嫁妆或婚礼费用（归新娘或新娘的父母负责，费用惊人）为止。因此瑞典劳工阶层的订婚通常长达数年，期间，女方普遍与未婚夫同居，甚至未婚怀孕——这在中上阶层是无法想象之事。40%—50% 的劳工情侣婚前同居 [2]，也让"斯德哥尔摩婚姻"一词应运而生，

[2] Margareta R. Matovic, *Stockholmsakeskap: Familjebildning och partnerval i Stockholm 1850-1890* (Stockholm: LiberFörlags, 1984), English summary pp.364-377.Matovic 估计 1860—1890 年结婚的夫妇中，约莫 42% 在婚前已同居，而 11% 的夫妇未婚生子，婚后才让孩子取得合法身份（p.375）。

意指未经教会婚礼或官方婚姻注册而同居的人。

　　虽然神职人员（多半是新教）反对，但是中下阶层女性的"斯德哥尔摩婚姻"就像中世纪的教士"妻子"一样，普遍为社会所接受。有时同居中的男女会假称是另一半的"房客"，以掩饰同居事实，尤其是碰到官方普查。这些男女到头来多半会结婚，如果已有私生子，这也会让他们取得合法身份。

　　就我们对"斯德哥尔摩婚姻"的了解，女人在这种结合关系中颇为独立。因为她们并未正式结婚，所以不受男人的监管；她们控制自己的收入，经济上不必仰赖父母。综观历史，女人只要能掌握金钱（不管是继承或自己赚），她们的独立性便增强。这种经济独立总是让男人紧张。认为 20 世纪末的弊病均源自女人婚后还工作的人，都应该好好看看 19 世纪末有关"女性议题"的争论。许多当时人们关切焦虑的议题，直到今日仍未消失。

　　当时欧洲支持女性进步改变的人包括文坛知名人士如挪威的易卜

图 7.1　《铁器时代》，男人预期自己应扮演的角色。1869 年，"美国女性投票权协会"成立，一幅讽刺石版画探讨它的可能后果。柯里尔与艾夫斯（ Currier and Ives ）画（ Library of Congress, Washington, D.C. ）

图 7.2 《现代婚姻》，1900 年作品。欧洲针对"新女性"配偶关系的讽刺画

生与比昂松 [3]（Bjørnstjerne Bjørnson）、瑞典的布梅尔与爱伦·凯（Ellen Key）、俄罗斯裔法国日记作者玛丽·贝斯科特塞福（Marie Bashkiertseff）、法国运动分子玛丽·莫格丽特（Marie Maugeret）与奈丽·鲁塞尔（Nelly Roussel）、南非小说家奥丽芙·施赖纳（Olive Schreiner）、爱尔兰剧作家萧伯纳、奥地利的社会批评家贝莎·苏特纳（Bertha von Suttner）。反对阵营人士亦不容小觑，包括德国哲学家尼采、瑞典剧作家奥古斯特·斯特林堡（August Strindberg）、俄国文学家托尔斯泰，以及一大堆法国男人。但是这些人的影响力都及不上教宗利奥十三世，他深信已婚妇人应当继续安全待在父权体制提供的牢

[3] 挪威诺贝尔文学奖（1903）得主。——译者注

笼里。他在 1891 年的通谕里坚定指出:"女人天生适合做家务事,维持端庄贤淑、好好教养小孩、促进家庭福祉,这才是女性应该赶快实行的适应之道。"[4]

漫画家则以"新女性"(new woman)妻子与"惨遭蹂躏"的丈夫为题材,大大取乐。他们依据牝鸡司晨的讽刺绘画悠久传统,无情嘲讽夫妻的角色反转。一幅受到女性投票权刺激的美国漫画勾勒类似主题,画中,一位打扮高贵的女士正要爬上两名女车"夫"驾驶的马车,她们的丈夫则待在家里照顾婴儿、洗衣服。1900 年一幅取名"现代婚姻"的德国漫画,画中,横眉竖眼的老婆着裤装,威胁挥舞着一只鞋;她的先生则穿女装与卧室拖鞋,一手抱奶娃,一手拿奶瓶。图说写着:"她女身男装。"

英国的新女性

19 世纪 80 年代到 90 年代,"女性议题"的论战在英国达到高峰。无论报纸与杂志的文章、小说、剧作、公开演讲与私下讨论均集中于"新女性"。这个名词首创于 1894 年 [5],用以形容既存的熟悉现象。辨别"新女性"的标准包括她的教育水平、她的独立性、她对传统家庭价值观的鄙夷,以及她混淆男女传统角色的行为倾向。在仰慕者的眼中,所谓的"新女性"是她们期待已久的女救星,她匡正两性问题、为家庭与社会带来无数好处。但是在非议者眼中,"新女性"是可被谴责的悍妇、违反自然的怪胎,只会摧毁神圣的性别分工,为婚姻与

---

[4] Leo XIII, Rerum Novarum, 15 May 1891, 摘录于 *Women, the Family, and Freedom*, ed. Susan Groag Bell and Karen Offen (Stanford: Stanford University Press, 1983), vol.2, p.95。

[5] 率先使用新女性一词的是 Sarah Grand,出现于 "The New Aspect of the Woman Question" in North America Review, vol.158 (1894), p.xxx, reproduced in *The Late Victorian Marriage Question*, ed. Ann Heilmann (London: Routledge, 1998), vol.2, pp.271–276. 感谢 Ann Heilmann 编辑、Routledge/Thoemmes Press 出版的 5 册合辑,提供我许多关于"女性议题"的资料。

母职等神圣制度带来无穷灾难。

毋庸置疑，新女性引来的非议深植于人们对"妻子"前景的焦虑。当女人的性欲、教育、就业、投票权等议题越凸显，女性主义者的抗议就越像是在攻击"真正的女人"——也就是自我牺牲、无微不至的配偶与母亲。如果已婚女性与丈夫完全平等，家庭会变成如何？

1888年8月，莫娜·凯尔德（Mona Caird）写了一篇文章《婚姻》刊登于《西敏评论》（*Westminster Review*）上，率先在英国引爆此一议题，引起广泛注意。《每日电讯报》（*Daily Telegraph*）呼吁读者来信讨论凯尔德的文章，短短不到两个月，便收到27 000封来信。

凯尔德到底写了些什么，引起史无前例的来函反应、造就了她同辈所谓的"当代最轰动的报纸争议"[6]？基本上，凯尔德的灵感来自沃斯通克拉夫特与约翰·米尔等女性主义思想家，深信女性数千年来屈于从属地位是因为它符合男性的需要，而婚姻是让女性无法摆脱枷锁的主要制度。她认为"婚姻里的拥有权"是古代买妻习俗的遗绪，沿袭至当代的婚姻市场，让维多利亚时代的适婚女性形同将自己卖给出价最高的人。

在那篇简短且语气独断的文章里，凯尔德对马丁·路德提出尖酸批评。她认为是路德否定了婚姻的神圣性，让它变成商业契约，"只比可受公评的罪恶略高一等"。她全盘否定"新教徒崇尚婚姻"的普遍看法，并认为"女人首要职责在传宗接代，死亦不足惜"这种看法到了维多利亚时代依然盛行不衰，路德与梅兰希通（Philipp Melanchthon）等宗教改革者应当负起全责。

凯尔德宣称婚姻制度是种"失败"，因为妻子依然屈服于"买卖系统"、强迫自己发展一种道德观，"以配合她对男性的奴隶臣属"。做妻子的并不看重自己的聪明才智、所受教育与贞洁，除非这些与丈夫"相关"，抑或如凯尔德强调的"女性必须保护她身上的男性资产"

[6] Dedication page to *Is Marriage a Failure?*, ed. Harry A. Quilter (London: Swan Sonnenschein & Co, 1888). Fascimile Copy (New York: Garland, 1984).

（The woman must protect the man's property in herself）。反过来看，因为妻子的美德"属于"丈夫，她的行为如果偏差，丈夫便视之为自身之耻。就凯尔德看来，妻子不忠会伤害到丈夫的荣誉，这个想法是"最无知的所有权宣示"。法律将妻子等同于丈夫的财产，妻子偷情往往构成离婚事由，但是凯尔德质疑的是一个更基本的存在问题："除了自己的行为之外，有谁的行为能让你自己的荣誉受损？"（此一疑问完全适用于《玩偶之家》，汉默担心妻子的伪造签名会损伤他的名誉。）

凯尔德提出数个激进主张，以改变婚姻是"可耻枷锁"的现状。其中之一是完全拒绝婚姻，"越来越多女人采取此一选择，与其牺牲自由、踏入婚姻只为谋得一张饭票，不如拒绝婚姻所提供的舒适生活"。

但是凯尔德并不想完全推翻婚姻。她不想"摧毁"婚姻制度，只想匡正婚姻的某些错误（包括法律强迫不幸福的夫妻依然得共同生活），让婚姻制度得以"重生"。整个19世纪，离婚成立的唯一理由依然是罪证确凿的通奸，而离婚的法律费用非常高，多数英国男女都无能为之。凯尔德呼吁通过更自由的离婚法，也呼吁让女孩受更好的教育，经济上自给自足，才无须为了钱而被迫结婚。唯有这样，婚姻才可能是基于爱与友谊的真正选择，而非责任。根据凯尔德的看法，不满意婚姻现状的众多男女将会为婚姻制度带来上述改变。她深信社会正在酝酿一种道德的文艺复兴，"过去几年来，引人瞩目的思想喧腾、迹象与奇迹在在宣告意识觉醒的来临"。她邀请读者加入论战。

《每日电讯报》选刊的读者投书来自妻子、丈夫、单身女性、单身汉、寡妇、鳏夫、副牧师、酒吧女侍、医师、水手、护士、艺术家、女演员、毛皮商以及数个女职员，不及备载。除了少数几位是劳工阶层，选刊的来函作者都是自尊自重的中产阶级。他们不是全心支持凯尔德的观点，就是誓死反对。他们叙述自己的快乐或悲伤故事，提供改善婚姻的建议，或者提出不应随意篡改传统婚姻制度的理由。不少读者来函是针对前面某位读者来信提供建议。这些信让我们得窥19世纪末英国婚姻的全貌，并得知许多人的生活故事。下面摘录的书信，作者可分为两类，第一类是自认婚姻失败的女性，第二类是自认婚姻成功的女性。

失败的婚姻

我必须说我同意法律应赋予离婚更大的便利。让我以自己为例。我的丈夫是个无药可救的酒鬼。没错，他有很好的收入，让我过着优渥的生活；但是他一个星期里有 5 天都是烂醉昏愚，我必须与这样的丈夫同床共枕，生活的优渥难道值得考虑吗？

露奎西亚，威斯博恩公园，8 月 20 日

我是那种婚姻彻底悲惨失败的不幸女人。我还是个年轻女孩时便结婚，数年之后便形同守寡，因丈夫的残暴而被迫分居。之所以能够分居还是因为他残暴弄瞎我一只眼睛。一切都因为无情的法律强迫我必须与他共同生活，直到他让我终身残废为止……

斯特兰，M.S. 贝福德街，8 月 21 日

我应该感谢凯尔德太太以及其他人指引我们这些婚姻不幸福者如何有尊严地摆脱困境。我的婚姻痛苦而失败，因为我与丈夫彼此并不适合。14 年来无日无之的争论与摩擦，确切证明我们无法相处……我们打破了结婚时的一切誓言，只有一项除外；只因为我们都是道德高尚的人，我们必须持续忍耐，在彼此都痛苦的情况下度日，让孩子生活在缺乏爱与欢乐的家庭，使他们的人生蒙上阴影与苦痛……

一个疲倦的妻子，邻近波格纳的非尔凡，8 月 21 日

我是个弃妇，丈夫对我极端鄙视与不善，但是我必须骄傲地说我非常尊重婚姻的神圣誓约，如果我丈夫明日叫我回家，我就会马上回去，并全心全意以友善热情克尽我对他的责任。

城市商人之妻，9 月 10 日

我未加思索便嫁给一个我不爱的男人。我以为慢慢地，我会开始关心他，但是我没有……因为我是他的妻子，觉得有义务跟着他，但是我的灵魂全然反对我和一个品味、性格、兴趣均与我截然相反，而我丝毫不爱他的男人连接在一起。如果我听命于爱而非责任，应该会是个更好的女人。

婚姻冒险者，诺伍德，9 月 20 日

我的伴侣与我个性完全不合。我们不吵架，只是毫无共鸣——对彼此的一切思想与感觉全然反感……

……我相信如果丈夫肯让妻子在家务事之余有点娱乐与嗜好，那么焦虑、不快乐、濒临崩溃的妻子就会少一些……婚姻制度的失败还在于英国丈夫拒绝让妻子经济独立……少有男人能够体会具有独立精神的太太连区区 6 便士都得跟先生伸手索讨，那种滋味有多么羞辱，他们更无法体会这会激起妻子多大的怨恨与反叛……

失落的人生，达林夫，肯特郡，9 月 26 日

上述投书以及一些不快乐的妻子来信，将她们的痛苦归诸丈夫，后者有的残暴、有的傲慢轻蔑、无情，有的则是嗜酒如命。这些信的作者多半描述自己努力做个"模范妻子"，"十分愿意奉献与自我牺牲"，但是婚姻的状况让她饱受挫折，渴望有一条祖国法律与宗教规范都能认可的脱离婚姻之道。毕竟没有人愿意为了离婚而犯通奸罪恶。

有些妻子认为她们的婚姻问题出在个性不合，对自己的指责尤甚对丈夫的指控。一位女士便承认她根本"不适合结婚"。和其他投书者一样，她抱怨法律规定让她和丈夫无法化离。

快乐的婚姻

你们允许一位有 20 年婚姻经验的女人说几句话吗？……以我的

浅见，婚姻此一制度乃是保护弱者，也就是女人与小孩，对他们的好处胜过坏处。男人大可同意（我想多半也愿意）所谓的自由婚姻，也就是短暂的婚姻……我认为女人本就倾向服从……"你丈夫必管辖你"是上帝施予第一个罪人夏娃的诅咒……我只是表达女性的观点。我也承认婚姻经常令人失望，但是只要婚姻能够让人类合法繁衍、让女人得到尊贵（近乎神圣）的妻职与值得尊重的母职地位，婚姻就不可能是一种全然失败的制度。

——希望与信心，布莱顿，8 月 10 日

如果你是个理智、聪明、圆融的女人，对丈夫的期望不要过高，一般来讲，你是可以快乐的……面对你所爱的这个男人，请善用判断力。首先切记夫妻双方都有需要配偶忍耐之处，因此，容忍并自制。如果你的丈夫是个正派得体的人，他会欣赏你如此作为，并且爱惜你、尊重你。如果你发现丈夫有脱轨倾向，给他一副家门钥匙。没多久，他就会厌倦这种不须争吵就能得到的自由。你不必为他守门，满足地上床休息，以甜蜜、毫不怀疑的微笑迎接他，不要难堪质问他为何清晨才返家……在这种状况下，你的丈夫一定觉得兴味索然，我保证不出一个月，他便会每晚都在像样的时间返家。婚姻会不会失败，很大一部分要看你自己。

——艾米丽·科芬，伦敦，8 月 14 日

结婚前夕，我在心里立下 3 个誓。不惹丈夫生气、对丈夫没有秘密、不因我的自私轻率而让丈夫破产。15 年后，我向他吐露这 3 个誓言。现在我虽然已经守寡 10 年，只要想到丈夫听到我的誓言后所回报的爱意与温柔，泪水便要浸湿信纸……

——一个相信神圣婚姻者，伦敦，8 月 20 日

你们允许一个劳工妻子说几句她对婚姻的看法吗？……我是个结婚已 40 年的女人，因此，我的话值得大家参考。我认为"婚姻不是

一种失败"，让我告诉大家我的想法。15 岁那年，我还是个学徒，与我的"男人"陷入爱河。他也是个学徒，比我大 4 岁。我们非常快乐，不亚于所有恋爱中的上流男女。我们没征询父母的意见，安静地享受恋爱，渴望结婚那一天的到来。当他出师时，我们便择定婚期。一天上午，我们请了假，各找了一个店员当证人，我穿着长长的婚纱，就这样前往教堂。一个好脾气的牧师为我们证婚，他似乎很喜欢替年轻、漂亮的爱侣完婚。我的嫁妆只有我对他的爱。他的财富也只是出师后做职工每周能赚的薪水。结婚时，我们没有银行存款、没有一点点"成就"，但是我们非常快乐。不到 1 年，我便生了头胎子，接着，又为他生了 8 个弟妹，其中 7 个平安长大成人……上帝为何造男又造女？显然是要我们做对方的伴侣，履行神圣的"滋生繁养"天命。上帝让我们来到世间，不是为了取悦我们自己，而是要我们做工。女人的工作便是做母亲、塑造孩子的心智、教育孩子的心灵。完成了这些责任之后，她便发现做一个"真女人"的美好喜悦。当你的头发变得灰白、步履蹒跚，你亲手养大的孩子开始千倍回报你的爱与照顾，而每一天，你都看到自己的投资获益丰硕，生命还有什么比这更好的奖赏？我想不出来。即使把整个罗斯查尔兹（Rothschilds）家族的财富给我，也不能交换子女对我的爱，以及我在 60 岁高龄时在火炉旁所享受的宁静……

——一个劳工妻子，普利茅斯，9 月 6 日

　　我与丈夫相识 3 年多才结婚，对他知之颇深，自然以为我们已经足够了解双方的性情，可以快乐生活。但是结婚没多久，我便发现他逐渐疏离我……不同朋友给我的建议都是："他走他的阳关道，你过你的独木桥。"但是我知道这不是赢回他的方法。我在耐心容忍 3 年之后，决心实行我认为最好的方法……他回家时，我总是在门口迎接，假装什么事都没发生，对他依然如婚前般照顾周到。仔细研究他喜欢的朋友，设法每周邀请这些朋友来共进晚餐 2—3 次……慢慢地，我让丈夫断了与坏朋友的往来，现在（过去 1 年）我们过着再快乐不过

的生活……

——中产阶级女性，克洛敦，9 月 12 日

再过许多年后，我们期望能欢庆金婚，并祈求上帝，我们仍未对彼此厌倦。但是我曾犯了不少错误……现在我知道该如何掌握我丈夫，学会跟他共享他为数不多的嗜好，使他加倍快乐……

——温妮·琼斯，史瓦夫罕，9 月 17 日

整体而言，快乐的妻子不像不幸的妻子那么率直。她们认为婚姻就是容忍丈夫的缺点，甚至百依百顺。她们相信维系婚姻是妻子而非丈夫的责任。其中一位妻子婚前暗自发下 3 个誓言约束自己的行为，直到 15 年后才告诉配偶。另一个妻子纠正了年轻时的错误，及时学会"掌握"老公。第三位妻子慢慢让丈夫与"坏朋友"断了往来，第四个妻子甚至给丈夫一副家门钥匙，随便他深夜几点才回来，直到他厌倦了自由为止。她们都同意家庭应当是婚姻的庇护所，保护丈夫远离外界之恶，不管那是职场上的激烈竞争或者是狂饮烂嫖。"真正的女人"会全心奉献于管家、妻子、母亲等角色上。

部分妻子显然受到传统宗教观影响，将女性视为较弱的性别，因上帝之命而必须臣服于丈夫并生养众多孩子。最不寻常的一封投书便是那位工人妻子，她清楚认知她与其他投书者的阶级差异，并明显满足于自己的命运。值得一提的是这位妻子结婚 40 年，而其他上了年纪的妻子也是最快乐的一群。她们已经度过婚姻初期的适应阶段、生养孩子、财务的困窘，到了老年，觉得自己是受福的。这一小群女性似乎呼应了现今心理学家流行的观点：能够相扶持到老的夫妻，晚景可以是"黄金岁月"[7]。

[7] Susan Turk Charles and Laura L. Carstensen, "Marriage in Old Age," in *Inside the American Couple,* ed. Marilyn Yalom and Laura L. Carstensen (Berkeley: University of California Press, forthcoming).

英国与欧洲大陆的进一步争论

在《每日电讯报》的读者投书之后，"女性议题"的争论依然持续许久。英国的女性改革者如凯尔德、莎拉·葛兰（Sarah Grand）与施赖纳遭到伊丽莎·琳恩·林顿[8]（Eliza Lynn Linton）、韩福瑞·瓦德夫人[9]（Mr. Humphry Ward）、畅销小说家韦德[10]（Ouida）等反改革者攻击。男作家也壁垒分明，不管他们支持或反对女性现状的改变，都在作品里反映出"新女性"一词掀起的混乱波涛。迥异于19世纪80年代与90年代的奥斯汀、勃朗特、加斯克尔、狄更斯等人的作品，这个时期的小说不再以结婚收场。结婚的场景可能出现于小说的一开头或者中间，接下来，作者以大篇幅探讨婚姻问题。有的小说到故事结尾，主人翁也没结婚。

相较于欧洲各国同侪，英国小说家较晚放弃结婚的"快乐结局"，也较晚在作品里勾勒爱情、性与婚姻的阴暗面。拿法国小说家乔治·桑来说，她早在1832年便以《印第安纳》（Indiana）震惊同辈作家，故事描述妻子逃离暴虐的丈夫。巴尔扎克的皇皇巨著《人间喜剧》[11]（Human Comedy）写作于19世纪30年代与40年代，充斥着偏执、给女儿与妻子带来灾难痛苦的父亲与丈夫。巴尔扎克在《两位年轻结婚者的回忆录》（Mémoires de deux jeunes mariées）中为可能结婚的女性提供两种婚姻模式——便宜行事的传统婚姻与激情的浪漫婚姻。两个刚从修道院学校毕业的朋友选择了完全不同的婚姻，一个基于家庭考虑，一个听从心的安排。虽然巴尔扎克有浪漫的倾向，立场却偏

---

[8]　Eliza Lynn Linton（1822—1898），英国小说家。——译者注

[9]　Mrs. Humphry Ward（1851—1920），英国小说家，以探讨社会与宗教主题的书籍闻名，同时她也坚决反对女性拥有投票权，在1908年当上"反参政权联盟"的主席。——译者注

[10]　Ouida（1839—1908），英国小说家，本名Marie Louise de la Ramée，擅长写罗曼史小说。——译者注

[11]　巴尔扎克是法国写实主义大师，《人间喜剧》是他的小说作品集统称，洋洋洒洒数十部，包含6组生活素描的小说与两组研究（哲学与心理分析）。——译者注

向那个在家庭生活与母职里寻找幸福的女主角，另一个热情的女主角却因为"纵欲过度"（！）失去第一个丈夫，再婚后，又因为自己过度疯狂忌妒而死亡。真是个醍醐灌顶的警世故事。

要到一个世代之后，福楼拜才以旷世绝伦的《包法利夫人》（*Madame Bovary*）建立了不快乐妻子的原型。包法利夫人虽是那个时代的浪漫错觉所孕育出来的病态偏狭人物，但是这不重要，福楼拜将她塑造成一个角色膨胀、富含传奇色彩的外遇女子。她拒绝做个乡间平凡医师的忠实老婆，读者对她的处境却是同情多过谴责。1857年，保守的拿破仑三世政府对福楼拜与《包法利夫人》一书的发行人提起诉讼，指控他们侮辱道德，但是被告律师的雄辩滔滔、陪审团的思想进步，再加上舆论对包法利夫人的支持，让此项诉讼未能得逞。

一直要到托尔斯泰的《安娜·卡列尼娜》（*Anna Karenina*），才出现第一个真正的英雄式女通奸者。漂亮、热情、贵族出身的安娜离开冷淡的丈夫与深爱的孩子，投向英俊的军官渥伦斯基伯爵，此举毁了所有的相关人。和包法利夫人一样，安娜也以自杀结束生命，舍下了自己的婚生子与私生子。不管福楼拜与托尔斯泰多么认同笔下的女主角，妻子不忠于婚姻，到头来还是得付出代价。通奸女性未遭惩罚，在当时是无法想象的。

到了19世纪80年代，英国作家终于跟上欧陆作者的步伐，开始描写充满问题的婚姻本质。由哈代（Thomas Hardy）领军，不少作家深信那个时代的婚姻根本是随时可以引爆灾难的地雷区。在哈代的《卡斯特桥市长》（*The Mayor of Casterbridge*）中，主角年轻时曾犯下滔天罪行，将老婆与小孩卖给一个水手，当他上了年纪、功成名就后，这段往事像鬼魅般缠着他，终于导致他的没落与死亡。《德伯家的苔丝》（*Tess of the d'Urbervilles*）勾勒村姑苔丝的一生，她被上流阶层的雇主诱奸怀孕，嫁给某男子。丈夫发现她的过去后弃她而去。苔丝刺伤第一个爱人，与她始终深爱不渝的丈夫过了几天快活日子，而后被捕，受绞刑而死。《无名的裘德》（*Jude the Obscure*）一方面对英国上流社会发出激愤谴责，也对异性恋关系抱持宿命看法，认为它们多数不会幸福快乐。裘德是村庄石匠，年轻时受骗踏入一个不幸的婚姻，没多久，他的妻子抛弃他。他爱上自己的表妹，非法同居数年。当他们的 3 个小孩分遭不测后，他与表妹分手，裘德最后痛苦死亡。这是哈代最悲惨也是最不受读者欢迎的小说。

许多英国作家都批评婚姻制度，对"女性议题"发表看法。拿吉辛（George Gissing）的《剩下的女人》（*The Odd Women*）来说，书名的 odd women 等同于"多余的女人"（redundant women），指的是维多利亚时代末期男女比例悬殊，约有 50 万个女人找不到婚配对象。《剩下的女人》主角为 4 个未婚女性，其中两位女性罗达·那恩（Rhoda Nunn）与玛丽·巴富特（Mary Barfoot）为了帮助其他"多余的女人"，坚持不婚。她们成立一所学校教导单身女性文书技巧，好让她们得以自给自足。全书充满对传统女性角色与传统婚姻的正反辩论，吉辛显然站在"新女性"一方。

吉辛让罗达·那恩（她的姓显然有象征意义）[12] 这个角色变成了不起的典范——独立、傲然、聪明，全心奉献于"这个时代最伟大的运动——女性平权" [13]。但是读者别误认她是个缺乏女人味的悍妇，书中，伊福拉德·巴富特对她苦苦追求，罗达颇清楚他的情意。他们的对话包括对当时婚姻制度的批评（婚姻是法律与金钱支撑起来的社会责任），以及对"自由结合"（基于热情与理智、不受法律规范的亲密关系）的开诚布公讨论。伊福拉德向罗达求婚，对两性平等提出他的看法：

你可以想象我希望你拥有的生活。你了解我，知道我的妻子——请容许我使用这个旧名词——可以和我一样，自由过自己想要的生活。总之，我要的是爱……在这种爱情关系里，相爱的两个人均能理

---

[12] Nunn 显然是修女（nun）的变形。——译者注
[13] George Gissing, *The Odd Women* [1893], (New York: W. W. Norton, 1977), p.87.

智思索生命里最美好的事物为何。[14]

　　不管妻子的定义为何，罗达最后还是选择不做人妻，因为她发现
伊福拉德对婚姻仍保留许多传统看法。

　　书中另外两位女主角结了婚，分别代表"妻职"的两个极端。芬
妮·米克尔思韦特（Fanny Micklethwaite）在长达 17 年、无私牺牲的
订婚后，终于结婚。因为她的坚韧不拔，婚后虽然经济状况不佳，婚
姻仍很幸福。另一个女主角蒙妮卡·韦多森（Monica Widdowson）为
了不想重蹈两位未婚姐姐的贫困处境，嫁给一个年纪比她大一倍、不
讨人喜、她对他几乎一无所知的男士。不到 1 年，他们的婚姻便证实
是一场不折不扣的灾难。蒙妮卡的丈夫坚持传统中产阶级的丈夫特
权、对年轻妻子的醋劲迹近病态，再加上两人缺乏了解，都使得蒙妮
卡投向情人的怀抱。虽然她的通奸幻想并未付诸实施（因为她的情人
突然打退堂鼓），她还是弃丈夫而去，留下他一头雾水，而她也死于
难产。这就是吉辛笔下维多利亚时代末期的"快乐婚姻"。

　　另一方面，传统婚姻的捍卫者并未绝迹。1891 年，伊丽莎·琳
恩·林顿在一系列论述"狂野女人"的文章里，将家庭形容为充满
"祥和与爱"的庇护所。她谨守维多利亚时代的信条——"男人负责
主外，从管理国家到耕田；女人负责主内，管理家庭并匡正社会。社
会越文明，男女的功能便越泾渭分明。"[15] 尽管地震波已经撼动林顿
脚下的土地，她依然死守男女领域截然二分的立场不动摇。

　　她的主要论点包括反对女性活跃参与政治。她质疑："一旦女人像
男人一样栽进政治生活的汹涌海水里，家庭还会有平静吗？"对女性
争取投票权的呼吁，林顿发出警告，后来的 25 年，她的论点广被引
用：女人拥有投票权有害婚姻，因为它是夫妻失和的另一项决定性因

[14]　Ibid., p.180.
[15]　Eliza Lynn Linton, "The Wild Women as Politicians," *Nineteenth Century,* vol.30
　　　(1891), pp.79-88. 林顿三篇 "狂野的女人" 收录于 Heilmann, *The Late Victorian
　　　Marriage Question* 第一册结尾。

素。她问读者："想象一个疲惫的商人暨热心的政治家，回到家中，妻子的投票意向居然与他相反……我们都见过妻子公然直接与丈夫唱反调的悲惨例子。"从虔诚的天主教徒、新教徒、犹太人、优生论者到社会达尔文主义者，林顿那一代的保守分子均赞美她在巩固两性传统分工上的努力。教育程度高、经济独立自主、拒绝被迫走入婚姻、希望少生孩子的新女性，在在威胁了旧秩序的基础。

美国的女性议题

美国和欧洲一样，在 19 世纪末冒出了成千上万的新女性，无论已婚或未婚，她们都追求更大的自主性。1874 年，改革者亚芭·古尔德·伍森（Abba Goold Woolson）宣称："我存在……不是因为我是个妻子、母亲、老师，首要的，因为我是个女人。我有为自己而存在的权利。"她大胆说出在女性心中只有模糊概念，却令多数维多利亚时代人士都大为吃惊的想法。尔后 25 年，美国女性以各种方法响应伍森的想法，呼吁给予女性更大的独立权与两性平等。伴随着工作机会开放，越来越多女性质疑婚姻的绝对必要性，有些女人甚至自愿选择独身。虽然女性劳工主要仍从事家政服务（1870 年的普查显示半数就业女性从事此类工作），但是工厂工人、裁缝师、女帽师傅等工作机会也越来越开放，她们甚至有机会成为社会地位较高的教师、办公室员工、作家与装潢艺术家。认真打拼事业的女性依然得徘徊在结婚与工作之间，但诚如 1900 年安娜·李·梅瑞特（Anna Lea Merritt）发表于《利平科特月刊》（*Lippincott's Monthly Magazi*）的"致艺术家（尤其是女艺术家）的一封信"所言："女人成功的唯一障碍是她不可能有老婆。"

有些事业有成或经济独立的女人实行"波士顿婚姻"（Boston Marriage），形同拥有"老婆"。所谓的"波士顿婚姻"是指两个单身女性拥有持久的结合关系。她们当中不少人是各行各业的前锋，支持彼此的事业与对社会的愿景。小说家莎拉·恩·朱薇特（Sarah Orne

Jewett）与她的孀居朋友安妮·费尔德斯（Annie Fields）便同居近 30
年。玛丽·埃玛·伍利（Mary Emma Wooley）是布朗大学第一个女学
生（1891 年），她在曼荷莲女子学院（Mount Holyoke College）校长
的漫长任内，一直与珍妮特·马克斯（Jeannette Marks）同居。在弗
洛伊德的理论尚未畅行美国之前，此类关系不被视为性"变态"，相
反地，人们认为她们是不涉性欲的。社会愿意容忍女同性恋，只要她
们避免肉体亲密关系。

即使在传统的异性恋婚姻，许多美国妻子也期望比老一辈的女性
拥有更大的权力。维多利亚时代末期的妻子必须与丈夫、社会甚至自
己抗争，才能得到权力。虽然她希望在个人事务与家务管理上有更大
的决定权，但她不希望成为漫画与讽刺画经常嘲弄的"没女人味的悍
妇"。受人尊重的中产阶级妇女相信婚姻制度、厌恶离婚，绝不会当
众让丈夫难堪，但是私底下，针对孩子的管教、家庭财务以及无数的
家庭决策，她可能会和丈夫争权夺位。这个夏天，他们该去海边还是
她的父母家度假？她的丈夫应该再投资一项没把握的生意吗？他们该
再次依丈夫的决定搬家吗？他们有钱再请一个佣人吗？他们的女儿不
该和儿子受一样的教育？做妻子的有权加入女子社团、独自去温泉疗
养，或者远赴另一个城市拜访朋友吗？丈夫会反对老婆偶尔写点东西
或者做点糕饼赚外快吗？中产阶级的美国女性就算不会公开反对，私
底下，她们也一定不愿意像前辈女性一样，毫无异议地臣服于丈夫的
权威。

弗吉尼娅·拉斯（Virginia Laas）依据薇拉德·布莱尔·詹宁（Violet
Blair Janin）的日记与书信，重新建构了她的故事，提供了一则意志
坚强的女性范例。薇拉德拒绝在婚姻里扮演臣服角色，与丈夫艾伯特
建立了奇特的"现代"婚姻。薇拉德在华盛顿社交圈已经连续称霸好
几季，是众所公认的美女，拒绝了 12 个求婚者（即便以她的美貌、
聪明与财富，这个数字还是很惊人），她在 1874 年下嫁艾伯特·詹宁。
正好是伍森发表"女性不是附带的人，本身就有存在权利"的惊人宣
言的那一年。

在这之前 6 年，芳龄 20 的薇拉德在日记中写道："我绝不会谈恋爱，也绝不会结婚。没有任何男人可以做我的主人——我绝不会答应服从。"一年后，她第十次被人求婚，开始沉思怀疑："我该怎么办？我十分担心这些爱我的男人，我不能每个都嫁，也一个都不想嫁。"她在 1870 年的日记也反映了相同的焦虑，她承认："我不认为自己能爱上任何一个男人。"并宣称："我绝不会成为男人的奴隶。"

但是同时间，她发现艾伯特·詹宁颇吸引她，他来自纽奥良，是个聪明又有进步思想的律师。他激发薇拉德对女权的兴趣，甚至给她相关的书籍与传单小册。艾伯特佩服薇拉德精通数种语言以及她的反传统观念，更重要的，他愿意臣服于她的主宰欲望。薇拉德在 1871 年 10 月 27 日的日记里以赞许的口吻写道："他服从我。"就在那一年，她同意嫁给艾伯特。

在薇拉德的要求下，他们的订婚保密，她持续与其他追求者打情骂俏，艾伯特因而心烦意乱。他在某封信里悲鸣："想到可能失去你，我备受煎熬，迹近发狂。我的情绪依存于你，失去你，我将一无所有。虽然此刻我哀伤又寂寞，但是想到未来的幸福，便又觉得自己是富有又受神恩的。"恋爱过程里，艾伯特曾无数次发出哀叹，这封信只是其中之一。虽然维多利亚时代的女士常会考验追求者，但是甚少人（可能一个也没）像薇拉德这般无理苛求，连她自己也承认。她在 1872 年写道："噢，艾伯特，我让你的生活悲惨透了，娇宠的美女无法成为好妻子。"因为艾伯特的坚韧不拔（诚如薇拉德某位朋友形容的"简直和乔布一样忠心耿耿呢"），他们终于在 1872 年秋天公开订婚事实。

但是这不代表薇拉德准备接受传统的婚姻，更甭提对丈夫百依百顺。她的条件如下："唯有绝对的依顺才能满足我。爱我的人必须受我驾驭。如果你认为我可以随便嫁给哪个男人，扭曲自己的意志以迎合他。那你就错了。我不会！我不会！绝对不会！……我天生就是要驾驭他人而非服从。"艾伯特接受薇拉德所有的条件，包括她有权控制自己的财产，也包括每年数个月艾伯特必须住在纽奥良时，她自己住在华盛顿。薇拉德对夫妻分居两地的说法听起来颇现代化:"你无须总是与我住在同一个城市……你有权决定自己的行止,我也一样。"接受艾伯特求婚 3 年后,薇拉德终于成为詹宁太太。

他们的婚姻维持了 54 年。和许多持久的婚姻一样,他们也历经浮沉,从极端快乐到非常悲惨。结婚的头几年,薇拉德惊讶地发现自己也有"爱"人的能力。当艾伯特远行时,薇拉德写给他的信充满直率热情:"噢,如果你能在这儿抱住我,那有多好。我真的很渴望你,我的心因渴望与你再度相聚而痛楚,我所爱的人。"或者是:"我亲爱的丈夫,我不知今晚为何如此痴迷,但我的确如此,也不怕让你知道。"薇拉德并无意放弃原先的条件,她明白告诉艾伯特,她爱他如"丈夫与朋友,而非主人"。

他们在理财上轻易达成协议。薇拉德与艾伯特各自把钱投资到他们认为合适的生意上。不幸,讲到理财,艾伯特一点也不聪明,他在生意与政治上的连串投资都惨遭失败,侵蚀了他们的幸福婚姻。此外,薇拉德也因早产失去一个女婴。

到了 1880 年,他们多数时间分开住,艾伯特住在纽奥良,薇拉德待在华盛顿。艾伯特建议薇拉德搬来和他住,她的反应极为愤怒:"你养不起我……拿什么来让我住在纽奥良呢?"事隔 1 年,他们才见面。

整个 19 世纪 80 年代,艾伯特努力工作还债,薇拉德则替姊夫翻译文件维生。她越来越投入"全美女性投票权协会"(National Woman's Suffrage Association)、"防止虐待动物学会"(Society for the Prevention of Cruelty to Animals)、"独立革命之女"(Daughters of the American Revolution)等组织的活动。她与艾伯特过着脚踏实地但分隔两地的生活。1891 年,她在日记中写道:"我怀疑这个城市里有哪个受人尊敬的女人像我这样——过着形同未婚的生活。但至少我们并未厌倦对方,也没惹出丑闻。"

但是 80 年代中期有段时间,薇拉德有机会闹绯闻。1883 年,她认识了奥地利伯爵威廉·李普-魏森菲德(William Lippe-

图 7.3　1903 年 4 月 19 日，"革命之女"的会员为华盛顿特区的"大陆纪念厅"举行奠基仪式。弗朗西斯·约翰逊（Frances Benjamin Johnson）摄影（Library of Congress, Washington, D.C.）

Weissenfeld），尔后数年均与他维持极为亲密的友谊。薇拉德显然颇倾心于这位有教养的伯爵，也毫不掩饰自己对他的迷恋，对丈夫也不例外，但是没告诉他威廉每周两次晚间造访她。薇拉德在 1886 年的日记写道："如果大家发现了，我们便必须停止。"1887 年秋天，威廉奉命返回奥地利。虽然他与薇拉德并未发展到肌肤之亲（如果我们相信薇拉德的日记），但是在情感与知性层面上都极感满足。威廉走后，薇拉德备受打击，而他则终身未娶。

　　少了威廉的倚靠，薇拉德对艾伯特渐感幻灭，他越来越穷，到了 19 世纪 90 年代中期，还得仰赖薇拉德的资助。她认命地接受丈夫的事业与自己的婚姻双双失败，在 1897 年 12 月 31 日的日记上回顾过去一年："我的婚姻不快乐，但是天知道，我必须像个诚实女人坚守当初的协议。"两周后，她补上一句安慰自己的话："至少艾伯特不干涉我。"

　　就在薇拉德放弃希望之际，出乎众人意料，艾伯特接管了家族的一块产业——位于肯塔基州的猛犸洞[16]（Mammoth Cave），极力促销后大为赚钱。虽然薇拉德仍独立维生，也持续与艾伯特分居两地，但是婚姻的后期，他们重新找回热情。1905 年，艾伯特热情致函薇拉德："我从未遇见或认识任何一个女孩与女人，能给我一丝丝感觉，让我认为她可能成为我的终身伴侣，胜过充满肉体与心智超凡魅力的你。"薇拉德也承认他们彼此相互依赖，她在 1916 年的信上写道："伴随岁月流逝，我认为我们日益需要对方。你何时要来？"

晚年，艾伯特得了老年痴呆症，经常易怒暴躁。尽管如此，薇拉德前往肯塔基州照顾了他好几个月，在艾伯特过世前几年，她将他接到华盛顿，细心照顾他。1928 年 5 月艾伯特过世，薇拉德卖掉猛犸洞，获得 44.6 万美元巨款。1933 年 1 月她过世前将多数家产捐给"华盛顿国家大教堂"。薇拉德与艾伯特的婚姻堪称"非传统"，但是根据她的传记作者所言，他们的故事其实"很普通"，只是在很多方面被"夸大"了。薇拉德的独特婚姻象征了 19 世纪末女性在追求自主权与传统妻职之间的紧张拉扯，直到现代，这种紧张对立依然未消失。

到了 19 世纪 90 年代，都市中产阶级的单身与已婚女性发生许多变化，不容忽视。首先史密斯、曼荷莲、布尔矛尔、卫斯理、维萨等女子学院纷纷成立，女子社团与组织也显著增多。社会逐渐接受单身女子外出工作（妻子外出工作的接受度较低），也开始相信婚姻不该终结女人对书本、音乐或运动（特别是网球与自行车）的兴趣。这一切都要拜女性自由与女性期望的兴奋氛围之赐。

女性解放的第一个象征是自行车，它的形象出现在海报与广告上，到处可见，夸耀某个厂牌胜过其他厂牌，"完全适合女性骑乘"。"维多利亚牌"自行车大力宣传他们的"倾斜式车座适合蹬骑困难的女士"；"双鞍牌"则瞄准女性的生理恐惧，引用"波士顿产科学会"在 1895 年 4 月的研究，宣称"女人绝不该坐一般自行车的车座"，而应该购买该公司生产的"有坐垫的安全车座"，它的凹陷式鞍

[16]　此地为世界上最大的石灰岩洞，现已列为国家公园。——译者注

头"不会碰触到身体"。做母亲的无论会不会骑车，都自《仕女家庭》（*Ladies' Home Journal*）等杂志学习替女儿裁制骑车服的艺术。

《仕女家庭》与《好家政杂志》（*Good Housekeeping*）杂志均创立于 19 世纪 80 年代中期，让女人随时掌握最新流行与潮流。如果说 1884 年 8 月的《仕女家庭》仍温和坚定地指出："最快乐的女人就是平淡居家过活的女人。"10 年之后，它也不得不回应女人追求"不平淡"生活的渴望。诸如"女人何时适合外出工作"、"男人是情人"、"女人与小提琴"（1896 年 2 月号）之类的文章已经扩大读者的阅读视野，不再局限于传统的家事秘诀或者给已婚妇人的建议。

这不代表保守的《仕女家庭》放弃美化妻子、母亲、管家的角色。它只是被迫承认社会主流已经改变，并经常对此发出喟叹。许多文章感叹大家花太多时间讨论"那些不结婚的女人"，以及离婚案件引起的舆论轰动，还有已婚妇人疯狂热衷家务之外的活动等。露丝·阿什莫尔（Ruth Ashmore）在她的"保守女人"专栏里刻画完美的妻子与母亲，完全复制了维多利亚时期的传统理想：

> 她是丈夫与孩子视为最佳伴侣的女人。她本能地让自己充满灵性气氛，抚慰疲惫之人，尤其是疲惫的男人……让灵性之泉永远灌注于男人的心，足以涤清他整个人与所有凡俗，让他变得完整与清静，这就是女人最崇高的工作。（1896 年 2 月号）

同样地，专栏作家李曼·艾巴特太太（Lyman Abbott）在回答读者来信时，也坚持婚姻是终身的神圣誓约，离婚是一种由富人阶层扩散到中产阶级的"传染病"（1896 年 3 月）。就连读者拜托她对家务范围之外的事发表意见，她也有办法提醒读者她们的女性责任。譬如她刊登一封探讨赋税改革的读者来信，投书者宣称自己"不是新女性"，但是相信女人应当关切赋税改革之类的议题，因为"诚恳、聪明、为男人所爱的女人，不管她是母亲、妻子、姊妹、男人的情人或朋友，她对这个国家的投票影响力将远大过自己去投票"。这封投书将女人描写成男人的附带品，完全符合艾巴特夫人的保守观点。

《仕女家庭》的社论努力拦阻女性的进步改变。他们谴责"女孩一窝蜂错误地投入商业与生意的世界"；赞美那些努力"将家务当作科学"并且将"家事服务提升到更高层次"的女人（1896年2月）。他们也赞美移居郊区的风潮，尤其是"年轻夫妇搬到郊区，建立简朴美丽的家园，开始他们的婚姻生活……上帝要我们呼吸新鲜空气，但是城市男人却污染了它，只要呼吸新鲜空气的女孩越多，就将有更多健康的女人，忧心忡忡的母亲便越少"。（1898年12月）但是诚如我们今日所见，郊区生活并未成为美国妻子与母亲的救赎之道。

但是这些19世纪末的社论透露出非常贴近现代生活的一些焦虑，让我们无法斥之为心智退化者的单一思维。譬如1899年1月号的一篇《匆忙的美国女人》，开宗明义便说"忙碌的感觉控制了美国妇女"，为害家庭生活。"我们的妻子与母亲对外务太感兴趣，以致排挤了家中事务……女子社团与女性组织这文件子事已经太过了。"作者提醒读者想要管好一个家，不可能有太多娱乐时间。文末，她以高高在上的口吻论断：

> 该是我们女人选择平淡生活的时候了，远离近来所谓的"进步"思想，它充斥我们的脑袋与生活，要求我们牺牲健康与心灵平静。我们的家庭必须更为安宁、更适合休息。女人不该因为这个世界对她们充满错误期许与愚蠢想法而受到诱惑，让自己的生活陷于忙碌与健忘。

百年之后，我们听到保守派博学之士对妻子与母亲发出同样批评，只是主题换成外出工作。是的，我们同意该是妇女过平静生活的时候了，不幸，今日多数妻子就算愿意，也无法把管家当成唯一职业，她们别无选择，每周除了在外工作40小时，回到家里，还得至少工作20小时。多数丈夫并未与妻子平均分担家务，而多数家庭请不起帮手，我们也缺少足够的小区服务，以减少双薪夫妇的家务负担。如果那些杂志的社论所言不虚，100 年前的中产阶级妇女可以把家事留给佣人，舍弃单调乏味的洗衣烧饭，从事忙碌的外务活动，不管它对家庭或她们的平静心灵会造成什么影响。

当 19 世纪 80 年代与 90 年代的保守主义批评者把矛头对准新女性的"不安于室"与抛弃居家生活，激进与进步思想者则捍卫女性有权反抗僵化的性别角色、追求更大的独立。他们强调女性应当从事有偿工作、自给自足，女人投入劳动市场与其说是对婚姻造成威胁，不如说它结束了女人在"婚姻市场"上的自贬身价。经济学者凡勃伦（Thorstein Veblen）在他大受欢迎的《有闲阶级论》（*The Theory of Leisure Class*，1899 年）中勾勒出令人沮丧的中产阶级妻子图像，她的赋闲在家证明了丈夫的社会地位。凡勃伦创造的"炫耀性消费"（conspicuous consumption）[17] 一词预告了消费主义时代的来临，在这样的时代里，已婚妇女逐渐被设定成家庭用品与个人消费品的购买者，主要目的在炫示家里的财富。

以资本主义美国为脉络来思索已婚妇女处境的知识分子中，没有人比夏洛特·帕金斯·吉尔曼（Charlotte Perkins Gilman）更具洞见。她的改革主义著作《妇女与经济》（*Women and Economics*）比西蒙·波伏娃的作品要早上半个世纪，她坚称女性地位不如男性，主要原因在女人必须仰赖男性的收入。吉尔曼发现她预想中的女性经济改变已经降临，她的目标是去分析并鼓励这些改变。

依据吉尔曼的达尔文观点，她认为大批女性离家工作是 19 世纪工业革命的必然结果：农场使用机械取代女性的劳力，她们无须再做个全职管家。出外工作是解放女性的力量，扩大妇女的视野，让她们与男人齐头平等。吉尔曼并不反对婚姻，只反对那种束缚弱化女性生活的婚姻形式。她形容传统婚姻为："家庭让女性生活窄化，而男人则

[17]　此一名词最早见诸凡勃伦的《有闲阶级论》，他指出有剩余财富的人（在生活水平之上）之使用财富，并不是为了建设性或有用的目的，而是为了提高自己的社会地位。有关财富、商品、服务的消费，最主要目的在于夸耀。详见朱岑楼主编：《社会学辞典》，台北：五南图书公司，1991 年，第 181 页。——译者注

被女性窄化。"[18]

　　吉尔曼承认女人的家务劳动"具有真正的经济价值"，它让"男人得以创造出原本不可能获得的财富"。但是社会并不承认家务劳动的经济价值，也不给予等值的报酬。"做最多的女人得到最少的报酬，最有钱的女人则做得最少。"吉尔曼的解决方案不是让家务工作或母性照护工作有给化——丈夫给妻子零用钱，或者如某些欧洲政府发放幼儿津贴——而是鼓励女人追求经济独立。

　　虽然吉尔曼视经济为女性解放的关键，她的构想却符合了伍森在一个世纪前提出的广阔目标，后者宣称女人有权"做个完全的人"，在生活的任何层面都不附属于其他人。工作被视为"自我实现"的基本手段，"工作不仅带来深层的满足，对心灵的健康成长亦是不可或缺。现今，仅有极少数的女孩不渴望这种自我表现。"无可避免，颂扬个别差异的现代妇女不可能接受早年那种一体适用的婚姻模式。

　　分工化成为家庭生活的恩典。妻子不再身兼厨子、清洁妇与保姆。相反地，当越来越多的妇女进入职场，传统的家务责任将逐渐由专业工作者承担。但是吉尔曼预想中的社会改变尚未降临，她幻想职业妇女们带着家小合住在一栋公寓里，共同使用餐厅，打扫房子的工作则交给有效率的工人。"公寓里有屋顶花园、育儿室、幼儿园，由受过专业训练的保姆与老师管理。"没错，任何时代的职业妇女都想蜂拥住进这样的公寓。

　　吉尔曼是尖锐的批评家也是乐观的梦想家。她在 1903 年对听众说："我们可以拥有更幸福的婚姻、家庭与男女，只要两性都能领悟他们是人，而一个人拥有比家庭关系更重大的责任与欲望。"

　　观诸吉尔曼的理想如何落实在生活里，显示理想永远与现实有段差距。她曾结婚两次，1884 年，她嫁给了第一任丈夫艺术家查尔斯·瓦尔特·史泰森（Charles Walter Stetson），那一年她 24 岁。1 年后，

[18]　Charlotte Perkins Gilman, *The Home: Its Work and Influence* (Urbana: University of
　　　Illinois Press, 1972[1902]), p.277.

图 7.4　家庭缝纫机的广告，约莫 1882 年（Library of Congress, Washington, D.C.）

她生下女儿凯瑟琳，为她带来极大喜悦与深层沮丧。那不是普通的
"产后抑郁症"，而是让她哭泣、疲倦，迹近罹患精神病。听从神经
学家米切尔博士的指示，她的养生之法是卧床休息、避免任何知识刺
激，却只让她沮丧更甚。根据她的短篇自传体小说《黄色壁纸》（*The
Yellow Wallpaper*，1892），她逐渐发现自己的沮丧源自想要逃避婚姻与
母职，那些父权人物虽是出自善意，最终却毁了她，使她的抑郁症更
形严重。她虽与丈夫离婚，却在 1900 年再婚，第二任丈夫是她的律
师表亲乔治·郝顿·吉尔曼（George Houghton Gilman）。此次婚姻似

乎颇为意气相投，并未阻碍吉尔曼活跃的作家与演讲家生活。

吉尔曼再婚时已是举国知名人物，以《妇女与经济》一书扬名立万。之后数十年，她又写了好几本书、数十篇文章，并经常公开演讲。1909—1916 年间，她还发行《先锋》（ *The Forerunner* ）月刊，里面多数文章由她执笔。吉尔曼的公众人物角色先于她的母亲与妻子角色，她甚至将女儿凯瑟琳交给前夫史泰森与他的第二任妻子抚养，直到女儿长大后才接回来。后来，吉尔曼与丈夫、女儿住在纽约，家庭颇为和乐，或许因为乔治比吉尔曼年幼 7 岁，相当顺从妻子的强悍个性。

吉尔曼晚年与乳癌的奋斗最能说明她的顽强意志。那个时代，乳癌仍是禁忌话题，吉尔曼以沉着与勇气面对它。1932 年，她发现自己罹患乳癌，但仍持续写作、演讲，直到她的丈夫在 1934 年突然过世，她才搬到加州与女儿住在一起。1935 年，她发现当时最好的医疗照护都无法治疗她的癌症，遂以哥罗芳 [19] 结束自己的生命，留下一封自杀遗书："我宁可要哥罗芳，不要癌症。"这封遗书后来也收在她死后才出版的自传《夏洛特·帕金斯·吉尔曼的生活》（ *The Living of Charlotte Perkins Gilman* ，1935 年 ）。

薇拉德与吉尔曼以不同方式代表了已婚新女性的极端形态，她们是时代的产物，在那个时代里，中产阶级女性有了自决的新机会。薇拉德将一己意志横加于爱她的丈夫身上，和他分居两个城市、过着分离生活，她控制自己的财产，参与好几个妇女社团与组织。只有到了老年，因为丈夫老病，她才重拾妻子的传统照顾责任。

吉尔曼和薇拉德一样不适合传统婚姻。她与丈夫离婚、放弃照顾女儿，靠写书养活自己，并与年纪比她小的丈夫建立平等式的婚姻。不管她的生活或作品都是已婚妇女的改变先锋。同时代的英国作家塞西莉·汉密尔顿（ Cicely Hamilton ）曾写作《婚姻是门交易》（ *Marriage as a Trade,* 1909 ），广受欢迎。吉尔曼和汉密尔顿都相信除

[19]　哥罗芳，学名三氯甲烷，分子式 $CHCl_3$，有毒，口服 10ml 可致命。——编者注

非就业大门为女人而开，婚姻仍将是多数女人不得不的志业。

在吉尔曼之前，没有人这么清楚表达已婚与单身女性都需要就业。吉尔曼指出 20 世纪初，美国已有 300 万妇女投入劳动市场。光是农业部门，1900 年的普查便显示全美共有 30 万名农场主人、果园主人与监工是女性，另有 50 万名妇女（多数为黑人）是农场帮工。到了 1910 年，约有 100 万美国已婚女性投入职场，担任工厂女工、文书工作、店员、老师、记账员、会计师、企业经理、大学教授，这只是她们从事的部分职业。吉尔曼曾预言女性（包括已婚妇女）将使劳动力前所未有地扩大，一点也没错，只是她的预言迟至 20 世纪末才全面实现。

吉尔曼也曾说过女性就业会造就"较幸福的婚姻、较幸福的家庭与较幸福的男女"，此一预言仍有待商榷。因为和许多梦想家一样，她未能预见理想实现，问题也随之而生。

第八章

美国的性、避孕与堕胎
（1840—1940）

早在性革命之前的百年间，人们对性的态度与实践已经转变。让我们回到早期，看看性、避孕、堕胎的领域有什么惊人变动，它又如何为今日的性规范奠定基石。

我们常说 20 世纪后 50 年的重大改变构成了性革命；但是和多数革命一样，性革命也是经过几十年的演变，而后加速冲击压倒了传统规范。其实早在性革命之前的百年间，人们对性的态度与实践已经转变，20 世纪 60 年代与 70 年代那些支持性自由、避孕药与堕胎合法化的人，并不知道他们只是遥远的继承者。让我们回到较早的时期，看看性、避孕、堕胎的领域有什么惊人变动，它又如何为今日的性规范奠定基石。

意识形态与经验

维多利亚时代的女人经常被勾勒为"家庭里的天使"，缺乏感官与性欲需求，是远较男人"纯洁"且不那么渴求色欲的灵性人物。不仅 19 世纪的小说以纯洁新娘与贞洁妻子为主角，强化了这种观念，连医学论文都促销"女人无性"的意识形态。颇受尊崇的英国医师艾克登（详见第五章）深信"许多最好的母亲、妻子、主持中馈者对性耽溺……知之甚少。她们唯一热爱的是家、小孩与家务责任"。艾克登绝非唯一将好女人描述为缺乏性欲的医师。[1]

19 世纪 70 年代与 80 年代间，大西洋两岸对"女性问题"的辩

---

[1]　William Acton, *The Functions and Disorders of the Reproductive Organs in Childhood, Youth, Adult Age, and Advanced Life Considered in Their Physiological, Social, and Moral Relations* (3rd Am. ed.; Philadelphia, 1871), p.164. 摘录于 *Victorian Women*, ed. Hellerstein, et al., p.178。另见 John S. Haller, Jr., and Robin M. Haller, *The Phy-sician and Sexuality in Victorian America* (Urbana, Chicago, London: University of Illinois Press, 1974), pp.97-102; and Carl Degler, *At Odds* (New York: Oxford University Press, 1981), pp.253-259。

论甚嚣尘上，新的女性性欲观点开始推翻旧有观念。不管男性或女性
思想家都开始认为在性欲方面，女人其实与男人并无太大差别。美
国的伊丽莎白·埃文斯（Elizabeth Evans）在《母性之滥用》（*Abuse of
Maternity*）中嘲笑"女性的热情远逊于男人"的观念，坚称男女如有
任何差异，也是后天的"训练"与"束缚的环境"所致。她挑战维多
利亚时期的既存想法，将女性矜持守贞的外表归诸"舆论的压力"[2]。
同样地，乔治·奈菲斯（George H. Napheys）博士曾说过许多女人基
本上是"冷感的"，妻子也不例外。后来，他改变说法，宣称"女人
的热情有损女性形象，此一看法不仅误谬且违反自然。"他认为"性
欲乃夫妻共有之本色"，结论是"如果不是双方共享，一方不可能有
性欲"。[3]

其他医学专家则提供有关性满足的解剖学知识，详细描述女性生
殖器，特别注重阴蒂，认为它在女性的性兴奋上扮演重要角色。他们
不像19世纪末、20世纪初的弗洛伊德，将女性的性高潮区分为"阴
蒂高潮"与"阴道高潮"。弗洛伊德的错误思想对许多女人造成长远
的负面影响，让她们以为自己没有得到"正确的高潮"。19世纪80
年代，公开支持避孕的美国医师爱德华·富特（Edward B. Foote）曾
为文，正确指出"阴蒂与阴道的勃起组织"是"引发性兴奋"并让女
人得到高潮的部位。[4]

已婚妇女对这些说法有何看法呢？她们在床上会一无性欲，一如
维多利亚时期的医师所言吗？还是她们心里会同意女性性欲的另类图
像？这些问题我们几乎都得不到答案，因为不管已婚妇女或单身女
性，都不曾留下有关她们个人性感觉与性经验的记录。她们所处时代

[2] Elizabeth Edson Evans, *The Abuse of Maternity* (Philadelphia: J.B. Lippincott & Co., 1875), pp.118–119.

[3] 比较 George H. Napheys, *The Transmission of Life. Counsels on the Nature and Hygiene* (Philladelphia, 1871) 与 *The Physical Life of Woman: Advice to the Maiden, Wife and Mother* (Toronto: Rose Publishing Co., 1880, 3rd Canadian ed.); p.76。

[4] Edward B. Foote, *Plain Home Talk* (New York: Murray Hill Publishing Co., 1891), p.631.

的传统禁绝她们将如此私密的事情行诸文字。但是还是有一些线索让
我得窥她们的私密性欲世界。

　　譬如，根据"基督教女性禁酒运动"（Women's Christian Temperance
Movement）的已婚妇女陈述所示：她们的丈夫好色，而她们则对这档
子事抱持高尚的漠然态度。这些女人排斥性关系或许是不想再怀孕，
也可能是她们极端恐惧发酒疯的丈夫。某些妻子遵循贞洁手册的建
议，与丈夫分房而睡，怀孕与授乳期间全然禁欲，借此在床笫间得到
某种程度的控制权。据报道，一位妻子说："在我刚结婚的那几年，丈
夫和我学会如何遵从上帝的意旨，维持神圣的关系。在我怀着女儿以
及后来喂母奶的期间，我的丈夫怜惜我，同意我们分房而睡……我和
丈夫之间的关系从未如此温柔、和谐与快乐，在那幸福的几个月里，
我从未如此深爱他。"[5] 中世纪的玛格丽·坎普曾说服丈夫发誓守贞，
这位妻子简直像坎普还魂再生。

　　至于对性欲的正面看法，我们目前能找到的最好资料是克丽
亚·莫歇尔（Clelia Mosher）博士在1892—1920年所做的研究，19
世纪末时，她的45名研究对象刚成年[6]，为我们提供了特殊的美国妻
子图像。莫歇尔是妇科医师暨大学教授，她请求部分病人填写有关家
族病史、一般健康状况与性行为的冗长问卷。受访者多半是受过大学
教育、中上阶层的已婚女性。莫歇尔特别关注她们的性事——多久做
爱一次、多常得到性高潮、她们是否喜欢性交、是否使用避孕法，以
及她们认为性交的"真正目的"是什么。

　　多数人说她们每周做爱一次，一般来说是每月2—8次。有些女
性做爱频率较高（每周3次或天天做），尤其是新婚的头几年。有些
女性在怀孕、哺乳或细心避孕的时候会长时间禁欲，有些女性则说结
婚越久、婚姻关系便越名存实亡。有一个女人结婚15年，说她新婚

[5]　Quoted in Haller and Haller, *The Physician*, pp.132–133.

[6]　*The Mosher Survey*, ed. James Mahood and Kristine Wenburg (New York: Arno 1980). 摘
　　要请见 Julia A. Ericksen, *Kiss and Tell: Surveying Sex in the Twentieth Century* (Cambridge,
　　Massachusetts and London: Harvard University Press, 1999), pp.28–30。

初期每周做爱两次，"最近 6 年只做爱过 4 次"。数位女性暗示年纪越大、性欲越低，一位 53 岁的妻子说："虽然我的热情已经消退，也不是每次做爱都有高潮，但是我还是蛮喜欢做爱。"

约莫 3/4 的受访女性在婚姻生活里有过性高潮经验，其中 1/3 是"每次"或"经常"有性高潮。一位受访女性则说"从未有过性高潮"，另一位的回答是"几乎没有，只有一两次。"还有一位受访者说："一直到结婚第五还是第六年后，才体验到性高潮。"但是此后做爱"约莫半数时候有高潮"。历史学者卡尔·德格勒（Carl Degler）无意间在斯坦福大学档案室里发现了莫歇尔的论文，发现这些受访女性的"高潮次数"比起 1953 年金赛博士所做的调查，其实"不相上下"[7]。当然，莫歇尔所调查的女性只是一小群高度筛检过的样本，她们的性经验未必能代表维多利亚时代末期的不同阶层女性。

45 位受访妻子中有 41 人实施避孕。她们有的是丈夫采用体外射精或戴保险套（当时称之为"薄薄的橡皮套子"或"橡皮阴茎鞘"），有的妻子则仰赖阴道冲洗（"肥皂水冲射阴道"、"清水配苏打"、"二氧化物冲剂"、"可可油掺冷水"）以及各式体内器具（"古德伊尔橡皮环"、"橡皮子宫帽"、"女性防护罩——医师给的子宫套"）。就像本章后面所述，中上阶层的女性要从医师与药剂师那儿拿到避孕用品一点也不困难。

多数女人认为性交的主要目的是繁殖，呼应了当时基督徒与社会达尔文主义者的信念——繁衍是一种责任。有几位受访者认为性交的唯一目的是繁衍，她们的陈述如下："在怀孕的空档间性交，再度怀孕便开始禁欲，直到哺乳期结束为止。""性交……直到怀孕为止。怀孕与哺乳期间都不做爱。"某位 31 岁的受访者认为最理想的方式是"全然禁欲，只为繁殖而性交"。

尽管她们接受传宗接代的责任，多数受访女性也认为性是一种爱

[7]　Carl Degler, "Introduction," *The Mosher Survey,* ed. Mahood and Wenburg, p.xiii.

的表现，让夫妻之间得以建立特别的"精神联结"。无须太多鼓励，她们对此议题畅所欲言："性爱对我而言是性灵结合的一种自然与肉体表现，也是婚姻誓约的再生。""婚姻关系应该比其他关系更亲密，性交是让夫妻更为亲密的方法。""根据我的经验，肉体之爱的习惯性表现会对心理造成深层影响，让夫妻之间达成完全的心灵共鸣与完美的精神结合，在热情伴随岁月消失后，还能使婚姻持久。""唯有快乐好合的夫妻，他们的婚姻关系才有爱与共鸣的联系。""性爱是唯有女人才能给予的东西，它带来亲昵与紧密。"

部分受访女性认为经常性交对心理有好处，它让"婚姻更稳定"，配偶更"正常"。某位妻子用类似现代医疗专业人员的奇特口吻说道："性欲正常并合理使用之，让人更健康。"

1893 年的某位受访者写出了富含现代精神的性教条："性交最重要、最崇高的目的是在表现彼此结合的欲望，虽然繁衍后代是极有价值的动机，但它只是次要的附带目的。只为了繁衍后代而彼此缺乏性欲，性交不会成功……我的丈夫与我相信性爱自有其价值——我们是因为自己渴望而做爱，如果无法做爱，我们的精神（而非肉体）便会极端想念，因为它是我俩合而为一的最神圣、最崇高的表达形式。"这种"性爱除了繁衍后代、本身自有其价值"的观念，到了 20 世纪将越来越普遍。

避孕

但是许多美国人不同意这位女士的看法，也不赞同和她一起受访、实行避孕措施的那 41 位女性。1800 年，美国妇女平均生 7 个，到了 1900 年，生育率下降一半。那些相信上帝（或自然）发明性交只是为了繁衍、哀叹生育率逐年下降的人，往往也激烈反对任何形式的避孕。

19 世纪 20 年代英国的避孕运动开始勃兴，有关避孕措施的知识逐渐渗入美国社会。马尔萨斯的理论说明了英国人对人口过剩的关切，而弗朗西斯·普拉斯[8]（Francis Place）对大众的教育让美国人开始散布有关避孕的信息。

1839 年，查尔斯·诺尔顿（Charles Knowlton）撰写的《哲学的果实：或年轻夫妇的私密指南》（*Fruits of Philosophy; or The Private Companion of Young Married People*）成为美国第一份由医师发表的避孕宣传小册。诺尔顿建议行房后冲洗阴道、有效排除精虫。他建议妇女用一品脱的水混合下列任何一项物质：明矾、硫化锌、小苏打、醋、苏打水，做完爱后马上冲洗阴道。根据诺尔顿的说法，这些方法有效、便宜、不伤身体，不会造成不孕，也不妨碍性交。更重要的，避孕的主动权操之在女人，这是好事一件。

保健作家弗雷德里克·霍利克（Frederick Hollick）是诺尔顿的信徒，大力推广阴道冲洗与计算安全期的"周期避孕法"，虽然当时的医学知识还搞不太清楚月经周期的"安全期"与"危险期"。1850 年以后，社会改革者印行书籍、传单、小册与论文，建议男人与女人如何避免意外怀孕。

詹姆斯·阿什顿（James Ashton）的《自然之书》（*Book of Nature*）出版于 1860 年，颇具影响力，再版了好几次。他在书里列出 5 种常用避孕法：体外射精、阴道冲洗、阴道避孕海绵、保险套与周期避孕法 [9]。他在探讨这些避孕措施时口气十分率直，特别着重每一种方法对男女双方的利弊。

避孕信息与避孕方法的日益普遍和后来的"纯洁运动"爆发冲突。19 世纪下半叶，美国与欧洲的纯洁运动分子决定他们有权控制人们的情欲，猛烈攻击男性的败德行为、卖淫、性病泛滥，也忧虑贞洁的妻子躺在荒淫丈夫的怀抱中所可能蒙受的风险。他们激烈反对避孕方法普及化，因为避孕与卖淫紧密连接，会玷辱家庭。

[8] 英国劳工运动者与社会运动者，1822 年出版了《人口原则》（*The Principles of Population*），鼓吹使用避孕措施，引起舆论哗然。——译者注

[9] Janet Farrell Brodie, *Contraception and Abortion in Nineteenth-Century America* (Ithaca and London: Cornell University Press, 1994), p.185.

　　倡导"打击败德"的社团在某些城市特别盛行，包括波士顿，出身贵族的卡波兹家族与罗吉斯家族是这波运动的佼佼者。纽约的纯洁运动者则以"基督教青年会"为总部，展开类似中世纪基督徒的圣战，其中包括疯狂的安东尼·科姆斯托克（Anthony Comstock），他以不懈的努力迫使国会在1873年立法，严禁人们使用邮务系统散布"其功能与目的是预防受孕或实行堕胎的任何文章与对象"。美国邮政总局甚至任命科姆斯托克为特派员，有权搜寻并摧毁非法邮件。他狂热恪尽职守，直到1915年去世为止。

　　"科姆斯托克法"的最早受害者是富特医师，他在好几本著作与宣传小册里提倡避孕，包括《医学常识》（*Medical Common Sense*）、《居家漫谈》（*Plain Home Talk*）、《家庭百科全书》（*Home Encyclopedia*）、《金玉良言》（*Words in Pearl*）以及他自己的期刊《健康月刊》（*Health Monthly*，1876—1883）。1876年1月，他因为散发有关避孕信息的邮件，被纽约地方法院起诉，获判有罪，罚款3000美元。他透过自己的期刊寻求金援，共有300个捐款人响应，显示自由派人士颇支持他的工作。尽管如此，经过此番告诉后，富特变得比较谨言慎行。[10]

　　在"科姆斯托克法"之前，避孕器材可以公开在报纸、小报、传单或健康杂志刊登广告。19世纪30年代以后，加硫橡胶的保险套（查尔斯·古德伊尔 [Charles Goodyear] 的发明）取代了早年以预防性病为主的羊皮保险套，逐渐受到欢迎。到了19世纪40年代，阴道海绵也日益普遍，消费者不仅能从可信度存疑的广告与巡回推销员处购买，也可自值得信赖的药剂师与医师处购得。阴道海绵用杀精虫剂浸湿，有一条绳线方便使用者在性交后拉出，是当时最有效的避孕方法之一。

　　德国医师威廉·彼得·曼辛加（Wilhelm Peter Mensinga）则在1882年发明子宫颈隔膜（diaphragm），却迟至20世纪20年代才通行于美国。曼辛加的子宫颈隔膜有点类似美国数十年前的一些产品，

[10]　Norman Himes, *Medical History of Contraception*（Baltimore: The Williams & Wilkins Company, 1936），pp.276-278.

1846 年，美国便有一项名为"妻子保护者"（Wife Protector）的类似产品申请专利，而到了 19 世纪 60 年代与 70 年代，美国已有多种子宫颈帽可供选购，每个售价在 2—6 美元不等。

约翰·德埃米利欧（John D'Emilio）与艾斯特尔·弗里德曼（Estelle Freedman）在他们的著作《亲密事物》（*Intimate Matters*）中举出数个例子，证明已婚妇女会分享避孕知识。1876 年，玛丽·贺洛克·富特（Mary Hallock Foote）写信给朋友海伦娜·吉尔德（Helena Gilder）说"确保家庭人数不再增加的方法"是她的丈夫"到医师处拿某种阴茎套子。药剂师那儿也有。听起来有点恶心，但与其听命自然安排，不如面对它"。[11]

1885 年，罗西·威廉斯（Rose Williams）从达科他区写信给俄亥俄州的朋友爱丽蒂·莫希尔（Allettie Moshier）："我不知道你们那儿有没有。那种东西叫作子宫颈帽或女性避孕器。西丝在我们还没搬去达科他前便买了它，1 个 1 美元。她买了 5 美元。里面附有使用说明书。"[12] 诚如这两封信所示，不管有没有受过高等教育的女性都会传递信息给想要避孕的朋友。而莫歇尔调查显示到了 19 世纪末，多数中产阶级夫妇对避孕均略知一二。

最常见的节育理由是它对母亲与小孩都好。奈菲斯博士便抨击"生产过剩——生太多孩子"的悲惨后果。他以类似福音牧师的口吻说"接二连三怀孕的坏处"是让"婴儿孱弱"。布莱克伍德（W.R.D. Blackwood）博士也为有需要的妻子同情请命："让许多已婚女性陷于怀孕、生产、哺乳的无尽轮回，这合适吗？这人道吗？这有必要吗？毫不犹豫，我的答案是'不'！对那些自以为道德崇高、谴责所有避

[11]　John D'Emilio and Estelle Freedman, *Intimate Matters: A History of Sexuality in America* (Chicago and London: The University of Chicago Press, 1997). 引述傅提的话，详见 Mary Hallock Foote Papers, Special Collections, Green Library, Stanford University。

[12]　D'Emilio and Freedman 引述 Elizabeth Hampsten, *Read This Only to Yourself: The Private Writings of Mid-Western Women, 1880-1910* (Bloomington: Indiana University Press, 1982), p.104。

孕方法的人，我也抱持高度怀疑。"[13]

伊丽莎·达菲（Eliza Duffy）在她大受欢迎的《女性须知》（*What Women Should Know*，1873 年）中批评"强迫生子"，并主张"限制孩子数目"对母亲有好处。她的这番话很类似百年后才发明的词汇"母亲选择权"[14]（pro-choice），她坚持："当然，如果说个人有权决定自己的问题，那么生孩子这件事，女人应当有权发言，她是那个必须在生孩子前后承受痛苦、惩罚与责任的人，她最有权决定自己适不适合生孩子、有没有那个耐力。"[15]

堕胎

达菲支持女人有权选择生不生孩子，但是此一选择权并不扩及她彻底反对的堕胎。和许多同时代的人一样，达菲逐渐质疑生命始于"胎动"的旧有说法。18 世纪与 19 世纪初，"生命始于胎动"是医学界与不成文法采用的官方立场，胎动（大约怀孕 4 个月左右）之前堕胎不犯法。如果怀孕早期终止，大家均避而不谈它的可能原因，只说它"流掉了"。

流产偏方则代代相传，有的自欧洲带来，有的习自产婆与印第安疗者。芸草根或艾菊叶熬煮的药汁是常见的堕胎偏方，也有人用轻泻剂或者有毒物质如甘汞、芦荟、麦角、氰酸、碘与番木碱。南方女性如想流产，就喝棉花子茶。家用偏方也包括如何打通"阻塞不来的月经"，包括放血、盆浴，或者服用铁与奎宁的调制药、泻剂等。医师

[13]　Napheys. *Physical Life*, p.91 and W.R.D. Blackwood, "The Prevention of Conception," *Medical and Surgical Reporter* 59(1888), p.396, 摘录于 Haller and Haller, *The Physician*, p.123。

[14]　pro-choice 这个词是与 pro-life 相对应，前者指母亲有权决定要不要孩子，后来多半衍伸成"支持堕胎合法化"的意思，也有人翻译为"堕胎选择权"、"母亲决定权"；pro-life 则翻译为"尊生权"或"婴儿生存权"。——译者注

[15]　Eliza B. Duffey, *What Women Should Know: A Woman's Book About Women* (Philadelphia: J.M. Stoddart & Co., 1873), pp.131–133. Reprinted by Arno Press, 1974.

很愿意帮助女性"调经",而单身女性急于摆脱私生子的耻辱、求助于堕胎,美国人也往往睁一只眼闭一只眼。只有"胎动"出现之后还堕胎会遭到法律惩罚,即便这种案例,想要起诉也是困难重重。

但是从 19 世纪 30 年代与 40 年代起,某些州(譬如纽约、康涅狄格、密苏里、伊利诺伊)开始实施较为严苛的反堕胎法,并开始质疑胎动前后的胚胎有何不同。生命始于受精还是胎动?如果生命始于受精,女性在怀孕任何阶段自愿堕胎就构成犯罪。但是如果生命始于胎动,孕妇在尚未感受到胎儿运动前堕胎,便不构成犯罪。一直到 1888 年,波士顿某位医师还说"胎动前的婴儿遭到毁灭"是否违反不成文法,依然混沌无定论。

1860—1880 年,美国 40 多个州通过反堕胎法,有些州之前根本不曾禁过堕胎。反堕胎法之所以能够通过是因为医师的支持,他们忧心堕胎日益泛滥与密医的危险,更急迫的忧虑是 1840 年之后,堕胎者显然不再全是走投无路的单身女性,有颇高比率是"已婚、出生于美国本土的清教徒女性,而且多是中上阶层"[16]。法学史研究者劳伦斯·弗里德曼(Lawrence M. Friedman)便指出,支持已婚妇女堕胎——尤其是白人与中产阶级女人——违反了神圣母职的意识形态。反堕胎的运动者谴责舍弃亲生骨肉的女人"违反自然",并将美国白种小孩出生率降低归罪于堕胎。

医师们对 19 世纪中期的反堕胎风潮贡献良多,在医学期刊上大肆抨击寻求堕胎的已婚妇女是"只想摆脱母性照顾、毫不掩饰也毫无歉意",对她们大表失望。(见 1854 年《波士顿内科与外科期刊》[Boston Medical and Surgical Journal])19 世纪 50 年代中期,反堕胎运动的领袖霍雷肖·斯托勒(Horatio Storer)博士甚至向医学界同僚收集堕胎、死产与难产死亡的数据。一个同业自明尼苏达区写信告知他:"我们这儿堕胎颇普遍,也不乏上等人家的太太寻求中止怀孕的药

---

[16]   James C. Mohr, *Abortion in America: The Origins and Evolution of National Policy, 1800–1900* (New York: Oxford University Press, 1978), p.86.

物。"这些药物多半自"合法医师"处取得 [17]。有此信息为凭，斯托勒成功说服"美国医学协会"（American Medical Association）以堕胎危险为由，谴责施行堕胎的医师。

尽管"美国医学协会"谴责堕胎，还是有无数医师继续为病人堕胎，甚至在堕胎被列为非法之后仍照常如此。1888 年，《芝加哥时报》（*Chicago Times*）揭发"美国医学协会"所在地——人称"多风之城"的芝加哥——的堕胎状况，记录仍有许多医师愿意帮助已婚或未婚妇女中止怀孕。《芝加哥时报》的调查报道让"美国医学协会"颜面尽失，它最先倡议堕胎列为非法，却未能阻止它的成员提供女性堕胎服务。

此篇报道的另一发现是堕胎并非未婚女性专利。中上阶层的已婚堕胎者多于低下阶层的单身女性，这是医师们亲口证实的数据。欧戴丽·布林（Odelia Blinn）医师回忆前来找她堕胎的患者多半是已婚女性，她和其他医师不同，并不批评堕胎妇女是逃避妻职、无耻犯下滔天罪恶，而是将箭头瞄准丈夫，她认为妻子怀孕，丈夫要负同样甚至更大的责任。

套句某位历史学家的话，到了 20 世纪初，堕胎作为"限制家庭人口数"的手段，已是"公开秘密"[18]。从弗兰西斯·柯林斯（Frances Collins）的例子便可得知堕胎不局限于富有的"上流妇女"。柯林斯太太是个劳工阶层的已婚妇女，育有两个孩子，1920 年 4 月，34 岁的她前往芝加哥华纳医师的诊所"撑开子宫"。华纳医生将某个器材塞入她的子宫，她返家后向丈夫抱怨"不舒服"。不久，她便开始阴道出血、冷颤、呕吐，尽管华纳医师到府看诊，她的病况并无改善。到了 4 月底，弗兰西斯住院接受另一个医师的治疗，这位医师帮她接生前面两个孩子，坚决反对她堕胎。没多久，弗兰西斯死了。柯林斯夫妇和许多劳工阶层一样，只是理所当然地选择堕胎作为节育的手段，这一次却以悲剧死亡告终。

---

[17]　Brodie, *Contraception,* p.268.

[18]　Reagan, When Abortion, chapter 1, "An Open Secret".

玛格丽特·桑格与避孕运动

1869 年，21 岁的安妮·普西尔（Anne Purcell）在纽约州嫁给了麦可·希金斯（Michael Higgins）。两人均来自爱尔兰移民的劳工家庭，名义上都是天主教徒，但只有安妮是虔诚信徒。在安妮的时代已有避孕器材，但是天主教义严禁信徒避孕，因此她拒绝使用任何避孕方法，一共生了 11 个孩子，1899 年死于过劳与肺病。她的孩子中有一个便是玛格丽特·桑格（Margaret Sanger）。

桑格之所以致力推动已婚妇女有权合法避孕并取得避孕器材，她对母亲的回忆无疑是重要因素。桑格是合格护士，1902 年嫁给年轻的建筑师，那年她 23 岁。新婚头 8 年，桑格控制生育，只生了 3 个孩子。1910 年，他们举家从纽约州海斯丁迁到纽约市，她开始在下东城的移民区担任兼职护士。那里有许多女人像她的母亲一样，因不断怀孕生子而受尽磨难，唤醒了桑格的社会良知。

看到女人以披肩蒙头、在 5 美元一次的廉价堕胎诊所前排队，这个景象让桑格感触颇深，而照顾非法堕胎、引起并发症的妇女更让她感叹良多。一个名叫莎黛·萨奇斯（Sadie Sachs）的女性让桑格在半世纪之后依然无法忘怀，她是典型的移民女性，因自行堕胎而死于败血症。莎黛的医师告诉她，最可靠的避孕方法是她的丈夫"搬到屋顶去睡觉"。

1911 年，桑格在"社会主义党"的赞助下针对女人的性与生育做公开演讲。1912 年，她开始替"社会主义党"的报纸《使命》（*The Call*）撰写"女孩该知道的事"专栏，大胆讨论月经、自慰、怀孕、避孕与堕胎等议题，引来读者排山倒海、正反两面的激烈辩论。一篇探讨性病的文章更让她与反对者、惩罚者科姆斯托克爆发正面冲突，后者在 1913 年查禁了她的专栏。科姆斯托克与他的同路人企图逆转性信息与性行为的自由化潮流，虽未能成功，却无疑达到了拖延目的。

从那时起，桑格便与法律时起冲突。她的被捕、逃避司法、审判、罚款、坐牢都形成话题，激起大众的激愤或更多的支持。她在布鲁克林区一家店面设立诊所、散发避孕信息与器材给移民妇女，遭到起诉。1917 年审判时，法官传唤她的 30 名病患，她们拖儿带女现身法庭，向社会宣告她们有节育的需要。但是桑格仍被判有罪，罚款 5000 美元或坐牢 30 天，桑格选择了坐牢。

她的官司一直持续到 1918 年 1 月，上诉时，法院依据纽约州的猥亵法维持原判。但是法官裁定因预防性病或其他广泛定义的医疗目的而实行的避孕措施为合法。这个法律解释让桑格与其他支持避孕者在接下来的数十年有了回旋空间。

桑格的婚姻未能熬过这些早年的争议与混乱。她不像 19 世纪的斯坦顿，一方面抚养大群小孩、一方面靠演讲与出版的收入支持经济困顿的丈夫，同时间维持"贞洁"。时代不同了，桑格流着爱尔兰血液、性格逞强、深受左翼政治理念以及欧美波希米亚社群自由性爱吸引，对她而言，这是个令人迷醉的时代。她的爱人包括著名的性学家赫大洛克·埃利斯（Havelock Ellis）、小说家韦尔斯（H.G. Wells），两人都增添了她的知识资本。埃利斯替她的第一本书《女人与新人类》（*Woman and New Race*）写导论，她的第二本书《文明的枢轴》（*The Pivot of Civilization*）则由韦尔斯撰写导论。20 世纪 20 年代，这两本书合计销售超过 50 万本。桑格在这两本书以及其他著作里主张：生育控制不仅是已婚妇女的权利，20 世纪，新的性伦理日益受欢迎，生育控制也是不可或缺的要件。能够自由控制孩子的数目，妻子便能更积极参与公共生活，帮助解决战争、贫穷与阶级冲突。虽然桑格对人类的广泛希望仍未实现，她成为美国生育控制运动之母，名留青史。

尽管反对声浪不断，生育控制运动在某些想象不到的领域找到许多支持者，包括一些较具进步思想的教派。1930 年，英国国教会的主教们在伦敦发出一份措辞谨慎的声明，同意信众夫妇如果觉得节育是一种道德责任，便可使用人工避孕。一年后，由神学家雷茵霍尔德·尼布尔（Reinhold Niebuhr）主持、位于美国、代表 2200 万新教徒的"基督教会同盟会议"正式同意夫妻可依健康与经济理由节育，响应了 50 年前支持避孕人士的主张：生育控制可以保护女人与小孩的健康，防止贫穷与人口过剩。不是所有美国新教会支派都同意上述观点，美以美教会、浸信会与路德教派等保守主义成员均反对避孕，直到 20 世纪 50 年代才改变立场。

天主教会依然反对任何形式的避孕。教宗庇护十一世在 1930 年的通谕"有关贞洁婚姻"（Of Chaste Marriage）里声明，凡是企图剥夺婚姻"繁殖生命的自然力量者，是违逆上帝与自然，犯下可悲且失去救恩的错误，因而染上污点"。但是从另一个角度来看，这份通谕澄清了数个世纪以来的混沌，它明确指出配偶间的性交"并非邪恶污点"。虽然教宗强调性交的首要目的在繁殖，并严厉谴责避孕，却承认婚姻的"次要目的"乃在"互助、培养互爱，满足色欲"。依此脉络，教宗也同意夫妇在妻子停经后可继续行房。

虽然天主教会反对生育控制，但是某些天主教徒建议教会应当容许信众采用周期避孕法。19 世纪中期，便有一些非宗教界的思想家提倡周期避孕法，但是直到 1929 年，科学家才完全了解它的运作：月经前 16 至 12 天是排卵期，排卵前 8 天与排卵后 3 天，女性必须禁绝性交（但此法并不是万无一失）。1932 年，一位天主教医师在著名的芝加哥天主教会支持下，出版了《女性的受孕与不孕周期》（*The Rhythm of Sterility and Fertility in Women*），建议女性记录排卵日期，只在安全期做爱。一直要到 20 年后，天主教会才正式同意信众如有健康、优生与经济的绝对需要，可以实行周期避孕法（教宗庇护十二世《影响婚姻生活的道德问题》[*Moral Questions Affecting Marriage Life*]）。

性之新形态

20 世纪中期的生育控制运动，以及多数犹太／基督教派别实行的自由立场，与过去数十年来的婚姻观念演变若合符节。"消费、满足、快乐"逐渐主宰了社会脉络，美国人开始扬弃结婚就是要传宗接代的观念，改为追求奠基于爱情、伴侣、性欢愉的婚姻理想。性应当是坦荡快乐，而非本质羞耻之事，它应为两性所共享，成为推动平等婚姻的重要动力。

电影、小说、非文学作品对性所抱持的正面态度渗入了美国大众的意识。有些刺激来自国外，包括弗洛伊德与埃利斯的先锋作品，他们认为不快乐的最大泉源是性压抑。弗洛伊德与许多同时代的人意见相同，认为女人不应走出家门、从事竞争性的工作，而是应该继续维持她们在家里的卓越地位。但是埃利斯鼓吹女性性自主，认为她们有权选择待在家里或参与公共领域。

这些勃兴的理论与运动如何影响了美国妻子对性的想法与实践？不幸，我们无从自这个时期的女性书写得知，和维多利亚时代的女性一样，她们也不愿表露个人的性感受与性经验，至少不会写给别人看，行诸自传、诗或小说。一直到 20 世纪末，现代英美世界的女性才开始书写这类题材。不过，英美世界也有过少数女性先锋，譬如美国南方作家凯特·肖邦（Kate Chopin）的小说《觉醒》（*Awakening*，1899），以及英国作家瑞克里芙·霍尔的《寂寞之井》（*The Well of Loneliness*，1928）。肖邦描写一个被婚姻窒息的热情女性决定追求不同于其他女人的命运，不做个"醉心小孩、崇拜丈夫，把抹杀自我当成神圣特权的母亲"[19]。霍尔则尝试了更为震撼、在当时被视为禁忌的女同性恋题材，她的书虽然在法国、美国可以贩卖，在英国却成为禁书。肖邦的作品勾勒了 19 世纪末某些妻子面临的婚姻灾难与内心折磨，霍尔的作品则书写了"野女郎时代"[20]（flapper era）勃兴的性自由。两位作者都显然偏离了主流。

美国主流依然坚持女性必须婚前守贞、婚后必须满足于妻子与母亲角色的理想。只有恶名昭彰的荡妇与美国电影工业特产的"邪恶姊妹"勇于挑战贤内助的形象。受人尊敬的女性就算享受性爱生活（如现代女性所普遍享有的），也不宜写出闺房私密。

---

[19] Kate Chopin, *The Awakening* (New York: Avon Books, 1972), p.16.
[20] flapper 是指一次大战前后、偏离传统、行为自由的年轻女孩。——译者注

当时，唯有新兴的性学研究最能揭露女性的性欲：凯瑟琳·比门特·戴维斯（Katherine Bement Davis）的《2200位女性的性生活要素》（ *Factors in the Sex Lives of Twenty—Two Hundred Women* ）以及吉柏特·汉密尔顿（Gilbert Hamilton）的《婚姻研究》（ *A Research of Marriage* ）均发行于1992年，证明早在20世纪60年代与70年代之前，性革命便已持续不断在进行。

维多利亚时代的人认为性只应存在于婚姻关系，主要目的是传宗接代。但是第一次世界大战后的美国人对"非关繁殖"的性活动抱持较容忍的态度。维多利亚时代的人认为女人不似男人那么热情，但是到了20世纪20年代，大家普遍认为女性也有强烈欲望，虽然男女的性欲未必相同。莫歇尔的研究代表了19世纪末、20世纪初的妻子，记录了她们对性的看法已经从维多利亚时期的"以繁殖为重"，转变成肯定夫妇性爱本身就有其价值。戴维斯与汉密尔顿在1929年的作品更显示"性观念"的转变已经完成：大家已普遍接受性爱除了繁殖功能外，还是夫妻间的"好事"。

戴维斯的研究揭露以下事实。多数妻子每周做爱，74%的妻子实行避孕。虽然1/4的女性说刚结婚时对性事颇反感，但是半数以上在结婚一段时间后，逐渐能够享受性生活。30%的妻子认为自己的性欲和丈夫一样强烈。[21]

戴维斯的研究也揭露了有关"非婚姻关系"的性行为：7%的妻子承认婚前便有性行为；40%的已婚妇人与65%的单身女性有自慰行为；不少大学程度的未婚受访者曾有过同性恋经验。戴维斯的研究显示现在性行为是可以调查的（至少是用科学方法），甚至包括那些多数美国人认为是"不正常"与"败德"的性行为。

汉密尔顿1929年的调查旨在测量性满足与婚姻幸福的关系。汉密尔顿和许多同时代的人一样，认为性爱对婚姻有益，性生活不满足

[21]   Katherine B. Davis, *Factors in the Sex Life of Twenty-two Hundred Women* (New York: Harper & Brothers, 1929).

可能导致严重的婚姻问题。以弗洛伊德为师，他非常关切妻子是否得到"正确的高潮"。汉密尔顿的问卷针对婚姻问题，结果亦如他所料。35% 的受访妻子刚结婚时极不愿意甚至厌恶行房。她们当中许多人从未有过高潮，1/5 有"严重的精神官能疾病"。除了不孕与正在怀孕者，其余的受访者全采用避孕措施。

戴维斯与汉密尔顿的研究某些地方相互矛盾。戴维斯的研究结果显示妻子多半满意自己的性生活。汉密尔顿的研究却侧重"婚姻问题"，和同时代其他医学专家一样，他也让女性平添新的性焦虑。19世纪中期，妻子的性焦虑来源可能是她们渴欲做爱，社会却认为她们根本不该有性欲。一个世纪后，妻子的性焦虑来源是她们没有性欲，或者得不到"性满足"。根据汉密尔顿与其他弗洛伊德信徒的看法，唯有男性插入的"阴道高潮"[22] 才是真正的性满足。两份研究的最大相似处是性爱被置于婚姻的中心位置，而多半夫妻都采用避孕措施。

要了解 20 世纪初的性态度改变，必须先了解影响女人的基本社会改变。1920 年，美国女性终于有了投票权，越来越多女性受高等教育、进入职场，再加上宗教逐渐让位给俗世的专业知识，新女性终于完全成形。金赛博士（Alfred Kinsey）后来针对男女性行为的研究（详见第十章）将指出众声喧哗的 20 世纪 20 年代是美国人改变性态度与性行为的关键年代。

无数的美国杂志文章、广告、书籍、电影证明"新的性道德"广受欢迎。其中一本大为畅销的书是 1932 年出版的《婚姻保健》(*The Hygiene of Marriage*)，作者是芝加哥基督教青年会中央学院的米拉德·埃弗雷特（Millard Everett）。他直率探讨两性的性器官、性病、生产、避孕，反映了那个时代自由派美国人的想法。繁殖不再是性爱的主要目的，现在大家认为性爱本身"就是目的"，而且是"构成幸福的第一要件"。针对这点，埃弗雷特明白指出："传宗接代不再是婚

---

[22]　弗洛伊德一派的看法是男性插入的阴道高潮才是真正高潮，阴蒂高潮则非真正的高潮。——译者注

姻的唯一或首要目的。如果有人要赋予婚姻什么神圣目的……那就是对于性交合与伴侣的渴望。"[23]

埃弗雷特笔下的理想婚姻与 20 世纪初莫歇尔的受访者所相信的理想婚姻，或者今日多数美国人所相信的理想婚姻，三者之间有颇多类同处。埃弗雷特认为男女关系的初始阶段需要浪漫的爱，结婚后，夫妻在床上都必须享有性自由，更重要的，他非常强调夫妻之间的"基本平等"。他建议想要踏入婚姻的男女"最好在各方面都有相同的背景"。他建议女人争取"经济自主，这不仅会让男女变成更好的伴侣……也因为女人拥有了较大的自由，不必被迫忍受男人的不义与专横"。他也建议夫妻"除非无助束缚于中世纪传统（在此意指天主教义）"，都该对避孕有所了解。而且他期望有一天"男人与女人平等分享世界的工作；女人不会因为少数几次'执行'生育的功能，而被排除在充满刺激与有意义活动的生活之外……而男人与女人都不是'一家之主'，这样的婚姻才是真正的伙伴关系"。

虽然这幅充满希望的平等婚姻图像绝不代表那个时代多数美国人的想法，重要的是，他的论点得到基督教青年会的背书，而后者是白人中产阶级新教徒价值观的堡垒。它引导这个阶层的美国妻子相信性欢愉是对的，就业、婚姻与生育可以三合一，而夫妻完全平等即将实现。

但是接下来的时代可能让此一愿景在许多方面都倒退了好几步。经济大萧条的 20 世纪 30 年代，不受压抑的性欲、平等的婚姻关系、已婚妇女的就业不再是优先事项；多数人（通常是丈夫）只要能保住工作便已经谢天谢地。大众怨恨职业妇女抢走了男人的饭碗，有些州甚至立法限制已婚女性的就业。不管是职业妇女或者家庭主妇都努力缩衣节食，减少孩子的数目。

[23] Millard S. Everett, Ph.D., *The Hygiene of Marriage: A Detailed Considerations of Sex and Marriage* (New York: The Vanguard Press, 1932).

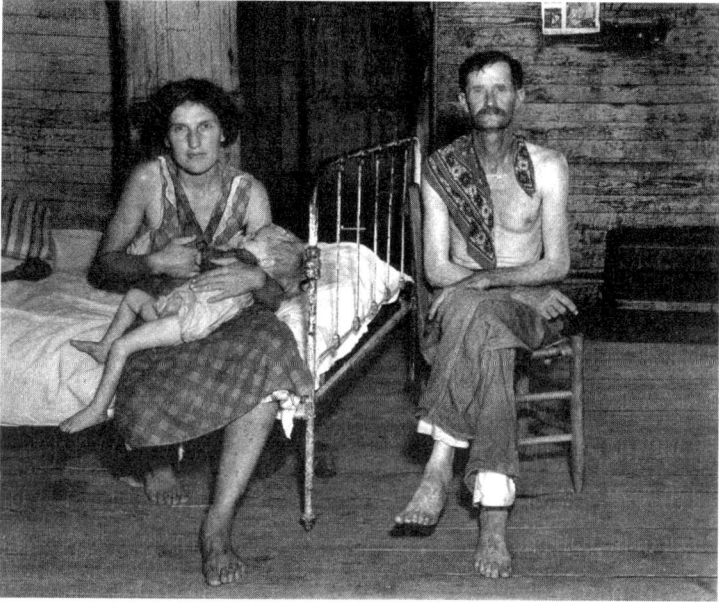

图 8.1　经济大萧条时代的贫穷乡间夫妇。沃克·埃文斯（Walker Evans）摄影，1935 年（Library of Congress, Washington, D.C.）

经济大萧条时代的避孕与堕胎

虽然联邦的科姆斯托克法禁止人们使用邮局服务散布避孕信息与避孕器材，约莫半数的州也通过反堕胎法，但是越来越多人在桑格的领军下积极推动避孕合法化，让已婚女性都可自由取得避孕器材。在经济大萧条的 20 世纪 30 年代，生育控制运动者不断强调人口控制的必要性，尤其是那些无法供养孩子所需的家庭。基于担心养不起孩子，再加上忧惧孩子众多的贫穷家庭会成为州政府的负担，许多美国人开始接受避孕有其必要。

数项立法的胜利松绑了禁止散发避孕器材的科姆斯托克法。到了 20 世纪 30 年代中期，美国共制造贩卖了数百万个保险套给各种阶层的男性，贩卖地点包括药房、加油站与理发店。其他避孕器材如子宫颈隔膜也越来越方便取得，供贫穷妇女与中产阶级妇女使用。

避孕行为的改变泰半得归功于遍布全国、仿效桑格当年在纽约成立的避孕诊所。1930 年，"美国生育计划联盟"（American Birth Control League）在 15 个州资助成立了 55 个避孕诊所，到了 1938 年，这类诊所已经超过 500 家。那段期间，金赛博士曾研究女性性行为，德埃米利欧与弗里德曼再针对他的研究做分析，发现年轻女性与年长女性避孕偏好不一样。年纪较大的女人多半仰赖保险套（40%），其次是子宫颈隔膜（31%），阴道冲洗与体外射精。年轻女性多半使用子宫颈隔膜（61%），远超过仰赖保险套者，而几乎没有人使用阴道冲洗与体外射精法。当时支持生育控制者大力推广子宫颈隔膜是最可靠的避孕措施，值得大家一试。

到了 20 世纪 30 年代末，或许是因为经济大萧条，有效的避孕措施已经通行社会各个阶层。大众对避孕的态度也从全然谴责或者怀疑其道德正当性，转为普遍接受。1937 年，"美国医学协会"正式推翻它先前对生育控制的反对态度。1938 年，《仕女家庭》的调查显示79% 的美国妇女赞成采取避孕措施。

相较于大家对避孕的开放态度，堕胎仍是个见不得人的议题，尽管经济大萧条期间堕胎人次急速上升，情况依然没改变。1931年，弗雷德·塔西格（Fred Taussig）博士在《全美妇产科期刊》（The American Journal of Obstetrics and Gynecology）中表示，堕胎人数稳定上升，尤其是已经有了 3—4 个小孩的母亲。他估计美国每年有 70 万人次的堕胎，平均每年死于堕胎的女性约 15 000 例。

无数医学研究将堕胎的激增归因于经济大萧条期间，单身或已婚女性的经济状况都很困窘。已婚妇女不仅是堕掉第四胎或第五胎，甚至初次怀孕也拿掉孩子。1931—1932 年，一位女医师在纽约市某家避孕诊所访问了将近一千名女性，结论是多数母亲会堕胎是因为她们要赚钱养家，禁不起怀孕而失去工作，也有的母亲是无力再多养一口人。就连中上阶层的白人妻子堕胎比率也比以往高。[24]

[24]　这一段与下面一段引述自 Lesile J. Reagan, *When Abortion Was a Crime*, pp.135-136。

图 8.2　子宫帽，1925 年（Wellcome Medical Library, London）

　　已婚黑人女性在经济大萧条期间的堕胎人次也往上升。1932 年，克利夫兰市一位非洲裔美国医师说"已婚妇女非法堕胎的人数显著增加"。同一阶层的黑人与白人女性堕胎比率相同，但是未婚白人女性的堕胎比率似乎超过未婚的黑人女性，或许是因为后者如果未婚怀孕，比较不会受到所属族群的排斥。

　　30 年代初期，堕胎失败求助医师与医院的急诊案例越来越多。1935 年，纽约的哈林医院还为这类妇女开设特别病房。1939 年，芝加哥库克郡医院救治了 1000 多位堕胎并发症患者。虽然不少医师极端忧惧堕胎潮的后果，呼吁让堕胎合法化，报章媒体却抱持谴责或沉默的态度。桑格的生育控制支持者生怕与犯罪行为牵连，遭到污名，也不愿支持堕胎合法化。

　　尽管堕胎仍是个禁忌，不少医学专业人员为了钱或者人道理由，还是愿意替妇女堕胎。历史学者李丝莉·里根（Lesile J. Reagan）追踪约瑟芬·加布（Dr. Josephine Gabber）医师的行医记录，发现 1932—1941 年间，这位受过良好训练、极为成功的芝加哥堕胎医生在"加布州大街诊所"一共做了 18 000 次堕胎手术。其中 80% 的病患为已婚妇女。其他研究也证实第二次世界大战前的堕胎妇女多为已婚，两者结论吻合。里根以其中 70 名病患为样本，分析她们的病历，发现多数前来堕胎的已婚妇女是家庭主妇，只有 1/4 为职业妇女。

　　多数堕胎女性是经由医师转介，或者透过个人管道如朋友、理发师、药剂师、护士的介绍，得知堕胎医师的姓名。多数前来的堕胎妇女是在怀孕初期，如果是在怀孕 2—3 个月内堕胎，手术过程会比较顺利安全。加布诊所的堕胎手术是在正规的手术室进行，和其他医术高超的开业医一样，她会在病人离去时给她们指示，告诫她们一发生状况就要马上回来，手术第二天或未来数周内必须回来复检。

在其他城市如纽约与巴尔的摩，有声望的医师也愿意做堕胎手术。里根估计"数以千计的女人是在一般的医院由医师堕胎，术后不会发生并发症"。

但是更多的女人手头不宽裕，也缺乏引介门路，无法在她们需要的时候幸运得到合格的医疗照护。20 世纪 70 年代，"堕胎合法化"运动兴起时，无照医师在暗巷里帮人堕胎，或者孕妇用衣架、漂白水自行流产的恐怖故事开始曝光。从堕胎人数激增的 20 世纪 20 年代到堕胎除罪化的 1973 年，美国每年都有成千上万的妇女堕胎失败寻求紧急医疗协助。

第二次世界大战前几十年，已婚妇女在性行为与避孕方面都有了极大改变。20 世纪 30 年代时，多数自由派女性认为她们有权享受性快乐与避孕。这两件事紧密相连。当时改革者的普遍说法是唯有可靠的避孕方法可以让女性免于怀孕的恐惧、得以享受性爱。相同地，唯有女性能够基于个人的生理与经济需求，自由控制孩子的数目与生产间隔，才能生养出健全的孩子。1942 年，当"计划生育"（Planned Parenthood）成立时，多数美国人已经相信生育控制有助婚姻幸福，虽然堕胎尚未成为立法议题，但是比起以前的女人，这个时代的美国女性在踏入婚姻时，已经有较好的机会将性爱与传宗接代分开来。

第九章

妻子、战争与工作

（1940—1950）

理智的人都不欢迎战争，特别是女人。传统上，女人的生活致力于滋育而非摧毁生命，但是战争也常给女人带来新机会，将她们推向以前无法想象、独立并承担责任的位置。

"各位太太，我们需要你！"

——《女性家庭指南》（*Women's Home Companion*）1942 年 7 月

"我对我太太的战时工作感到骄傲。"

——《麦考尔杂志》（*McCall's*）1943 年 9 月

"我很骄傲……我先生要我尽一己之力。"

——"第二次世界大战海报"

伊芙琳·葛思里（Evelyn Guthrie）是海军军官的太太，1941 年陪伴丈夫哈尔前往驻扎地夏威夷。上班时间，哈尔在军舰上工作，伊芙琳则投入夏威夷红十字车队的服务工作，载运军医院的病人出外兜风，或者陪伴新西兰或澳洲来的空军新兵。

葛思里夫妇预感战争即将爆发，也有心理准备。伊芙琳在未发表的回忆录中写道："12 月 5 日，哈尔和我前往律师办公室签下遗嘱……我载他前往珍珠港，他的船在 6 号 12 时 01 分离港，载运飞机给中途岛的海军陆战队，但是当时我并不知道他的船要出发到何处。"[1]

12 月 7 日上午，伊芙琳刚踏出公寓，房东太太对她大喊珍珠港遭空袭了。她迅速换上红十字会的制服，抓了急救包，冲向车子。沿路上，她搭载了数名海军军官，他们都急着赶往珍珠港。当他们终于抵达码头，迎面的是"不可思议的恐怖景象……有些船着火了，有些

---

[1] Evelyn W. Guthrie, "Home Is Where You Hang Your Hat". 斯坦福大学胡佛档案室未出版手稿。

人在熊熊着火的油污海面游泳逃生"。

　　瞠目结舌于日军偷袭的恐怖场面，伊芙琳自己也差点失去性命。就在她的眼前，一架日本军机俯身冲向宾州号战舰，对着系在船首的一艘驱逐舰投掷炸弹。"炸弹炸飞了驱逐舰的船首，因为巨大震荡的关系，我的车在码头上前后来回倾斜。"伊芙琳好不容易控制住车子，便驱车前往红十字会车队总部，载了几位红十字会员，然后前往民防总部：

　　　　这里一片忙碌景象。因为西克哈姆战场 [2]（Hickam Field）那儿传来急迫的求救讯息，各式车辆的内部座位均被拆掉，充当救护车使用。我们 4 个人奉命前往崔普拉陆军医院帮忙，我们便驱车前往崔普拉，向医院报到。当希根地的伤员躺在担架上被抬进来，我们帮忙割开受伤部位的衣裳，就直接送进手术房。然后我们 4 个人被分派到不同的病房，尽力协助那些伤员。

　　　　……偶尔，正规的护士或医师会过来照应这些伤员，但也是束手无策。那些被炸断一只手臂或一条腿的患者当天就死了。我从早上十点进了医院，一直到当天傍晚换班护士前来义务帮忙前，感到完全无助。我只能握住垂死伤员的手、端杯水给他们喝，或者让激动的医护兵有点事做，吩咐他们去擦拭血淋淋的地板，以免有人滑倒。

　　接下来几天，伊芙琳忙着在海军与陆军医院间穿梭，载运物资。另一项任务后来变成例行工作，那就是到民间医院协助听到广播蜂拥而至的捐血人。她还有一项"非常悲哀的任务，负责载送军中随营牧师，他被派来安排死亡战士的丧礼"。

　　由于"军眷"的丈夫都在舰上服役，所以她们自愿在总部担任晚班工作，让"平民妻子"晚上可以回家陪伴家人。连续三星期，伊芙琳都没有丈夫的消息，后来一位士兵到她的公寓，通知她哈尔很平

[2]　第二次世界大战期间，夏威夷的空军总部所在地。——译者注

安，只是忙得没时间上岸打电话。

　　……圣诞节前，一艘马特森邮轮抵达港口来疏散妇孺。场面和以往大大不同，没有乐队演奏阿啰哈，离去者脖子上也没挂花环。

　　数个月后，多数人以及带着小孩的军眷都已经疏散。上面规定军人的妻子除非是受聘于政府部门工作，否则统统不能留下。为了留下来，伊芙琳在檀香山邮局找到一个检查邮件的工作，每周工作6天。她平均一天审查130封信，过滤那些可能有助敌方的敏感消息。

　　偶尔，工作也有较清闲的时候。伊芙琳回忆说："有一次，我审查了同一个男人的两封信，其中一封是他写给老婆，另一封信显然是写给他的女朋友。他在给女友的信上附上战时债券，我真想把这些债券转到他寄给老婆的信里。"

　　在这段100多天的日子里，伊芙琳完全不知道丈夫在哪里。5月间，"珊瑚海战役"结束后，哈尔的军舰回到夏威夷，他上了岸，消瘦了许多。他在港口待了几天后又出发。伊芙琳独自度过结婚12周年纪念日。

　　一个月后，"中途岛战役"结束，哈尔返家，比上次更瘦削。伊芙琳的回忆录写道："朋友们一改以往的庆祝方式，前来恭贺他还活着。"在哈尔的复原期间，伊芙琳继续在邮局担任邮件检查工作。12月初，珍珠港事变1年后，伊芙琳接到加州的来电说她母亲心脏病发作，恐怕熬不过去了："身为独生女，也是母亲唯一的亲人，我别无选择，只能回去美国本土。如果我离开夏威夷，他们不会准我再回来……我跟哈尔道别，不知道能否再见到他，何时能见到他……"

　　幸运地，伊芙琳的丈夫不久后也被派驻回美国本土，升了官、有了新职位。葛思里夫妇在战争里幸存，尔后还活了很多年。伊芙琳的"军眷"（service wife）生涯的确充满"服务"（service），远非这个名词泛泛所示。

　　伊芙琳可能是1941年目睹珍珠港事件的唯一女性，这是她生命

的重要里程碑。秉持军人妻子的本色,她加入红十字担任义工,表现
十分杰出。和同一个阶层的妻子不同,伊芙琳还接了一份有薪工作,
投入战争的需要。第二次世界大战期间,已婚妇女的就业率从 1940
年的 15% 激增至 1945 年的 24%^[3],数以百万计来自各行各业的妻子
均为战争付出一己之力,伊芙琳只是其中之一。

或许我们应该说第二次世界大战只是加速了已经存在的潮流,打
从 20 世纪初,女性就业便持续上升,第二次世界大战只是个触媒,
为女性就业带来前所未见的改变,尤其是已婚妇女。第二次世界大战
期间,妇女就业人口共新增了 650 万名,其中 370 万人是已婚。美国
史上第一遭,已婚的就业女性超过单身者。

已婚妇女之所以占据重要比例,部分原因是战争期间,一种急迫
感驱使男女匆忙踏入礼堂。当大批士兵告别心上人或休假回家时,美
国大约多出了 100 多万新嫁娘,远超出战前的预期。一位新娘抢在
1942 年那波结婚潮结婚,50 年后回忆:“如果不是因为打仗,我们可
能不会那么快结婚。”^[4]1944 年,已婚妇女人数足足比 1940 年多出 250
万人。

一开始,“战争人力委员会”不鼓励家庭主妇投入就业市场,反
而强调她们对家庭的责任。但是许多爱国的公民、组织、杂志纷纷鼓
吹妻子与单身女性填补从军者留下的工作空缺,并投入战争工业的新
工作。美国政府印制局印发了许多海报,其中一幅写道:“你的妻子不
该投入战争工作吗?”这幅海报表面的要求对象是丈夫,画面上,丈
夫正在读报给妻子听,旁边卡了两幅照片,其中一幅是女人在缝纫机
上工作,另一幅是一个女人在工厂工作。然后海报上以粗黑字体回
答:“所有年过 18 岁、身体健康、没有 14 岁以下幼童的妇女,都应准

[3]   此一数据以及以下的数据引自 William Chafe, *The Paradox of Change: American Women in the 20th Century* (New York and Oxford: Oxford University Press, 1991), pp.130–131。

[4]   Finnegan Alford-Cooper, *For Keeps: Marriages That Last a Lifetime* (Armonk, New York, and London: M. E. Sharpe, 1998), p.4.

备挑起战时工作。"

　　他们还征召了当地女性来广播一个一分钟长的广告："我是某某人……诚挚呼吁本市妻子。我也是一个家庭主妇……直到今年前，从未出外做过事。光是喂饱家人、购买债券，这并不够。所以我找了一

图9.1　你的妻子该投入战时工作吗？第二次世界大战海报（Hoover Institution, Stanford University）

份每天 8 小时的工作，同时兼顾家庭……我丈夫非常以我为傲……我从未这么快乐过。我觉得我真的是在帮助战争提早结束。"[5]

如果说经济大萧条期间，外出工作的妻子因为"抢走男人的饭碗"而遭到广泛反对，现在人力短缺，这类妻子变成被赞美逢迎的对象。罗西与雷薇特（Rosie and Riveter）原本都是家庭主妇，现在变成工厂女工，成为全国偶像。就像独立战争时期的"提水人莫莉"[6]（Molly Pitcher）陪同丈夫投入战场，罗西也因为填补男人留下的空缺而得到赞美。但是诚如专研战争宣传的利拉·鲁普（Leila J. Rupp）所警告的：女性就业的变化往往是暂时的。大家都心知肚明一旦战争结束，女人就得回归妻子、母亲与主妇的本业。

已婚妇女大量投入就业市场造成了历史学者威廉·查菲（William Chafe）所说的"商业与政府政策的巨大改变"[7]。先前禁止已婚妇女就业的条款被废除，也废除了对较高龄妇女（指 35 岁以上的女性）的政策歧视。这些年纪较大的女性多数已婚，为劳力市场带来了新貌。她们的小孩多半已经上学或者长大，非常珍惜有机会能够放下锅碗瓢盆，从事文书档案整理或者操作铆钉机器。这类家事与小孩照护责任较轻的妇女成为女性劳动的主力。从 1940 年到大战结束，35 岁以上的就业妇女增加了 1/2。

另一个改变是家有幼儿的妇女就业率也攀升。一开始，"战争人力委员会"坚决认为母亲的首要责任是待在家里照顾小孩，没多久，他们的态度改变了：现在不管有没有小孩，每个人都需要投入战时工作。为了响应大家对孩童福祉的关切，"战争人力委员会"指示政府

[5] Leila J. Rupp, *Mobilizing Women for War: German and American Propaganda, 1939–1945* (Princeton, New Jersey: Princeton University Press, 1978), pp.141–142.
[6] "提水人莫莉"本名叫作 Molly McCauly，她随同丈夫投入独立战争，当时战场气温高达华氏 96 度，士兵晒得头晕脑涨，Molly McCauly 来回井边取水给士兵浇凉，后世人便为她取了"提水人"绰号。她的丈夫负责操作加农炮，不幸受伤倒下，无人可操作加农炮，Molly McCauly 便接手操作加农炮，旁边的士兵都很讶异她操作非常熟练。——译者注
[7] *Chafe, The Paradox*, p.131.

机构要"发展、整合、协调联邦的职业妇女托育计划"。[8]

有些托儿所早在"工作计划管理署"的资助下，提供低收入家庭托儿服务。1942—1943年间，共计有18万名学龄前或学龄儿童送进托儿所。1943年6月后，此项托儿计划中止，改由依据"兰哈姆法"（Lanham Act）施行细则所成立的一个新计划取代，为投入国防工业的母亲提供托儿服务。巅峰时期，这个联邦资助的计划一共在3000所托儿所安置了13万名儿童。同时间，全美各地的州政府、地方政府与私人机构也推动类似的托儿计划，但是根据"工作计划管理署"1943年的统计，全美共有200万名幼儿需要托儿服务，还是无法供应所需。

这不完全是美国政府政策的错误。一开始，美国母亲对集体托育并不放心，宁可自行安排，把孩子托给家人、邻居或朋友照顾。威廉·塔特尔（William Tuttle）的《爸爸上战场》（*Daddy's Gone to War*）便记载了美国母亲想出的各种托婴方法[9]。有的母亲上晚班，把孩子交给上日班的丈夫照顾；或者托给祖父母、年长的孩子，甚至让孩子独自一人。一位战争大后方的孩子记得她的母亲上晚班，好让小姑白天去上班，然后两人轮流照顾孩子。有些母亲上白天班，孩子下课后得自己照顾自己。

这些钥匙儿激起美国人心头焦虑。1943年5月号的《美好家园》（*Better Homes and Gardens*）刊登一幅金发男孩的照片，写着："妈妈，如果你去军工厂上班，谁来照顾我？""爱达精密仪器"（Adel Precision Products）则刊登一则自我宣传的爱国广告，一名金发女童问穿着工作服的母亲："妈妈，何时你才会再待在家里？"母亲则以乐观的口吻说："当欢天喜地的那天到来，我就会留在家里了，做我最喜欢的工作：为你和返家的爸爸打理家里。妈妈知道替'爱达精密仪器'

[8]　International Labour Office, *The War and Women's Employment: the Experience of the United Kingdom and the United States* (Montreal: ILO, 1946), p.234.

[9]　William M. Tuttle, Jr., *"Daddy's Gone to War"： The Second World War in the Lives of America's Children* (New York and Oxford: Oxford University Press, 1993), chapter 5.

生产的军机用油压阀、支承缆夹、支承缆板、防冻设施会帮助那一天早点到来。"

尽管有了这位母亲的虚构式回答，但美国民众的忧心不是没有道理的。至少根据大众刊物的报道，有些小孩的确未得到良好照顾。筋疲力尽的母亲下班后，只能给小孩最起码的照顾，她们的工作表现也受拖累；职业妇女的缺勤率偏高，往往为了小孩生病必须请假，甚至辞掉工作。

各家军工厂只好自行研究留住女性员工的方法。洛杉矶的飞机制造厂便向市府请愿，要求学校停放暑假，因为暑假那几个月，太多职业妇女必须回家照顾小孩。俄勒冈波特兰市的"凯撒公司"（Kaiser Company）则研拟出一套较具前瞻性的办法，它在两家工厂内设立24小时的托儿所，照顾18个月到6岁大的幼童。"凯撒公司"的造船厂共聘用25 000名女性员工，领导人的进步思想让"凯撒儿童服务中心"至今仍是"私人企业的楷模，为员工提供实际的托儿照顾，减轻妈妈员工的压力"[10]。

尽管上述这些公司与小区主动提供托儿服务，还是不够。美国并未尾随英国同盟的脚步，后者提供已婚的职业妇女项目广泛的服务，包括日间托儿中心、到宅服务、员工餐厅、熟制食品，每周还有半天的购物假。更重要的，英国还针对已婚妇女发展出一套定时制系统，让两个女性员工共做一份全职工作。这套方法刺激了英国的战时生产，也让外出工作的妻子大为增加。

大战期间，不管是穿着工作服、拎着午餐盒进入工厂上班，或者穿着丝袜、戴手套在办公室上班，美国妻子的家务重担并未减轻。当时的妻子和现代一样，只是两份工作一肩挑，盼望自己不会在压力下崩溃。为什么这些女人除了家务重担外，还愿意每周工作5到6天、经常上小夜班或大夜班？

她们当中许多人无疑受到爱国心感召。她们的丈夫与情人在海外

[10] Tuttle, *"Daddy's Gone to War,"* P.84, and Chafe, *The Paradox*, pp.144-145.

服役，希望自己的战时工作能够帮助战争早日结束，并直接影响另一半在海外的生活。她们相信海报上的话："光是渴望并不能让他早点回家……投入战时工作吧！"或者"扛起他所留下的工作"。

另外一个是经济因素。军人的妻子只能靠微薄的津贴过活，往往入不敷出。马州亚索尔市的一个海军士兵妻子已经育有一子，第二个孩子即将诞生，她估算自己的支出：房租（20 美元）、电费（3.75 美元）、电话费（2 美元）、奶粉钱（6.5 美元）、洗衣费（4 美元）、杂货日用品（30 美元）、保险（2.95 美元）、油钱（2.8 美元），她每个月的津贴只有 80 美元，扣除上述支出后，仅剩 8 美元做"置衣费、医药费、冬天的暖气费、报纸杂志费用、娱乐费等"[11]。到了 1944 年，全美 400 万军人妻子中共有 136 万名出于生计，必须工作挣钱。

不管丈夫是不是在军中，女性及其家人蜂拥至新的军备中心寻找工作。她们从阿帕拉契山、南方、草原各州迁移至西部、东岸以及大湖区。她们远离乡间的农场，来到底特律等新兴城市。底特律在威洛伦（Willow Run）建立一个举世最大的工厂，以创纪录的速度制造数量空前的轰炸机。这些女人挤进低水平的住房与拖车营地，然后寄钱回家让亲戚、朋友前来加入她们的行列。

战时的工资不错，打破美国以往的纪录，现在，女性只要能进入以往专属于男性的行业，也能拿到这样的工资。以往仰赖丈夫养家的女性现在对家庭经济也有贡献，她们可以替家里添购新家具、新衣裳，甚至买新房子。有些女人生平第一次赚钱，非常自傲，现在她们对家用支出也有说话分量。有能力的女人分期付款购买瓷器、银器，寄礼物给老家的父母、购买战时债券，或者给孩子存大学学费。许多人只是高兴她们能够离开家，诚如一位在普吉湾海军船坞工作的女性所言："不知怎的，厨房就是缺乏嘈杂船坞的魅力。"[12]

[11]　*Since You Went Away: World War II Letters from American Women on the Home Front*, ed. Judy Barrett Litoff and David C. Smith (New York and Oxford: Oxford University Press, 1991), p.105.

[12]　Cited by Anderson, *Wartime Women,* p.29.

战争永远改变了女性劳动力的面貌。第二次世界大战前，女性劳动市场的主力是单身的年轻女性；战后，变成已婚的中年妇女。1940年，美国共有 638 万单身女性与 468 万已婚女性就业。10 年后，比率改变了，单身女性就业人数为 527 万，已婚女性上升为 864 万人 [13]。相较于 20 年代与 30 年代，战时的已婚女性拥有较多工作经验，也比较可能在婚后继续工作，尽管第二次世界大战后的头几年，整体女性就业率全面下降。

接下来的 50 年，兼顾家庭与工作的妇女比率攀升至难以想象的高峰。出生于 20 世纪 50 年代的女孩对女性生涯的看法，势必和出生于今日的女孩不同，因为 50 年代，已婚女性的就业率只有 1/4，现在的已婚女性就业率却高达 3/5，而且进入各种行业。如果我们只计算母亲（不管已婚或未婚）的就业率，更高达 4/5。在接下来的章节，我将进一步探讨战争期间的妻子在不同区域、不同经济部门的就业状况。

造船的妻子

第二次世界大战期间，造船是全美工资最高的行业之一，开始对女性开放，雇用单身、已婚、年轻、上了年纪、有小孩或没小孩的女性。我们拿波特兰的"商业钢铁厂"（Commercial Iron Works）为例，1942 年它还拒绝雇用女性，到了 1943 年 3 月，它已经雇用了 200 名女工。其中一人是贝瑞妮丝·汤普森（Berenice Thompson），她的孩子已经长大，不顾丈夫的反对到造船厂上班。贝瑞妮丝回忆道："我们很穷……能够证明自己，对我很重要。我的丈夫来自肯塔基州，认为女人根本没知识。所以，我就证明给他看。"后来贝瑞妮丝用薪水买

---

[13] Glenna Matthews, *"Just a Housewife": The Rise and Fall of Domesticity in America* (New York and Oxford: Oxford University Press, 1987), p.267. 另 见 Anderson, *Wartime Women*, pp.7–9。

了一栋新房子，她的丈夫也只好接受妻子地位已经提升的事实。[14]

罗莎·狄克森（Rosa Dickson）的先生在造船厂工作，认为那里不适合女人。根据罗莎的说法，她的丈夫对她说："噢，你不能到船厂工作，那些造船工人都很粗鄙，满口粗话。"罗莎试着到店里工作，薪水普通，她说："造船厂薪水好，我干吗做这样的工作。"她有5个小孩，其中3个尚未上学，她先在波特兰地区一个小造船厂做熔接工，然后成为装管匠助手，后来又做过各种工作，直到1946年退休。靠着双份薪水，狄克森家终于有能力买下一栋房子，在那栋房子安享天年。[15]

就算丈夫不反对，造船厂女工还是得克服男同事赤裸的性别歧视，他们许多人仍认为女人不属于造船业。在一个充满敌意、反对女性与他们并肩工作的男性堡垒里，女性要证明自己能做个称职的熔接工、铆匠、装配工、电气工、漆工、机械工、锅炉制造工，并不容易。

弗吉尼娅·史诺·威尔金森（Virginia Snow Wilkinson）曾在1943年9月号的《哈泼》杂志刊登一篇文章，名为"从家庭主妇到船只装配工"，生动描述了女性在造船厂的工作经验。弗吉尼娅的先生显然不反对她的新工作，和她一样充满兴奋期待，要求她到加州里奇蒙的"凯撒造船厂"上工第一天，清晨5点半便要叫他和孩子起床。

她和6位女性一同上工，迎接她们的是负责带领新人、充满疑虑的某男子。他说："天啊！女的装配工！他们为什么要这样对待我？"因为弗吉尼娅已经上过防御工事课，马上被任命为装配工助手，做些小工作，但是多数时候，她和其他工人一样，只是在那儿呆等。看起来，造船似乎不像工厂生产线那么有效率。

为什么这么浪费时间？弗吉尼娅的领班解释管理阶层聘雇了过多的男女工人，无法同时间派工。"你必须自一大堆人中筛选出好工人。"领班也向她解释船厂女工的地位。

[14]　Amy Kesselman, *Fleeting Opportunities: Women Shipyard Workers in Portland and Vancouver During World War II and Reconversion* (Albany: State University of New York Press, 1990), p.29.

[15]　Kesselman, *Fleeting Opportunities,* p.111.

"我们必须雇用女工，男同事们不高兴，还在工会里投票否决。但是他们迟早会适应，不以为意。以前，他们也不高兴轧板厂雇用女工，但是现在轧板厂里都是女工，她们才是主力，大家对她们也不再有敌意。造船厂以前很少有女人，但是战争继续下去，造船厂女工会越来越多。"

虽然弗吉尼娅已经习惯男同事称呼她为"女伯爵"或"达令"，却毫无心理准备她会碰上赤裸裸的性别歧视。当她与两位女同事被指派装配某个组件时，她们携手同心，充满热情与效率。"我们共同合作一个计划，投注全副身心，成为非常统合的一个组。我发现我们跑起腿来非常有效率，检核工作一丝不苟，痛恨丈量不精确。终于有人赋予我们重任，终于我们可以自己组装，终于我们有足够的工作可做。"

但是这个女性队伍未能持久。到了黄昏时，她们三人"逐渐感受到男同事的敌意……上面居然让女工自行组装配件，这让他们怒气高涨……第一次，我们被视为竞争对手……第二天，没有任何解释，我们的'心肝宝贝'便被拿走，交给男同事。我们被迫站在那儿看着男同事完成我们做到一半的计划。"

一位女工说男同事担心船厂会像轧板厂一样，"女人当家"。弗吉尼娅则语带宽大地说，要那些"身为一家之主、承受照顾家小庞大压力"的男人眼睁睁看着缺乏经验的女性抢走他们的饭碗，和男人拿一样的薪水，心里头一定无法接受。弗吉尼娅的起薪是1小时9毛5分。

6个星期后，上面又交付另一个组件给弗吉尼娅完成。她的工作包括丈量钢铁材料、寻找钢铁材料、用粉笔做记号、请索具工来吊这些钢材、找折缘工与熔接工来将钢材定位。看着吊车将她准备好的钢材吊起，看着她要工作的运兵船从远方海面拖曳进港，弗吉尼娅兴奋不已，她写道："在船上工作的感觉真棒！"

虽然她的故事以必然的昂扬语调结尾，却无法掩盖造船业固有的仇恨女性心态。第二次世界大战前的1939年，全美的造船业只有2%的员工是女性。女人一进入船厂，迎接她的照例是口哨声与嘘声。但是后来女性大批进入造船厂，改变了这个行业的统计数字与气氛。到了 1944 年，造船女性的比率已上升至 10%—20%，多数男性不管多不情愿，也学会以礼相待。

某些造船从业女性还爬上管理位置。譬如亚拉巴马州莫比尔市的"干船坞与造船公司"（Dry Docks and Shipbuilding Company）便有 13 位女性员工晋升至管理位置，还大作宣传。其中一位已经结婚，手下有 14 名员工，包括 7 名男性。

不是所有在船厂工作的女性都是造船工人，许多女性担任秘书、会计、清洁工、厨师、餐厅工作人员或者地勤人员。31 岁的波丽·克劳（Polly Crow）是个母亲，她的丈夫在陆军服务，1944 年被派到欧洲。波丽在印第安纳州安德森市附近的"杰弗逊造船机械公司"（Jefferson Boat and Machine Company）找到一份工作，和公公婆婆一起住在肯塔基州的路易斯维尔。她写给丈夫的信让我们得知职业妇女将幼儿托给祖父母的状况：

路易斯维尔，1944 年 6 月 12 日

达令：

现在你是职业妇女的丈夫了——就叫我"船厂小宝贝"吧！耶！我决定上下午 4 点到半夜的班，这样，我便能鱼与熊掌兼得。我希望工作，又不希望全天候把比尔交给别人带。虽然妈妈愿意帮我带，但是这样她会太累，而且比尔需要我。上这个时段的班，妈妈只要喂比尔吃一顿，然后送他上床即可……我终于得偿心愿。做计算器工作，下午 4 点到半夜，起薪一小时 7 毛钱，周薪为 36.4 元，一个月就是 145.6 元了。两个月后如果我表现好会调薪，我相信我会表现得很好……我也开了自己的账户，能够自己开支票，不用伸手跟人要钱，这种感觉真是太棒了……

晚安，亲爱的。

爱你的，波丽 [16]

[16] *Since You Went Away*, ed. Litoff and Smith, p.147.

波丽很幸运，她的婆婆愿意帮她带小孩。她唯一的烦恼是上下班的车程，一趟要花掉 45 分钟，一旦她克服了通勤问题，便非常热衷国防工人的新生活。"我喜欢这里，"她在 1944 年 11 月 9 日给丈夫的信中说："……趁状况好时，能赚一分是一分。"这时，她已经在银行存了 780 美元，足够一个小家庭舒服过半年。

波丽与弗吉尼娅，一个是孩子尚幼，一个是 5 个孩子的妈。她们的故事显示在船厂工作的白种女性只要有家庭支持，尽管有托儿与交通的问题，在职场上又面临性别歧视，但是工资优渥，工作经验也很令人满意。但是黑人女性如果在船厂工作，势必还要面对根深蒂固的种族歧视。第二次世界大战之前，全美黑人女性的就业范围几乎局限于佣人、女侍、农工或者其他地位较低的行业。当国防工业的高工资行业名义上对她们开放后，成千上万的黑人女性辞掉原先的工作，不惜长途跋涉到新的工作地点。许多人蜂拥至新兴的西岸造船中心。

艾米·凯瑟曼（Amy Kesselman）曾记录波特兰与温哥华地区船厂女工的口述历史，其中几位是非洲裔美国女性，都曾在职场碰到极为严重的种族歧视。6 位黑人女性熔接工向经理申诉工头叫她们为"黑鬼"，对待她们非常不公平，毫无理由地将她们从大夜班调到小夜班。接着又不准她们做小夜班，只能做日班。这 6 位女性都有小孩，托儿安排也都针对大夜班，班表换来换去，造成许多困难。一位女性回忆："我跟他们说我不可能上白天班，我有两个年幼的小孩，一个才刚上小学，另一个还太小，不能进托儿所，丈夫又当兵去了……但是他们完全忽略我的请求。"后来，她们只好向"凯撒公司温哥华管理部"与"战时人力委员会"提出抗议，也是徒劳无功。[17]

美国其他地方的黑人女性也碰到类似情况。某些国防训练计划根本不收黑人女性，许多军工厂不是拒绝聘用她们，就是将她们隔离至职位甚低的位置。管理阶层的理由是白种工人不愿意与"有色人种"女性并肩工作。巴尔的摩附近的"厄齐坞军工厂"（Edgewood

[17] Kesselman, *Fleeting Opportunities*, pp.42–43.

Arsenal）刚开始雇用黑人女性时，还遭到员工广泛抗议甚至罢工。

国防工业里的南方女性

　　黑人女性与白人女性的差别待遇是南方特有现象。拿亚拉巴马州的国防工业女工来说，根据玛丽·托马斯（Mary Thomas）的《南方各州的铆工与定额配给》（*Riveting and Rationing in Dixie*）一书所载，第二次世界大战前，白人妻子甚少外出工作。她们通常在婚前工作个几年，婚后便专心管家。因为丈夫赚钱太少、无法养家糊口而外出工作的白人妻子会被其他富裕的南方太太瞧不起。南方社会根本不接受中产阶级的太太外出赚钱。

　　非洲裔美国女性不管单身还是已婚，处境和白人女性完全不同。因为经济因素，她们必须挣钱，她们半数有工作，多数从事家务服务或农工。当亚拉巴马州各地的军工厂对她们敞开大门，许多黑人女性欣喜放弃低薪的佣工工作，投入这个薪资至少翻两三倍的工作。

　　莫比尔市的"布里克利菲空军指挥部"是亚拉巴马州雇用女性最多的单位，但全部是白人女性。在不聘用有色人种的准则下，该单位聘用单身与已婚女性、年纪较大者与残障人士。1943年，它的17 000名员工中有半数是女人，其中800人是残障人士。后来"公平雇佣委员会"（Fair Employment Practice Commission）收到申诉，命令它必须雇用黑人女性，她们都被分配至低薪、低技术的位置。

　　莫比尔是新兴城市，从亚拉巴马州乡村地区与邻近各州吸引了数量空前的女性。许多女性追随平民丈夫来到国防工业中心，双双找到事做。一名跟着丈夫来到莫比尔市的妇女在"平民福利协会"（Civilian Welfare Association）找到工作，最后还当上主任办事员。另一个女性原先只想做个单纯主妇，操持家务、烧饭、打桥牌，后来却成为维修部门的主管，发觉自己很喜欢做个受薪阶级。还有一位年纪较大的女性婚前曾做过事，养大两个女儿后，受雇为"中央档案部门"的主管。她建议年轻女性："如果你很年轻就结婚，养儿育女、持

家之后，你还有一大把岁月可以享受。只因为你做了祖母，不代表你
就钝了。"

和全美其他地方一样，南方各地的女性受到爱国心与经济需求的
驱使，走出家门投入工厂，感觉兴奋，觉得自己做的事有意义。对多
数女性而言，能够摆脱成日的乏味家务劳动，是很棒的改变。专研战
时女性的凯伦·安德森（Karen Anderson）便记录了好几位在巴尔的
摩市工作的女性，她们有的感觉解放，有的兴奋异常。其中一个是机
械操作工，原本是西弗吉尼亚州的煤矿工人妻子，很高兴能够不再仰
人鼻息，到都市做高薪工作。另一个女性在"东方飞机厂"（Eastern
Aircraft）担任手摇钻工人，则说丈夫入伍，她的生活需要改变，因为
"情绪激动、神经质地待在家里，非常不适合我"。还有一位女士在丈
夫的坚持下辞掉工厂工作，变得神经紧张，后来在医师的建议下重回
工作岗位。[18]

女人进入国防工业，让巴尔的摩市的女人得以涉足以往的男性专
属行业。女性传统的文书工作虽然薪资不如工厂，对女性劳工还是具
有吸引力，因为"它的工时比工厂工作短，不像生产线工作那么耗费
体力，同时享有白领的地位，比起战时膨胀的生产部门，比较有保
障"。它也比较不威胁传统的两性分工观念。开放给白人女性的培训
与就业机会，黑人女性虽被排除在外，但是她们也自战争经济中获
益。大战期间，巴尔的摩市黑人女佣锐减一半，因为她们在其他行业
找到工作。相较于留在亚拉巴马州乡间的黑人女性，她们生活过得较
好，一方面是南方的种族偏见根深蒂固，另一方面，她们居住的巴尔
的摩靠近华盛顿特区，那里工人极端短缺。

理智的人都不欢迎战争，特别是女人。传统上，女人的生活致力
于滋育而非摧毁生命。但是战争也常给女人带来新机会，将她们推向
以前无法想象、独立并承担责任的位置。男人不在国内、人力短缺、
自愿或被迫改变旧有秩序、爱国情操与冒险精神、男女有别的行业性

[18] Anderson, *Wartime Women*, p.37.

别界限逐渐模糊，再加上为女性成立的新机构——在在都将女性猛地推向陌生的场景，在那里，她们必须靠着有限的引导灯摸索自己的新方向。

妇女陆军部队与美国海军自愿救援服务队

"妇女陆军辅助部队"（Women's Auxiliary Army Corps，WAAC）与"美国海军自愿救援服务队"（Women Accepted for Voluntary Emergency Service of the U.S. Navy，WAVES）就是两个专门为妇女成立的机构。前者是由罗斯福总统于1942年5月下令成立，第二年改名为"妇女陆军部队"（Women's Army Corps，WAC）。后者则在1942年7月成立。其后美军又成立"妇女辅助空运中队"（WAFS）与"美国海岸防卫队妇女预备队"（SPARS）。这些机构并未受到美国民众的一致欢迎。那些看到女性穿上工厂工作服便满口抱怨的人，现在看到女性穿上军服更是沮丧不已。女性不再只是打字员、厨师、邮局员工、接线生、驾驶，而是取代男人，成为情报官、翻译官、雷达专家、医疗技术员、塔台操作员、空中射击指导员、摄影师。虽然这些女性不参与实际战斗，最后还是被派到危险战区服务，有的甚至受伤或丧命。

在这些机构服役的女性有单身也有已婚，后者人数较少。比较典型的例子是年轻的已婚妇女在丈夫派驻海外服役后，申请加入"妇女陆军部队"或"美国海军自愿救援服务队"。下面这些短文便追踪了3位妻子的服役历程。

1942年，"妇女陆军辅助部队"成立没多久，格特鲁德·莫里斯（Gertrude Morris）刚嫁作人妇，和丈夫住在北卡罗来纳州布拉格堡附近。新婚两个月，莫里斯中尉被派到北非，格特鲁德加入"妇女陆军辅助部队"。她的回忆让我们得知战争初期，这些女人在爱荷华州得梅因堡所受的军事训练只是"暂时替代性"的。她说："早上6点便早点名，我在薄薄的工作服外面套上宽大的男用大兵外套，在零下低温中摸黑跌入深雪堆。"[19]

经过基本训练后，她被派到佐治亚州、密苏里州，再调到德州。她做文书工作，学习摩斯密码，然后得到"最令她兴奋的工作"，在塔台指挥航机。1944年秋天，格特鲁德丈夫的部队从北非推进到西西里、法国、德国，她也预定被派到海外。她回忆："我极端兴奋，不光是因为要被派到海外，更因为运气好的话，有可能与丈夫在海外相会……当然，命运的讽刺与军事的逻辑占了上风，我的派令下来，是太平洋战区。"她先是被派到新几内亚，最后是菲律宾："总是离先遣部队不远，但是没有真正的危险。"

战争结束，格特鲁德的先生从欧洲返乡，格特鲁德仍在太平洋战区等待遣返。虽然她的丈夫企图影响华盛顿"妇女陆军部队"的司令官，格特鲁德还是迟至1945年10月才得以返家。和丈夫团圆后，她返回教书岗位，生了两个女儿，永远记得战时从军经验"是一段充满冒险与发展机会的时光，最重要的，得以报效国家。"

1943年9月，爱维拉·瓦伦坎普（Alvira "Pat" Vahlen-kamp，昵称帕特）嫁给空军飞行官查尔斯·梅文（Charles "Chuck" Melvin，昵称恰克）。1944年春天，恰克被派到法国，帕特加入"妇女陆军部队"，心想她的入伍可以让另一个男兵迅速被派到海外。恰克一开始不赞成妻子入伍，后来却以她为傲。帕特的信揭露了她受训的艰苦，以及她在梦里多么忧心丈夫：

得梅因堡，1944年8月13日

亲爱的丈夫：

对我们这些女大兵而言，星期天不过是另一天，只不过我们可以睡到6点半，8点才吃早饭。接着是演习，直到中午集合吃饭，下午

---

[19] Gertrude Morris 的故事引自 Olga Gruhzit-Hoyt, *They Also Served: American Women in World War II* (New York: A Birch Lane Press Book, Carol Publishing Group, 1995), pp.77-80。

3点开始训话直到吃晚饭，然后就解散。我们已经领到制服，所以我们5个女孩前往福利社与军人俱乐部，只待了一个小时……

　　亲爱的，请继续爱我，你会吧？我只有这个要求。我也只需要这个。我极端思恋你，不停想着你。昨晚我梦见你不再爱我。感觉糟透了……如果此刻你能在我身边，我们能够两个人过活，我不知会有多高兴。

爱你的帕特 [20]

　　帕特从基地的营房写信给丈夫，提到她的床位在上铺，夏天"凉爽舒适"，她也熬过了炊事勤务 [21]，现在军队生活"越来越好"。尽管帕特向丈夫保证自己的首要角色仍是做个忠心奉献的妻子，但是她也不隐瞒加入"妇女陆军部队"得到的满足感。她写道："当然，我知道我的丈夫对'妇女陆军部队'队员有何想法，但是亲爱的，请记住你的老婆永远是你的老婆，不管她是不是个'妇女陆军部队'队员，她爱你，而且只爱你一人。"

　　1942年6月，多萝西·巴恩斯（Dorothy Barnes）与詹姆斯·史蒂芬斯（James R. Stephens）自加州的大学毕业，因为战争阴影密布，3个月后，他们私奔至亚利桑那州结婚。詹姆斯被征召去当通讯队摄影师，多萝西则加入"美国海军自愿救援服务队"。[22]

　　她被派到纽约市杭特学院的新兵训练中心，留下不少美好回忆："我们清晨即起，晚上十点才筋疲力尽倒在床上。干些冷藏间的苦活（套句海军的说法），站在深及脚踝的水中削甜菜与马铃薯。他们还给我一把警棍，让我在大门站岗。我们也到军事机构上课，学些海军的歌曲。这样就过了一天。熄灯后，我哭着入睡。"

　　结果，多萝西熬过了基本训练，然后到俄亥俄州上无线电的课，

[20]　*Since You Went Away,* ed. Litoff and Smith, p.163.

[21]　军队里有时用来惩罚犯小错者的勤务，简称 KP。——译者注

[22]　Dorothy Barnes 的故事引自 Gruhzit-Hoyt, *They Also Served,* pp.109-114。

接着被派驻到旧金山的"翠秀岛海军基地"。那段期间，詹姆斯被派到太平洋，好长一段时间音讯全无，多萝西根本不知道他的生死。当消息传来他快要派回夏威夷时，多萝西十分兴奋，打算也申请到夏威夷。

多年后，多萝西回忆："最大的障碍是与上校的面谈，他是翠秀岛海军基地的司令官。我听说他对请调的人审核非常严格，你必须说服他你想调去夏威夷是基于全然无私的理由。为了面谈，我还准备了一篇小小的爱国演说。"

结果，她脱口说出实情——她想调去夏威夷和丈夫团聚。出乎她意料，上校居然核准她的请调，但是警告她请调的实情绝不能给第三个人知道。多萝西与詹姆斯都被派到夏威夷后，他们克服了许多困难，在军营外的临时住所碰面。没多久，多萝西便怀孕了。怀孕被视为严重违反军纪，几个月后，多萝西便被海军除役了。

直到战争结束

　　女性的造船工、飞机修复工、妇女陆军部队队员、美国海军自愿救援服务队员的爱国故事，在大战期间引起广泛注意，掩盖了其他平凡行业女性的贡献。多数已婚女性专心照顾家务，第二次世界大战方酣期间，1/4 的美国妻子外出工作，另外 3/4 的妻子在家从事无偿劳动。在密西西比州克里夫兰市为报纸撰写双周专栏的凯斯·萨默维尔（Keith Frazier Somerville）太太便体认到被镁光灯冷落的妻子心声："我和全体非从事军职的太太既不会做铆工，也不会熔接，但是我们留在大后方，让家庭永远有温暖的炉火！我们被称之为'星光闪烁'（W.I.N.K.S.）——无数待在厨房的女人（Women in Numerous Kitchens）！"[23]

[23]　*Dear Boys: World War II Letters form a Woman Back Home*, ed. Judy Barnett Lotiff and David C. Smith (Jackson and London: University Press of Mississippi, 1991), p.155。

萨默维尔太太的"亲爱的男孩"专栏刊登于《玻利瓦尔商业周报》（*Bolivar Commercial Weekly*），读者为派驻世界各地的玻利瓦尔子弟。萨默维尔太太是退休老师，也是活跃的小区成员，因地利之便，让海外的从军子弟都能得知家乡亲人与海外朋友的近况。"亲爱的男孩"专栏勾勒出美国小镇的风景，除了待在家中的妻子与母亲，战争期间，这个镇上所有居民几乎都处于变迁状态。

玻利瓦尔子弟到全国各地接受新兵训练或特别训练计划，之后被派驻欧洲、太平洋等海外基地。当这些军人得到宝贵的休假得以返乡，他们的心上人、妻子都尽量与他们会合，地点可能在家里，也可能在没有余屋出租的新兴城市，或者是与其他人家共享厨房卫浴的临时住所。

萨默维尔太太的专栏不断报道横扫全美的结婚热潮。1943 年 6 月 18 日的专栏，她写道：

亲爱的男孩：

凯特·布尔（记者暨广播评论家）说："美国陷入结婚狂热，每个月都有 15 万对新人结婚！尽管物资短缺，它似乎不是爱情的优先考虑！"我们玻利瓦尔郡的年轻人也没脱离潮流。诚如我跟你们说过的，他们也忙着结婚这档子事。星期一，比尔·洛威与麦托儿·林赛在加州圣地亚哥悄悄结婚了……比尔近况不错，各位知道，他是我们郡内最早在战事中受伤的男孩，但是海军还是让他做些"轻松的勤务"。嗯！美丽的密西西比州新娘就是我们比尔最好的补药！星期五，美丽的乔丝·苏拉（先前她因为盲肠手术而延后婚礼，托幸，已经痊愈了）要嫁给之前在吉普森港服役的罗伯特·海斯。海斯现在服役于华盛顿的"农业调节局"……而纳文·史莱基只要能搭机离开（大约本周的某一天）圣礼节海军飞航基地，就会返乡和才华洋溢的布兰达·威尔森小姐结婚……

结婚的狂热也扫到邻近的佩斯镇。你们听说罗伯特·葛兰军在夏威夷服役一年后，获准放假 12 天，在上个星期和迷人的伊迪丝·洛

特结婚一事吗？他不能让哥哥葛礼（在纽约恩巴克逊港担任炊事兵）
专美于前……大家都知道葛礼在 12 月返家时和爱索·昆顿结婚了！
鲁佛斯·艾库克最近也结婚了，美丽的新娘来自佐治亚州。艾库克现
在在北卡罗来纳州担任伞兵……我还没报告完佩斯镇的婚礼呢！法
兰克·汤普森今年春天从德州勒波克市的滑翔学校毕业，当天便和贝
丝·瓦瑞尔结了婚！

　　在萨默维尔太太的专栏里，新娘一致被形容成"美丽"、"才华洋
溢"、"迷人"，几乎每篇专栏都语带赞许地宣布另一桩匆促的战时婚
姻。诚如萨默维尔太太在 1943 年 7 月 2 日的专栏所言："尽管有高潮
低潮，婚姻仍是个相当不错的制度，虽有许多不完美处，还是比单身
的快乐更可取！" 12 月 3 日，她指出最新的统计数字："1943 年，至
少有 200 万个新嫁娘诞生，平均每 1000 人中便有 14 对新婚夫妻，胜
过第一次世界大战时的 11 对。所以，你们这些男孩比你们老爸表现
更棒！"

　　婴儿的制造数量亦是空前。从 1939 年的 246.6 万名爬升到 1941
年的 270.3 万名，1943 年又上升到 310.4 万名。虽然不少美国人对这
些婴儿的未来表示忧虑，生怕他们许多人会成为了战争孤儿，但是舆
论压倒性支持结婚、生孩子，认为对国家有好处。

　　萨默维尔太太注意到出生率的攀升，她在 1943 年 3 月 12 日写道：
"你们听说过婴儿潮吗？……一大堆军人现在做了爸爸了。佩斯镇的
詹姆斯·纽曼上尉（昵称吉米）不久前才准假从基思勒地返家探望刚
出生的女儿。而彼得·甘米尔上尉（昵称汤姆）刚从亚利桑那州凤凰
城带着一对双胞胎返回老家史基恩，一个是 4 磅重的女婴，另一个是
5 磅重的男孩！自然他的太太（来自格林坞的弗兰西斯·佛斯特，密
西西比州女孩）也一起来，向家乡亲友炫耀他们的宝贝。……另外一
个骄傲的爸爸是罗夫·科林斯·李德，他带着儿子与妻子罗琳·鲁斯柯，
从潘尔德顿营地（加州奥森塞得市最大的海军营地）返乡探亲。"

　　萨默维尔太太在 1944 年 1 月 7 日再度公布一张新婚与新生儿的

名单，还加上这条有趣的新闻："你们知道，是吧？如果小宝宝出生，爸爸在海外打仗，美国政府会把小宝贝的照片用 V 邮件（战时的特殊邮件）寄给海外的爸爸。"

1943 年 12 月 3 日，萨默维尔太太报道艾莉诺·泰勒带着女儿与新生儿离开密西西比州迈肯恩基地，返回家乡，"这段时间"，她的上尉丈夫则继续为国效忠。战争期间，大家常用"这段时间"（for the duration）来形容战争的现状，虽然不确定战争何时会结束，却怀抱希望战争结束后，生活会恢复"正常"。同时间，她们努力照顾自己，或者像萨默维尔太太一样，寄送微笑的照片给广大的从军子弟。

在大后方持家

没有外出工作的妻子与母亲（占已婚女性的 43%）待在家里，照顾新生的战时宝宝以及其他孩子。有时她们还得照顾父母公婆。战时经济，持家不易，即使有钱也雇不到帮手，物资稀少、百物飞涨。汽油、肉类、糖、咖啡、牛油以及其他食物用油都用配给的，运输供货要看运气，主妇们烧顿饭都面临许多挑战。

1942 年版的《好家政烹饪书》（*Good Housekeeping Cookbook*）便承认："战争为厨房带来新困扰。"包括"食物配给、价格经常变动、某些食物十分匮乏、杂货铺架上经常断货，因为某些食物被政府包走，用来喂饱我们的军人与同盟国士兵。"[24] 这本书包含一册"战时别刊"，教导主妇如何应付上述问题。该书建议主妇购买东西，分量一次购足，东西要吃完不要浪费，一次计划两三天的菜单，可以减少上市场的时间，还要注意每日的饮食营养均衡，"尽量让垃圾桶空空如也"。

该书以斜体字提出建议："任何一滴油脂都要留下，不要像往常一

---

[24]　*The Good Housekeeping Cookbook* (New York and Toronto: Farrar & Rinehart, Inc., 1942), forthcoming.

样扔掉。"主妇可将剩油过滤存到罐子里，然后卖给屠夫，最终用途
是做炸药。美国政府印制局印制的一幅海报画着油脂从平底锅滴进漏
斗，最后变成炸药。图说是"家庭主妇们！省下不要的油脂做炸药！
拿去给肉贩"。

锡罐变得很宝贵，因为它们是以国防生产所需的原料制成。《好
家政烹饪书》建议主妇"留下每一个锡罐，撕掉标签，完全清洗干
净，如果罐子脏了，就一无用处。把锡罐的头与底切掉，用脚踏平，

图 9.2　战时，军眷与军人的女友参与战时活动，广告商利用她们担
心参与战时活动会损及美貌的心理大做广告，譬如棕榄香皂的广告便
说"呵护容貌就是一种爱国心"

直到边缘差不多贴合为止"。然后交给回收中心。

该烹饪书还特别辟了一个版面，提供"商界主妇"（他们对上班妻子的婉转称谓）14条建议。建议她们菜单要简单，尽量利用冷冻包装的蔬菜、鱼、肉与水果，或者是已经调好的饼干、松饼、蛋糕、薄烤饼配料粉，以及罐装食物。省时清单的最后一条建议是"宣布大

图 9.3 第二次世界大战海报鼓励妇女自己种植、腌渍蔬菜水果（Hoover Institution, Stanford University）

家吃晚餐前，永远不要忘了梳头、补妆。然后再以真诚不做假的笑容
迎接家人与宾客"。第二次世界大战期间，不管女人是在工厂上班或
者待在家里，人们永远提醒她外表很重要，好看的仪容（亦即女性化
甚或闪亮动人）有助于国家士气的提升。

虽然第二次世界大战期间，美国人民不像英、法盟国甚至敌国一
样面临严重的食物匮乏，但是部分食物采配给，不少物资严重短缺。
新鲜蔬果与罐头蔬果的短缺便迫使许多人家自辟"胜利菜园"，生产
自用蔬菜、腌渍储存。牛油的短缺让植物性奶油上了美国人的餐桌。
一开始，乳品业者避免植物性奶油的颜色与牛油类同，后来还是得添
加一点色素，改变它引不起人食欲的惨白色，变成温润的黄色。

衣服的短缺让许多女性开始修补、缝制衣裳，甚至修改较大孩子
与朋友的旧衣裳来穿。孩子越长越大，张罗鞋子也是一大挑战。家用
电器品如烤面包机、打蛋器、冰箱、洗衣机严重缺货。

1944年4月号《哈泼杂志》的"战后的持家之道"文章提及主妇
面临的诸多难题，尤其是家事服务项目。"洗衣店越来越少帮人取件
送件……吸尘器、熨斗坏了或者水龙头漏水，永远等不到人来修……
杂货店与肉贩多半不再帮顾客送货。店员越来越少，再加上买东西要
用许多配给票、代币，变得很复杂，买东西的时间越变越长。以往自
己开车上市场、送小孩上学、跑腿办杂事，轻而易举，现在必须改为
步行，或者搭公交车与电车。家庭帮佣人数迅速减少，只有少数主妇
能找到人手帮忙。"[25] 大战前，全美最优渥的10%的家庭聘有全天候
佣人，到了1944年，可能已减至一半。

中低阶层的家庭极少聘佣人（聘用黑人帮佣的南方城市家庭除
外），但是家里常有新面孔，那是所谓的"战时房客"。当时某些地区
的住房严重短缺，"全国住房局"（National Housing Agency）发动一
个"共享住房"计划，希望全美有150万户人家与别人共享住处。许

[25] Priscilla Robertson and Hawley Jones, "Housekeeping after the War," *Harper's Magazine*, April 1994, p.430.

多人家开始收房客，减轻住房的短缺压力，也多点额外收入。

有时房客变成屋主的好朋友，有急事时可以仰赖他们，或者拜托他们当临时保姆。从德州沃斯堡来的某一户人家便是如此，他们搬进一个人家，对方也是战时工人，两家的男主人都上晚班。其中一家的小孩多年后回忆："能够有两个母亲，真棒。"加州柏克莱地区的一个非洲裔美国人家也是如此，他们收了 5 个房客：一对黑人夫妇与他们的小婴儿住在厨房，另外两个年轻人合住楼上的一间房。房东夫妇都在邮局上班，房东太太每周上班 6 天，从上午 7 点到下午 3 点半，很高兴她不在家时，家里还有另一个女人照应。

"房东太太"是历史悠久的头衔。自古以来，妻子、寡妇、单身女性便以出租房间或者经营供膳的公寓来维持自己与家人的生计。除了经营妓院，多数时候，房东是值得尊敬的女性行业，战争期间，做房东太太更是一件光荣的事。

义工服务

战争期间，妻子与母亲也被要求参与各式小区活动。萨默维尔太太的专栏便特别侧重那些投入自愿服务、协助战事的妇女。她表扬"'郡立战时妇女委员会'主席艾柏特·史密斯太太满脸快乐笑容又热心，难怪她巡回推销战时债券，每到一站都大为成功"。（1943年 4 月 9 日）她又表扬艾德·考斯曼太太，她为红十字会开设编织课，有 15 个太太学生，上课地点在"汤姆·鲍斯修特太太的可爱住家"。（1943 年 5 月 7 日）萨默维尔太太也表扬露易丝·哈地太太，她在当地的配给委员会上班。（1943 年 5 月 21 日）

全美的妇女社团共计有 1200 万名成员，都全心投入国防活动。终于，有一个共同目标可以团结这些性质纷异的组织，譬如"全美商业与职业妇女联盟"、"独立革命之女"、"基督教女青年会"、"全美天主教会议"、"美国女大学生协会"、"四健会"、"主妇俱乐部"、"青少年联盟"或者犹太妇女团体、黑人妇女团体。表现杰出的女性组织非常之多，这只是一小部分。地方性的园艺俱乐部或者读书会也都找到投入战事的方法：有的四处巡回推销公债、有的组织回收报纸与锡罐、有的替战士编织袜子，有的随时准备投入紧急状况。新的组织或巡回募款如雨后春笋兴起，以应对战争相关问题。德州的"女子社团联盟"便组织推动全州性的营养倡导活动，帮助政府推广健康的饮食。辛辛那提、旧金山等好几个城市都成立了组织，帮忙调查评估国防工人的住房需求。

海岸地区的居民普遍恐惧遭到空袭，女人与男人都要投入民防，有人担任空袭与敌机侦查员，他们的背后是数千名受过护士、助理护士、救护车驾驶员、通讯操作员训练的女性，其中许多人是由红十字会资助学习。某些地区的女性则做撤退训练，特别注意小孩、老人与残障人士的安全。在这个过程里，人们一再提醒她们，她们的首要责任是家庭。"每个美国母亲的第一要务是培养自家人应有的训练与纪律。"[26]

"美国红十字会"由克拉拉·巴顿（Clara Barton）在 1881 年成立，拥有全美最多的志工，投入紧急救援服务的历史悠久，以女性义工担任护士、司机、救护车驾驶、供膳队员、电话与电报员、军人家庭联络员、平民家庭救难员。

对数以千计的女性而言，战争期间，红十字会已经变成她们的生活方式。特别是像本章前面所提的伊芙琳·葛思里这类已婚、中上阶层的中年女性。但是社会地位较低、年纪较轻的女性也在红十字会找到爱国心的宣泄管道，尤其是她们的丈夫被派驻在远方时。

玛乔丽·里德·凯帕克（Majorie Reid Killpack）曾是犹他州的教师，丈夫刚入海军陆战队服役的头两年，她跟着丈夫漂泊于各个海岸的驻扎地。当她的丈夫被派到太平洋战区，她回到犹他家乡，决定成为红十字的义工。从她 1944 年 3 月 8 日写给丈夫的信，我们不难察

[26] Margaret Culkin Banning, *Women in Defense* (New York: Duell, Sloan and Pearce, 1942), p.177.

觉她对丈夫一贯柔顺，但似乎也有了一股新的独立精神，这和她在红十字会的工作有关。

最亲爱的丈夫：

　　……艾略特，今天发生了一件事。我希望得到你的首肯。玛格丽特·凯勒叫我打电话给红十字会的葛林威太太，她们缺少短期工。我打了电话，今早就开始试用，试用期到月底。这是全新的经验，也是我渴望已久的……

　　我每两周要去红十字会收发夜间电报一次，每隔一个周末还有其他任务。在那里工作的两个女孩告诉我，红十字会总不乏有趣的事，实在令人神往。艾略特，我试图做最好的决定。我不知道我能否一直在红十字会工作，但是如果我随时要找其他工作，红十字会的经验都会是很好的资历。希望你同意这件事，如果你不希望我去，请尽早告诉我。你的首肯对我的快乐与内心平静必不可少。

　　晚安，亲爱的，上帝保佑你

全心爱你的玛乔丽 [27]

　　一个月后，玛乔丽已习惯了她在红十字会的工作时间表，她的工作日是周一、周六与周日。这样一个时间表，家中有老公或小孩的妇女可能就无法接受。工作转移了玛乔丽的注意力，让她不再一味担心丈夫从事危险的战争任务，或者丈夫不在身边是多么寂寞。她在1944 年 11 月 1 日的信上写道："亲爱的，日子继续，非常忙碌。但是你不在身边，我的生活就不算完整。幸好，我无法想太多，因为我必须安慰其他孤独空虚的心。"

　　随着战争的发展，许多军人受伤返家，红十字会在复原计划里扮演重要角色。在红十字会的支持下，加入"灰衣女士"成为会员是年纪较大女士的骄傲，她们接受训练，帮助男人踏上复原之路。加州蒙

---

[27] *Since You Went Away*, ed. Litoff and Smith, p.101.

特利公园市的狄波综合医院里，"灰衣女士"与其他红十字会义工投注无数时间，陪在重伤战士的病榻旁，鼓舞这些截肢、严重烧伤或失明战士的士气。她们策划娱乐活动，邀来当地或全国知名的艺人参与。她们帮忙职能训练计划，教导受伤战士学习编织、制作皮革、珠宝、烧陶、木刻或修理收音机。她们的功能在提供医院正式员工无暇提供的服务。

梅柏丽·哈格罗夫（Maybelle Hargrove）太太是筹划狄波医院红十字会活动的先锋，从她未发表的日记，我们发现她最早的义工活动是帮准假外出的病人缝制徽章（1944年9月16日）：

> 首先是一个得过善行勋章的男孩，我们帮他缝一个"亚太战役徽章"。然后一个英俊男孩质疑为何男人不能戴婚戒？我告诉他，他太太这么信任他，他应当受宠若惊。我告诉他我是在第一次世界大战时结婚："当然，我叫我老公戴上婚戒，以标示身份。"……一个有色人种男孩要我在他肩头缝上空军的徽章。我跟他说，他看起来很面熟，因为我的儿子也在空军服役……一个犹太男孩坐在那儿看着我。我问他想缝些什么？他说："不必。我在加入军需部门前是个裁缝。"然后有一个名叫冈萨列斯的男孩，我真想带他回家。他给我看家人的照片。他父亲住在科罗拉多州，妈妈则和已婚的姐姐住在长滩。他从未到过北加州，我为他的勋章系上一颗金星，一颗是紫心勋章，另一颗是善行勋章。他晚上会回来医院睡觉，因为他在帕洛阿托市没地方可去。[28]

梅柏丽的日记提供了良好抽样，让我们知道红十字会女义工协助了哪些"男孩"。里面有亚洲裔美国人、非洲裔美国人、犹太人、拉

---

[28]　Maybelle Hargrove, "Diary of a Volunteer Red Corps Worker in Dibble General Hospital, World War II," 收于 Papers of Mrs. Edsall Ford, Hoover Archives, Stanford University。

丁美洲裔，还有祖先来自欧洲各国的白种美国人。虽然梅柏丽特别标注这些士兵的种族与宗教背景，但是她照顾这些受伤战士时一视同仁，没有任何偏见。

1944年12月湾区某家报纸报道：

今天，红十字会3个半岛支会的女性终于得到应有的圣诞休假……红十字会提供了47棵修剪整齐的圣诞树给狄波医院，43棵小的放在病房，4棵大的放在娱乐室与餐厅。红十字会的艺术与手工艺队员花了无数时间教导病人如何制作圣诞树装饰品，利用锡片刷上颜色，就变成闪亮、现代化的装饰品。本地的组织捐出基金，为受伤士兵买了1600件礼物。这些礼物都由红十字会的义工挑选、分送。战士们最想要的礼物是刮胡水、袖珍相框、文具盒、军用袜子和领带。她们将礼物分装在1600个红色毛线缝织的薄纱袋子，在狄波医院发送。袋子有红色、绿色与白色。里面装了民众捐赠的糖果、两包香烟，以及红十字会送的礼物。

战后的妻子

第二次世界大战期间与战后，共有近百万名外国新娘嫁给了美国大兵。虽然美国政府不鼓励这种婚姻，横加各种行政干预，但是被爱情冲昏头的美国大兵不为所动。在欧洲的美国大兵大多娶了英国太太（在1944年春天大进击前，创下了英美联姻纪录）与法国、意大利新娘。德军占领期间，尽管美国政府明文禁止大兵结交敌国女孩，还是有人娶德国与奥地利女孩。太平洋战区的美军则娶澳洲、新西兰女孩。1945年，美国政府通过《战争新娘法案》（War Bride Act），推翻了先前排除亚洲移民的立法后，许多美国大兵娶中国、日本与菲律宾新娘。75%的亚洲新娘后来移民到美国。

伴随欧洲解放，美国人开始计划战后生活。战争状态的终止与战士返乡牵涉到许多问题，大多和战士的妻子与家庭息息相关。1944

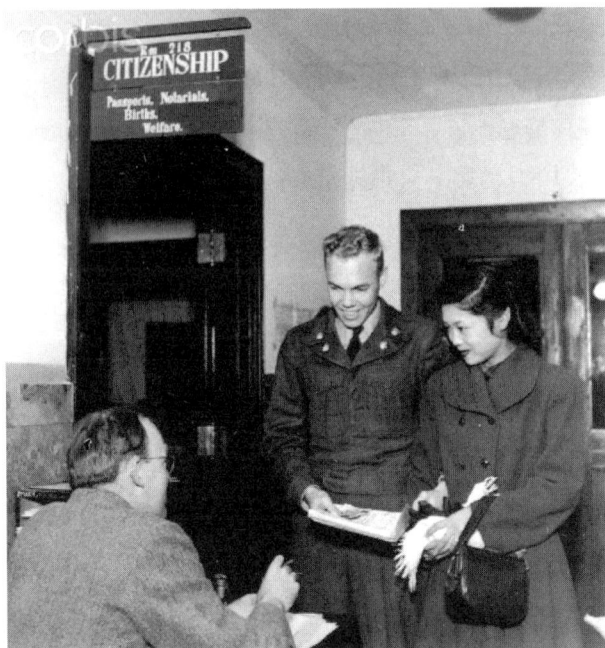

图 9.4　第二次世界大战期间，约莫有 100 万名驻扎于欧洲与
亚洲的美军娶了"战争新娘"。1951 年 2 月 10 日出现在东京
美国领事馆的夫妇是依据《717 国际公法》结婚的最后一对夫
妇，该法让 1300 名美军得以娶日本新娘（Library of Congress,
Washington, D.C.）

年，《哈泼杂志》的《战后的持家之道》（同前面）一文便对女性的未
来发展可能性抱持进步想法。它质疑女性应当继续"做丈夫与孩子的
仆人"，还是社会应当修正体系，让妻子"在照顾好家庭之余，还能
到外面做事"。作者认为请得起佣人的家庭将越来越少（一点没错），
针对"缺少帮佣，如何才能愉快生活"提出了一些建议。

　　该文的某些预测的确实现，某些重要的预测则落空，譬如共有式
住房与托儿计划。

　　首先，战后的制造商生产了更好、更便宜的吸尘器、烤面包机、
电动搅拌器、洗衣机甚至坚固的洗碗机，取代了效率较差的战前机
种。此外还有许多节省时间的家庭用品，虽然它们就如《哈泼杂志》

所预言的，需要经常清洗与偶尔维修。该文也预测"商品化的清洁服务"会蔚为潮流，配备齐全、数人一组的清洁工人定时到府服务。此外，战争期间稳定成长的即食产品战后会持续风行。

该文作者认为托儿所与托育中心是"最具潜力的服务业"，将不断成长与改进。这项预言并未实现。战后的美国妻子依然和她们的母亲一样，必须自己解决托儿问题。战争结束，上班场所设立托儿中心或者联邦资助的托儿计划也随之销声匿迹。

一般人（《哈泼杂志》除外）认为女性应该回到家庭，恢复妻子、母亲与持家者的角色。现在男人已经返家，表面上看起来，已婚女性已无须外出工作。成千上万的退伍战士回到家乡，迎接他们的却是失业，再度，人们要求女性不要抢走男人的饭碗。

毕竟，这些男人刚经历了恐怖历程，有权得到工作保障与温暖家庭的奖赏。但不是所有男人都这么幸运，他们有的在家乡找不到工作，有的无法进入他们想做的行业，必须大幅调整他们的事业期待与规划。此外，住房短缺也迫使许多夫妇与父母同住，两代的摩擦为婚姻增添了压力。一位战时妻子回忆：

> 钱很少，又找不到公寓，我们只好熬下去，与妈妈同住。我姐姐比我大两岁，丈夫刚从陆军退伍，他们带着一岁大的孩子回家住……一个屋子住了两对年轻夫妇。我也怀了孩子，再加上我姐姐的小婴儿，简直快疯了，真是疯了。我迫不及待要搬出去。[29]

要那些在大战期间做"一家之主"的母亲把权力让回给丈夫，颇不容易，尤其是她们的丈夫和孩子不熟，也不了解家庭的规矩。一位妻子回忆她丈夫参战两年后返家，儿子根本不认得爸爸，当时家里"过了一段艰难适应的阶段……孩子以前只有一个妈妈、一个上司，

[29] Alford-Cooper, *For Keeps*, p.47.

现在多了一个人说'不'。"[30]

许多军人与太太当年匆促结婚，接着就分开数个月或数年，好不容易等到战争结束，真的一起过活，便开始面临问题。到了 1946 年，美国离婚率已经激增为 1/4，创下新高。

让已婚妇女感到困扰的一个问题是她们想继续工作。她们已经尝过挣钱带来的独立滋味，不情愿放弃独立，以换取丈夫的慷慨。她们的丈夫则担心老婆如果继续做事，他们会被看扁成没本事养家糊口。许多男人对经济大萧条的焦虑记忆犹新，那个时候，所谓成功的男人是指有本事赚钱、老婆不用外出干活的人。就算男人同意妻子外出工作，她们也多半保不住战时的工作。她们被过时无用的战争工业或者偏向聘用返家战士的经济部门给裁员了。

另一方面，许多出外挣钱的妻子是自愿选择返家做主妇，经过多年的战争磨难，现在她们想要全心奉献给家庭。第二次世界大战前二三十年前出生的女性受了社会化洗礼，相信丈夫与妻子的角色有别，她们尤其相信母亲的角色。一位妻子多年后回忆："我是那种只想做母亲的人，从来没有事业心。我这个年纪的女人从小就被教导要做母亲。那是我们的人生目标。"[31]

另一位女性则骄傲回顾自己是个多么成功的母亲与妻子："我从来不必出去挣钱……我生养孩子……我喜欢持家……女人需要大量的爱，她需要知道她在男人的生命扮演重要角色……当他下班回家，我打扮漂亮迎接他，好像约会一样。我总是如此。"[32]

政府与商业部门大力倡导女性的持家与母亲形象，女性杂志也不断强化女主内的意识形态。早在 1944 年 6 月号的《仕女家庭》便有一篇文章说多数女性战后想要回到家庭，做全职家庭主妇。作者内尔·贾尔斯（Nell Giles）以一个全国性调查做结论："如果美国女人能

[30] Steven Mintz and Susan Kellogg, *Domestic Revolutions* (New York: Free Press, 1988), p.171.
[31] Alford-Cooper, *For Keeps*, p.108.
[32] Ibid., p.109.

找到合适的对象、对方又可以养活她，相较于待在家里、抚养小孩，工作变得毫不重要。3 个小孩是理想数目……" [33]

《仕女家庭》不断重复此一看法，1945 年 4 月号的"美国人如何生活"单元便以艾克太太为主角，她为了丈夫与孩子放弃了演奏的事业。无论她对自己的决定有何疑虑，全部隐藏在这一篇强调消费满足的堂皇言论下："女人越早帮男人打理出一个真正的家，他便越早成功，可以给妻子更好的房子、仆人、美丽衣裳等……职业妇女的先生甚少能够如此成功。" [34] 此类言论的弦外之音是企图说服女性读者：她们的责任不仅是孩子的福祉与丈夫的舒适，还包括丈夫的事业。如果丈夫不成功，无疑是她的错。

5 年后，1950 年 9 月号的《仕女家庭》刊登了一篇"如何让婚姻成功"，建议做妻子的"不管是食物、打理家务或自己的穿着打扮，都要迎合丈夫的喜好。即便那只是他一时兴起，也要满足他的愿望。让他相信你真的想取悦他，这是万无一失之道" [35]。你不禁怀疑《仕女家庭》的读者是否察觉这正是 100 年前的英美妻子常听到的话。

尽管如此，还是有不少迹象显示美国妻子并不觉得待在家里是全然的幸福。譬如，1947 年《生活杂志》的跨页报道"美国女性的两难"便指出，许多妻子与母亲享受家庭生活，但也想参与外面的世界。她们如何能克尽持家责任同时又出外工作？显然美国社会并不打算以实际的方法解决这些妇女的两难。虽然历史学者查菲认为这种冲突可能被夸大了，而且局限于白人中产阶级女性。但是《生活杂志》的编辑的确指出了一个问题，而它直到现在并未消失。

[33]　Nell Giles, "What About the Women," *Ladies' Home Journal,* June 1994, pp.22-23. 摘录于 Rupp, *Mobilizing Women,* p.161。
[34]　摘录于 Glenna Matthews, "Just a Housewife," p.208。
[35]　Ibid.; p.210.

第十章

迈向新妻子

（1950—2000）

传统妻子的身份与丈夫合而为一，但是多数女性不再认为这是可行模式，美国女性并未放弃成为人妻，而是以新地位为基础，创造新的完美结合模式。

"我会嫁人。众所周知，女人的一生中至少应该有一个丈夫。"

——格蕾丝·佩利（Grace Paley），

《晚安好运》（*Goodbye and Goodluck, 1956*）

"每个职业妇女都需要一个老婆。"

——20 世纪末的流行说法

　　美国妻子在过去 50 年来经历巨大变化，这不是什么秘密。50 年前的美国中产阶级白人女性大多嫁给来自同一地区、民族、种族与宗教背景的人，大约生 3—4 个孩子、家里有两辆车子、屋里铺了地毯。婚前，她可能与男人有极亲密的爱抚动作，但是畏惧"毁掉名声"，或者更惨——"怀孕"，她不会放弃底线，至少在戴上订婚戒指前，她不会发生性关系。结婚，代表她得终止求学；怀孕，则必须连工作也放弃。她认识的人当中甚少有人离婚，从各方面来看，她的婚姻也该白首偕老。就算是离婚或者做了寡妇，大家仍是叫她"某某太太"。太太意味着比小姐更"完善"。

　　今日，不管哪种肤色或哪个阶级的女性甚少婚前没有性行为的。很多单身女性不是与情人同居，就是以同居取代婚姻。同居几乎成了常态。如果女性未婚怀孕，她们未必急着上礼堂，40% 的美国头胎子非婚生。现在的美国女人比较晚婚，平均结婚年龄是 25 岁，比起 20 世纪 50 年代的女人晚 5 年。许多女人嫁给不同宗教信仰、种族、地区甚至不同民族背景的人。多数女人在婚后甚至生了孩子还出外工作。北美女性现在大多只生两个孩子，和欧洲、俄罗斯、中国、日本、澳洲、新西兰女性相同，远低于拉丁美洲与非洲女性。半数美国妻子的首任婚姻以离婚收场，但这不妨碍她们梅开二度甚至三度。多数时候，人们称呼已婚女性和单身女性都改用中性的"女士"（Ms.）了。[1]

当然，上述图像依不同女性的民族、种族、宗教背景与个别差异，会有很大的不同。譬如白种女性未婚怀孕，会比非洲裔、拉丁美洲裔的美国女性更可能在孩子出世前结婚。又譬如美日联姻的人数超过中美联姻。犹太人经常与非犹太人婚配，但是穆斯林男性与外族通婚比例便超过穆斯林女性。大城市如纽约、洛杉矶的离婚率高于乡间地方。父母仳离的孩子长大后结婚率会低于父母未离婚的孩子，而离过婚的人再次恋爱通常会选择同居而非再婚。尽管不同群体的差异十分显著，但是整体潮流都指向同一方向：比起以前的女人，现在的美国妻子更容易发生婚前性行为或者婚外情，她们经济比较独立，容易离婚，而且结婚不止一次。

这些潮流并非始于昨日，也非始于动荡的 20 世纪 60 年代或者女性主义当道的 20 世纪 70 年代，而是植根于百年来的历史变迁，最显著的改变是美国夫妇的性态度与性经验，以及女人外出工作的机会增多。长久以来，性的意义已经从繁殖转为侧重愉悦，加上职业妇女人数的上升，都是催生"新妻子"的关键。

当我们思索这些改变，必须记得妻子不是单一的图像，而是像家庭相簿里的系列照片。20 世纪 50 年代的女性并非永远困守家务范畴，她们的女儿在 20 世纪七八十年代长大成人，也非凝固在那个时代引为特色的女性主义与性解放模型里。人会随着时间与时代潮流而变，有时也会为了对抗时代潮流而变。人之所以改变是因为我们与下一代

[1] 有关同居的资料，请见 Pamela J. Smock 在密歇根大学社会研究所的研究，刊载于 *New York Times*, D8, February 1, 2000。有关非婚生子的数据，详见 Amara Bachu, "Trends in Marital Status of U.S. Women at First Birth: 1930 to 1994," U.S. Bureau of Census, *Population Division Working Paper*, No.20, March, 1998。1990—1994 年间，86% 的非洲裔美国母亲、55% 的拉丁美洲裔美国女性，以及 46% 的白种女性未婚怀孕或生子。这些女人中又有 44% 的头胎子是非婚生子。

互动，被迫面对新价值与新的行为模式。最重要的，人会改变是因为岁月渐增，人也进入不同的发展阶段。

　　研究过去 50 年的妻子，我首度有机会观察仍活着的研究对象。许多妻子向我吐露她们婚姻生活的故事，她们有的 30 多岁，有的年过 40、50、60，甚或超过 70、80 岁。屡屡，我震惊于美国妻子的适

图 10.1　20 世纪 50 年代的一位 6 月新娘与她的母亲

应性。老母亲接受了女儿"匪夷所思"的行为，有时甚至跟随女儿的步伐，改变自己的生活。多少妻子选择在中年重返校园、出外工作、发生艳遇、离婚、再婚，或者与丈夫建立较为平等的关系，只因为女儿与其他年轻人改变了她观看世界的方法。

接下来，让我们快速检视过去 50 年来的妻子。这 50 年里，已婚妇女的演变甚为剧烈，以致"妻子"一词失去了许多旧有联想，而它所吸纳的新联想则有待时间考验。

性革命：从金赛到大都会报告

从 20 世纪中期开始，不少调查者记录过美国人的性生活。金赛博士的美国男女性行为调查书成为 1948 年与 1953 年的畅销作品，也为后世的性学者奠定了基线 [2]。金赛博士的发现直接挑战了传统宗教与道德教训，他发现几乎每个成年男子都有过自慰经验，9 成的男性有婚前性行为，半数男性有婚外性行为，1/3 的男性多少有过同性恋经验。女人也不再受维多利亚时代的理想束缚。在金赛博士的 5940 名白种女性样本中，3/5 曾经自慰，半数有婚前性行为，1/4 有过婚外情。单身女性中约有 3%—12% 是同性恋（端视你的"女同性恋"定义为何），而 20%—25% 的已婚女性曾非法堕胎。

金赛样本中的女人年龄差距达 40 岁，最老的出生于 1899 年之前，最年轻的出生于 1929 年之前。虽然已婚妇女的性交频率并无太大的世代差异，但是从 1900—1909 年出生（在 20 世纪 20 年代结婚）的那一代女性开始，她们得到性高潮频率便开始上升。越来越多女性同意夫妇好合主要是为了性满足。金赛博士将女性性高潮次数的增加归功于性革命，它始自喧嚣的 20 世纪 20 年代，影响力持续不坠，原

[2] Alfred Kinsey, Wardell Pomeroy, and Clyde Martin, *Sexual Behavior in the Human Male* (Philadelphia and London: W.B. Saunders, 1948), and Alfred Kinsey, Wardell Pomeroy, Clyde Martin, and Paul Gebhard, *Sexual Behavior in the Human Female* (New York: W.B. Saunders, 1953).

因是"过去 20 年来，美国人对性的态度趋于坦率、对性的讨论比较自由"。[3]

虽然统计数字是金赛博士的质量保证，但是他明确指出数字不代表一切。譬如"半数的美国女性有婚前性行为"并不等于美国女人很淫乱。"有相当比例的情侣在发生婚前性行为后一到两年内结婚"，而且这些人多数是未婚夫妻。传统上，美国人对非婚姻的性行为相当保守，但是对未婚夫妻则睁一只眼闭一只眼。

结婚后，夫妻的性行为个别差异很大。前戏部分：99.4% 的夫妻会接吻，95% 的男人会刺激妻子的乳房，93% 的男人会亲吻妻子的乳房。91% 的女性会抚摸丈夫的性器官，54% 的男性会对妻子口交，只有 49% 的女性会对丈夫口交。有的夫妻只花 3 分钟前戏，有的夫妻前戏长达半小时、一小时甚至更长，平均是 4—20 分钟。较长的前戏似乎局限于"教育程度较高者"。男上女下的老派传教士体位仍是主流，但是女体在上的姿势在年轻女性中日渐普遍。比起出生于 1900 年以前的女性，年轻妻子常裸体做爱。

金赛博士相信他的研究对已婚者特别有帮助，他们"面对婚姻的性问题，需要额外的信息"。他估计他的研究案例里"约有 43% 的离婚者是因为性的原因"。他呼吁牧师、老师、医师、临床医师等权威人士多多鼓吹"改善性关系有助改善现代的婚姻"。一般人逐渐相信美满的性生活是婚姻持久的基石，金赛博士为此一想法添加了学术可信度。

虽然金赛博士被誉称为杰出的研究者，他收集的人类性行为资料之丰前所未见。但是许多批评者对他的发现深感不安。柏纳德学院的校长米丽森特·麦金托什（Millicent McIntosh）便担心金赛的书大受欢迎，"会让现今的道德氛围更形混乱"。她担心年轻人"误踏统计

[3]　Kinsey et al., *Sexual Behavior in the Human Female*, Pocket Book Edition, 1965, p.358.

数字的陷阱", 为了显示自己很"正常", 竞相效尤 [4]。有的批评者慨叹金赛抱持"非关道德"的立场, 有的则批评他对许多数据都提不出解释。但是诚如宾州大学医学院的婚姻咨询家艾米丽·穆德（Emily Mudd）在 1954 年所写:"重点是从这些缜密分析的报告, 我们发现女人的性欲显然比我们过去想象的更旺盛。" [5] 显然, 大家已经接受女性可以拥有性欲, 甚至认为女人有性欲是一件可取之事。

1953 年, 金赛的女性性行为报告初问世, 美国已经有了新一代的妻子。她们出生于 1930 年之后, 很年轻便结婚生子, 30 岁之前便停止生小孩。她们的成人身份通常取决于她们的婚姻与母职状况。诚如杰出的社会学者塔科特·帕森斯（Talcott Parsons）直言的:"女人的基本地位是丈夫的妻子、孩子的母亲。" [6] 说得没错, 根据当时的民意调查, 年轻女性最渴望的是嫁给杰出的男人、子女成功。她们的自我意识依附于丈夫的事业与孩子的成就。

这些女性在 20 世纪 50 年代成为人妻与人母, 高度仰赖妇科医师与产科医师, 后者多数是男人。进了诊疗室, 她们循例安装子宫颈隔膜避孕, 或者验尿看自己有没有怀孕。一旦怀孕, 她必须仰赖医师帮她度过怀孕期并且替她接生。"自然生产"这个新观念在欧洲日益受到重视, 尤其是英国医界深受伦敦产科医师格兰特里·狄克－里德（Grantly Dick-Read）的影响, 但是美国医师接受最新的产科训练, 普遍对自然生产不感兴趣。他们不鼓励产妇积极参与生产过程, 反而叫她们把一切交到专业人士手中。许多女性进了产房, 对正确的呼吸方法一无所知, 也不了解随之可能发生的麻醉、女阴切开术或剖腹产。当时美国没有专为怀孕妇女开的课程, 也没有拉梅兹团体、接生婆,

[4] Millicent McIntosh, Ph.D., "I am concerned...," in *An Analysis of the Kinsey Report on Sexual Behavior in the Human Male and Female*, ed. Donald Geddes (New York: Dutton, 1954), pp.140–141.

[5] Emily Mudd, Ph.D., "Implications for Marriage and Sexual Adjustment," in ibid., p.137.

[6] Talcott Parsons, "Age and Sex in the Social Structure of the United States," in *Essays in Sociological Theory* (Glencoe, Illinois: Free Press, 1949), p.223.

只有斯波克博士（Dr. Benjamin Spock）在 1949 年出版的《育儿常识》（*Common Sense Book of Baby Care*）教导新手母亲实用的知识。《育儿常识》后来在 1954 年发行平装版，改名《育儿宝典》（*Baby and Child Care*）。

谈到哺乳，多数美国医师对此漠不关心，甚至反对。20 世纪 30 年代婴儿奶粉问世后，美国女性便不再亲自哺乳，1940—1970 年，只有 1/4 的母亲哺乳孩子。医学界认为奶粉是很合适的替代品，女性没必要喂母乳。一直要到 30 年后，美国女人才重新发现哺育母乳的好处。

第二次世界大战后的美国母亲与美国孩童健康记录十分傲人。1940—1949 年，难产死亡率与婴儿夭折率都大幅下降。20 世纪 50 年代的女性约莫有 9 成在医院生产，有理由相信会母子均安。

期间，大众媒体散播的女性形象多半是努力钓得金龟婿。20 世纪 30 与 40 年代的职业妇女电影已经销声匿迹，我们不再看到凯瑟琳·赫本、罗莎琳·罗素扮演意气昂扬的女飞行员、女律师、女记者，取而代之的是桃乐丝·黛、黛比·雷诺饰演的俏皮女大学生或者活泼的妻子，让美国的理想女性死而复活——活泼、诚恳、娇羞性感。就连散发多重性感魅力的超级巨星伊丽莎白·泰勒、玛丽莲·梦露，通常到了片尾也得披上婚纱。（值得一提的是，玛丽莲·梦露在她短暂的一生中共嫁了三次，伊丽莎白·泰勒则嫁了 7 次，和其中一任丈夫理查·波顿结婚两次。）

20 世纪 50 年代的情境喜剧如《父亲最知道》、《我爱露西》、《欧西与哈丽特》都是以家庭为场景，可爱的太太是纯家庭主妇，与赚钱养家的丈夫智斗，通常以软性的法打赢胜仗。《我爱露西》的女主角露西未能说服剧中的丈夫让她加入演艺圈，但是真实生活里，女主角露西是公司的摇钱树。那个时代，哥伦比亚电视公司甚至还不准电视出现"怀孕"两字，但是当露西怀孕时，电视公司让她继续演出，安排她在剧中的角色怀孕生下小瑞奇。

毫无瑕疵的电视母亲管理一个超级干净的家与超级干净的孩子。

这个人造形象投射到不分贵贱的每个美国家庭里，势必让某些人怀疑
自己的家不够完美。黑人女作家阿莎塔·夏克（Assata Shakur）便回
忆儿时曾质疑：

> 为什么我放学回家时，妈妈没有准备刚烤好的饼干给我吃？为什
> 么我们家没有前院、后院，而是老旧的公寓？我记得望着母亲穿着破
> 旧的居家衣裳、头上戴着发卷在打扫房子，心想："这真恶心。"为什
> 么她不像电视中的女人穿高跟鞋、女用衬衫打扫房子？[7]

电视、好莱坞与广告迎合人们幻想中的穿着美丽、头发整齐、不
慌不乱的家庭主妇。毕竟第二次世界大战后，厂商制造了这么多省时
的家电与包装食品，操持家务应当不费吹灰之力才对。事实上，新产
品并未减少主妇打理家事的时间：20世纪20—60年代，全职家庭主
妇仍是每周花41—46小时做家事。职业妇女每周做家事的时间也高
达34小时。电视、女性杂志、家务指南、消费性广告不断推销居家
应当一尘不染、主妇应当保持魅力的高标准，让家庭主妇该做与该担
心的事变得更多。1960年9月号的《红皮书》（Redbook）杂志，一位
主妇抱怨结婚10年后，她的丈夫依然期盼她是"芬妮·法默[8]（Fanny
Farmer）与玛丽莲·梦露的综合体"。还有一位妻子时刻担心老公吹毛
求疵，坦承："如果我晚餐准备慢了，或者他提早回家，我还是满头发
卷，我就会变得极端自我防卫。"居家女人再度变成潮流，社会期望
家庭生活可以满足妻子的一切基本需求。如果妻子不满，那么错的一
定是她。

心理学家与精神病学家追随弗洛伊德（这是美国弗洛伊德派学者
的黄金年代）的脚步，深信女人不需要出外工作的额外负担，光是妻
子与母亲的角色便可得到满足。从这个角度来看，精神分析学界的思

---

[7] Assata Shakur, *Assata* (Chicago: Lawrence Hill Books, 1987), p.37，摘录于 Ruth
     Rosen, *The World Split Open: How Modern Women's Movement Changed America* (New
     York: Viking, 2000), p.44。
[8] 美国烹饪专家，率先在食谱里使用量杯计算食材。

图 10.2　一位狂喜的妻子以吉普森超级六百电炉烹制神奇食物。20 世纪 50 年代左右

维和弗洛伊德时代并无太大改变。弗洛伊德曾在 19 世纪 80 年代写信给未婚妻，驳斥约翰·米尔的女性主义观点，弗氏认为"让女人和男人一样为了生活而挣扎求存，是非常不实际的想法"，他决定让妻子"待在家里，由竞争性的角色回归平静不受干扰的生活"，如此，她才能享受"爱妻"的角色。

过了 70 年，到了 20 世纪 50 年代初，英国精神分析学者约翰·鲍比（John Bowlby）追随弗洛伊德的思维路线，发展出颇具影响力的"依附理论"（attachment theory）。鲍比认为孩子尚幼的母亲应该将全副身心放在照顾小孩，出外做事殊为不妥。他说："有年幼孩子的母亲不得闲，至少，她不应该闲到有时间出外赚钱。"[9]

患有严重"阳具欣羡"（一个直到 20 世纪 70 年代仍颇具影响力、现已被扬弃的弗洛伊德理论）毛病的女性显然想要和生命中的男人竞争，而非呵护他们，不管这些男人是同事、丈夫或儿子。虽然少数几位破除偶像的精神分析学者如卡伦·霍妮（Karen Horney）与克拉拉·汤普森（Clara Thompson）认为"阳具欣羡"只是象征女性渴欲取得男性传统的特权，但是多数精神病学家还是全盘接受弗洛伊德的公式。

1963 年，西维亚·普拉特（Sylvia Plath）出版小说《瓶中美人》（*The Bell Jar*），依据她自己十年前的精神崩溃经验而写。普拉特在书中刻画一位迟钝的男性精神病学家高登医师，其形象只是现代精神病学语言与实务面的放大。高登医师的办公桌上摆着美丽妻子与两个儿子的照片，他完全无法理解《瓶中美人》女主角埃斯特·格林伍德（Esther Greenwood）为何被焦虑逼到疯狂边缘。埃斯特的崩溃（如同普拉特）导因于父亲的早逝，让她终身变得脆弱，也导因于她内心深处的冲突，她想当作家，社会却命令她做个妻子与母亲。高登医师对她做电击治疗，不仅未能改善她的状况，反而将她推向自杀的边缘。

[9] John Bowlby, *Maternal Care and Mental Health* (Geneva: World Health Organization, 1951).

　　埃斯特第二次选择医师的运气比较好，诺兰医师是位女性，却也无法摆脱当时精神分析学的陈腐论调。她大大奖励埃斯特，因为她有勇气说出自己痛恨母亲。当时正是仇恨诋毁母亲潮流的高峰，我们在菲利普·怀利（Philip Wylie）的畅销书《邪恶的世代》（*Generation of Vipers*），以及精神病学家爱德华·斯特雷克（Edward Strecker）的理论里都可看到此一流行想法。斯特雷克认为第二次世界大战时美国共有 200 万名男性未通过兵役检验，都是因为这些男人的母亲过于保护他们。当时的精神病学家对精神分裂的遗传本质所知甚少，纷纷拥抱"制造精神分裂症的母亲"（schizophrenogenic mother）一词，认为她们应当为孩子与家人的精神分裂症负责，社会的沉疴也是她们的责任。

　　妻子常被视为孩子成败或婚姻成功与否的关键。如果婚姻触礁，主要是"她"的错，而非丈夫的。哈佛大学的一位资深精神病学家曾在 20 世纪 60 年代发表如下谴责："母亲对孩子的影响决定了他的人格发展，我相信婚姻的命运也取决于妻子对丈夫的影响……女人对男人的影响至为关键且不可抗拒，让男人不得不捍卫或调整自己……婚姻的成功或失败全在女人。"[10] 有意识的或潜意识的，多数已婚女性知道婚姻如果破裂，她所受的责难会超过丈夫，她们也不想成为悍妇，对生活不满，意图摧毁丈夫，就像海明威的《法兰西·马康柏的短暂快乐一生》（*The Short Happy Life of Francis Macomber*，1938）或者斯隆·威尔逊（Sloan Wilson）的《身穿灰色法兰绒西装的男子》（*The Man in the Gray Flannel Suit*）等畅销小说中的女人。

　　西蒙·波伏娃的《第二性》则勾勒了完全不同的女性形象。此书于 1949 年在法国出版，1953 年翻译成英文，堪称是法国最长篇、最尖锐的女性研究，开启了今日我们所谓的"第二波女性主义"。波伏娃对婚姻抱持悲观看法，她与萨特（两人的伴侣关系从 1929 年延续

[10]　Joseph C. Reingold. M.D., Ph.D., *The Fear of Being a Woman: A Theory of Maternal Destructiveness* (New York and London: Grune & Stratton, 1964), pp.421–422.

到 1980 年）断然拒绝婚姻，认为它是一种中产阶级体制，与存在的自由毫不兼容。波伏娃对母职的看法更严苛，认为它让女人变成消极的繁殖工具，而非自我命运的积极创造者。波伏娃的某些分析今日看来已经落伍，但是她有两个论点十分正确。首先，她认为性别（gender）[11]绝大部分是社会建构的，她曾说过"一个人不是生为女人，而是变成女人"，这句话已经成为名言。第二，波伏娃深信女人只要一日经济上必须仰赖丈夫，就会永远屈于"第二性"。这两个立场成为后世女性主义运动的信条。

　　不管法国的波伏娃或者美国的普拉特都不是她们所属时空的"代表性"妇女。在美国，比较可能成为妇女表率的是第一夫人玛米·艾森豪威尔（Mamie Eisenhower），1953 年 7 月号的《女性家庭指南》（ Woman's Family Companion ）形容她为"不是精英女性主义者"，《美好家园》杂志则赞美她不企图"成为知识分子"[12]。弦外之音是拿她和前任第一夫人伊莲娜·罗斯福（Eleanor Roosevelt）相比，后者致力于自由主义运动，包括《平权修正案》（ ERA ）。

　　整个 20 世纪 50 年代，自由派与保守派在许多女性议题上针锋相对，部分议题直到今日仍是如此。20 世纪 50 年代初，康涅狄格州仍在辩论避孕应否合法化，而纽约公立医院不给病人做避孕咨询的不成文禁令也直到 20 世纪 50 年代末才废除。1960 年，美国"食品药物管理局"核准口服避孕药伊诺维（Enovid）与快诺酮（Norlutin）可以在第二年上市，从此，它成为美国女性偏好的避孕方式，它比笨拙的子宫颈隔膜方便，提供近乎百分之百的保护。当时大家还不知道长期服用避孕药的健康危机。从许多方面来看，不管是实质性的或象征性的，避孕药的上市都标示了 20 世纪 50 年代的结束。

[11]　英文里，sex 与 gender 都指性别，前者是天生的生理性别，后者指社会基于生理性别赋予我们的性别角色。——译者注

[12]　Toni Carabillo, Judith Meuli, June Bundy Csida, *Feminist Chronicles 1953–1993* (Los Angeles: Women's Graphics, 1993), p.39.

斯蒂芬妮·孔茨（Stephanie Coontz）的著作《我们不曾有过的昔日光景》（*The Way We Never Were*），书名真是恰如其分，揭露了神话20世纪50年代的黑暗面[13]。社工人员、精神病学家、牧师、教士、拉比早已知道酗酒、自杀、疯狂、家庭暴力、虐妻虐子等社会现实，但是一般大众却被蒙蔽。就连专业人员也不认真看待某些议题。事实上，直到20世纪70年代末才有家庭暴力的学术研究，在这之前，社会科学家、医疗专业人员、执法人员不是漠视它，就是将它轻描淡写为妻子不断刺激丈夫的必然下场。精神病学家海伦·多伊奇（Helene Deutsch）还提出女性消极不抵抗与受虐狂的复杂理论，为"受害者活该"的观点增添可信度。同样地，精神分析医师习惯将乱伦归罪于"狐媚"的小女孩挑起的。事实上，20世纪50年代约有1/4—1/3的离婚案例导因于家庭暴力、乱伦等因素。

为数众多的美国妻子对居家生活不满，揭露此一事实的文章开始渗入大众媒体。1956年，《麦考尔》杂志出现一篇"离家出走的母亲"的文章，《仕女家庭》也辟专号探讨"年轻母亲的困境"。1960年9月，《红皮书》杂志刊登"为何母亲觉得受困"，勾勒"绝望焦虑"的家庭主妇觉得自己拉扯于妻子、母亲、小区成员等多重角色。一位受访妻子形容她每天上午要做的事，简直像马克斯兄弟[14]的古老喜剧。

我洗碗，急忙打发大孩子上学，冲到院子种菊花，奔回屋内打电话讨论委员会开会的事，陪最小的孩子堆积木屋，花15分钟匆匆扫描报纸，才不会孤陋寡闻。然后我冲向洗衣机，我每周洗三次衣服，洗衣量大得足够供应一个原始部落整年所需。到了中午，我差不多要住进精神病房了。

相较于《仕女家庭》与《红皮书》的中产阶级读者，根据米

---

[13]　Stephanie Coontz, *The Way We Never Were* (New York: Basic Books, 1992), pp.35-37.
[14]　马克斯兄弟是黑白默片时代的喜剧泰斗。——译者注

拉·卡莫洛夫斯基（Mirra Kamorovsky）的 1962 年里程碑著作，劳工阶层女性比较容易接受家庭主妇的角色。卡莫洛夫斯基发现这些女性"几乎没有地位挫折感，也不像受过高等教育的家庭主妇那样自尊低落"[15]。性别角色分野非常清楚：男人应该做"养家糊口者"，女人则是全职母亲与妻子。多数例子，男人不希望妻子出外工作，这反映丈夫赚钱能力不佳。相对地，他不认为自己下班回家应当插手家务事。4/5 的美国家庭，煮饭、洗衣、打扫是女人的工作。只有 1/3 的丈夫偶尔帮太太洗碗。一位太太说她不要丈夫帮忙做家事，因为卡通里的惧内丈夫都帮太太洗碗。约莫 1/5 的夫妻会为了丈夫认为家务是女人的事、不愿分担而吵架。至于帮忙带孩子，以下三类丈夫人数相当：从来不帮忙、偶尔帮忙与经常帮忙者，各占 1/3。

典型的劳工阶层妻子清晨即起，替家人做早饭，送孩子上学。然后打扫房子、洗衣、熨衣。如果家里有年幼的孩子，而天气还不错，她会带孩子上公园玩或者逛街。有时她会拜访朋友喝杯咖啡。之后她必须赶回家做晚饭，她的丈夫约莫在 5 点或 5 点半下班。

虽然多数夫妻认为女人的归属是家庭，仍有一小群妻子外出工作。她们当中有些人饱受家庭与事业的双重压力，如果家里不需要她这份薪水，她情愿待在家里。有些女人处境更恶劣，因为丈夫对她外出挣钱抱持负面态度，认为太太必须工作都是因为丈夫赚钱能力不佳。但是另一方面，约有 1/3 的全职主妇愿意出外做事透透气，最好是兼职。

中上阶层的妻子有各种历史悠久的"透透气"方法。她们可以到地方教堂、犹太教会堂、医院、博物馆、"女性选民联盟"、"生育计划组织"或者上流阶层的"护幼联盟"做义工。许多妻子加入男性组织的分支机构，譬如"美生会"（Masons）与"美国退伍军人协会"，或者参与各种职业社团。此类义工工作让妇女走出家门、参与小区、充满目标。同时间，参与桥牌俱乐部、园艺俱乐部、读书会等团体则

[15] Mirra Kamorovsky, *Blue-Collar Marriage* (New Haven: Vintage, 1962), p.49.

为妇女提供文化与知性的出口。

有些妻子没有家庭经济压力，仍然出外工作。第二次世界大战后，妻子就业的比率持续上升。到了 1960 年，30% 的已婚女性投入劳动市场，是 1940 年的两倍。有趣的是，成长比率最大的一群是受过高等教育、丈夫年收入在 7000—10000 美元间的女性。这在当年已经算是非常好的收入。

一位在 1940 年结婚的女性回忆教书时的快乐："我本来只打算做 1 年，结果却教了 25 年。我喜欢教书。喜欢它的点点滴滴。这不容易……他一开始不喜欢，但是他看到我喜欢教书。"[16]

有些女人出外工作是因为她们在家里不快乐。下面这位妻子描述自己为何重返职场。

我最小的孩子快要十岁了……我发现我对她大吼大叫，因为她在墙上留下一个手指印。这类事情常让我暴跳如雷……我不是在管家，而是让房子主宰了我。

她和丈夫说她想回去上班："我要找份工作，因为生活紧紧压缩我，让我失去自我价值感。我一定要走出家门！我必须与其他成人相处。"

他的反应是把手放到口袋里，然后说："这是钱。你想买什么？就去买。"我试着跟他解释这与钱无关……我成日只能聊些上次是何时刷地板的、超级市场的便宜货是什么。我觉得自己笨极了。我开始觉得自己的脑袋枯竭了……我好不容易让他明白了这一点，他对我外出工作的想法仍是不起劲，只说如果我真的想要出去做事，那他会尽量

[16]　Flanegan Alford-Cooper, *For Keeps: Marriages That Last a Lifetime* (Armonk, New York, and London: M. E. Sharpe, 1998), p.113.

支持我。[17]

　　像上述这类爱老婆、希望老婆快乐的男人必须接受新的生活形态，迥异于他们原先对婚姻的期望。

　　密歇根大学曾研究底特律及其邻近乡下地方的 900 位妻子，调查社会不同阶层的主流婚姻观，研究报告在 1960 年出版，取名《丈夫与妻子》(*Husbands and Wives*)[18]。研究指出夫妻的决定权日趋平等，丈夫稍占上风。这个发现推翻了所谓的 "女家长主义"（momism）的迷思，妻子（母亲）全盘宰制丈夫（孩子）之说根本就是严重夸大了。不足为奇的是，白领男性在家里的权威超过劳工阶层男性：一个男人钱赚得越多、在小区的地位越高，在家中便有越多的决定权。但是地位高的丈夫也比地位低的丈夫更愿意做家事，似乎成功的白领阶层男性比较有信心，不怕做 "女人家的活儿" 有损他们的名声。

　　赚钱养家方面，妻子甚少能挑战丈夫。虽然 1/3 的低收入家庭妻子外出挣钱，但是高收入家庭，妻子外出工作的比率仅 1/20，她们相信丈夫的成功有一大部分来自她们的持家能力、支持与建议。

　　研究者请妻子依重要性列出婚姻的好处，答案依序是:（1）找个伴侣;（2）生儿育女;（3）相互谅解与情感支持;（4）爱与热情;（5）经济好处。这些妻子或许担心别人误会她们愚蠢与拜金，不愿把 "经济好处" 摆在前面，但是令人讶异的，"爱与热情" 居然只居第四位。这些密歇根州的女性显然颇现实与实际：身为人妻，她们最在乎的是找个伴侣与孩子。

　　但是有孩子并不代表一定有福气。不管孩子为婚姻加分多少，他们也给婚姻带来压力。最常见的例子是孩子分散了夫妻对彼此的注意力、引起冲突，也让他们担忧孩子的教养、健康与财务状况。几乎所

[17]　Alford-Cooper, *For Keeps*, pp.113–114.

[18]　Robert O. Blood and Donald Wolfe, *Husbands and Wives* (Glencoe, Illonois: The Free Press, 1960).

有妻子都在结婚数年后对丈夫的满意度不若新婚时，因为孩子的诞生，许多丈夫觉得有必要更努力工作、工作时间更长，妻子因而抱怨夫妻间的亲密不再。当孩子长大成人后，妻子对婚姻的不满开始降低。统计显示结婚头两年，52% 的妻子对婚姻很满意，明显不满意的一个也没有。20 年后，满意的只剩 6%，不满意的高达 21%。

虽然结婚的头 20 年，妻子对婚姻的满意度直线下滑，但是研究显示它最后还是会上升。熬过了养儿育女的狂飙期，夫妻进入了研究者所谓的"二度蜜月期"。40 年后的研究者也发现了同样的婚姻曲线。

20 世纪的后 50 年，"不过是个家庭主妇"这个有害的说法反映了居家女性的地位日益卑微。20 世纪 60 年代，一位芝加哥郊区家庭主妇在接受广播名人史达斯·特凯访问时坦承："家庭主妇就只是家庭主妇，仅此而已。在图腾柱上排在下位……出外挣钱的人比不出去挣钱的人来得重要……我不喜欢贬抑家庭主妇，但是长久以来大家都如此。"尽管如此，她又说："内心深处，我觉得我的工作很重要……我喜欢做个家庭主妇。"这位女士表达出许多家庭主妇对自身命运的爱恨交织情绪，她们把社会对家庭主妇的低评价融入自我评价中，对自己没有出去赚钱感到"内疚"，虽然她们喜欢烧饭、洗衣、照顾家人。上述这位女士便显然如此。

在"通用磨坊食品公司"（General Mills）的"只是个家庭主妇？"广告中，一位妻子正在烤圣诞饼干。标题的问句之下是一篇长文，企图让遭到诋毁的家庭主妇对自己感觉好一点，并且继续烤饼干（绝非偶然）：

　　……她的事业是一个女人的最好选择……她的工作是让家人吃得好、穿得好、干净体面。她的野心是培养好公民……让他们快乐舒适，为自己的生活方式感到自豪……她的工作始于清晨，直到就寝才结束，一周 7 天无休。她的待遇？她最在乎的报偿是家人的深情感激。

尽管这幅广告努力提升家庭主妇的自尊，现实生活里，许多家庭主妇厌恶单调、乏味、孤立的日常生活。所有旨在减轻她们的工作压力、让生活更愉悦（据当时营销专家的说法）的消费商品；所有新近发明、医师胡乱开给她们的调节情绪药物（如迪西卷 [Dexedrine]）；以及强调家才是女性的生理宿命与神圣归属的论调，统统无法掩饰某些妻子的挫折感以及她们被束缚在郊区牢笼的疏离感。难怪当贝蒂·弗里丹（Betty Friedan）在 1963 年推出《女性迷思》（*Feminine Mystique*）一书揭露家庭主妇的困境时，能如此撼动有思考力的美国人，卖出 100 多万本。

弗里丹提出的"无名的问题"（the problem that has no name）被誉为再次发动了美国女性主义运动。这是事实。相较于波伏娃 14 年前在法国出版的《第二性》，《女性迷思》的确掀起了政治运动。1949年，波伏娃时代的法国仍在抚平战争伤口，但是 1963 年，弗里丹时代的美国已准备迎向社会改革。

1963 年是亚拉巴马州伯明翰展开民权运动游行、金恩博士在华盛顿特区发表"我有一个梦"演说的一年。1964 年，约翰逊总统签署里程碑的《民权法案》，其中一个条款禁止雇佣性别歧视。1965 年，15 000 名学生在华盛顿示威反越战。

就在这种政治意识高涨的脉络下，女性运动诞生了。1966 年，"全美妇女组织"（National Organization for Women，缩写为 NOW）成立，弗里丹是第一任主席。它并未成为头版新闻，但是保守的《国家观察报》（*National Observer*）在头版刊登了一篇文章，开头是：

> 警告全美国的丈夫：男人高高在上的日子已经结束了。你们的妻子饱受法律与习俗的双重贬抑与牺牲，现在她们有了新的支持者。那就是"全美妇女组织"。这是一个女权运动的新战斗组织，旨在成为拥有广大群众基础的压力团体，完成 19 世纪妇女参政权运动以降的一切女性平权梦想。[19]

[19]   Carabillo, Meuli, Csida, *Feminist Chronicles*, p.48.

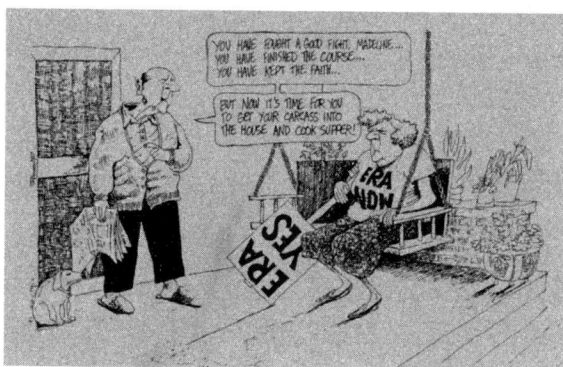

图 10.3　《支持平权法修正案》，凯特·帕玛（Kate Palmer）
的政治漫画，1982 年

　　"全美妇女组织"向民权运动取经，学习如何游说、推动有利女
性的立法，让女性和男性在投入职场与公众生活上立足点相同。其他
提案方面，她们发起一个运动，终结有性别差异的雇佣广告。它支持
《平权修正案》，也赞成堕胎合法化。

　　"全美妇女组织"的政治议程对多数美国人而言太过激进了。
1967 年，《麦考儿》杂志的记者（也是发行人的妻子）克莱儿·布
夫·路斯便写了一篇文章"是机会难再还是机会不来？"（NOW or
Never for Women?），针对"全美妇女组织"关切"女性社经地位的全
面低落"，她认为社会大众并不以为然。克莱儿坚称只要丈夫对妻子
多表达一些感激之情，多数女人都会满足自己的命运："丈夫们，多多
夸赞妻子吧！你会讶异她们很快就不再抱怨性别歧视。"[20]

　　1969 年是女性运动也是全美骚动的一年。金恩博士在孟菲斯被
暗杀，肯尼迪在洛杉矶遭暗杀。女性解放团体则在大西洋城举行的
"美国小姐选美赛"示威抗议。

　　保守主义者震惊于传统价值遭到威胁，展开全面反击。1968 年

[20]　Ibid., p.50.

的教宗通谕"人类生命"（Humanae Vitae）禁止信徒使用人工避孕器材，包括避孕药。1969 年，"约翰伯奇社"（John Birch Society）呼吁大家反对学校开设性教育课程。1970 年，"全美生命权委员会"（National Right to Life Committee）成立，企图阻止堕胎自由化。

但是没有任何力量可以阻挡横扫全美的抗议行动，包括反越战、抗议种族与性别歧视、抗议反堕胎法。已婚女性参与无数的反战示威，她们不分白人还是黑人，在南方参与民权运动示威。母亲节那天更在白宫之前高喊"要权利，不要玫瑰"。参政权运动之后，首度有这么多女人（单身或已婚）走上街头。

一幅漫画勾勒已婚女性参与政治示威的矛盾处境。一位中年妻子身穿"现在就要《平权修正案》"的 T 恤，手持"是的，《平权修正案》"的标语，垂头丧气坐在前廊。她的丈夫穿着卧房拖鞋，手拿报纸，狗儿蹲坐脚边，他和妻子的对话分成两段："你已经打了美好的一仗，玛德琳……你已做了该做的事，坚持了自己的信念……现在你该抬起屁股进屋烧饭了！"不管妻子涉入政治与公共活动有多深，许多男人还是希望她们回到厨房。

但是到了 1970 年，40% 的妻子投入职场，孩子在 6 岁以下的母亲也有 2/3 出外做事 [21]。女性在劳动市场的扩张有助建立美国妻职的新形象。20 世纪 70 年代初期的民意调查显示：70% 的女性认为"家才是女性归属"这句话没道理。

20 世纪 70 年代开始也出现一大堆书籍，开启女性解放的各种争议性理论。史拉密斯·费尔斯通（Shulamith Firestone）激进的《性别的辩证》（Dialects of Sex，1970）一书主张，女性要摆脱男性的压迫，

---

[21]　Kingsley Davis, "Wives and Work: A Theory of the Sex-Role Revolution and Its Consequences," in *Feminism, Children, and the New Families*, ed. Sanford M. Dornbusch and Myra H. Strober (New York: Guilford Publications, Inc., 1988), p.68. 另见 Myra H. Strober and Agnes Miling Kaneko Chan, *The Road Winds Uphill All the Way: Gender Work and Family in the United States and Japan* (Cambridge, Massachusetts, anc London: MIT Press, 1999), p.xiv。

唯一之途是让社会共同分摊生儿育女的压力。她甚至主张试管婴儿、母体外培育，这种类似《美丽新世界》（*Brave New World*）的主张，连女性主义者都不敢贸然拥抱。凯特·米利特（Kate Millett）的《性政治》（*Sexual Politics*，1970）以革命性眼光重新检视 D.H. 劳伦斯、亨利·米勒等男性作家的作品，指出他们的性描写迹近对女性的性虐待暴力。杰曼·格里尔（Germaine Greer）的《女阉人》（*Female Eunuch*，1971）则将男性而非女性当作性欲的客体。格里尔主张女人除非拥有男性的性自由、不受家庭与婚姻的羁绊负担，否则不可能得到真正的解放。

格罗利亚·斯泰纳姆（Gloria Steinem）则创办了 Ms. 杂志，对全国女性的意识觉醒至为关键。Ms. 杂志在 1971 年 12 月推出试刊号，内容有"主妇吐真言"、"不用性别角色教养孩子"、"女人坦言说堕胎"、"福利政策是女性议题"，还有经典论述"为什么我想要个妻子"。封面是个有 8 只手的怀孕妇女，分别拿着炒菜锅、时钟、鸡毛掸子、打字机、方向盘、熨斗、电话与镜子。和 8 年前的弗里丹一样，斯泰纳姆的杂志对成千上万的美国家庭发出警讯。

艾丽卡·容（Erica Jong）的《怕飞》（*Fear of Flying*，1972）是女性小说的转折点，也是最受欢迎的解放女性表征。小说中，已婚的女主角挣扎于时代的两大命题：做个性自由的人与做个妻子。她幻想着和男人一样追求亡命的性爱，却无法摆脱依赖与承诺的观念。小说结尾，她虽然回到丈夫的身边，却挑逗了一整个世代的女读者追问自己相同的问题。

艾利克斯·康夫特（Alex Comfort）不是女性主义者也不是女人，他的《性之乐》（*Joy of Sex*，1972）却以手册的书写方式，启发男女以炮制可口食物的精神进行性的实验。波士顿的"妇女健康书写小组"（Boston Women's Health Collective）在 1973 年推出《我们的身体，我们自己》（*Our Bodies, Ourselves*），教导女性以自己的眼光观看自己，而非男医师的眼睛。它也推动草根运动，让大众更注意妇女健康议题，包括哺喂母乳、乳癌，以及有关女性的医学研究比例过低。

20 世纪 70 年代初期发生许多影响妇女的大事，最重要的是 1973
年美国最高法院对"罗伊对韦德案"（Roe vs. Wade）的裁决——各州
不得立法禁止怀孕 3 个月内堕胎。高等法院裁定早期怀孕（3 个月内）
的堕胎决定权在母亲与医师。怀孕中期的堕胎则由州政府规范手术流
程，以保护女性的健康。怀孕末期的堕胎，州政府则可立法禁止。美
国史上头一遭，高等法院明定堕胎许可的法律规范。虽然无数的保
守主义者、右翼分子、右翼组织对此判决深感愤怒，阻挠女性堕胎，
"罗伊对韦德案"依然是女性长久以来争取生育控制权的一个重要里
程碑。

"罗伊与韦德案"的判决与性自由相关，金赛报告公布以来，性
自由便在美国逐渐获得支持。到了 20 世纪 60 年代马斯特博士（Dr.
William H. Masters）与约翰逊博士（Dr. Virginia E. Johnson）收集性
行为资料出书时，他们不再是访问受访者的性偏好，而是在真实的性
行为环境里记录实验者的性兴奋与高潮。他们在实验室里以精密的仪
器监看实验者，研究哪种性交技巧可以导致男女的性高潮。首先，他
们彻底推翻女性有两种不同高潮的看法，女性高潮只有一种，多半透
过简单的刺激阴蒂便可得之。马斯特与约翰逊降低了阴茎插入与同时
达到性高潮的重要性，让许多女性可以用非传教士体位得到高潮。更
重要的，如果高潮多半仰赖技巧，那么缺乏性高潮便是可以治疗的。
马斯特与约翰逊就像先前的金赛博士，相信多数离婚案例源自性生活
的失调，他们希望创建"性治疗"，帮助夫妇好合。

20 世纪 70 年代，不少研究追踪女人的性生活。1976 年的《海蒂
报告书》（Hite Report）不强调异性交媾，而是建议女性使用最适合她
们的方法——自慰、电动按摩器、口交，有无男伴都无所谓，只要能
达至难以捉摸的高潮。

响应《海蒂报告书》，《红皮书》杂志也展开自己的研究。它的样
本都是已婚妇女，数量高达 100 000 人，调查结果显示多数女性对性
生活很满意：67% 的人表示和男性性交每次都得到高潮或者经常得到
高潮，30% 的女性希望性交次数更多些。

20 世纪 70 年代末，我在"女性研究中心"（Center for Research on Women，现已改制为斯坦福大学女性与性别研究所）时，对此类研究也略有贡献。我带着两位研究生搜寻斯坦福大学与卫斯理学院的已婚女校友，全部锁定 1954 年那一届，每位受访者至少有一位在大学就读的女儿。结果我们找到 141 位母亲，93 位是斯坦福校友，48 位是卫斯理校友，以问卷调查她们自高中时代到现在的性态度与性行为。

这些受访妇女都是 45—46 岁，32% 的人有全职或兼职工作，多数不曾离婚，她们的丈夫多半从商或者是专业人士。受访者平均有 3 到 4 个小孩，也有人生了 8 个或者只生 1 个。这群中上阶层白人妇女与金赛博士的研究样本极为不同：虽然她们婚前曾与爱侣亲密爱抚、接吻，但是只有 6% 有过婚前性行为。婚前性行为比率如此之低，是斯坦福与卫斯理的女性没说实话？还是她们比同侪女性更受保护或更为自制？她们最好的人生经验并非性交，而是第一次生孩子（91%），其次才是第一次做爱（86%）。

迈入中年，她们审视眼前的生活，有得也有失。负面的部分是：有人逐渐断绝性生活。有人担心前更年期的麻烦症状、生理走下坡、容貌与健康不再，这些都让她们觉得自己不再性感。她们从学校毕业后，25 年间，美国的离婚率显著上升，面对离婚的可能性，她们极感脆弱。正面的部分是：多数受访女性觉得比以前更有自信。为人妻与为人母的经验让她们得到自信、学会接纳自我，包括性欲的一面。

74% 的受访者觉得她们现在的性态度比大学时代开放，并将这种改变归功于女儿。虽然她们担心女儿过分性自由，却愿意接受性规范的变迁。譬如，多数母亲说如果女儿有性行为，她们愿意协助未婚女儿取得避孕器材。半数母亲说如果女儿未婚怀孕，她们会建议女儿堕胎。只有不到半数的母亲希望女儿在婚前保持完璧。唯有同性恋这个议题，受访者并未表现出开放的性态度，她们虽然容忍女儿与男性发生婚前性行为，却不能接受同性恋关系。针对"如果你女儿有同性恋经验，你的感觉如何？"这个问题，90% 受访者的反应是"非常反感"

或者"反感"。

1980 年,《世界》（*Cosmopolitan*）杂志曾做过一个调查,详细勾勒上述那一代受访者的女儿所处的世界。《世界报告书》的样本数比《红皮书》调查更大,也更具震撼教育价值。她们的样本为 100 600 名有性生活的单身或已婚女性,调查的主要发现印证了那些忧心性革命走火入魔者的最大恐惧。95% 的受访女性有婚前性行为,相较之下,金赛的 50% 真是小巫见大巫。更重要的,诚如琳达·沃尔夫（Linda Wolfe）在《世界报告书》第一章所言:"婚前性行为几乎已不背负社会污名。"[22]

《世界报告书》的研究结果并不分已婚或未婚女性,但是有几封投书的作者注明已婚。她们匿名畅谈自己与丈夫或情人的性经验。口交?"再棒不过。"肛交?"用这种姿势得过无数高潮。"自慰?"与我的维克多——电动按摩棒——上床。"伪装高潮?"又没什么损失,不是吗?"换妻?"早在弗吉尼亚州时,我们就这么干了。"

虽然多数受访者在 40 岁以下,但是几位的太太也迫不及待分享自己的亲密经验,譬如:

> 我 72 岁,健康良好。丈夫 74 岁,身体硬朗。我们结婚 50 年,育有 7 子,全已结婚。我们的性生活很棒,60 岁之前至少每周做爱 5 次。现在一周两次。我一直很喜欢做爱,但是直到 69 岁才第一次得到高潮。那种感觉太棒了。当我丈夫不再急匆匆,他花在挑逗刺激我的时间变得比较长。
>
> ——来自明尼苏达州的女人

不少女人提到婚外情经验。康涅狄格州一位 26 岁的市场调查员与同事有长达 3 年的婚外情。她沉思此段经验:"我从未想过结婚后继

[22]   Linda Wolfe, *Women and Sex in the 80s: The Cosmo Report* (Toronto, New York, London, Sydney: Bantam Books, 1982).

续做事会带来这种边际效应。"

一位 41 岁、结婚 20 年的宾州女性的外遇故事便残酷得多：

我成长于一个钢铁小镇，居民都是波兰后裔，彼此之间毫无秘密可言……高中毕业后，我与男友在车后座做爱，怀孕了，就踏入礼堂……

一天，我偶然认识一位电话修理工，我们开始午后偷情。他并不比我丈夫热情，但总是单调生活的变化。几年后，我碰上另一个男人，他和其他男人不一样。他送东西给我、赞美我、愿意带我出去，在床上，他愿意坚忍直到我满足为止。但是他跟老婆坦承我们的事，他的老婆又告诉我先生。我先生威胁要杀掉我们，这段关系就这样结束了……

……现在，我有 3 个孩子、两只大狗。晚上，我从不和朋友出外玩，也没有性生活，丈夫不给我零用钱，我现在连买菜的钱都不够。我开始酗酒，比以前胖了 15 磅，我对生命已经开始绝望。

一位 26 岁时结婚、现年 58 岁的祖母回忆："那个时代，双重标准非常严重，虽然他性经验丰富，还是期望老婆是处女。他也的确娶到处女。他是我的第一个情人，也是唯一的情人，直到 6 个月前……"她认识一个男士，两人有许多共同兴趣，胜过她丈夫，他们开始偷情。虽然这位老祖母说自己不觉得内疚，但是："我绝不会离开我的先生。我们在一起这么多年，离开他，他一定会死掉。"

有时，婚外情让女人婚姻破裂，却得到较满意的第二段情。譬如下面这个例子：

花了 5 年时间、历经 3 段婚外情，我才鼓起勇气脱离第一任婚姻。现在我已经再婚 5 年，没有外遇。为什么？因为我爱第二个丈夫。

——一位佐治亚州的 32 岁妇女

我成长于典型的中产阶级天主教家庭，自小相信女人的终极人生目标是做个忠心的妻子与奉献的母亲，然后在郊区拥有一栋美丽的房子。不能离婚。不做职业妇女……我真是惨透了。我能怎么办？婚前，我曾做过6年秘书，有过扎实经验，再度工作似乎是颇合逻辑的起步……我打电话给一个可能的客户，有了第一步就有第二步，突然间，已为人妻人母、27岁的我自己居然与别人的好丈夫上了床……6个月后，我离开我的丈夫，搬进情人的家。现在我仍和他在一起。

——德州的一位秘书

丈夫质问我为何隐瞒他这么可耻的秘密……当我们看电视甚至做爱时，他会突然问我，我和我爸做爱的感觉如何……然后，他便抓狂。他开始夜归，酒醉蹒跚地回家，指控我不贞，甚至当着3个年幼孩子的面打我，孩子们恐惧尖叫不已。最后我终于明白我不该受此惩罚，我和父亲的事并不是我的错。慢慢地，我决定要独自过活养大3个孩子。我搬出去，找到一份新工作。才几个月，我便重拾自信，甚至让另一个男人进入我的生活。一开始，我便向他倾吐自己的问题，他的回答是："我爱你，这些事一点都不能改变我对你的爱。"现在我和这个男人已经结婚3年。我们的爱情与日俱增。

——来自科罗拉多州的女人

我在27岁时离婚，经过3年的单身生涯，我过着性解放的生活，有过一大堆各式各样的情人，甚至三人行，没有承诺，没有明天。现在我陷入爱河了。而我的爱人也爱我！我现年30岁，是个好母亲、成功的商场女子，现在出乎朋友意料，我成为只爱一个男人的女人。

我很高兴远离性革命的战场。

——爱荷华州长大的30岁妇人

当我拿这些投书与《每日电讯报》1888年的投书做比较，投书的女人像是来自两个不同星球。仅仅不到100年，妻子不再视婚姻为宗教责任，而是得到性满足的场域。如果丈夫不能满足妻子，他可以被情人或另一个丈夫取而代之。我承认这两批投书诞生的环境很不一样，一个是刊登于老成的英国报纸，响应"婚姻是否失败"的文章；另一个是美国杂志针对性解放妇女所做的问卷调查。但是两者的强烈对比依然很惊人。

1980年的投书所显露的快乐自得，有多少是因为避孕药的方便可得？又有多少是因为1973年最高法院"罗伊与韦德案"的裁决允许堕胎合法化？当然，方便有效的避孕器材加上堕胎合法化，让许多女人可以尽情享受性生活而不必害怕怀孕。但这绝不是故事的全貌。

这些投书显示即便在性革命的巅峰年代，多数妻子追求的不只是美好的性爱，她们还要爱情、温暖、尊重、友谊、共同兴趣与承诺。换句话说，性生活美满只是美好婚姻关系的先决条件。年轻一辈的妻子多数在婚前便与先生有过性行为，至少知道两人在床上合不合得来，除了性满足，她们也期待婚姻带来其他满足，譬如伴侣、经济稳定与孩子。否则，何必结婚？

《世界报告书》揭露另一个事实——性革命并不局限于年轻单身女性。新的性自由已经扩散到年纪较大的已婚女性。她们有人在年过40、50、60之后还展开新的爱情关系。某位女性更露骨写出自己与先生年过70岁后依然享受鱼水之欢。不管是年轻还是年纪较大的妻子谈到婚外情时，鲜少显露内疚之情。

某些黑暗秘密，维多利亚时代的妻子只敢小心暗示，100年之后，它们却公开揭露于世。酗酒依然与维多利亚时代婉转影射的"粗暴行为"脱离不了关系，但是到了20世纪80年代，人们已经诚实称它们为殴妻与强暴。某些成年妇女也开始面对乱伦悲剧，因为童年的创伤经验挥之不去，阻碍了她们的婚姻。

性经验的开放加上女人愿意在公共论坛讨论此类事情，正式终结了维多利亚时代的性压抑。但是新的社会问题也随之而起：性病蔓延（包括艾滋病）以及未成年母亲、离婚案例与单亲家庭的增多。

工作革命：双薪夫妻的兴起

　　女人从 20 世纪 60 年代开始享有较大的性自由，同时间，女性的劳动力也上升。这是两条平行发展甚至交互关联的线。这两个潮流均始于 20 世纪初，在第二次世界大战期间加速，成为战后政治运动脉络的指标，尤其是妇女运动。1960 年，只有 30% 的女性投入职场，25 年后上升至 54%。到了 20 世纪 90 年代中期，60% 的美国家庭为双薪家庭，只有 30% 的家庭维持传统的男主外女主内，余下 10% 的家庭不是没人赚钱，就是只有一份兼职工作。欧洲女性亦追随此一双薪潮流，尤其是北欧各国、法国、英国，妻子出外做事已经变成常态。

　　20 世纪 60 年代到 80 年代间，投入职场的妻子增多，逐渐改变了美国婚姻的结构。这不光是越来越多妻子成为养家者，因为部分劳工阶层妻子一直有赚钱贴补家用的传统，更重要的是观念的改变，从 60 年代开始，人们不再认为妻子的事业次于丈夫，她的事业需求必须排在丈夫之后。1969 年，"双事业家庭"（dual-career family）一词诞生，用来形容夫妻都认真打拼事业的家庭，妻子不会为了让丈夫更上层楼而牺牲自己的事业。相较于传统的"两人一份事业的家庭"，做妻子的全心推动丈夫的事业，"双事业家庭"的夫妻平等发展各自的事业。尽管这些妻子可能会中断就业去生养小孩，但是 20 世纪 60 年代以降，妻子开始视自己的工作为需要长期投入的"事业"，而非连串零碎的赚钱活儿。有时，夫妻的事业都想更上层楼，可能得分开两地生活，就算再诚恳的人也会发现并非所有婚姻都能熬过这种状况。

　　虽然支撑双事业家庭的是平等哲学，妻子依然担负较重的家务与孩子照顾责任，这让上班夫妻产生龃龉。20 世纪 70 年代，女性主义者的"个人即政治"口号，让许多女人相信社会改变始于家庭。当妻子成为律师、医师、计算机软件设计师、出租车司机、公交车司机、经理人甚至市长，丈夫也可以打扫家里、照顾孩子。可想而知，男人抱怨必须从事这些地位卑下的女性传统工作。但是慢慢地，有些男人开始帮忙倒垃圾、买菜、洗碗，这是男人居家化的第一步。

　　另一个革命也诞生了，它虽然不像性革命那么受到欢迎，却可能从基本面去改变家庭生活。20 世纪 50 年代，为人父与为人子者甚少帮忙家务，到了 20 世纪 70 与 80 年代，却开始帮忙做饭、洗碗。这个改变十分缓慢，社会科学家精算出男人帮忙做家事的小时数与比率，不断提醒我们男人并未尽全力。但是一点一滴，男人开始接受分担家务的观念，虽然他们做家事的时间比不上老婆。

　　家务分摊问题会让配偶起争执。1989 年，一项针对夫妻对家务分工看法的研究显示"配偶间对家务分工的期望与行为落差很大"。丈夫与妻子都认为自己对家务的投入其实超过配偶的认定。但是，受访者也都同意多数状况下，男人主要的家务责任是财务管理、修缮工作以及打扫庭院，只有 1/3 的男人会固定做些家务活儿。

　　和教育程度低的丈夫相比，受过高等教育的丈夫更可能承担家务责任。1991—1992 年间，斯坦福大学针对 1981 年那一届的学生发出调查问卷，受访者认为"他们正处于家务分工变革的最前线"，约莫半数的受访者与配偶平均分担家务。受过高等教育的男性，他们的妻子多半有工作，教育水平与挣钱能力也不比他们差，他们因而没有理由坚持男主外、女主内的传统立场。

　　父职的观念与实践也产生剧烈改变。从老婆怀孕开始，社会便鼓励男人积极参与生产的过程。以前男人不准进产房，被视为禁忌；现在他们帮助老婆练习呼吸技巧，生产时，他们还陪在身旁。许多父亲经常帮忙喂孩子、给孩子换尿片。从机场男厕出现了给婴儿换尿片的台子，我们就知道时代改变了。

　　仅仅 10 年前，父亲将婴儿背在胸前还很奇怪，现在却没有人多看一眼。现在的父亲会背着婴儿健行爬山、推着婴儿车散步、牵着孩子练脚踏车，为后座的小宝贝系上安全带。

　　从前，父亲照顾幼儿会遭人嘲笑。法国讽刺画家杜米埃（Honoré Daumier）曾有一幅作品嘲笑一位才女的丈夫帮忙抚育幼儿，对着高贵的访客说:"先生,我的太太今早灵感泉涌……无法见客。诚如您所见,我有义务照顾我和太太的'上一个共同创作'。"(《婚姻之道》[*Moeurs Conjugales*] 第 46 期)就像本书第七章所附的画作所示,19 世纪末时,美国与德国的画者绘制了成千上万的漫画与讽刺画,嘲讽夫妻角色的反转。

就算《家庭主夫》(*Mr. Mom*)、《三个奶爸一个娃》(*Three Men and a Baby*)、《窈窕奶爸》(*Mr. Doubtfire*)等电影嘲弄男性从事传统的女性工作,20 世纪末的美国人逐渐习惯父亲在家带孩子、母亲出外赚钱。"家庭主夫"与"居家父亲"两个名词成为美国人常用词汇。丈夫可能是艺术家、作家或者是失业在家,妻子可能是成功的律师、

图 10.4　一对夫妇将双胞胎女儿背在胸前。北加州,2000 年。里德·亚龙(Reid Yalom)摄影

医师、牙医、商场女性、工程师、经理或者学者。这类未必全然满意现状，但也未必就因此婚姻破裂。

美国目前共有 200 万名丈夫全职在家带孩子，而妻子在外工作，另外还有 300 万名父亲半天候地照顾孩子。社会习俗、支持团体、新闻讨论区与网站也开始满足"居家父亲"的需求（《纽约时报》2000年 1 月 2 日）。虽然不少男人表示"家庭照护者"的新角色带给他们极大的满足，但也抱怨家庭主夫角色的孤立、沮丧与缺乏社会地位。这也是无数美国妻子长久以来的抱怨。

回应《纽约时报》的那篇文章，一位家庭主夫在 2000 年 1 月 5日投书该报的评论对版，表示"养育小孩是最艰难、最无回报的工作"。他说："管家三年半后，我可以证明古谚'女人的工作永远做不完'真是一点不假。"这位父亲因为担起了母亲的角色，因而体认到"母亲在打造文明社会所扮演的重要角色"。

但是职业妇女有家庭主夫的毕竟是少数，多数妻子是一根蜡烛两头烧，在职场与家庭间困难协调。尤其是那些有孩子的职业妇女，家庭与事业的冲突不断制造问题，无法一劳永逸。心理学家拉瑟伦·乔斯尔森（Ruthellen Josselson）从 1972 年开始针对 30 位妇女做研究，研究时间长达 20 年，其中 13 位是有工作的母亲。乔斯尔森发现这13 位妇女都面临事业与家庭的两面夹攻，尤其是孩子年幼时。但是乔斯尔森也发现她们"比不出外工作的母亲来得快乐"。虽然比较忙碌，但是生活经验比较多样化，她们也不认为如果不生孩子，事业会比较成功。更重要的，家庭生活让她们在工作上更有动力。

乔斯尔森研究的样本数很小，研究解释可能也反映了研究者的偏见。就和同时代的社会科学研究者（包括我自己在内）一样，乔斯尔森也认为已婚妇女与母亲外出做事不仅是挡不住的潮流，更对她们有好处。但是不可否认，自愿选择待在家里的妻子有另一种看法。前面提到的斯坦福大学校友调查，便有一个受访者回答："'操持家务'虽然不尊贵，但是很重要，它把孩子的福祉看得比个人的光辉还重要。"另一个全职主妇的答案比较没那么夸大："我发现又要上班又要带小

孩，实在太困难了。所以，我辞掉工作。"[23] 多数时候，全职主妇对自
己的决定很满意，虽然她们有时会怀念职场上的知识挑战与成人互动。

斯坦福大学的研究由迈拉·斯特罗伯（Myra Strober）与阿格尼
斯·张（Agnes Chan）执笔，特别指出妻子有没有外出工作，对丈夫
的收入并无太大影响。但是，妻子的出身阶级可能会造成极大差异。
出身中上阶层的妻子"较可能成为全职主妇"，可能是她们内化了富
有家庭都有个成功爸爸的模式，也有可能是她们万一离婚，还可以仰
赖父母。

斯坦福大学研究样本只有 1/3 为全职主妇，而且多数人打算孩子
长大后要返回职场。其他的受访者则是工作／妻职／母职三合一。有
些受访者谈到为了丈夫的事业必须牺牲自己的事业："芝加哥有家小公
司提供我很棒的升迁机会，但是我必须回绝，因为我丈夫被调到别的
城市，我必须跟着过去。""公司派我到波士顿，我拒绝了，我得在华
盛顿特区陪伴丈夫。""为了我先生要读商学院，我必须辞掉工作，陪
他到纽约两年。之后，为了他要回加州，我又辞掉另一份工作。"[24]
夫妻要相守总需要弹性，但通常是妻子做牺牲。因此妻子的薪水往往
比先生少，事业发展也不如另一半。

一般来说，斯坦福毕业生和全国各个阶层的人一样，面临相同的
双薪家庭困扰：如何兼顾事业、家庭与小孩。许多方面，美国社会的
运转依然围绕一个观念：每个养家男人的背后都有一个居家老婆。（想
想看老婆如果不在家，谁来签收包裹、修理房子，小孩生病谁照顾，
谁来安排看医师？）双薪家庭的压力成为无数记者、心理学家、道德
家在各种公共论坛的议论主题。2000 年 1 月 16 日，《旧金山纪事报》
的家庭与职场专栏刊登一篇《夫妇分享解压妙方》，共有 150 封投书
抱怨工作的毒咒入侵私人生活。有人原本婚姻持久稳定，却因为上司
的不合理要求或者员工的自我要求而濒临破裂，或已经破裂。投书者

[23]　Strober and Chan, *The Road*, p.87.
[24]　Ibid., p.101.

建议的妙方包括寻找婚姻咨询、定时上教堂，或者举家去度假。有些
投书则建议列出生命的优先级，将婚姻摆在最前面，这也有助改善家
庭与事业的双重压力。在一个时间表排得满满的世界里，将夫妻相处
也列入每日的时间表，看似矛盾，却是挽救婚姻的方法之一。

　　大企业、小公司、学术机构或者政府部门等雇用单位开始注意
到双薪家庭的需求。共职或弹性工作时间仍很少见，兼职工作则常
让工作者被边缘化。1993 年通过的"家庭及医疗假法"（Family and
Medical Leave Act）规定公司规模超过 50 人者，员工如有家庭照护与
医疗的需要，最多可以请 12 个星期的假，公司不得解聘。此法涵盖
生产、哺育新生儿、收养小孩、寄养照护，或者照顾重病的近亲（配
偶、小孩、父亲）。尽管如此，美国的产假依然很短且不给薪。

　　这方面，美国远落后于某些欧洲国家。瑞典的育婴假长达 11 个
月，而且有薪水，父亲或母亲都可以申请。丹麦的育婴假更长达 18
个月，其中 12 个月支全薪。英国的育婴假只有 13 周，但是现任首相
夫人雪莉·布莱尔（4 个孩子的母亲，也是杰出的劳方权益律师）在
生第四个孩子时，要求丈夫布莱尔请育婴假回家带小孩，虽然未成
功，却让育婴假的议题成为全国政治的焦点。多数欧洲国家仿效法国
在半世纪以前的发明，也成立许多辅助性的托育中心。但是居于领导
地位的两个工业国——美国与日本——都没有留职停薪的育婴假，也
没有父母负担得起的托儿服务。美国母亲往往必须将休假、病假与婴
儿照护假集在一起，才能勉强凑出 12 个星期的育婴假。等到她们返
回工作岗位，托儿服务又得花掉一大笔钱。

　　但是美国也出现可喜迹象，全美各地纷纷成立安亲班，为放学后
需要照顾的孩子提供下午 3 时到 6 时的安亲服务。这些安亲班由企业
界、基金会，或者联邦政府联合赞助，提供孩子音乐、算术、烹饪、
作文等多样化的学习经验。目前学龄孩童的母亲就业率高达 87%，这
类安亲计划简直是上帝赐给双薪父母的礼物。

　　不管是出外就业或者全职主妇，美国妻子与母亲都要忙着张罗孩
子的托育与就学、打理一个舒适的家、准备好吃的饭菜、让全家人穿

得体面，还要筹划每周的娱乐与暑期旅行。难怪女人会怨声连天，而且部分女性在经济无忧后选择返回家庭，做个全职主妇。

　　但是诚如斯蒂芬妮·孔茨（Stephanie Coontz）在《我们的真实处境》（*The Way We Really Are*）一书中所言，妻子与母亲选择继续工作，不只是为了经济因素，多数女性喜欢工作带来的满足。"她们不断告诉访问者，尽管有托儿的压力，还得与丈夫协调家务分担，但是她们喜欢工作带来的社会尊重、自尊与朋友网络。"为了支持自己的论点，孔茨还举 1995 年的哈里斯报告为例，指出即使没有金钱压力，也只有不到 1/3 的职业妇女愿意选择待在家中。

　　已婚女性喜欢外出工作有几个原因。首先，她们在经济上不必再仰赖丈夫。她们已经吸收了早期女性主义者如夏绿蒂·柏金斯·吉尔曼与西蒙·波伏娃的教训：只要女性持续仰赖男性的供养，她永远会是"第二性"。某些女性还记得母亲伸手向父亲要零用钱，对家中用度毫无置喙之地。有人则觉得自己有了收入便与丈夫地位平等，一位双薪家庭的妻子说："我现在的关系是我想要的关系，而不是找个男人来照顾我……我不必说：'你拿钱养家，让我们有得吃，养活了我。'我也赚钱养家呀！"[25]

　　多数女人凭直觉便了解斯特罗伯与阿格尼斯·张所提出的性别理论"讨价还价的力量"。简单地说，"讨价还价的力量"就是指"能提供越多资源（尤其是经济资源）的配偶，便拥有越多讨价还价的本钱"。大自夫妻应以谁的事业升迁为重，小自家务事的安排，讨价还价的力量影响了夫妇所做的每一个决定。这种实事求是、不讲感情的经济观点绝非学院理论的专利，就连女性杂志都坦白指出女人如果能拿薪水回家，她的影响力便会大大不一样。临床心理学家朱迪斯·席尔斯（Judith Sills）便在居家生活的堡垒杂志《家庭圈》（*Family Circle*，2000 年 3 月 7 号）中坦言："配偶一方开始赚钱或停止赚钱，

[25]　Rosanna Hertz, *More Equal than Others: Women and Men in Dual-Career Marriages* (Berkeley, Los Angeles, London: University of California Press), 1986, p.101.

婚姻的权力关系便开始改变……权力伴随赚钱而产生。"

有些夫妻的收入进入各自的账户。这也难怪，美国离婚率高达50%，夫妻对钱财的态度都必须小心翼翼。就算是婚姻稳定的女性如果想照顾年幼孩子而暂离职场，也会担心薪水与年资俱减，将来万一离婚，她们便会陷入财务困境。

不仅如此，连社会保险都惩罚就业中断的人。一位母亲是合格会计师，她在孩子年幼时辞职回家带小孩，一针见血地批评："母亲如果中断就业在家带小孩，只要超过 3 个月，那 1 年她的社会保险计数就是零。这些零全部归入计算，会影响她最后的退休给付……每次我收到社会保险局寄给我的计算书，我都口吐白沫，每个零都列入计算。"[26]

就我来看，已婚女性选择继续工作的第二个重要原因是不想被局限在家里。她们不想在鸟笼一样的传统家务范畴打转。女性教育程度的提高代表她们的视野已经超越厨房、客厅与花园。但是我们也不要忘了女性接受高等教育还是最近的事。美国是迟至 19 世纪末才有女子学院与男女合校的大学，让一小撮中产阶级的女性得以进入高等教育之门。1950 年，男女大学毕业生的比例是 3 比 1。但是到了今日，受过高等教育的女性人数与男性相当，约莫 55% 的女性拥有大学学位，法律系与医学系毕业生有半数是女性，45% 的博士是女人。这些女性和大学男同学一样，也打算一辈子好好利用自己的脑袋。出外工作是一种知识挑战，也磨炼一个人的人际技巧。它让你有机会在职场上与他人互动，甚至改变自己的生活。

我对工作的本质并无幻想。它未必都是知识挑战，也甚少容许创新与想象力的发挥。它可能制造压力、痛苦，伤害私生活。但是短时间之内，工作不会自这个世界消失。妻子和丈夫一样，渴望从职场世界得到自身或居家生活所得不到的满足。今日，多数丈夫认为妻子除了家庭外还有其他责任，不少丈夫堪称是妻子"最强力的支持者"。

[26] *Wellesley*, Winter 2000, p.25.

此外，许多丈夫也仰赖妻子分担家庭经济。

当然，某些女人拒绝这种剧情安排，宁愿做丈夫与孩子的家庭支柱。照顾孩子给她们极大的满足，载孩子上下学、参加孩子的足球与棒球比赛、烧饭、打扫、洗衣、熨衣、裁缝衣服、照顾花园、购物，以及照顾父母与生病的亲戚。理论上来说，家庭主妇（尤其是请得起佣人与清洁工人的主妇）比职业妇女来得闲，可以读书、写 E-mail、逛网络、看电视、打网球、练瑜伽、上健身房、健行、弹钢琴、听音乐、绘画、娱乐、写信或文学创作、做义工、与朋友聚会，并且按照自己的步伐过活。但是甚少全职主妇会认为自己生活悠闲，尤其是那些孩子还小的。她们对家庭、家人与小区的责任，往往侵犯到她们喘气休息的时间，这或许是操持家务的本质充满意外变量，譬如孩子生病、洗衣机坏了、暴风雪压坏了屋顶等。更重要的，家庭少了第二份收入，主妇往往得牺牲物质享受，才能全天候在家。对某些女性来说，她们能在孩子年幼时做个全职妈妈，就是最大的报偿。全职主妇（或主夫）的生活可以非常满足，前提是出自自由选择、配偶的收入够用，或者妻子有足够的资产。少数已婚女性衣食无忧，可以选择这种生活。

女性寿命的延长让养儿育女的时间相对只占据人生较小比例。现在许多女性等到快 30 岁才生第一胎，平均寿命是 80 岁，如此一来，她的人生只有 1/3 是用来养育小孩。在生孩子前与孩子长大后，她还有很长的时间可以出外挣钱或者投入公益活动。多数妻子是为了经济原因才出外工作（就连孩子年幼时中断就业者也不例外），但也有许多妻子无须为钱工作，她们是因为喜欢工作而工作。

所有社会革命都会面临保守反动，使其失去部分甚至全部的既得领土。里根在 1980 年当选总统以及他后来发动的"回归家庭价值"运动，最足以代表这股保守反挫，打消了性革命与女性主义革命的某些胜利。20 世纪 80 年代，堕胎权开始受到钳制，《平权法修正案》被埋葬搁置。原本雌雄不分的穿着现在让位给性感内衣、隆乳、调整型胸罩的女性化打扮。新娘穿着精致婚纱的昂贵婚礼再度蔚为流行。职业妇女再次受到攻击，舆论指控职业妇女危害丈夫的事业，拿孩子当作事业的祭品。大众媒体依然质疑女性有能力事业、家庭兼顾，严词批判那些希冀"鱼与熊掌兼得"的职业妇女。

苏珊·法露迪（Susan Faludi）记录了这一波反挫，在 1992 年出书，戳破 20 世纪 80 年代盛行的某些反女性主义神话。当时许多杂志与报纸急着破坏女性的斩获，大量引用可信度存疑的研究，譬如 1986 年哈佛大学与耶鲁大学连手做的婚姻调查，宣称年过 30 的未婚女性结婚希望渺茫。又譬如 1985 年，社会学者利诺·韦茨曼（Lenore Weitzman）的研究指称 73% 的离婚女性生活水平下降。但是后人的研究却显示上述两项研究的结论严重夸大。媒体刻意散布解放女性的悲惨形象，以及为了家庭放弃事业的光辉母亲形象，目的在扭转潮流，让女人急忙冲回安全的家。

但是根据历史学者露丝·罗森（Ruth Rosen）的评估，"到了 20 世纪末，女性主义的理念已经深植美国文化，不管任何抗拒或政治力量都无法撼动它的根基"。[27] 就连那些慨叹性革命与女性主义革命走火入魔者，也不敢要求自己的女儿或情人在婚前保持完璧，或者结婚后便回到厨房。男人逐渐期望配偶在卧房与会议室都能有精彩表现。

时代改变的一大表征是嘲笑老婆唠叨、冷感、愚笨、缺乏吸引力的老笑话已经走入历史。大家可还记得喜剧明星亨尼·扬曼（Henny Youngman）嘲笑老婆的那些笑话吗？"带走我的老婆吧，我求求你。""我老婆可是个血拼的黑带高手。""她敷了面膜，漂亮了两天，直到面膜掉了下来。""我爱某位女士长达 49 年，如果我老婆发现了，铁定杀了我。"自以为优越的丈夫无法再轻易嘲弄老婆，反而成为无数笑话的主角。下面几则便是流传于网络的笑话：

"我思故我选择单身。"

——署名利兹·温斯特德

---

[27]　Rosen, *The World Split Open*, p.xv.

"我没结婚，因为没必要。我养了3只宠物，符合丈夫的一切功能。我有一只每天清晨对我狂吠的狗，一只整个下午口出秽言的鹦鹉，还有一只夜游不归的猫。"

——署名玛丽·科瑞利

"每个成功男人的背后都有一个大吃一惊的老婆。"

——署名玛丽·扬·皮尔森

有一则笑话自 1992 年风行至今，和上述这则笑话类似："克林顿与希拉里开车到加油站。加油工对第一夫人特别亲热。当克林顿夫妇驱车离开加油站，希拉里说那个加油工是她的初恋男友。克林顿沾沾自喜说：'你应该很高兴嫁给了我，而不是那个加油工吧？'希拉里回答：'要是我嫁了他，美国总统就不是你了。'"

新妻子降临

希拉里与克林顿的故事在全国人面前搬演，勾勒了"新妻子"角色的暧昧本质。就像 20 世纪 90 年代的肥皂剧，他们的故事包括双事业家庭的野心、婚姻、不忠、原谅与爱，高潮迭起。1992 年，美国人还无法接受希拉里这样的角色。在她之前的第一夫人南希·里根与芭芭拉·布什都让优秀的传统妻子角色复活，而希拉里是个与丈夫旗鼓相当的律师，这样的第一夫人对美国大众深具威胁。他们以狐疑的心态看待希拉里的政治活动，当她推动的健保计划失败，大家觉得自己的想法得到证实了。克林顿第一任总统任内，希拉里不断改变自己的策略与发型，企图赢得大众的认可。但不管她怎么做，许多美国人还是毫不掩饰对她的反感。

当然，当希拉里成为受伤的妻子，这一切便改变了。克林顿与莱温斯基婚外情的粗俗细节成为媒体的每日大餐后，希拉里还是努力维持自己的尊严，她受美国民众欢迎的程度迅速上升。她成为"支持丈

夫"的妻子，获得其他美国女人的认同。克林顿的声誉受损并未祸及
妻子。希拉里从这则煽色腥故事的灰烬中再生，决心追求自己的事
业，甚至在丈夫的最后一年任期，不惜抛弃第一夫人的身份。本书写
就之时，希拉里刚当选美国参议员。这是否代表美国民众已经能够接
受希拉里这样受过高等教育、态度坚定、充满野心的妻子？

　　我们可以用女性杂志这个可靠的标准来观察新妻子的某些面貌。
迈入 21 世纪，女性杂志的焦点集中在持家、食谱、减肥、健康、工
作、孩子、爱情与性。历史最悠久的七个女性杂志称为"七姊妹"，
包括《仕女家庭》、《红皮书》、《麦考尔》、《好家政》、《家庭圈》、《女
性生活》（Woman's Day），以及《美好家园》。这些杂志原本要求的读
者是有儿有女的传统主妇，现在它们被迫随时代改变，刊登一些赤
裸的性议题，这些原本是《柯梦波丹》、《魅力》（Glamour）、《小姐》
（Mademoiselle）等未婚女性杂志的专利。

　　2000 年 1 月号的《仕女家庭》刊登"100 种增添婚姻性趣的方
法"，床笫之间偶尔需要"火花"，而这是妻子的责任。同年 2 月号
的《红皮书》详细刊登了"39 个难以启齿的性疑问"，并刊登了一篇
充满洞见的"幸福夫妻的婚姻持久之道"。《仕女家庭》旗下针对熟龄
妇女的杂志《更多》（More）则刊登了一篇惊人坦白、毫无罪恶感的
"我是第三者"，坦承爱上有妇之夫的折磨与苦难。

　　就连理财文章也得以性感包装。2000 年 1 月号的《好家政杂志》
上有一篇"创造财务亲密感：夫妻致富之道"的文章，让买股票的过
程充满性意涵，它写道：

　　考虑替你所爱的人买只股票吧。你会讶异这个礼物多么性感（没
错，性感）……你可以在晚上偷偷跑出去听理财演讲（而不是看电
影）；盛装打扮、抹上香水，坐在听众席的后排。你可以浏览报摊上
的理财杂志，看看有没有文章吻合你们的家庭财务状况，然后与丈夫
在安静独处时分享。这些积极有力的作为不但会让你们增加财富，也
会让你与丈夫更亲近。

虽然这篇"性"味盎然的散文愚蠢极了,但它的确指出性与金钱是维系婚姻的两大枢纽。它认为共同扛起理财责任可以成为夫妻间的有力联结,这个论点非常具有说服力。过去,男人全盘掌控家中的财务,现在的平等式婚姻里,性与金钱都是夫妻的共同投资,可以拉近夫妻间的距离,当然,也有可能让他们越离越远。也难怪2000年伊始,大众媒体不断歌颂妻子的两大培力(empowerment,另译增权)来源——性与金钱,性能力还被吹嘘成妻子美德之首。20世纪中,金赛博士说美满的性生活是婚姻持久的必要条件,现在这个看法已成为美国的老生常谈。但是就像所有的老生常谈,它也掩蔽相对的真相。虽然性生活是婚姻幸福的普遍指标,尤其是刚结婚的头几年,但是也有许多幸福夫妻的性生活并不美满,或者甚少有性生活,还有许多人性生活很棒,婚姻却很糟。

至于爱情呢?19世纪初,浪漫的爱才跃升首要地位,从此一直占有特殊地位,现在呢?过去,中上阶层的人强调爱情先于性,有了爱情,才可能有性行为。今日是反其道而行。年轻男女往往有好几个性伴侣,然后才"爱上"其中一人。而后,性与爱结合,让某些男女誓言相守终身。但是有了性与爱并不保证可以白头偕老。到头来,共同的兴趣、价值观、目标、相互的尊重、道德上的承诺,在维系婚姻上可能和性、爱、金钱一样重要。

今日的年轻女性平均结婚年龄为25岁,通常受过大学教育、有过工作经验,然后才嫁为人妻。她们踏入婚姻,与丈夫平起平坐,也期盼终身维持这种平等关系。旧有的伴侣式婚姻理想在婚姻平等、平等式婚姻、平等伙伴关系等新标签下,得到了新诠释。

不幸,今日的婚姻生活不是真平等。1972年,社会学者杰西·贝尔纳德(Jessie Bernard)发表《婚姻的未来》(*The Future of Marriage*),一份1997年的研究依循他的研究路径,发现"男人"的婚姻仍然远胜过"女人"的婚姻。从调查、访谈、个人评估的数据显示,丈夫比妻子更常对婚姻抱持正面观点,众多调查都指出妻子对婚姻的满意度不及丈夫。单身男性在各种心理健康量表(如自杀、沮丧、精神崩溃）上，表现都比已婚男性差；但是同样的量表，单身女性却表现得比已婚女性佳。此项研究经过反复验证，结论都非常一致。大家都同意妻子兼顾事业与家庭，压力远大过丈夫，女人花在照顾孩子、年老父母与生病亲人的时间也远超过男人。

一旦离婚，往往是妻子在经济上吃了败仗。根据最新数据，女性离婚后，生活水平下降27%，男人却提高了10%，离异夫妻的生活水平差距因而拉大到将近40%。这要归因于孩子的监护权多半判给母亲，虽然有赡养费，却往往不够或者前夫拖延支付。另一方面，女性的整体赚钱能力低于男性，所得仅及男性的75%。许多女性依然局限在低薪的行业，又因为照顾小孩与家庭责任而升迁受阻，有的女性甚至为了让丈夫的事业更上层楼，而牺牲了自己的事业。

对许多女人与小孩来说，离婚除了带来经济上的不良后果，也是深层长远的情感打击。1970年，加州率先实施"无过失离婚法"，而后各州纷纷仿效。此法旨在避免冗长的离婚诉讼导致的怨言与恨意，但是离婚依然是苦楚的经验，它仍是严重的家庭破裂，为配偶、子女甚至亲人带来长远的影响。

苏珊·斯特雷特（Susan Straight）是个下堂妻，也是三个孩子的母亲，文笔优美，她形容离婚带给她的生活打击，她如何与最要好的朋友———一个寡妇——分享自己的困厄。

珍妮住在我们这条街，是我最要好的朋友。她的4个孩子经常做我们家的临时保姆，陪我们家的孩子玩。珍妮也失去丈夫，他在车祸中丧生。我们都是35岁，不敢相信我们得自力更生。7个孩子。我们的房子老旧，屋外的电线在风中飘摇、地下室积水、树篱过长需要修剪、屋瓦不见了。珍妮还有一年才从护理学校毕业。我得外出挣钱。我们简直束手无策。

……有些夜里，我们濒临崩溃。珍妮和我一样，在14岁时认识了丈夫。有时聊完天，我躺在床上，身体酸疼、两手因洗碗、刷地、修剪树木与接触婴儿洗发精而变得粗糙。回想刚结婚时，我以为我只要努力工作，就能生养孩子、买一栋房子、好好享受人生……

丈夫刚抛弃我时，我想，我就更努力工作一点好了。但是现实逐渐浮现，像桑树的叶子每年都会从尖刺笔直的树干落下、堆高，然后嘎拉作响。我知道，我将永远日复一日做同样的事。修理吸尘器、杀死蜘蛛、订正孩子错误的拼字、制作数学提卡、付幼儿园学费、修剪树木。有时我觉得自己像只小驴子。身材瘦小、脚掌硬得像蹄子、背脊微微弯曲。

我的生命优势已被磨损，而该做的事总是无法完成。[28]

不幸，无数美国妇女一再重写斯特雷特的故事，她们有的遭丈夫抛弃，有的自愿选择离开不幸的婚姻，有的从未结婚。套句斯特雷特的话，她和其他"前妻"没有"支持"，而支持"就是婚姻的真谛"。因此，如果她与孩子看起来"有点偏离了正轨"，请不要怪罪她。"当你看到我们，请不要摇头叹息说我多不负责任。我擅长的就是责任。"

失婚后再婚，丈夫通常比较容易建立新家庭，而且娶年纪比他小的太太。女性再婚往往选择同年龄或者比她老的男人，可婚配的对象相对较少，因为熟龄女性比熟龄男性多，也因为如此，鳏夫再婚比例超过寡妇。另一个差异在生育能力。女性在停经后不可能再怀孕（除非科技干预），但是男人到了50、60岁甚至更老时还能繁殖下一代。不管这个做法是否可取（因为他们可能在孩子尚小时便过世），男人在任何年纪都还能繁殖，的确给了他们基本的生存优势。

但是女性也有男性欠缺的优势。她们平均比男人多活7年，她们有奇异的能力，身体可以怀有胎儿，在怀孕与授乳期间与孩子建立特殊的联系。女人在性倾向上可能比男性有弹性，可以轻易在异性恋与同性恋间流动（当然，不是每个人都视此为优势）。女人比较容易与其他女性建立深厚友谊，因而获致深层的快乐与长久的支持，但是一

[28] Susan Straight, "One Drip at a Time," in *Mothers Who Think: Tales of Real-Live Parenthood*. ed. Camille Peri and Kate Moses (New York: Villard Books, 1999), pp.50.

般来说，男人的亲密朋友较少。

过去的 20—30 年，女人学会妻职不是唯一的选择。经济独立后，女人便不必为了生存而选择婚姻。商场女性与专业女性往往在年轻时延宕婚事，有的甚至不婚。法露迪坚称："女人的薪水越高，便越不急着结婚。"相较于结婚的麻烦，母职对职业妇女而言更是问题多多，因为职业妇女有没有孩子，薪水有差距，称之为"母亲差距"（mommy gap）。没小孩的女性时薪为男性的 90%，有小孩的女性时薪仅及男性的 70%，因此，女性如果关切眼前与未来的经济福祉，便会思索婚姻与母职会对她们的就业生涯造成何种影响。

我们再来看看黑人女性。社会学者亨利·沃克（Henry Walker）的"婚姻市场"理论指出，黑人女性之所以结婚率低是因为她们开始赚钱，赚钱能力几乎与黑人男性相等。更重要的，相较于白人女性，黑人女性可以婚配、经济自主的对象比较少，因为黑人男性被杀、坐牢或者失业的比率高过白人男性。

不足为奇的是，不管哪种肤色的女性，事业的地位都日益重要，那是因为公司与机构提供了家庭的替代功能。许多人在工作上寻求亲密的人际接触，也寻找一种他们在家庭或小区里得不到的意义感。的确，美国人的工作取向让不少社会观察家忧虑，担心职场将取代家庭，成为美国人的生活中心。

另一个值得忧虑的问题是在家工作者往往将家庭生活与工作混而为一。计算机的诞生让男女不必离家工作，就可以收入颇丰，危机是会吞噬优质家庭生活所需投注的时间。这种工作形态对工作狂会造成问题，但是对必须照顾孩子、需要弹性工作表的父母而言可是一大福音。某些方面，我们似乎回到了前工业社会模式，工匠、专业人士、店主都在家工作，孩子时刻在父母膝下、受父母保护。

婚姻的替代模式非常多样。美国约有 1/4 的家庭是一人独居，创下史上最高纪录。男女同居比率也创新高。异性恋情侣希望同居几年，才决定要不要成为夫妇。同性恋伴侣虽然没有结婚证书所带来的法律与经济好处，却可受益于许多州、城市与机构都承认的"家庭伙伴关系"（domestic partnership）。未来，佛蒙特州的"公民结合"模式不仅可以满足同性情侣的需求，也可裨益那些想要在同居与结婚间寻求"中继关系"的异性恋者。

同样地，没有孩子不再是成年女性的诅咒。1998 年，40—44 岁女性中无子的占 19%，比 1980 年上升 10 个百分点，根据某些人口学家的说法，不少女性是自愿选择不生孩子。同时间，单亲家庭也增加，不再承负以往的污名。意外怀孕的少女或女性往往选择生下孩子、养大孩子，而不是堕胎或者把孩子送给人收养。有些未婚女性（特别是 40 岁左右的）选择做母亲，但是不和孩子的父亲结婚。这些单亲妈妈抚养孩子面临极大挑战：目前，她们的孩子比双亲家庭的孩子更容易生长于贫穷。

某些单亲妈妈努力扩张家庭网络，与亲戚或朋友同住。黑人社群的单亲妈妈远超过已婚妈妈，小孩通常成长于母亲或祖母当家的家庭。核心家庭（父母带着小孩）曾经是主流，在 20 世纪 50 与 60 年代分别于黑人与白人社群达于巅峰，现在，政府与民间部门努力让父亲这个角色重回家庭，假以时日，或许能够扭转单亲家庭的潮流，但是核心家庭不会恢复它在美国社会的霸权位置了。

如此一来，今日的女人嫁为人妻，对婚姻还有什么想法与期待？可以肯定的，她希望她的婚姻是属于白头到老的那 50%。尽管美国离婚率高众所皆知，但是根据《纽约时报杂志》在 2000 年 5 月 7 日的报道，86% 的人结婚时还是深信他们的婚姻是要"生生世世"的，而多数女人希望做母亲。事实上，母职依然是多数女人的核心自我认知。《校园女生》（School Girls）与《波动》（Flux）两书的慧黠作者佩姬·奥伦斯坦（Peggy Orenstein）指出，对许多年轻单身女性而言，母职甚至取代了婚姻，成为她们的浪漫幻想。

新时代的妻子不能再仰赖孩子来维系婚姻。没错，过去的人常"为了孩子"而不仳离，但是现在，孩子往往是婚姻冲突的导火线，尤其是孩子还年幼或者进入青春期时。那些熬过养儿育女压力阶段的夫妻，晚年时便有额外收获。共同的人生经历让他们建立了特殊的链接，这种层次的亲密是以眼泪与喜悦换来的。套句马克·吐温的话："男人和女人结婚不到 25 年，不知道什么是完美的爱。"[29]

当夫妻踏入婚姻，誓言"无论好坏"都要相守，他们通常很少预期会有"坏"的时刻。但是心痛、悲剧、病痛与死亡是婚姻的一部分，尤其是老年时。这时，你会特别感激终身伴侣的爱与支持，他（她）记得你以前的模样，也继续爱你现在的模样。你是配偶生命中最亲密的见证人，这是唯有岁月渐增才能完全体会的恩宠。携手共度婚姻初期与中期的风风雨雨——养儿育女的混乱、配偶（或自己）的不忠、父母的死亡，还有孩子迈入成年的奋斗挣扎——的确能让共享历史的两人建立一种无可取代的依附感。

当然，我所谓的"不忠"有可能让夫妻无法继续生活，许多婚姻都是因为配偶出轨而画上句号。但是许多夫妻就算发生婚外情，也不会婚姻破裂，因为他们认为婚姻是最重要的关系。现今年轻人婚前的性对象多半不止一个，也大多年纪成熟时才结婚，当他们发下婚姻誓言时，应当是已经准备好要安于一夫一妻的关系。但是你我都知道，当"应然"碰上"突来"的热情，便开始摇摆。就算最忠于配偶的人也会面临诱惑，而现代男女也比较可能屈服于诱惑。这未必导致离婚或者一辈子的怨恨，却常常造成混乱与痛苦。当妻子或丈夫有外遇，理由往往很复杂，"性"只是一小部分。外遇事件可能成为触媒，迫使夫妻更深入检视他们的关系，重新协调两人的婚姻，再度矢言奉献。

白头偕老的比率如此之低，我一点都不羡慕现在的年轻女性，她们可能遭遇离婚的痛苦与独自抚养孩子的艰辛，而她们多数人将生活于贫穷中。但是我深信美国女性的机会比以前大得多。相较于以前女性所过的狭隘生活，以及现在许多国家女性所过的日子，美国女性的

[29]　这句话摘自 Susan Turk and Laura L. Carstensen, "Marriage in Old Age," in Inside the American Couple, ed. Marilyn Yalom and Laura Carstensen (Berkeley: University of California Press, forthcoming).

生活是强烈对比。更重要的，我期盼现今女性有勇气保持已经发展数世纪之久的平等婚姻理想。

不管是妻子、配偶、伙伴、伴侣或情人，无不渴望得到另一半的承诺，共享一种深刻的关系。这样的结合需要承诺与投入、再承诺与再投入。反讽的是，我们或许会开始把婚姻当成事业，需要类似独身教士与修女的全然奉献。现今社会对妻子几乎已无任何规范与禁止，妻子的角色成为一种创意行为。弗吉尼娅·伍尔芙所谓的"回想自己的母亲"已经不复使用了；我们还必须放眼未来，问问自己想要留给儿女什么样的婚姻模范。

传统妻子的身份与丈夫合而为一，但是多数女性不再认为这是可行模式，美国女性并未放弃成为人妻，而是以新地位（妻子是家庭的经济支柱之一，丈夫则是家务的分担者）为基础，努力创造新的完美结合模式。我相信多数女性不会怀念"小妇人"之死，虽然这代表社会必须忍受新妻子诞生前的阵痛。

图书在版编目（CIP）数据

太太的历史 /（美）玛丽莲·亚龙著；何颖怡译 .
— 杭州：浙江大学出版社，2016.9
书名原文：A History of the Wife
ISBN 978-7-308-16044-5

Ⅰ. ①太… Ⅱ. ①玛… ②何… Ⅲ. ①婚姻—通俗读
物 Ⅳ. ①C913.13-49

中国版本图书馆CIP数据核字（2016）第153427号

太太的历史

[美] 玛丽莲·亚龙 著　何颖怡 译

责任编辑	王志毅	
文字编辑	周元君	
装帧设计	王小阳	
出版发行	浙江大学出版社	
	（杭州天目山路148号 邮政编码310007）	
	（网址：http://www.zjupress.com）	
制　作	北京大观世纪文化传媒有限公司	
印　刷	北京市燕鑫印刷有限公司	
开　本	635mm×965mm　1/16	
印　张	27.25	
字　数	378千	
版 印 次	2016年9月第1版　2018年10月第2次印刷	
书　号	ISBN 978-7-308-16044-5	
定　价	58.00元